O prazer da filosofia

Robert C. Solomon

O prazer da filosofia

Entre a razão e a paixão

Tradução de
Maria Beatriz de Medina

CIVILIZAÇÃO BRASILEIRA

Rio de Janeiro
2011

PROJETO GRÁFICO DE MIOLO
Evelyn Grumach e João de Souza Leite

CIP-BRASIL. CATALOGAÇÃO-NA-FONTE
SINDICATO NACIONAL DOS EDITORES DE LIVROS, RJ

S674p Solomon, Robert C.
O prazer da filosofia: entre a razão e a paixão / Robert C. Solomon; tradução de Maria Beatriz de Medina. – Rio de Janeiro: Record, 2011.

Tradução de: The joy of philosophy
ISBN 978-85-200-0764-8

1. Filosofia. I. Título.

11-3223 CDD: 100
CDU: 1

Texto revisado segundo o novo Acordo Ortográfico da Língua Portuguesa

Direitos desta tradução adquiridos pela
EDITORA CIVILIZAÇÃO BRASILEIRA
Um selo da
EDITORA JOSÉ OLYMPIO LTDA
Rua Argentina 171 – 20921-380 – Rio de Janeiro, RJ – Tel.: 2585-2000

Seja um leitor preferencial Record.
Cadastre-se e receba informações sobre nossos lançamentos e nossas promoções.

Atendimento e venda direta ao leitor:
mdireto@record.com.br ou (21) 2585-2002.

Impresso no Brasil
2011

Sumário

PREFÁCIO *9*

CRÉDITOS DA EDIÇÃO *13*

INTRODUÇÃO
A FILOSOFIA NOS BONS E NOS MAUS MOMENTOS (SER, E NADA MENOS) *17*
RETRATO DE UM FILÓSOFO *20*
DA FILOSOFIA COMO CRÍTICA *23*
OS PROBLEMAS PERENES DA FILOSOFIA *27*
LOUVEMOS SÓCRATES *32*

CAPÍTULO 1
A vida apaixonada *37*
O AMOR COMO VIRTUDE *47*
A VIRTUDE DE EROS *52*
A VONTADE DE PODER COMO VIRTUDE *58*
DA VIRTUDE DAS VIRTUDES *64*

CAPÍTULO 2
A política da emoção *67*
AS EMOÇÕES AVILTADAS *71*
O QUE É EMOÇÃO? *75*
DOIS PARADIGMAS DE EMOÇÃO *81*
ALÉM DA TRADIÇÃO CARTESIANA *83*
O(S) PROPÓSITO(S) DA EMOÇÃO *87*
A POLÍTICA DA EMOÇÃO *92*

A ONTOLOGIA DA EMOÇÃO *93*

EMOÇÕES, PODER E PERSUASÃO *95*

A POLÍTICA INTERNA DA EMOÇÃO *98*

A POLÍTICA DA LINGUAGEM E DA TEORIA DA EMOÇÃO *101*

A POLÍTICA DA EMOÇÃO E A RACIONALIDADE *104*

CAPÍTULO 3

Racionalidade e suas vicissitudes *107*

A RACIONALIDADE EM PERSPECTIVA *113*

ALGUMAS RAZÕES PARA DESCONFIAR (DA RAZÃO) *116*

DAS SOMAS AO EGOÍSMO *122*

A RACIONALIDADE DAS EMOÇÕES E A BASE EMOCIONAL DA RACIONALIDADE *127*

CAPÍTULO 4

Justiça, solidariedade, vingança *141*

JUSTIÇA E VINGANÇA *146*

JUSTIÇA CONTRA VINGANÇA *152*

O LADO BONDOSO DA JUSTIÇA *156*

O LADO MALVADO DA JUSTIÇA *164*

VINGANÇA COMO JUSTIÇA *169*

COMO A JUSTIÇA SATISFAZ *177*

CAPÍTULO 5

O sentido trágico da vida *179*

EM VEZ DE TRAGÉDIA, CULPA E MERECIMENTO *187*

O PROBLEMA DO MAL *193*

CULPAR A VÍTIMA *197*

O RETORNO DE ÉDIPO *202*

DESTINO, MACDESTINO E A MÃO INVISÍVEL *207*

BOA SORTE, MÁ SORTE E FALTA DE SORTE *214*

O SIGNIFICADO DA TRAGÉDIA *221*

CAPÍTULO 6

Pensar a morte cara a cara *225*

PENSAR A MORTE CARA A CARA *230*

A NEGAÇÃO DA MORTE *234*

DA NEGAÇÃO DA MORTE AO FETICHISMO DA MORTE *240*

O CENÁRIO VAZIO *247*

A MAGRA CEIFEIRA *252*

MEDO DA MORTE *256*

ALÉM DO SOLIPSISMO MÓRBIDO *263*

CAPÍTULO 7

Como recuperar a identidade pessoal *267*

O AVANÇO DO QUEBRA-CABEÇA *274*

IDENTIDADE PESSOAL E O EU SOCIAL EXISTENCIAL *279*

IDENTIDADE PESSOAL E ÉTICA DA VIRTUDE *282*

IDENTIDADE PESSOAL E MULTICULTURALISMO *290*

IDENTIDADE PESSOAL NO AMOR *295*

COMO RECUPERAR A IDENTIDADE PESSOAL *299*

CAPÍTULO 8

Engano, eu e autoengano na filosofia *301*

POR QUE VERDADE? *303*

VERDADE E MENTIRA NO SENTIDO FILOSÓFICO *306*

ENGANO, AUTOENGANO E O EU *312*

A TEIA EMARANHADA *318*

O EU DÚPLICE E O EU DO AUTOENGANO *324*

POSFÁCIO

A "FILOSOFIA ANALÍTICA" ARRUINOU A FILOSOFIA? *329*

NOTAS *339*

ÍNDICE REMISSIVO *387*

Prefácio

> Acho que sou especialmente suscetível à magia dos jogos.
>
> Vladimir Nabokov, *Lolita*

Ele tinha 45 anos quando o conheci. Fora atleta na faculdade (de pista e de campo). Suportara as aulas com bom humor (e quase mais nada), como pausas entre as festas dos grêmios estudantis e os jogos de futebol aos sábados. Depois da faculdade, tornou-se um empresário de sucesso e um excelente tenista, conquistou certa importância na sociedade — a encarnação do sonho americano. Agora, entretanto, seu voleio começava a falhar e, enquanto comprava mais uma empresa, via-se fazendo perguntas que não conseguia articular. Percebeu que tinha uma vida cheia, mas e daí? "Oca e superficial", disse com seus botões. Então descobriu o prazer da filosofia. Não era uma pretensão intelectual, muito menos um curso necessário. Como uma criança, demonstrou entusiasmo quase ilimitado pelo brinquedo novo. Pôs as mãos em alguns livros (que a maioria dos acadêmicos desdenharia como leitura "popular" ou "secundária"), algumas fitas de conferências para ouvir em seu Porsche, alguns nomes para deixar escapar aqui e ali e várias ideias. O que de fato obteve, porém, foi um amor para toda a vida, uma sensação interminável de deslumbramento e fascínio.

Há 30 anos a filosofia continua a ser para mim, assim como para muita gente, fonte de considerável alegria e prazer, embora "alegria" e "prazer" não sejam palavras respeitáveis na filosofia profissional. Nietzsche, que louvava a filosofia como "alegre sabedoria", ainda é desdenhado como "não filósofo", apesar de sua popularidade em muitos círculos. Sua prosa é cintilante demais, com sarcasmo e gracejos demais, pessoal demais, e ele se divertia demais. (Pontos de exclamação demais!) Trata-se de um dançarino, um piadista filosófico, um irônico da grande tradição de Sócrates, um humorista e cômico que inclui tudo em sua filosofia — dicas de saúde, receitas, mexericos, frases de para-choque, canções de ninar, conselhos aos apaixonados, psicologia popular, física popular, um pouquinho de ocultismo e esoterismo, comentários sociais, história mitológica, filologia controvertida, brigas de família, diatribes políticas, insultos difamatórios, declarações de guerra, queixas mesquinhas, megalomania, blasfêmias, piadas de mau gosto, trocadilhos inteligentíssimos, paródias e plágio. Os filósofos profissionalizados queixam-se de sua falta de rigor e até da ausência de uma tese consistente. Mas por que arruinar um banquete tão rico com as gavinhas fibrosas do mero argumento? Nietzsche sabia como extrair prazer da filosofia, a sua *gaya scienza*.

Embora eu não tenha pretensões de competir com Nietzsche nem de imitá-lo, seja na profundidade da paixão e da percepção, seja no "estilo" famoso e admirável, partilho com ele a sensação de prazer com a filosofia. Em oposição a boa parte da filosofia atual, não é amor à argumentação ou ao elegante desprezo, nem leva àquilo que os pós-modernistas chamam de "jogo", ou seja, provocar e gozar o desespero e a confusão dos outros. Isso significa ir além da parcimônia dos argumentos e chegar à fartura que é a filosofia, tentando aumentar nossa experiência em vez de "provar um ponto". Os pontos, como aprendemos na geometria plana, não têm dimensões e, consequentemente, não têm textura, cor, nem, com certeza, profundidade. Assim, este livro não é uma argumentação; tampouco consubstancia uma "teoria". Como notarão com exasperação crescente alguns leitores, costumo me esforçar ao máximo para não afirmar "pontos" nem apresentar "provas" e mudo de ponto de vista e até de assunto, na esperança de encontrar algo novo para examinar. Minha maior preocupação é demolir alguns antigos muros entre a filosofia acadêmica e seu público perdido, entre a escassa lógica e a opulente retórica, entre a razão filosófica e a paixão filosófica, entre a filosofia "analítica" e a "europeia", entre a filosofia e o resto.

A filosofia ficou "séria" demais, virou "profissão", com seus conhecedores e "especialistas"; em função de suas exigências técnicas, de seus problemas e de seus quebra-cabeças específicos mas ainda assim refratários, seu sectarismo e de suas hierarquias acadêmicas, não é mais para o homem comum, se é que algum dia já foi. O problema, como observo neste livro, é que a filosofia ficou "superficial" demais, atenuada, emaciada, anoréxica (para usar um termo adequadamente patológico). Em muitíssimos grupos, foi reduzida à lógica e à crítica de argumentos, à "desconstrução", à permuta de jargões e ao ar diáfano da metafilosofia. Tanto a experiência concreta quanto a pesquisa científica, a religião e a espiritualidade são rejeitadas como irrelevantes ou tratadas com condescendência, como meros "objetos" de estudo. Questões que exigem olhar e viver no mundo de verdade são desdenhadas com risinho superior e comentários do tipo: "Mas essa é uma pergunta empírica." O que se costumava chamar de "especulação", sem falar de "visão", saiu de moda. O antigo ideal da filosofia abrangente, opulenta, espessa e onívora foi sacrificado à nova filosofia do seco e do mal-humorado, seja na forma de argumentos lineares, seja na forma de cinismo pós-moderno.

Um colega, em uma palestra numa das mais conceituadas universidades americanas no sul da Califórnia, sobre essa estreiteza da filosofia, ponderou que a filosofia recente ficou mais parecida com os famosos cegos que tateiam o elefante. Um dos mais prestigiados dos vários filósofos prestigiados na plateia admitiu, orgulhoso, que "só estava interessado na anatomia da tromba e não se importaria muito caso o elefante morresse".

Neste livro, gostaria de tentar vislumbrar o elefante vivo ou, pelo menos, perceber mais do que tronco e presas mortas. Muitos filósofos de hoje insistem na filosofia "pura", ou seja, na filosofia despida de tudo — apenas o esqueleto: lógica, argumentação e os ossos da história filosófica (começando às vezes com o formalismo de Frege, no final do século XIX). Em vez disso, apresento um livro cheio de "filosofia impura", como disse certa vez o grande poeta chileno Pablo Neruda (sobre sua poesia): "tão impura quanto roupa velha, quanto um corpo com manchas de comida e sua vergonha, com rugas, observações, sonhos, despertar, profecias, declarações de amor e ódio, estupidez, choque, idílios, crenças políticas, negações, dúvidas, afirmações e impostos".[1]

Nas páginas seguintes, pretendo apenas examinar alguns pontos de vista alternativos sobre problemas filosóficos perenes. Este livro não é *sério*, no sentido com tanta frequência invocado com altivez moralizante. Prefiro que seja lido como "meras brincadeiras com ideias (sérias)". Isso (ouso dizer?) é que é filosofia. Nada de sério, é apenas divertir-se com ideias, ideias que realmente significam alguma coisa, o que não significa que neste livro provocarei sorrisos, menos ainda risadas. Temo que minha expressão de alegria se limite a alguns epítetos, advérbios, comentários sarcásticos e maus trocadilhos. Mas a noção atual de que só se encontra alegria nos sorrisos vazios e ortodônticos de gente de 20 e poucos anos, magra, tostada de sol e cabelos ao vento não é completamente verdadeira. Ela também pode ser encontrada nas lucubrações e reflexões robustas e vitalícias dos filósofos.

Agradeço ao Departamento de Filosofia da Universidade de Auckland, na Nova Zelândia; ao Departamento de Filosofia e ao Instituto de Pesquisa em Ciências Humanas da Australian National University; ao meu bom amigo Roger Ames, editor de *Filosofia East and West*; a minha editora, Cynthia Read, da Oxford University Press; e a meus subversivos amigos Bernd Magnus, Arthur Danto, Jay Hullett, Paul Woodruff, Alexander Nehamas, Richard Rorty, Peter Kraus e Frithjof Bergmann que, mais do que qualquer um, me ensinaram a alegria e a riqueza da filosofia.

Acima de tudo, agradeço a Kathy Higgins a alegria que continua a trazer a mim e à filosofia.

Créditos da edição

O Capítulo 1, "A vida apaixonada", foi escrito originalmente para a conferência "Virtue and Vice" [Virtude e vício] do Centro de Política Social da Bowling Green State University, em setembro de 1996. Mais tarde, o ensaio "The Virtues of the Passionate Life" [As virtudes da vida apaixonada] foi publicado na revista *Social Philosophy and Policy*, ano 15, nº 1 (1998), e no livro *Virtue and Vice*, organizado por Ellen Frankel Paul, Fred Miller e Jeffrey Paul (Nova York, Cambridge University Press, 1998).

O Capítulo 2, "A política da emoção", baseia-se em meu ensaio de mesmo nome publicado em *Midwest Studies in Philosophy*, vol. 22, *The Philosophy of the Emotions*, organizado por P. French e H. Wettstein (Notre Dame, Indiana, University of Notre Dame Press, 1999). Há trechos retirados do capítulo "The Philosophy of Emotions" [A filosofia das emoções] do *Handbook of the Emotions*, organizado por M. Lewis e J. Haviland (Nova York, Guilford Press, 1993), e de "Beyond Reason" [Além da razão], publicado em *Revisioning Philosophy*, organizado por J. Ogilvy (Albany, Suny Press 1993).

O Capítulo 3, "A racionalidade e suas vicissitudes", baseia-se numa palestra da conferência "Culture and Rationality" [Cultura e racionalidade], realizada em Mount Abu, no Rajastão, e mais tarde publicada como "Existencialism, Emotions, and the Cultural Limits of Rationality" [Existencialismo, emoções e os limites culturais da racionalidade] em *Philosophy East and West*, 42, nº 4 (1992), pp. 597-622. Agradeço aos editores por me permitirem usar e ampliar consideravelmente trechos desse ensaio. A versão aqui publicada é dedicada a meu bom amigo David Zimmerman.

O Capítulo 4, "Justiça, solidariedade, vingança", baseia-se numa série de palestras e artigos feitos e publicados no decorrer dos anos, como a palestra em memória de Shula Sommers na Universidade de Massachusetts, em Boston, em abril de 1989; a palestra na reunião do ISRE, em Paris, em março de 1988; a palestra da conferência da NASSP na Universidade de Oxford, em 1988; e o ensaio "Justice as Vengeance, Vengeance as Justice: A Partial Defense of Polymarchus" [Justiça como vingança, vingança como justiça: defesa parcial de Polemarco], publicado originalmente em *Morality and Social Justice*, organizado por J. Sterba (Lanham, Maryland, Rowman and Littlefield, 1995). Trechos do ensaio também foram adaptados de meu livro *A Passion for Justice* (Nova York, Addison-Wesley, 1990; Lanham, Maryland, Rowman & Littlefield, 1994). Agradecimentos especiais a Nico Frijda pelo apoio e pelo encorajamento.

O Capítulo 5, "O sentido trágico da vida", foi escrito para este livro.

O Capítulo 6, "Pensar a morte cara a cara: fetichismo da morte, solipsismo mórbido", foi escrito para uma conferência na Baía das Ilhas, no norte da Nova Zelândia, em janeiro de 1996, e publicado como "Death Fetishism, Morbid Solipsism" [Fetichismo da morte, solipsismo mórbido] em *Death and Philosophy*, organizado por Jeff Malpas e Solomon (Londres, Routledge, 1998). Meu agradecimento pessoal a Peter Kraus, com exasperação crescente por organizar uma conferência tão maravilhosa e por sua amizade. Esse capítulo é dedicado a ele. Peter descreveu a vida na belíssima Baía das Ilhas como "férias da morte". Não sou muito bom no quesito férias (minha lua de mel foi uma "lua de mel a trabalho"), mas a ideia me impressionou. Agora penso em minha vida como "férias a trabalho", e (para um filósofo) escrever sobre a morte faz parte dela.

O Capítulo 7, "Como recuperar a identidade pessoal", foi publicado pela primeira vez em *Self as Person in Asia, Theory and Practice*, organizado por Roger Ames, Wimal Wissanyake e Thomas Kasulis (Albany, Suny Press, 1994). Reeditado com permissão dos editores. Todos os direitos reservados.

O Capítulo 8, "Engano, eu e autoengano na filosofia", baseia-se em dois ensaios: "Self, Deception, and Self-Deception in Philosophy" [Eu, engano e autoengano na filosofia], de *Self and Deception: A Cross-Cultural Philosophical Enquiry*, organizado por Ames e Wissanyake (Albany, Suny Press, 1996), e "What a Tangled Web: Deception and Self-Deception in Philosophy" [Que teia emaranhada: engano e autoengano na filosofia], em *Lying in Everyday Life*, organizado por M. Lewis e C. Saarni (Nova York, Guilford Press, 1993).

O posfácio, "A filosofia analítica arruinou a filosofia?", foi adaptado de *A Short History of Philosophy* (em coautoria com Kathleen M. Higgins — Nova York, Oxford, 1996).

Introdução

A filosofia nos bons e nos maus momentos (ser, e nada menos)

> [G. E.] Moore assumiu a liderança da rebelião, e fui atrás com um sentimento de emancipação (...) Acreditávamos que a grama é verde e que o sol e as estrelas existiriam se ninguém tivesse consciência deles. O mundo que fora parco e lógico ficou então opulento e variado.
>
> Bertrand Russell

A história da filosofia tem muitas ironias. Uma delas, com certeza, é a observação autoelogiosa de Bertrand Russell sobre a origem da filosofia "analítica". Contra Hegel, que incorporara praticamente todas as facetas da experiência humana concreta em sua filosofia, Russell, acompanhando Frege e Moore, "rebelou-se". Interpretando mal o idealismo alemão, que ele (erradamente) supôs ser a convicção de que o mundo é formado de ideias, e não de matéria boa e sólida, Russell fez seu comentário sobre "o mundo que fora parco e lógico ficou (...) rico e variado" em sua própria filosofia.[1] Assim começavam cem anos de um movimento "analítico" que deixaria a filosofia realmente parca e lógica.[2]

Podemos concordar com Russell que o prazer da filosofia está em sua riqueza e variedade. Mas que tristeza, então, que como "disciplina" ela se tenha estreitado até se transformar em um conjunto de habilidades conceituais, declarado guerra à riqueza e à variedade em favor de uma preferência "parca" e praticamente exclusiva pela argumentação e pela análise lógica, deixando de lado a imaginação "especulativa" de Hegel e seu conceito abrangente de experiência ("totalização", no jargão igualmente restrito dos pós-modernistas).[3] Hoje a filosofia exige "especialização", técnica, rigor e foco fechado, em vez de visão, curiosidade e abertura. O ideal de Hegel era uma "compreensão" que tudo abrangesse. Hoje, alguns dos artigos mais prestigiados da filosofia são sequências de símbolos e linhas de jargão incompreensível que só interessam a alguns companheiros de viagem. A meta dominante da filosofia, como anuncia o filósofo político John Rawls no início de seu memorável *Uma teoria da Justiça*, é sempre elevar a conversa "a um nível mais alto de abstração".[4] Mas a filosofia (como defendia Hegel) não precisa ser abstrata. Há filosofia concreta vivendo nos detalhes, na dialética de carne e osso das ideias, algo além de ossos e tendões. Nas palavras de Wilfrid Sellars, ela é bem-sucedida por "ver como as coisas se juntam". Vive de tornar extraordinário o que é comum e misterioso o que é ordinário: tempo, vida, mente, ser, como nós e o mundo "nos juntamos".

A filosofia é, ou deveria ser, um tipo de magia. Não uma fuga, mas uma nova janela — ou muitas — voltada para a nossa vida. É menos abstração do que percepção e visão. Grandes filósofos, dos primeiros vedantas aos existencialistas, propuseram percepções e visões estonteantes e perturbadoras, ideias que fazem nossa cabeça girar e nos fazem perder, por um momento, a orientação e as preocupações cotidianas. Detesto pensar que essa sensação de magia e prazer se perdeu ou foi abandonada. Com demasiada frequência, os filósofos de hoje são estraga-prazeres, rápidos demais nas objeções, obstinados demais para entender (ou escutar) alternativas afirmadas de modo imperfeito, ávidos demais por amesquinhar a percepção e o entusiasmo. Quando eu estava na faculdade, uma colega talentosíssima e criativa escreveu um artigo de filosofia bastante criativo, mas que foi violentamente enxovalhado pelo professor: "A filosofia não é para ser divertida!", exclamou ele com indignação digna do Velho Testamento. (Hoje ela é uma acadêmica importante, mas em outro campo.) Os estudantes mais entusiasmados e talentosos ainda são enxotados da filosofia com a mesma reprimenda. A filosofia não é para ser divertida!

Em minhas viagens pelo país, costumo conhecer pessoas — empresários bem-sucedidos, artistas, acadêmicos — que, sem serem provocadas, me brindam com uma confissão. Começa com "Certa vez tive aulas de filosofia, mas..." Sei o que vem depois. Já me contraio às primeiras sílabas. Às vezes é algo inocentemente incômodo, do tipo "mas não me lembro de mais nada". Com muita frequência é "mas detestei", seguindo-se, quase sempre, o retrato nada lisonjeiro de um professor pomposo e indiferente que, claro, era inteligente demais e enfatizava bastante esse fato. Pergunto: quem é essa maçã podre? Não raro o *quem* vem a ser um dos membros mais distintos de nossa profissão. Ele (quase sempre é *ele*) tem um rol admirável de publicações e dedica a vida a inspirar um ou dois alunos (de centenas ou milhares) a prosseguir na filosofia para infligir dano semelhante à geração seguinte. A ideia de que o destino da filosofia depende de uma só coisa, uma única coisa — nossa capacidade coletiva de instilar prazer na filosofia — é muitíssimas vezes tratada com desdém. A mera sugestão inspira condenação ardente da filosofia como "divertimento" e insistência reiterada na competência profissional e na "integridade da disciplina".

Qual é o prazer da filosofia? Eu também costumava dizer que é a comoção de ver como todos os tipos de ideia se juntam. Hoje, porém, eu diria que, em vez disso, é a comoção de ver os olhos dos outros se acenderem quando começam a perceber como todos os tipos de ideia se juntam, a seu próprio modo.

"O prazer da filosofia." Essa expressão não deveria parecer esquisita a quem se tivesse dedicado a filosofar. Meus amigos filósofos estão entre as pessoas mais dedicadas — para não dizer obcecadas ou viciadas — que conheço. Alguns encontram prazer (talvez com certa angústia) ao tentar enfrentar as "grandes questões". Outros abrem caminho com dificuldade ao longo de indesculpáveis textos obscurantistas. Muitos mais elaboram hoje sua trajetória por meio de "charadas" intrigantes e cada vez mais complicadas, lidando com a lógica e com as peculiaridades da linguagem filosófica. Conheço muitos artistas, músicos, políticos, outros acadêmicos, empresários e ganhadores de dinheiro, todos dedicados, mas nenhum tão dedicado quanto os meus amigos da filosofia — e não apenas os que estão no topo da profissão. Na verdade, estes tendem a ser mais defensivos e bem menos entusiasmados do que as centenas de professores excelentes e entusiastas que conheço em pequenas faculdades e até mesmo em escolas de nível médio. Para estes últimos, o prazer da filosofia é o prazer *da filosofia*, e não apenas o prazer de um profissional bem-sucedido.

As pessoas mais vivas e exuberantes que existem (não só, é claro, as que são pagas por isso) conhecem o prazer da filosofia. Mesmo aquelas cujas vidas são vazias e dignas de pena encontram às vezes uma vida vibrante na filosofia (e não só à guisa de "consolo"). Ambiciosos volumes filosóficos, a maioria deles não publicada nem lida, foram escritos em prisões e pensões miseráveis, em quartos solitários e nas atulhadas mesas de escriturários frustrados e advogados desiludidos. Não há falta de especulação e de entusiasmo aí. Expressões bem-comportadas, como "a vida da mente" e "o mundo das ideias", não conseguem transmitir o dinamismo, o entusiasmo, o prazer da filosofia. Não é como o prazer de cozinhar nem, com certeza, do sexo, mas, ainda assim, é um prazer.

RETRATO DE UM FILÓSOFO

> Tudo o que pode ser dito [na filosofia] pode ser dito com clareza; e o que assim não podemos falar, devemos calar.
>
> Ludwig Wittgenstein, *Tractatus Logico-Philosophicus*

Eis o retrato de um filósofo no final do século XX. Ele (o exemplo ainda é quase sempre *ele*) está de pé e em agonia diante da pequena plateia. Seus olhos, embora intensos, fitam o nada; talvez estejam até voltados para si próprios. Há um profundo sulco na fronte, a cara — não, a carranca está fechada —, e uma das mãos agarra-se à testa, como se para impedir que sua cabeça ou seu cérebro exploda. Para os que gostam de citações clássicas, a imagem com que mais se parece é o famoso *Pensador*, de Rodin, ou talvez mais ainda o pai-sacerdote contorcido e infelicíssimo de *Laocoonte*, a representação do sofrimento mais convoluta e aflitiva de toda a Antiguidade. Seu discurso é entrecortado — quase gagueja — e trai o engarrafamento de ideias e a intensidade com que tenta encontrar as palavras mais adequadas. Anda de um lado para o outro, febril, compulsivo, errático, ao longo de uma trilha já desgastada, de um canto a outro, sem jamais estabelecer contato visual com seu público, fascinado e totalmente perplexo. A mão livre, alternadamente, cobre-lhe a boca e os olhos, puxa o nariz, pressiona a nuca, acaricia o sovaco, pega, e solta nervosamente um pedaço de giz atrás do outro, às vezes fazendo o gesto de que vai escrever, mas nada surge além de um ou outro x ou uma forma ovalada. Há pausas excruciantes (e sugestivas). É uma atuação que exige a atenção do dr. Oliver Sacks, o grande neuropsiquiatra; um teatro vivo de neurose, de narcisismo, de pensamento voltado contra si mesmo, de linguagem extremamente necessitada de férias. Eis a filosofia e eis o filósofo. Sofrimento, e sofrimento devido à filosofia. Filosofia como doença, e o único tratamento é... mais filosofia.

O retrato que acabei de esboçar é de uma figura histórica fácil de identificar: Ludwig Wittgenstein, cuja filosofia vem sendo esquecida, apesar de sua biografia ter-se elevado como um dos ícones mais duradouros da vida filosófica do século XX. Embora poucos alunos de Wittgenstein tivessem seu gênio ou sua mórbida visão vienense da vida, muitos deles adotaram seus gestos e seu estilo e vestiram a capa de sua seriedade como se, de fato, deles fosse o torvelinho do professor. O resultado foram duas gerações de alunos e professores que encenam a filosofia como autoexorcismo público. Atuam nas aulas introdutórias de faculdades, e os alunos predispostos a se juntar à encenação (em vez de rir dela) são encorajados a unir-se a eles. Os tópicos, em sua maioria, permanecem tediosamente os mesmos; o estilo, a encenação e a seriedade, porém, transformaram a filosofia — como se queixava o próprio Wittgenstein — num tipo de psicopatologia.

No filme *Rain Man*, Dustin Hoffman (em brilhante desempenho como Raymond, o autista) responde ao estresse tentando resolver, repetidamente, a questão da clássica rotina de Abbott e Costello, "Quem vai primeiro?". Exasperado, o irmão (Tom Cruise) grita com ele: "É uma piada, é uma brincadeira. Se conseguir ver isso, talvez você melhore." Psiquiatria ingênua, talvez, mas ainda assim profunda. É uma patologia não de todo desconhecida de quem já assistiu à atuação de vários filósofos contemporâneos brilhantes e prestigiados. O fato de os enigmas filosóficos serem sabidamente difíceis e até inacessíveis é tido como prova de sua profundidade.[5] A inacessibilidade, entretanto, também pode ser sinal de masoquismo intelectual ou, mais inocente e inócua, de masturbação intelectual. A consciência de que os enigmas filosóficos são ao mesmo tempo inacessíveis e irrelevantes é boa razão para insistir que, em última instância, só são estudados somente "por si mesmos", ou seja, por diversão, pelo puro prazer, por mais que isso nos dê trabalho e nos faça resmungar no processo. Certa vez o próprio Wittgenstein afirmou que um livro inteiro de filosofia poderia conter apenas piadas; naturalmente, ele nunca o escreveu.

Na filosofia — vamos remover as pretensões e ser claros a respeito —, *na verdade não há nada em jogo*. Quando médicos, engenheiros, funcionários do Banco Central ou especialistas do esquadrão antibombas erram, as consequências são bem concretas. Quando um filósofo erra, ninguém morre; nada despenca, explode nem desmorona; a pobreza e o desemprego não aumentam; o mercado de ações não sofre queda. É certo que algumas interpretações equivocadas de bons filósofos foram calamitosas na história antiga e na moderna, mas são exceção, e não a regra. E, ainda assim, dificilmente foram os filósofos, em suas escrivaninhas, que puseram o mundo em perigo. De fato, um sentimento de libertação acompanha a irresponsabilidade da filosofia. Por mais que tenham a personalidade tristonha, e quaisquer que sejam os sentimentos violentos que exprimiram ou inspiraram ao mundo, é óbvio que até exemplos de azedume como Marx e Rousseau se divertiram bastante.

Suponho que a maioria dos filósofos chega à filosofia como o rebelde que busca um tipo profundo de liberdade. Que ironia, então, sermos hoje prisioneiros do autoritarismo que nos impusemos sob o manto do "profissionalismo" e da "integridade da disciplina". O livre-pensar e as ideias malucas perderam a vez; para ser filósofo, precisa-se de "disciplina". A não ser nos folhetos para atrair alunos, ninguém mais descreve a filosofia como "pensar na vida" ou "examinar-se" e menos ainda como o prazer das ideias. De acordo com um de seus principais praticantes, de considerável autoridade, aliás "a lógica e a filosofia da ciência já são filosofia suficiente". Com essa trava absoluta sobre o que é filosofia, a liberdade, a imaginação, a acessibilidade e, pior, a sensibilidade foram abandonadas.

DA FILOSOFIA COMO CRÍTICA

> A seriedade é o único refúgio dos superficiais.
>
> Oscar Wilde

A filosofia, como a maioria das disciplinas acadêmicas e intelectuais, tornou-se, em grande parte, domínio da crítica. Os efeitos salutares disso são óbvios: a perspicácia crítica é claramente essencial para a democracia e para a boa ciência; cria uma dialética na qual a verdade (ou, pelo menos, o melhor entendimento) brota de ideias incompletas ou unilaterais; torna a teorização interessante, para não dizer mais responsável; pelo menos em teoria, ajuda a eliminar boa parte das fraudes e tolices, e, pode-se acrescentar, tem, para muitas personalidades combativas atraídas pela vida da mente, a vantagem competitiva de poder ser, sozinha, fonte de muita diversão. A crítica, porém, pode ser exagerada. Hoje a filosofia especificamente é concebida, por muitos de seus profissionais, como nada além do exame de argumentações e da produção de contra-argumentações. Ideias e visões são apenas alvos.

Para iniciar calouros da faculdade na disciplina da filosofia, os professores ensinam-lhes a alvejar os argumentos dos grandes filósofos como numa galeria de tiro ao alvo ("Platão disse P: O que há de errado nisso?" "Kant argumentou Q: Contra-argumente." "John Stuart Mill fez esta inferência: Não é uma bobagem?"). Os filósofos mais avançados exercem seu talento em artigos que começam invariavelmente assim: "Fulano argumentou X, mas vou mostrar que está errado." Em uma época em que a regra é "publique ou morra", a filosofia torna-se, assim, o talento de achar defeitos, empregando argumentos cada vez mais "fechados" que envolvem cada vez menos perspectiva, conhecimento e interesse. Para não contrabandear para a argumentação as vulnerabilidades da originalidade, os filósofos apoiam-se nos modelos menos originais (em geral os mesmos que Frege, por exemplo, usou em 1900, ou que Kant empregou um século antes, ou que Aristóteles usou há mais de dois milênios). O alvo de interesse torna-se mais estreito e mais formal — menos carne macia para morder e sangrar e nenhum sentimento pessoal para causar confusão. O prazer da filosofia faz-se bastante destrutivo, transformando-se na alegria de "despedaçar" e destruir, além de "desconstruir" argumentos. Os prazeres hegelianos da visão construtiva ("especulativa") — avaliar as ideias dos antecessores ainda que de um modo que eles mesmos não fizeram usar a filosofia para gerar novas ideias, e experiências extraordinárias — são enxotados do quadro.[6] Argumentos e refutações: o que mais um filósofo precisa saber?

Atualmente, quando leciono, aspiro ao que foi chamado de princípio da caridade. De forma nua e crua, segundo esse princípio, ainda que uma ideia pareça bobagem, devemos imaginar o que o autor teria em mente ou que boa ideia talvez se esconda sob sua superfície pouco convidativa. (É claro que se trata de um talento pedagógico essencial para responder às perguntas dos alunos.) Com que frequência ouvi meus colegas menoscabarem um artigo, um livro inteiro ou toda uma carreira por causa de um único erro, um erro factual, uma interpretação equivocada, ou (pior) uma falácia lógica. O que havia de valor ali eles não viram. Na prática, naturalmente, só às vezes consigo manter meu próprio princípio. Uma alusão a qualquer opinião política maluca, um tiquinho de Nova Era ou pretensão pós-modernista, o argumento contrário a alguma ideia preciosa que defendi lançam-me de volta, quase inevitavelmente, ao modo duelista profissional que meus professores de tiro me ensinaram tão bem em Filadélfia, Ann Arbor, Princeton e Dodge City. Pelo menos, porém, vejo o erro do meu modo de agir. Pode haver diversão na humilhação filosófica, mas o prazer da filosofia está em outra coisa, no desenvolvimento cooperativo das ideias, na exploração de novos pontos de vista, na criação de visões que tornem o cotidiano interessante, fascinante até. A crítica tem seu lugar, é claro, mas é, ou deveria ser, apenas uma ferramenta para moldar ideias, para expandir nossa visão. Não é, ou não deveria ser, um fim em si mesma.[7]

Neste livro (que por si só é crítico demais), quero voltar ao mais antigo e mais "romântico" modo de filosofar. Não será vazio de argumentos — de fato, pode-se ver o livro inteiro como argumentação contra a "parcimônia" da filosofia — mas sua estrutura tem muito mais a ver com a complexidade das ideias do que com a campanha analítica padronizada. Falando francamente, muitas vezes nem sei aonde minhas investigações me levaram. Essa é a diferença entre paixão e prova. Na verdade, minha revolta contra a "parcimônia" lógica é quase uma homenagem às paixões na filosofia e à riqueza que oferecem. Pelo menos desde Platão, porém, os filósofos temeram as paixões, e, com certeza desde os positivistas lógicos (que tiveram suas próprias boas razões), a filosofia advertiu contra o romantismo. Há riscos na especulação e na paixão, na tentativa de mergulhar na experiência humana em vez de apenas destruir maus argumentos.

Dado o forte viés, no século passado, do "tão somente" rumo ao empirismo, é surpreendente, que nos mesmos centros se resista tanto a falar sobre a experiência e sobretudo sobre os sentimentos e detalhes concretos da vida.[8] Em vez disso, o foco recai sobre a "forma lógica". Talvez essa ênfase decorra da má leitura de Platão, o mais imaginoso de todos os filósofos, e de seu fascínio pelas Formas. Com certeza se origina em Kant, que louvava o *a priori* (mas ao fazê-lo não pretendia menosprezar o empírico). Hegel, apesar da insistência em tudo incluir, ainda assim flertou perigosamente com "o Conceito", versão do século XIX do "nível mais elevado de abstração", e, assim, às vezes, é lido (e atacado) não por sua riqueza, mas por sua parcimônia abrangente.[9]

Na filosofia anglo-americana de hoje, a insistência na parcimônia é continuação — atualização, na verdade — da fixação de Frege-Russell-(jovem) Wittgenstein na lógica e na análise formal. Ela também continua na pretensão pós-moderna de falta metafilosófica de peso, que, ao insistir (muitas vezes formalmente) no pluralismo e na fragmentação, continua a esquecer ou desdenhar toda experiência humana ordinária.[10] A consequência da ênfase na crítica e na desconstrução tem sido, porém, um profundo ceticismo que se aproxima do cinismo em relação às "ideias interessantes" e um fascínio compensatório com relação ao puramente formal, às inferências e aos argumentos, ao encontro de falhas nas posições alheias, sem, contudo assumir posição própria.[11] Junto desse cinismo, é bem natural que surja profunda desconfiança contra o entusiasmo — de fato, contra qualquer paixão ou sentimento. Por mais peso que tenha sua origem, a filosofia tornou-se leve como uma pluma, praticamente sem substância, sem conteúdo.

É claro que até a filosofia mais densa ainda é bastante enxuta, mero verniz, apenas a superfície (e não a "profundidade") das coisas. "A verdade está na superfície", insistia Mark Twain, um dos maiores filósofos dos Estados Unidos. O que é "profundo" na filosofia parece mais uma varredura ampla, uma questão de ver, não de cavar. Filosofia não é argumentação, mas discernimento, contemplação, visão. Se a filosofia é densa e rica, é porque assim também é a vida. E a filosofia diz respeito à vida. Pode ser até essencial à vida (para a vida examinada, ao menos), mas filosofia não é vida, da qual, aliás, só toma empréstimos. E filosofia também não é o esqueleto em volta do qual a vida toma corpo, como se a filosofia fosse a base, e tudo o mais, mera carne. A filosofia não pode viver como raciocínio unidimensional, mas mesmo quando mais plena ainda será, com toda a certeza, parca, mesmo que não lógica. Com ou sem filosofia, o verde da grama é luxuriante.

Talvez porque a filosofia tenha ficado tão assustadoramente pobre, muito se tem escrito sobre seu fim, jogando com aquela ambiguidade já cansativa entre "fim" como meta ou propósito linear e "fim" como término. Alguns escritores são menos pudicos e anunciam a "morte" ou o "exaurimento" da filosofia. Outros são mais evasivos. Cornel West e John Rajchman tentaram provocar uma avalanche quando anunciaram a chegada da "filosofia pós-analítica", mas a mudança continua imperceptível.[12] A mudança para a filosofia "pós-analítica" (ou o que hoje equivocadamente chamam de "pragmatismo') não passa de sutil alteração de algumas peças estratégicas realizada pelos mesmos atores de sempre. A tecnocracia continua intacta, exibindo com orgulho a mesma "secura" contra a qual Iris Murdoch advertiu há várias décadas, quando a terra ainda estava úmida. Quanto mais os problemas ficam "enxutos" e bem definidos, porém, mais inacessíveis parecem. A "verdade", por exemplo, foi reduzida a palavra sem sentido, e muitos filósofos convenceram-se de que é melhor livrar-se dela o quanto antes, pelo menos na filosofia.[13] Do mesmo modo, a noção de "eu" tornou-se tão enxuta que ficou irreconhecível, para não dizer insignificante.[14] Os conceitos centrais da vida reduzem-se a paradoxos e quebra-cabeças lógicos, e depois os filósofos são repreendidos (mas só por si mesmos): a filosofia é mal compreendida. Todos esses anos ficamos perseguindo "pseudoproblemas", dizem eles, e seu prestígio, seu salário e seu atrelamento à profissão aumentam consideravelmente.

OS PROBLEMAS PERENES DA FILOSOFIA

> Mais cedo ou mais tarde, a vida nos transforma, todos, em filósofos.
>
> Maurice Riseling

Contra a cínica ("irônica") opinião de que filosofia é tão somente o que filósofos bem-empregados fazem no momento, quero insistir no fato de que há problemas humanos muito reais, palpáveis e universais que fornecem o ímpeto e a motivação para a filosofia. Isso não é negar, como sugeriu Nietzsche, que também existe uma curiosa "vontade de verdade", um fascínio por quebra-cabeças e paradoxos que, depois de estimulado, pode continuar funcionando durante anos sem mais motivações. Filosofia, entretanto, não é isso, mas antes uma luta engajada com os problemas perenes da vida. Somos todos filósofos e temos de democratizar a filosofia, apesar de suas longas raízes elitistas. Não se trata de uma especialidade, profissão, clube exclusivo com suas próprias regras e senhas. Filosofia é tão somente pensar sobre temas como paixão, justiça, tragédia, morte, identidade e, naturalmente, a própria filosofia, que de modo algum é domínio ou privilégio de um pequeno número de profissionais formados na universidade.

A filosofia, no sentido mais importante e politicamente incorreto da palavra, é intrínseca a nosso modo tão humano de ser. Pensamos. Sentimos. E há algumas questões — podemos pensar nelas como "condições filosóficas preexistentes" (também conhecidas como "a condição humana") — em relação às quais não temos opção senão pensar e sentir. Não surpreende que essas questões incluam a natureza da boa vida, o lugar e os fundamentos de nossas paixões mais fortes, nosso lugar entre os outros, questões de justiça, explicações da tragédia, a finalidade aparente da morte, nossa própria identidade e a razão e o propósito do pensamento, da reflexão, da consciência, da filosofia, por mais que possam diferir em detalhes ou concepção de uma cultura para outra.

Esses são (alguns dos) problemas perenes da filosofia. Alguns filósofos (Richard Rorty, para citar o mais destacado[15]) afirmaram não haver problemas perenes da filosofia, o que me parece simplesmente errado (e Rorty esclarece isso muito bem em outros textos). É claro que é possível adotar descrição tão "densa" desses problemas que não surpreende que passem a ser peculiares de uma época, de um lugar, de um povo ou da filiação à Associação Filosófica Americana em 1973. A vida, contudo, tem seus problemas bem além de qualquer tradição filosófica específica, como, por exemplo, a consciência que temos de nossa própria vulnerabilidade e de nossa morte. Haja ou não alguma "lógica" correta para pensar sobre a morte, ainda assim a morte se parece muitíssimo com um "fato" universal a nosso respeito ("nossa possibilidade mais necessária", escreveu Heidegger). É claro que há inúmeras maneiras de conceituar a vida e seu(s) significado(s), bem como o significado e a natureza da morte. Parece-me, porém, que a consciência da morte, por exemplo, conta como "condição filosófica preexistente", algo que não foi absolutamente inventado pelos filósofos, mas, ainda assim, é moldado pela filosofia (e também a molda).[16]

Dizer que há problemas perenes na filosofia é, de certo modo, apenas destacar — resmungar, talvez — algo que até nas descrições "mais enxutas" já está superado, depende do ponto de vista e, portanto, é um tanto menos que "perene". (Como diria Nietzsche, não há fatos e não há *urtext*, apenas interpretações.) Um bom argumento, entre outros, afirma que o que atualmente denominamos problema mente-corpo é, na verdade, peculiar a um momento específico de aprendizado e esperança na convergência dos temas empolgantes da neuropsicologia e da ciência da computação, somado à bifurcação cristã em corpo e alma, à filosofia de Descartes (cartesiana) das "duas substâncias", a alguma inventividade na intersecção profissional da filosofia da linguagem com a filosofia da mente e a algumas peculiaridades do idioma inglês. No Japão, na Grécia Antiga, entre os iorubás da Nigéria não há essa distinção, e, portanto, o problema não existe.

Mas, afinal, o que isso significa? Não corresponde a negar a existência de outros problemas, outras cisões, que causem igual alarme. (Nem é dizer, o que seria absurdo, que outras culturas não poderiam aceitar as descobertas da neurociência.) No Japão, por exemplo, a tensão entre a "face" que se mostra ao mundo público e os sentimentos privados impossíveis de mostrar é fonte de constante preocupação. Os iorubás, como a maioria das pessoas, preocupam-se com a natureza da alma, que, em vários sentidos, distinguem do corpo. Não há, porém, o problema mente-corpo no sentido mais estrito, no mínimo porque (em japonês e iorubá) não há palavra para (nenhum equivalente de) "mente". (*Kokoro*, a palavra japonesa que mais se aproxima, abrange nitidamente vários tipos de características que se localizariam no lado "corpo" da divisão cartesiana.

Aristóteles não tinha ideia de uma *anima* distinta do organismo, e a palavra iorubá *ori* significa algo mais parecido com "cabeça" do que "mente interior", e o contraste é com o restante do corpo.) Pode-se conjeturar que o que chamamos de "mente" é a descrição "mais enxuta" que existe de alguns aspectos da vivência em primeira pessoa; então, contrasta-se isso com "o corpo", que por sua vez é descrito de modo muito parcimonioso em termos puramente fisiológicos.

Seria tolice pensar que o problema mente-corpo é *tão somente* uma peculiaridade cultural de uma época muito específica numa tradição filosófica bem regional. Como fazer uma descrição suficientemente "enxuta" do problema que inclua todas as culturas e todas essas oposições não é do meu interesse aqui, e essa apresentação tão econômica do problema pode ser atenuada a ponto de tornar-se uma questão indiferente para nós. O que quero buscar aqui, entretanto — muito diferente daquela linha pós-moderna que Rorty às vezes endossa —, é aquele núcleo de preocupações que não podem ser para nós mera questão de ironia ou indiferença e que merecem reconhecimento como quintessencialmente humanas, sejam ou não assim consideradas pelos filósofos e surjam ou não sem nenhum ponto de vista cultural e filosófico específico. Com certeza, alguns pontos de vista se aplicam a certas culturas e não a outras. Insistir, porém, no fato de que há algumas preocupações essencialmente humanas não é cometer nenhum dos pecados pós-modernos de "essencialização" e "totalização"; tampouco é negar que, se os seres humanos fossem criaturas de tipo muito diferente (por exemplo, invulneráveis ou imortais), os problemas perenes seriam muito diferentes. Falar em "problemas perenes" é simplesmente afirmar a existência de algumas questões que, de alguma forma, para nós (para todos nós, até onde nossa imaginação limitada e necessariamente atrasada pode nos levar) são inescapáveis.

Gabriel Marcel distinguiu enigmas e mistérios, e queixou-se de que os filósofos (de meados do século), distraídos com os enigmas, tinham perdido de vista os mistérios. Eu exporia a questão de modo um pouco diferente, mas sua distinção me parece inevitável. Ele escrevia à frente de seu tempo. No sentido que buscava — aquela confusão quanto às questões que preocupam profundamente todos os seres pensantes —, a filosofia praticamente desapareceu das melhores universidades dos Estados Unidos. Filosofia não é criação de novas preocupações esotéricas, é antes atenção mais concentrada nas preocupações que já são comuns a todos, em especial aos estudantes cheios de hormônios e olhos brilhantes e aos profissionais de 45 anos. Os "melhores" departamentos de filosofia, entretanto, tornaram-se os que tecnicamente são mais brilhantes e que menos têm a dizer ao máximo de alunos, e é por isso que tantos bons alunos trocam a filosofia pelos departamentos de teologia e literatura. Fora do *campus*, os mesmos alunos buscam a filosofia da Nova Era com o entusiasmo que seria se esperar em nossos cursos de filosofia. Em vez de ficarmos indignados ou desdenhosos, seria muito melhor se tentássemos entender de onde vêm esses impulsos e como satisfazê-los.

A filosofia é necessidade genuína, e os problemas que enfrenta são reais e não pseudoproblemas. Ela surge várias vezes na vida, mais previsivelmente na infância, antes de ser reprimida por pais e professores indiferentes; no final da adolescência, quando as questões de identidade e do lugar que se ocupa no mundo afloram tumultuadamente; e nas várias crises da vida — divórcio, doença grave, morte de ente querido, fracasso pessoal, sublevação política. E se os filósofos profissionais não se dispõem a responder às perguntas sinceras que, sozinhas, aos olhos da maioria, justificam a existência dos filósofos (sustentados pelo dinheiro público), então fontes alternativas de consolo filosófico estão fadadas a espoucar. Basta conferir a farta estante de autoajuda em qualquer livraria. Inúmeras pessoas inteligentes hoje em dia preferem as fantasias libidinosas de Shirley MacLaine ao tédio do ceticismo profissional que encontra erros em todos os argumentos, confusão em todas as percepções, tolice em todo sentimento bom, paradoxos inacessíveis escondidos sob cada figura de linguagem. Pelo menos a sra. MacLaine parece sentir verdadeiro prazer no que faz.

LOUVEMOS SÓCRATES

> O riso é a linguagem da alma.
>
> Pablo Neruda

É recorrente a piada: Sócrates jamais publicou, por isso pereceu.* Ainda assim, tornou-se nosso herói, inspiração e ideal dos filósofos. De fato, embora antes dele tenha havido filósofos (chamados, com certo menoscabo, de pré-socráticos), sem ele é difícil imaginar o crescimento ou o desenvolvimento da filosofia. Sobre o que Platão escreveria? De que base intelectual Aristóteles se lançaria? Saberíamos o que fazer com Santo Agostinho ou Tomás de Aquino? Os delírios de Nietzsche (e sua inveja) teriam sido impedidos (embora o protestantismo provinciano ainda lhe desse uma chance). A personalidade de Sócrates, assim como sua inteligência e seu brilho, encanta todos nós. É com seu exemplo (e com a apresentação de Platão) que a filosofia se separa decididamente da (e contra a) poesia, da retórica, da política pública, e se isola esplendidamente como disciplina do exame de si mesmo.[17]

Ainda assim, é verdade que Sócrates era um pretenso charlatão. Sabidamente insistia em se afirmar ignorante e, com base nisso, declarava-se o homem mais sábio do mundo. Empregava argumentações atrozes quando se podiam impor. Adulava e provocava, confundia e enganava. Ridicularizava *ad hominem*, uma das muitas falácias informais que costumava cometer. Era um homem de prazeres que mostrava, ou podia mostrar, indiferença espantosa ao amor e ao prazer e à própria vida. Morreu pela filosofia, ou assim nos fez acreditar. Mas morreu por si mesmo, pelo "bem de sua alma", e hoje até os princípios políticos pelos quais se sacrificou parecem duvidosos, incoerentes e talvez insuportáveis.[18]

Segundo as várias descrições que chegaram até nós, Sócrates nunca estava sozinho, raramente era contemplativo ou tão sério assim. Onde

***Publish ou perish* (em inglês) refere-se à pressão para publicar constantemente a fim de se manter e evoluir na carreira acadêmica. (*N. T.*)

fica, então, nossa imagem do filósofo solitário, sombrio e puramente pensador? Sócrates era um festeiro compulsivo, um simposiarca, um falador irrefreável, um intrometido que não parava de esvoaçar em torno das questões e, naturalmente, dos rapazes. Apesar de tudo o que podemos dizer a seu respeito — que era sábio, corajoso, feio e, afinal de contas, um mero mortal (como no necessário silogismo) —, ele se divertiu. Seus diálogos são permeados por gracejos, insultos encantadores, pastelões filosóficos. Até hoje podemos ler a fagulha em seus olhos e a risada em seu humor, a alegria com que perseguia os temas e as vítimas voluntárias, o brilho nada imodesto com que firmava sua posição, fechava o argumento, terminava uma parte da discussão para insinuar outra. Talvez, como dois milênios depois com respeito e inveja Nietzsche argumentou, ele fosse de fato um bufão. Mas que bufão! Encantou a juventude de Atenas e, poucos anos após sua morte, encantou o mundo antigo. Dois mil anos depois, encantou os novos filósofos do Renascimento e o mundo moderno recém-paganizado. Ensinou filosofia como conversação, bate-papo esclarecido, provocando, seduzindo; como sabedoria prazerosa, *como diversão.*

Os filósofos posteriores podem ter bebericado sozinhos de pena em punho junto à lareira burguesa, mas Sócrates bebeu seu quinhão em simpósios de gala e morreu, bem apropriadamente, pela bebida. Foi condenado, como todos sabemos, por "corromper a juventude de Atenas", acusação tão vaga quanto impossível de provar, e por rejeitar os deuses da cidade, acusação que negou, embora sem dúvida fosse verdadeira. Gabou-se de suas atividades ao júri que o condenou, insinuando que merecia uma pensão em vez de pena. Foi injustamente condenado à morte, mas por sua própria provocação e com grande hesitação por parte do júri (sem dúvida, alguns daqueles jurados já suspeitavam o que a História pensaria daquele veredito). Rejeitou o amigo Críton, que se ofereceu para tirá-lo da prisão e ajudá-lo a fugir. Por quê? Devido a vários argumentos notoriamente ruins. Mas talvez também tivesse uma pista do que a História lhe reservava. Essa é a fantasia de todos os mártires, mas raramente (com uma ou outra exceção) se realiza com tanto sucesso.

(Cf. Aristóteles, que declarou à la Falstaff: "Atenas não terá uma segunda oportunidade de pecar contra a filosofia." A sabedoria é a melhor parte da coragem.)

Sócrates foi e se mantém um paradoxo, a personalidade única da qual se originam e fluem todas as confusões e compulsões posteriores da filosofia, como as conversas de sua boca em permanente movimento. Insistia na razão, mas era na arte da retórica que se mostrava campeão. Estabeleceu-se, por puro carisma, como homem de paixão, mais do que de contemplação. Tinha sempre resposta rápida e pergunta pronta, mais do que teoria ponderada. Na verdade, não se sabe se elaborou teorias sobre alguma coisa, muito menos se respondeu a suas próprias perguntas. Até sua grande *República*, que nos dois mil anos seguintes fez o Ocidente discutir "O que é justiça?", não chega a nenhuma conclusão óbvia e no mínimo insinua que talvez ela não exista.

Sócrates insistia em *definições*, condições necessárias e suficientes que cobririam todos os casos apropriados sem excluir nenhum, mas ele mesmo era muito melhor nos contraexemplos inteligentes e na refutação hábil. E depois de refutar todas as definições propostas, aproveitava sua vez não com mais um esforço fadado ao fracasso, mas com um conto ou uma fábula, uma cidade imaginária ou um retrato da psique como uma parelha de cavalos selvagens com seu condutor, recordando o encontro imaginário com uma musa ou entregando-se a especulações sobre a imortalidade da alma. Na verdade, era um criador de mitos, um escultor de mitos e contramitos — o mundo das Formas, do verdadeiro Ser, a fuga da caverna, o ideal da verdadeira integridade, a imortalidade da alma. Propôs que os poetas fossem expulsos da república como mentirosos e charlatões, mas era ele o maior poeta, mentiroso e charlatão.

Assim, há dois Sócrates, o entusiasta de carne e osso de 2.500 anos atrás e o nome anexado à construção lógica e exangue de um punhado de argumentos duvidosos e loucas teorias sobrenaturais. Apropriamo-nos do fascínio de Sócrates pelos enigmas e paradoxos, mas perdemos de vista tanto as preocupações pessoais profundas quanto o irreprimível senso de humor que o motivava. Pior ainda, a filosofia adotou uma falsa moral exclusivista que simplesmente menospreza as preocupações sinceras da maioria dos alunos e de outros fãs da filosofia. Sócrates estava certo: a filosofia pode e deve ser um prazer, não um fardo. Isso não significa que seja fácil. Ou que qualquer coisa sirva. Sócrates, porém, enfrentou a morte com muito mais equanimidade do que a maioria dos filósofos no simples enfrentamento de seus pares e de seus alunos em sala de aula. As caretas angustiadas dos pensadores profundos de hoje não servem para Sócrates.[19] O sorriso e a risadinha de prazer são as expressões mais adequadas da sabedoria.

CAPÍTULO 1 A vida apaixonada

O que resta da vida, exceto ter amado?

Victor Hugo

Diga-lhes que tive uma vida maravilhosa.

Ludwig Wittgenstein (últimas palavras)

A vida é rica e farta de possibilidades e paixões. Com demasiada frequência a filosofia, incluídas as filosofias de vida, é leve e enxuta demais, reduzida a princípios esqueléticos, conceitos reducionistas, teorias obstinadas. A ética, que deveria servir à filosofia de vida, é famosa nesse aspecto. Durante boa parte do século XX e também do século anterior, fez-se um meticuloso esforço para reduzir a ética a um só ponto de vista e até a um único princípio, o "princípio da utilidade" ou o "princípio do respeito". Ou, de modo desdenhoso e desastroso, a ética (junto com a política e a filosofia social, a estética e a religião) foi jogada à margem da filosofia como "filosofia não real"; desdenhada como "suave", "meramente subjetiva", "estritamente falando, sem significado."[1] A opulência e a complexidade da paixão e da vida humana reduzem-se a um único e mui louvado atributo, a chamada racionalidade, que Bernard Williams classificou como "tema sem graça".[2] "O homem [*sic*] é um animal racional", declarou Aristóteles há 25 séculos, e os filósofos modernos precipitadamente endossaram, reduzindo o "animal" à mera biologia e limitando a "racionalidade" à lógica e à linguagem. Sem dúvida, Aristóteles ficaria horrorizado.

Quero defender um conceito de vida "espesso", que tem sido frequentemente ignorado ou desdenhado pela filosofia e, com ele, um conjunto de virtudes que têm sido frequentemente ignoradas na ética. Para começar, gostaria de defender o que o filósofo Sam Keen chamou de *vida apaixonada*[3] num livro com esse título. Nem exótica, nem incomum. Trata-se da vida definida pelas emoções, pela dedicação e pela crença apaixonadas, por uma ou mais buscas, projetos grandiosos, afeições abrangentes. Às vezes também é caracterizada (por exemplo, por Goethe em *Fausto*, por Kierkegaard e por Nietzsche) em termos de frenesi, ambição desregrada, "doença fatal", metas essencialmente insaciáveis, afeições impossíveis. Quero contrastar essa concepção de vida com a moralidade ordinária e com "ser uma boa pessoa", embora por razões óbvias eu não queira dizer que se deva abandonar esta para buscar aquela. Esse é um erro que Nietzsche aponta com frequência com sua postura "imoralista" e com suas metáforas guerreiras, mas, apoiado em sólida base textual, estou convencido de que não era esse o resultado que ele pretendia.[4] Nem quero afirmar de forma dogmática nenhuma superioridade da vida apaixonada e engajada sobre a vida mais calma e rotineira ("burguesa", na ladainha agora padronizada da rebelião boêmia).[5] Por outro lado, entretanto, quero questionar se a simples vida adequada, a obediência às leis, os cálculos utilitários da "escolha racional", o respeito aos contratos e aos direitos dos outros e um tiquinho de moralismo é tudo o que a boa vida exige, ainda que se preencham os espaços não morais com prazeres e realizações aceitáveis. O significado da vida não está reservado àqueles que são meramente "bons", e a visão (comum aos antigos, aos românticos e aos roqueiros contemporâneos) de uma vida que queima com fulgor em vez de enferrujar-se inexoravelmente não deve ser tão facilmente desdenhada, nem mesmo por aqueles de nós com bem mais de 30 anos.[6]

Em nível mais profundo, muitos filósofos, como Sócrates, Spinoza, Schopenhauer e os estoicos, além de Buda, Confúcio e Chuang-Tsé, e até mesmo Adam Smith, para citar alguns, defenderam alguma variante de "paz de espírito" ou "tranquilidade" (ataraxia, *apatheia*, nirvana, tao, *an*) como o maior dos bens, o que também quero questionar. Não se trata certamente de que esses pensadores e suas tradições tenham encorajado ou defendido a total ausência de emoção. (Adam Smith era firme defensor dos sentimentos morais, por exemplo; e variantes da compaixão e mesmo da bem-aventurança são essenciais em muitas tradições asiáticas.) Todos, porém, foram mais ou menos convictos ao insistir em afirmar que emoções fortes e violentas, do tipo capaz de "nos arrastar", são, na melhor das hipóteses, inconvenientes e muitas vezes desastrosas, até mesmo fatais.

Neste capítulo, pelo contrário, gostaria de promover a legitimidade do temperamento dionisíaco da vida, revelado em metáforas dinâmicas em vez de estáticas, em noções de "energia", "entusiasmo", "carisma" e até "mania".[7] É também a concepção erótica da vida sugerida por poetas como Homero, Byron e (Allen) Ginsberg, às vezes, talvez, carregada de desespero e *Weltschmerz*,* mas também sustentada pela alegria e pela exuberância. Mais próxima da maioria dos filósofos, a vida sabidamente neurótica mas admirável de Wittgenstein serve de exemplo impressionante (e não só por seu gênio). Na verdade, a rejeição da principal distinção entre felicidade e sofrimento ("bem" e "mal", respectivamente) pode fazer parte do ponto de vista que quero defender, embora aqui essa tese exótica esteja além do meu alcance (há no Capítulo 5, porém, uma desajeitada tentativa). A tese mais modesta é a de que a vida virtuosa pode ser mais do que se tornar o vizinho amigável, o cidadão respeitável, o colega responsável e o zumbi afetivo que muitos filósofos e gurus morais contemporâneos querem que sejamos.

Para expor a questão de modo filosófico mais sóbrio ainda: neste livro, quero promover, entre outras coisas, a importância de uma dimensão muito negligenciada da ética: a das paixões e, de modo mais geral, das emoções.[8] Hoje a chamada ética da virtude, que enfatiza a avaliação ética do agente e de seu caráter, é reconhecida como alternativa viável às teorias consequencialistas e baseadas em atos e princípios. É verdade que o conceito de virtude também foi retalhado em fatias finíssimas por alguns filósofos, mas a virtude da ética da virtude, a meu ver, é o enriquecimento tanto da descrição moral quanto da vida moral.[9] Os princípios do dever e da utilidade são sabidamente poucos. Concentrar-se na virtude e em questões de caráter tende a levar em conta a pessoa como um todo, a história, as circunstâncias, a cultura, o significado ge-

*Em alemão no original: "a dor do mundo". (*N. T.*)

ral. É claro que há considerável discordância sobre o que conta como virtude e exatamente como as virtudes se relacionam com o caráter, com os princípios e com a ação. A essa lista de questões quero acrescentar o modo como, na ética, as virtudes e o caráter se relacionam com a emoção.

É óbvio que muitas das virtudes mais citadas, quase todas, aliás, envolvem alguma preocupação com as emoções, mas em geral de modo negativo. A coragem, por exemplo, tem muito a ver com a superação do medo, como defendeu Aristóteles com certa extensão em sua *Ética a Nicômaco*. Philippa Foot argumentou de forma memorável que as virtudes são "corretivos" da emoção e mantêm sob controle as emoções mais vulgares e voltadas para o interesse próprio.[10] A maior parte dos vícios tradicionais (avareza, luxúria, orgulho, ira e talvez inveja, embora claramente não a preguiça) é logo definida como excesso de emoção. Muito frequentemente, entretanto, a ausência de qualquer uma dessas emoções é considerada virtude (abstinência, castidade, recato etc.). Assim, Nietzsche recomenda (em vários lugares) não identificar o "homem eviscerado" com o homem bom.

Sob luz mais positiva, os teóricos do sentimento moral, Francis Hutcheson, Hume, Shaftsbury e Smith, assim como Schopenhauer, defenderam que toda a ética se baseia em emoções como solidariedade, piedade ou compaixão (*Mitleid*), mas muitas vezes essas emoções (ou sentimentos) foram consideradas piegas, meramente sentimentais ou pior (Nietzsche, naturalmente, as entende em seu pior aspecto, eivadas de presunção, superioridade agressiva e hipocrisia.[11]) No caso da coragem, a virtude é moduladora da emoção (assim como em "bom temperamento" e "sensatez"). No caso da solidariedade, a emoção é motivo. Pode-se, do mesmo modo, argumentar que ser compassivo ou ter compaixão é virtude por direito próprio e não só na medida em que se trate de "estado de caráter" durável, como defendem Aristóteles e a maioria dos éticos da virtude. (Imagine uma pessoa geralmente insensível que sente compaixão uma única vez, mas na hora certa.)

Ainda assim, Aristóteles reconhece algumas emoções como virtudes, por exemplo, o orgulho (muito embora sua noção de orgulho seja bem diferente da nossa) e, ainda que de forma bastante desajeitada e apologética, a vergonha, "quase virtude" (quem é incapaz de sentir vergonha, presumivelmente, também é desprovido de orgulho ou, segundo um provérbio etíope, "o homem sem vergonha é um homem sem honra"). Em outras palavras, uma emoção pode ser por si uma virtude, sujeita, certamente, a várias restrições contextuais e considerações sobre intensidade e adequação.

Esta é a afirmação de que me ocupo aqui: que as paixões *como tais* podem ser virtudes (bem como vícios, aliás). Aristóteles pergunta, no segundo livro da *Ética*, se as virtudes devem ser consideradas paixões ou estados de caráter e argumenta com firmeza a favor destes e contra aquelas. Não nego que as virtudes sejam tipicamente estados de caráter (nem que as paixões possam ser estados de caráter), mas parece-me que elas (o amor incluído) também podem ser virtudes.

Aristóteles supõe as paixões passageiras, pressuposto, de resto, comum. A verdade, diria eu, é que as paixões (ao contrário de surtos transitórios de emoção, ataques de raiva, "paixonites" e coisas semelhantes) costumam ser duráveis e, de fato, "obstinadas."[12] As paixões, particularmente, parecem aludir apenas a emoções duráveis e ao mesmo tempo intensas. Não dá para entender bem a afirmação de que alguém "ama apaixonadamente, mas apenas alguns minutos de cada vez", exceto talvez como ironia. Do mesmo modo, gostaria de questionar a caracterização hoje padronizada da virtude como (na expressão de Bernard Williams) "*disposição de caráter* de escolher ou rejeitar ações".[13] As paixões e as emoções não são meras "disposições de caráter", a não ser no sentido banalizante de que naturalmente tendem a tornar mais provável a escolha deste ou daquele rumo de ação.

A emoção, entretanto, não é uma disposição; em primeiro lugar, trata-se de uma vivência e de um modo de estar-no-mundo. Como tal (no jargão criado por Gilbert Ryle[14]), é episódica e não disposicional. Isso não nega a possibilidade de a paixão manter-se por muitíssimo tempo, uma vida inteira, até, e incluir grande número de disposições — a disposição de ter outras emoções também (com base nisso, já ouvi muitas vezes o argumento de que o amor não é emoção, mas disposição a emoções.[15] Ele me parece, porém, como tantos nessa área, aliás, simplificar em excesso o que é sentir emoção, além de entender muito equivocadamente o que é amar). Além disso, a paixão como virtude não só não precisa ser uma disposição de caráter como pode, até, ser "contrária ao caráter" e oposta a tudo o que normalmente se esperaria daquela pessoa.[16] O "apaixonar-se" e os atos de heroísmo induzidos pelo estresse costumam exemplificar esses "lapsos". De fato, tais exemplos são razões mais do que convincentes para considerar seriamente as paixões virtudes *em vez de* disposições de caráter.

Começarei confrontando várias objeções comuns à primazia do que Kant chamava de "inclinações" na ética, de acordo com a tradição kantiana — embora seja possível argumentar que não de acordo com o próprio Kant.[17] Depois voltarei a atenção para uma emoção específica, o amor. Essa palavra de promíscua amplidão inclui tudo, da afeição filial à devoção aos santos, mas só algumas dessas acepções seriam consideradas apaixonadas. Entre elas, com certeza, estaria o amor que chamamos de "romântico", o amor que "queima" (como descreve a Marianne de Jane Austen em *Razão e sensibilidade* ou como cantam June e Johnny Cash em "Ring of Fire"). Há milênios, Platão defendeu a paixão de *eros* como uma virtude assim. Aristóteles, talvez mais discreto, defendeu a virtude da *philia* (na verdade, essa é a discussão mais longa de sua *Ética*), mas não fica totalmente óbvio até que ponto se trata de paixão e não mais do que chamaríamos de "afeição". Não levarei em conta aqui o denominado amor à humanidade (*ágape*, *caritas*) e deixarei compaixão, solidariedade e afins para o Capítulo 4, apesar de seu papel muito antigo na ética, não só no cristianismo, no confucionismo e no budismo, como também nas "teorias do sentimento moral" que, no século XVIII, povoaram o Iluminismo europeu voltado para a razão.[18] Seguirei aqui uma rota mais difícil e defenderei o que hoje chamamos de amor romântico, amor erótico, como virtude — na verdade, como virtude exemplar. Minha meta é nada mais, nada menos, do que virar de cabeça para baixo todo o nosso quadro das virtudes (e, junto, o dos vícios) ou, mais adequadamente, visualizá-las a alguma distância da cabeça (alguns diriam "do coração", mas isso é fisiologicamente questionável). Quero defender a ideia de que podemos chamar de virtude o entusiasmo, sendo o exemplo mais óbvio o entusiasmo nascido dos apegos do amor.

Correndo o risco de ser demasiado sensato, permitam-me fazer importante ressalva a minha defesa. Quando anuncio que defenderei a vida apaixonada e as paixões como virtudes, esclareço: nem toda paixão e nem toda emoção servem, e as emoções, ainda que sejam virtudes, podem não o ser sempre.[19] Sou cautelosíssimo, por exemplo, com alguns tipos de emoção coletiva: histeria bélica, racismo e aquele tipo de paixão que resulta em genocídio (tampouco sou otimista quanto ao papel das paixões "sublimadas" ou "deslocadas" que lhes são aparentadas e tão inescapáveis nos estádios esportivos. A alegria irrestrita dos fãs de esportes, que fora isso pouco têm para se alegrar e que nada mais fazem além de comprar uma entrada ou sentar-se em casa e assistir à televisão, será sempre um mistério perturbador para mim). Há emoções que estão fora da faixa da virtude (inveja, por exemplo) e há graus ou intensidades na emoção (embora eu questione essa classificação quantitativa) que não são, de modo algum, virtuosos.

Quanto ao amor, por exemplo, há uma sutil distinção entre paixão e obsessão (frequentemente ignorada por *parfumiers* e fabricantes de *jeans*), e não estou, em absoluto, defendendo a obsessão (embora a diferença possa ter mais a ver com reciprocidade do destinatário do que com paixão propriamente dita). Existe amor mal direcionado, amor tolo, amor possessivo demais (que talvez seja melhor caracterizar como ciúme) — não são virtudes nem virtuosos, embora até um amor tolo possa demonstrar mais virtude do que nenhum amor. É importantíssimo, porém, observar a distinção e a afinidade entre amor apaixonado e amor obsessivo, incluída a obsessão sexual, pelo menos para demonstrar uma questão fundamental sobre a natureza das virtudes. Costuma-se referir virtude ao que se pode controlar, e estar "fora de controle" é a própria antítese da virtuosidade (pensem na palavra "virtuosismo").[20] É, contudo, a própria natureza do amor que não está, ou não está inteiramente, sob controle. Por outro lado, ela está bem vinculada também ao destino, assim como aos caprichos e ao bem-estar do outro. Julgamos que paixão e desejo vêm e vão, de modo bem indiferente a nossas esperanças e compromissos. O que chamamos de obsessão pode ser apenas o firme apego necessário nos mares encapelados da constante transformação da vida em comum, e o que chamamos de paixão deve-se em parte à incerteza que acompanha esse apego. Meu argumento é no sentido de que essa paixão, esse entusiasmo diante da incerteza, a aceitação daquela falta de controle é que constitui a virtude do amor.

Finalmente, gostaria de generalizar esse salto mortal filosófico na obra de Friedrich Nietzsche, o mais aventuroso e provocante eticista moderno da virtude. Às vezes Nietzsche se autointitula "imoralista"; essa descrição irascível de si mesmo aponta, contudo, para a rejeição não da ética, mas da concepção de moral e de moralidade definida de modo mais memorável por Kant e, historicamente, pela tradição judaico-cristã. Em contraste, Nietzsche também defendia uma versão da "ética da virtude" (ele não gostaria desse rótulo horroroso) na qual a virtude e a paixão tinham papel primordial. A ética, em poucas palavras, não é uma imposição externa, seja de Deus, seja da Lei, seja do "rebanho", nem consiste naqueles cálculos e estados de caráter que tendem a promover diretamente o bem-estar social ou o bem público, como se costuma interpretar. Tampouco consiste em obediência às exigências racionais internas da Lei Moral ou da "consciência", nem, aliás, naquele amor generalizado que os cristãos costumam louvar como ágape. "O que é bom? — Tudo o que aumenta o sentimento de poder", escreve Nietzsche no começo do obviamente polêmico *O Anticristo*. Entendo que "sentimento de poder" tem muito a ver com emoções e paixão.

No livro anterior de Nietzsche, *A gaia ciência*, o próprio título indica a defesa da vida apaixonada: *la gaya scienzia*, a vida dos trovadores, uma vida de anseio (*languor*) e de amor. Do mesmo modo, o "imoralismo" de Nietzsche foi muitas vezes considerado próximo do esteticismo, ou seja, da tese de que a ética e os julgamentos éticos reduzem-se ou traduzem-se em estética e julgamentos estéticos.[21] Embora me pareça haver muita verdade nisso, esta não é minha posição aqui; quero antes insistir na ênfase de Nietzsche nas paixões e, especificamente, em sua noção vigorosa e arrepiante de "vontade de poder", que enfatiza não a estética, mas algo mais: "energia, "entusiasmo", "força", assim como "autodomínio", que não significa a vitória sobre as paixões, mas seu cultivo. Isso obviamente se opõe não só à razão prática kantiana, ao cálculo utilitário e ao hedonismo como também àquelas concepções mais benignas da emoção na ética, defendidas pelos teóricos do sentimento moral e (mais importante para Nietzsche) por Schopenhauer. Permitam-me, porém, dizer também, antes de prosseguir, que o papel da vontade de poder de Nietzsche, parece-me, costuma ser mal compreendido e muito inflado, tendo ela sido elevada a um status que não deveria ter em sua filosofia. Não vou discutir aqui essa questão[22] mas apenas argumentar que existe uma ética plausível da virtude e do vício, aparentemente bem diferente do padrão das descrições da "ética da virtude" e, de modo mais amplo, das várias éticas da "razão prática". Com desculpas a Goya, sugiro que não só o sono da razão, mas também sua hegemonia, produz monstros.[23]

O AMOR COMO VIRTUDE: CONTRA O PARADIGMA KANTIANO

> O amor nascido da inclinação não pode ser comandado; mas a bondade feita por dever — embora nenhuma inclinação nos mova, e muito embora a desinclinação natural e invencível fique em nosso caminho — é amor Prático, e não Patológico, e reside na vontade e não na compaixão que se derrete.
>
> Kant, *Fundamentos da metafísica da moral*

> Ele [o amor] não hesita em intrometer-se com seu lixo (...) Sabe como insinuar seus bilhetes e cachos de cabelo até em pastas ministeriais e manuscritos filosóficos. Todos os dias, fermenta e incuba as piores e mais embaraçosas querelas e disputas, destrói os relacionamentos mais valiosos e rompe os laços mais fortes. (...) Para que tanto barulho e confusão? (...) A questão é meramente cada João encontrar sua Maria (o bondoso leitor deve traduzir esta frase em estrita linguagem aristofânica). Por que tamanha ninharia teria papel tão importante?
>
> Arthur Schopenhauer, *O mundo como vontade e representação*

Schopenhauer estava entre os kantianos que se voltaram contra o mentor. Tão impregnado da visão de mundo kantiana quanto o Grande Pessimista, na ética ele se rebelou. A compaixão (*Mitleid*), e não a razão prática, era o coração e a base da ética. Ao tratar do amor sexual, entretanto, Schopenhauer não foi muito mais esclarecido do que Kant (embora sem dúvida fosse mais experiente). "Lixo, barulho e confusão", diz ele, com mais do que uma pontinha de sarcasmo. Naturalmente, quase tudo na vida humana — com exceção da arte, do budismo e de sua própria filosofia — era desprezível para Schopenhauer, e o amor com certeza não estava entre as salvações da vida. Na verdade, a paixão em geral não passava de algum tropeço da vontade, aquela singular falta de objetivo metafísico que define e domina todos nós. Além da compaixão (que Kant foi mais um a reconhecer como "bela"),[24] Schopenhauer também minimizava "as inclinações" e desdenhava particularmente as paixões como irracionalidade. Como Kant, descartava francamente a afeição romântica, considerando-a sem nenhuma relevância para o valor moral.

O paradigma de juízo moral e racionalidade de Kant vem mantendo sua hegemonia na ética desde o Iluminismo. Por mais que se tenha suavizado a agudeza do racionalismo de Kant e que se tenha ampliado seu conceito de juízo moral, a prioridade permanece inegável e, em seus seguidores, descaradamente óbvia: a filosofia moral nada é se não for objetiva, desapaixonada, baseada em princípios, excludente de referências específicas a si mesma e independente de "preconceitos" pessoais. Por exemplo, em *The Moral Rules*, Bernard Gert despreza os sentimentos como moralmente sem valor e insiste em afirmar que eles "só são moralmente importantes na medida em que levam a ações moralmente boas".[25] Espanta o fato de o paradigma excluir, notadamente, a maioria das emoções e o amor em particular, exceto na medida em que possam ajudar a motivar o dever ou, talvez, servir "ao maior bem para o maior número". Bernard Williams ressalta que seria insano preferir o ato de bondade decorrente de princípios ao da afeição pessoal, como recomenda Kant. Seja ou não genuinamente kantiana, pode-se imaginar a recomendação transposta para o terreno do amor apaixonado. A mera sugestão é aterradora (vem à mente a linguagem do "dever conjugal"). Pensa-se na miríade de prazeres, afeições e obrigações experimentada no amor; em vez de insistir em afirmar que o amor é amoral (na melhor das hipóteses), devíamos tratá-lo como virtude e abandonar a noção "kantiana" e demasiado impessoal de moralidade.

É tentador afirmar que o que torna admiráveis o amor e outros "sentimentos", como o fez Gert, são suas consequências, o fato de que tendem a resultar em "ações moralmente boas". Pode ou não o amor de fato "resultar" em ações dignas de louvor; o valor de nossos sentimentos, entretanto, não depende da desejabilidade de nenhuma ação resultante nem de suas consequências.[26] O amor é o exemplo mais persuasivo: nele, o valor de nossas ações depende dos sentimentos que elas exprimem. Ações generosas e até heroicas podem decorrer do amor, ainda que sua virtude consiga manter-se sozinha (Sócrates critica Fedro no *Simpósio* exatamente pelo fato de ele elogiar mais as consequências do amor [o bom comportamento] do que a virtude do amor propriamente dito). Podemos considerar Marianne boba (em *Razão e sensibilidade*), mas é fácil admirar sua paixão, enquanto a literatura inglesa do início do século XX está cheia de gentis-homens kantianos, que agem segundo seus princípios e são totalmente repugnantes. Não só é desejável amar, como aqueles que não amaram (quer tenham ou não perdido também)* ou temem não conseguir amar se preocupam, com razão, não só com seu próprio caráter, mas também com sua completude como seres humanos, sem nada a ver com questões de ação e desempenho. Nós (seus amigos) também nos preocupamos com eles. O amor é por si admirável, sejam quais forem seus efeitos e consequências.[27]

A oposição ao amor e a outros sentimentos como ingredientes essenciais da moralidade não combina com a ênfase a ele atribuída (ainda que ágape, e não eros) como virtude suprema no Novo Testamento, no qual com certeza a intenção não é utilitária nem kantiana. É exatamente essa excentricidade que Kant tenta explicar no trecho sobre "amor patológico" citado no início desta seção. Ele acredita, parece, que só o que pode ser "comandado" é moralmente obrigatório; e o amor, como paixão, não pode ser comandado. Essa declaração específica tem sido muito

*Referência ao conhecido verso de Alfred Tennyson: "*better to have loved and lost than never have loved at all*" — melhor ter amado e perdido do que nunca ter amado. (*N. T.*)

contestada, como, por exemplo, no artigo de Edward Sankowski sobre amor e obrigação moral, que defende a ideia de que, pelo menos, responsabilizamos as pessoas como promotoras ou inibidoras das condições que fazem brotar o amor.[28] Pode-se também questionar a afirmação de que só o que pode ser comandado é moral (até mesmo obrigatório); muito do que faz parte do "bom caráter", embora cultivável, não pode ser comandado. Também é possível defender, como tantas vezes tenho feito, o fato de que as emoções são muito mais voluntaristas e sob nosso controle do que normalmente acreditamos, e não só no sentido de que podemos promover ou evitar as condições em que costumam surgir. Isso não significa que uma emoção como o amor possa ser simplesmente produzida por um ato de vontade ou volição, do modo como se é capaz de produzir um pensamento ou o movimento de um dedo. Em frase dantesca, não pode haver nenhuma "ação básica" no que concerne ao amor.[29] Insistir em afirmar que o amor (ou, aliás, praticamente todas as ações virtuosas) possa ser produzido *ex nihilo* é, com certeza, um mal-entendido.

Pode parecer que Kant está de acordo com a ética do Novo Testamento, a de que é sempre o universal que importa na moralidade, mas as virtudes são sempre particulares.[30] E na maioria das interpretações do amor cristão, ele é, enfaticamente, o amor individual das pessoas. Um cristão exemplar amará todas as pessoas individualmente. Sua afeição e seu respeito não estão reservados apenas ao universal (Deus, humanidade). Na verdade, até Kant insiste que amamos a humanidade *numa pessoa*. Além disso, o amor, principalmente o amor erótico ou romântico, não é apenas individual: ele é seletivo, exclusivo até. É a elevação de uma pessoa comum a alturas extraordinárias com privilégios também extraordinários. Em tais instâncias, a ideia de um "imperativo categórico" — um "tem de" universal — é risível. No modelo kantiano, a particularidade do amor pareceria um paradigma da irracionalidade, uma versão de nossa tendência a fazer exceção de nós mesmos, nesse caso fazendo exceção das pessoas mais próximas de nós. O amante que insistisse em tratar todos, incluindo quem ele amasse, de modo impessoal e desapaixonado nos pareceria inteiramente repugnante.

Às vezes afirma-se que as emoções em geral e o amor em particular são irracionais e, portanto, sendo caprichosos,[31] não podem ser virtudes. Simplesmente vêm e vão, todos contingência, sem necessidade racional nem constância de razão. Consideremos, porém, à mesma luz a acusação de "inacessibilidade".[32] É sabidamente difícil, depois que alguém já se apaixonou, expurgar essa emoção, ainda que se tenha então transformado em fonte intolerável de dor. De modo mais positivo, o amor tende a aumentar, a ampliar-se com o tempo, a encontrar, pelo próprio amor, ainda mais razões para amar.[33] Eu diria que esse não é um argumento contra as emoções; trata-se, parece, de um aspecto de sua virtude. É o capricho passageiro que criticamos, não a devoção inamovível. É a raiva súbita que chamamos de irracional, não a animosidade há muito motivada e bem ponderada (o que não é dizer que a raiva súbita seja sempre imprópria ou inadequada nem que a cólera a longo prazo não seja às vezes irracional e até mesmo insana). É verdade que as emoções são teimosas e intratáveis, mas é isso — ao contrário da ação segundo princípios, em última instância menos confiável — que as torna tão essenciais à ética. Quem luta por paixão pode ser mais confiável do que quem o faz por um princípio abstrato. A intratabilidade é uma virtude das emoções, a racionalização, um vício da razão. Na verdade, podemos até dizer que a verdade das emoções é (em parte) sua intratabilidade, sua resistência à mudança.

Também se diz que o amor e outras emoções confundem ou distorcem nossa experiência e, portanto, não são virtuosos. Mas consideremos: um amante sem atrativos olha com desejo a amada igualmente comum e declara "você é a mulher mais linda do mundo". Como entender isso? Autoengano? Insanidade? Com certeza não é cegueira, pois não se trata de não conseguir ver. Na verdade, ele pode afirmar até que vê muito mais do que nós ou com mais profundidade. Pressionado com má-educação, nosso amante apaixonado pode até, ressentido, admitir a questão, talvez recuando fenomenologicamente para "bem, ela é a mulher mais linda do mundo para mim". Sabemos, porém, que essas restrições são tratadas na filosofia com o adequado desdém epistemológico. Não seria melhor, então, considerarmos essa visão privilegiada parte da virtude em vez de vício do amor? (É óbvio que esse argumento não pode ser generalizado de forma acrítica para outras emoções.)

Em termos objetivos, o amor pode ser contrário a tudo o que a ética filosófica gosta de enfatizar: objetividade, impessoalidade, desinteresse, universalidade, respeito às evidências e argumentos, e assim por diante. Ainda assim, parece-me que tal "irracionalidade" compõe algumas de nossas características morais mais importantes. Preocupamo-nos com o outro, existam ou não evidências ou argumentos de que temos de fazê-lo; e o consideramos belo, encantador e desejável, aparentemente sem referência a padrões comuns. Pensamos mal, e não bem, do amante cujo amor "se altera quando alteração encontra" ou se curva à opinião de amigos. Muitos até julgam admirável, embora também tolo, continuar amando quem já se mostrou totalmente desmerecedor desse amor (a imprensa popular parece confirmar essa opinião nada apologética do amor, como, por exemplo, no caso de mulheres que se apaixonam por criminosos presos ou por um assassino condenado à morte, como no filme *Os últimos passos de um homem*, e com eles se casam.) O amor (ou o amar) é em si a virtude, uma virtude tão importante que diante dela a racionalidade empalidece.

A VIRTUDE DE EROS

> É por isso que digo que Eros é o mais velho dos deuses, o mais homenageado e o mais poderoso para conceder virtude e bem-aventurança aos homens, tanto aos vivos quanto aos mortos.
>
> Fedro, no *Simpósio* de Platão

> A espiritualidade da sensualidade é chamada *amor*; ela constitui um grande triunfo sobre o cristianismo.
>
> Nietzsche, *Crepúsculo dos ídolos*

Muito do que argumentei anteriormente seria verdadeiro no caso de praticamente todas as variedades de amor (assim como de outras afeições), mas é o amor erótico, ou eros, o caso exemplar para a defesa da vida apaixonada. Se no amor paternal ou filial, por exemplo, encontra-se grande número de virtudes, como é possível argumentar, pode-se, por outro lado, questionar se elas também estão presentes na angústia e na excitação visíveis que cercam eros. Observe-se, nesse aspecto, a distinção entre eros e ágape, amor "sexual" e amor altruísta e sem sexo. É uma distinção que, nos séculos decorridos entre Platão e a institucionalização sólida do cristianismo paulino, foi traçada com crueza cada vez maior, para grande desvantagem de eros — então considerado puramente erótico e reduzido ao desejo sexual, o que, com certeza, ele não é. Ágape foi caracterizado como doação altruísta, em oposição a eros, que assim se torna apropriação ou ânsia egoísta. Idealizado a ponto de mostrar-se uma atitude só possível a Deus, ágape torna-se assim praticamente inaplicável aos nossos sentimentos de humanos. A eros, pelo contrário, rebaixado ao nível do secular e profano, foi negado todo traço de espiritualidade.

Pensar no amor como virtude é, antes de tudo, expandir (novamente) o domínio de eros. Não é preciso negar a desejabilidade (ou a possibilidade) de ágape altruísta para insistir que eros tem pelo menos algumas de suas virtudes. Eros difere de ágape na predominância do desejo autointeressado, mas nem por isso é egoísta, e o desejo não é apenas sexual. Inclui o desejo físico muito mais geral de *estar junto*, desejos pessoais como "ser apreciado" e "ser feliz junto", desejos inspiradores como "ser o melhor para você" e desejos "altruístas" como "fazer todo o possível por você". Observe, porém, como a linguagem da moralidade se decompõe nesses pensamentos, e não porque recuemos para o terreno do pré-moral ou do amoral, mas porque a própria distinção entre "seu" e "meu" começa a dissolver-se.

Ingrediente fundamental da depreciação de eros foi a desaprovação do sexo. É erro comum, quando se fala em sexo, pensar no outro como mero "objeto" de desejo, o que leva à ideia de que eros também é degradante e só busca sua própria satisfação. Vejamos o que diz Kant sobre o assunto:

> Como a sexualidade não é a inclinação que um ser humano tem por outro como tal, mas sim a inclinação pelo sexo do outro, ela é um princípio da degradação da natureza humana, uma vez que dá origem à preferência de um sexo por outro e a sua desonra por meio da satisfação do desejo.[34]

A pergunta certamente (como a fez Platão 2.300 anos antes) é *o que* se deseja quando se deseja sexualmente o outro. No *Simpósio*, Aristófanes sugere que não se deseja apenas a união sexual, mas também a (re)unificação permanente com o outro; Sócrates insistia que na verdade se querem as Formas. Mesmo que consideremos essas metas demasiado fantásticas para eros, é certo que os gregos, ao contrário de Kant e de muitos modernos, percebiam que o desejo sexual é muito, muito mais do que o desejo de sexo e que de modo algum se opõe ao desejo virtuoso. No mínimo, fica evidente que o desejo sexual é um tipo poderoso de desejo pelo outro através do sexo. A pergunta é: desejo de quê? E de modo algum deveríamos supor desde o princípio que a resposta a essa pergunta tem algo a ver com objetos sexuais. Na verdade, aproveitando a deixa de Hegel e Sartre, podemos dizer, em vez disso, que tem tudo a ver com o sujeito sexual, a pessoa como agente da atividade sexual e como receptor (ou cocriador) da experiência sexual.[35]

Em outras palavras, o apego apaixonado de uma pessoa por outra é uma virtude porque incorpora uma forma de respeito, embora, com toda a certeza, bem diferente da forma de respeito abstrata e atenuada promovida por Kant e pelos kantianos. Achar que sexualidade e respeito são mutuamente opostos pode ser um pesadelo típico de adolescente (pode-se acrescentar que é fácil usar a condição de adolescente contra qualquer um que se veja lançado de repente de volta ao jogo do "ficar com alguém"). Dificilmente seria a voz da experiência ou da sabedoria. A sexualidade é a forma mais íntima de apego e envolve por inteiro mente e corpo. Na verdade, pode-se perguntar até que ponto a exclusão do aspecto sexual do terreno da moral (com exceção, é claro, de todas aquelas regras e proibições) tem a ver com o fato de ele ser inevitavelmente corporal e envolver as partes mais complicadas, vulneráveis e delicadas do corpo. Como isso está longe do "sujeito" purificado que habita o mundo "inteligível" kantiano! Para responder à objeção de Kant, podemos dizer que, no sexo do amor (que, com toda a ênfase, não é o que Alan Goldman chamou de "simples sexo"), ama-se apaixonadamente o outro *como* tal.[36] Essa me parece ser a principal forma daquele sentimento de respeito que mais admiramos — não apenas o respeito pela lei ou o respeito abstrato que temos pelos outros uma vez que não os perturbamos, mas a aceitação extrema e abrangente e a alegria de assim aceitar outra pessoa.

Um aspecto desse respeito que costuma ser ignorado ou negado é o requisito da igualdade entre amantes. Talvez isso soe estranho à luz das acusações modernas contra o amor como veículo de degradação e opressão das mulheres, mas do ponto de vista histórico fica evidente que, por mais longe que estejamos da igualdade real (social, econômica, política), o amor romântico só aparece com a relativa liberação das mulheres do tradicional e subserviente papel social e econômico. O amor romântico só aparece quando as mulheres começam a ter mais opções na vida — principalmente com relação aos amantes e maridos. Pode-se pensar no Adão de John Milton, criado no início da época do amor romântico, que requisitou especificamente de Deus não um mero camarada ou companheiro ou imagem espelhada de si mesmo, mas um igual, pois "entre desiguais que sociedade/ Pode surgir, que harmonia ou puro prazer?"[37] Ou, parafraseando Stendhal, podemos dizer que o amor tende a criar iguais onde não os acha, já que a igualdade é tão essencial no amor romântico quanto a autoridade na paternidade, quer isso seja adequadamente admitido ou praticado, quer não.

No entanto, talvez o mais importante para nosso propósito aqui seja o fato de que o amor, ao contrário da maioria das virtudes mais enaltecidas (amabilidade, confiabilidade, justiça, recato, temperança, até mesmo a coragem), é *excitante*. Parte dessa excitação é sexual, naturalmente, e tentei nas páginas anteriores não insinuar que a sexualidade seja por si uma virtude. Entretanto, também não é vício nem deveria ser degradada, embora obviamente o sexo seja um meio usável para exprimir todo tipo de mensagem viciosa ou obscena. O sentido em que o sexo é excitante, porém, não se deveria reduzir nem restringir ao que comum ou ambiguamente se chama de "excitação". A excitação física, como o sexo "por si", é moral e hedonisticamente neutra; seu papel em nossa vida depende do contexto e, em especial, das emoções que a acompanham e das relações em que passe a servir de "expressão". É possível, entretanto, compreender melhor boa parte da excitação do sexo em termos de nossa vulnerabilidade, de nossa abertura aos outros de um modo obviamente mais "básico" do que especificado por muitas virtudes reconhecidas. Parte da excitação do amor sexual é a incerteza, sobretudo no início de um relacionamento, mas quero, certamente, argumentar que a excitação da novidade não deve ser confundida com amor.[38] Kierkegaard descreveu a abertura do amor em geral (embora fosse cínico quanto ao amor sexual) como "salto de fé", "verdade subjetiva", "compromisso diante da incerteza objetiva". A esse respeito deve-se notar especialmente que o amor sexual envolve a questão da escolha (por mais que possa parecer questão de destino), e a escolha, a escolha contínua, leva prontamente à angústia existencial, mesmo quando o resultado já está bem decidido.

A principal razão da excitação do amor sexual, contudo, pode ser mais bem explicada pelas expressões filosóficas da autoidentidade. É comum distinguir, em termos de sua "intensidade", paixões de emoções ordinárias ou emoções de crenças ou julgamentos desapaixonados,[39] mas me parece ser possível obter uma explicação melhor nos termos econômicos daquilo que podemos chamar de "investimento" emocional. As paixões definem o eu, são seus grandes "investimentos", de um modo que não se aplica à maioria das emoções. O amor, em especial, pode ser entendido (em parte) como *definir-se no outro e pelo outro.* Isso, obviamente, é muito diferente da visão schopenhaueriana do amor como atração sexual somada à confusão filosófica. Trata-se, antes, de versão atualizada da linguagem "aristofânica" original de Platão sobre o amor como "complementação" e "fusão" de duas almas partidas ao meio.[40] Não posso aqui aprofundar-me nessa análise, mas ela indica que a "intensidade" do amor (bem como de outras paixões e emoções) é coisa muito mais profunda do que a mera agitação neurológica e hormonal.

O compromisso e os apegos entusiasmados do amor quase não combinam com todas aquelas filosofias da *apatheia*, aquela louvação da paz de espírito, uma vez que, por mais alegria e segurança que o amor possa trazer, a indiferença desapaixonada não está incluída. Assim os estoicos, de Crísipo a Spinoza, advertiram contra a paixão frenética e facilmente frustrada do amor, ainda que defendessem também alguma atitude cósmica mais ampla. Aqui Freud e Buda dão-se as mãos e concordam que "desejar é sofrer" e que só a cessação do desejo ("o instinto da morte", nirvana) traz alívio. A sabedoria da "maturidade", nesse aspecto, consiste em importunar para sempre os jovens: cuidado com a comoção do amor, pois com ela só é possível desapontar-se. Com esse ponto de vista, seja defendido por prudência, seja em nome da virtude, não se pode esperar a defesa da vida apaixonada ou a opinião de que amor é virtude. É aqui, porém, que a mudança de ponto de vista, iniciada com nossa consideração geral da emoção e nosso olhar específico sobre o amor, fecha o círculo. Suponhamos que víssemos a vida não com os olhos calmos da eternidade, mas do modo como a vivemos: como curta demais, como insistente pressão, não como quebra-cabeça nem mistério a ser desvendado pela razão.[41] Suponha-se que adotemos a paixão propriamente dita como o maior bem — não qualquer paixão, é claro, mas a vida definida por paixões, como o amor, em vez de pela tranquilidade e pela paz de espírito.[42] Aqui, como sempre, temos de ter cuidado com os sofismas e com as definições "persuasivas". Se abrir mão da paz de espírito significa apenas viver com sensação de fracasso, com frustração, com consciência culpada ou humilhação, por exemplo, então a concepção apaixonada da vida pouco tem para recomendá-lo. Se, porém, uma das virtudes do amor é a excitação constante e essa excitação não é apenas uma interrupção da vida em geral pacífica e "satisfatória" (embora a noção de "satisfação" possa ser distorcida para se adequar a preconceitos filosóficos), então devemos avaliar com seriedade a visão da vida em que a "agitação", e não sua falta, seja nosso maior desiderato. Em nenhum lugar a visão de uma vida assim é tão bem descrita e encenada quanto na prosa vigorosa de Nietzsche.

A VONTADE DE PODER COMO VIRTUDE

> O que é bom? — Tudo o que aumenta a sensação de poder, a vontade de poder, o próprio poder no homem.
>
> O que é mau? — Tudo o que vem da fraqueza.
>
> O que é felicidade? — O sentimento de que o poder aumenta, de que a resistência é vencida.
>
> Não contentamento, mas mais poder; nunca paz, mas guerra; não virtude, mas proficiência (virtude no estilo do Renascimento, *virtù*, virtude sem nenhum ácido morálico).
>
> Nietzsche, *O Anticristo*

É claro que Nietzsche exagera. O exagero (assim como dar passos maiores do que as pernas) não é sintoma incomum do entusiasmo. Do mesmo modo, gerações de bons filósofos racionalistas rejeitaram totalmente Nietzsche ("não é filósofo!") com base em um ou dois de seus aforismos mais hiperbólicos (conta-se que Brand Blandshard, famoso filósofo de Yale, arremessou um exemplar de uma obra de Nietzsche de um lado da sala ao outro, encenando assim uma reação muito comum ao polêmico filósofo até bem recentemente).[43] Nietzsche exagera suas reações contra a moralidade, que denomina, alternadamente, "moralidade de escravo" e "moralidade de rebanho" e, revoltado, qualifica-se como "imoralista". Na verdade, Nietzsche insistia em afirmar possuir "uma moralidade mais severa"[44] e já indiquei que ele de fato queria dizer que devemos entender a moral e a moralidade de um "ponto de vista" diferente, ou seja, com o que hoje chamamos de ética da virtude. Exagera também a reação contra a religião (começando com "Deus está morto"), quando se pode argumentar que defendia o que via de melhor no luteranismo de sua infância e na espiritualidade, que considerava abandonada pelos alemães (principalmente pelo ex-amigo Richard Wagner). Tornou-se famoso ao exagerar sua opinião (incoerente) de que "não há verdade" (enquanto insistia na total honestidade). Em nenhum aspecto, porém, exagera de maneira tão notável e enganadora quanto em seus comentários sobre "a vontade de poder", que começam a todo vapor em *Aurora* (1881) e culminam nos óbvios excessos que iniciam sua última obra filosófica, *O Anticristo* (1889, publicada em 1895), reproduzidos na abertura deste tópico.

Não cabe aqui examinar amplamente a filosofia de Nietzsche nem mesmo a variada complexidade de sua noção de "vontade de poder". Devo, porém, esclarecer por que adoto Nietzsche e não Aristóteles como principal mentor na área da ética da virtude e defensor da vida apaixonada. Delinearei, então (brevemente), o que considero ser a teoria nietzschiana da virtude. Não posso elaborar uma lista das "virtudes de Nietzsche", como é fácil fazer com Aristóteles (embora se deva observar que a lista de Aristóteles, apesar do suposto critério de "meio entre os extremos", jamais foge à suspeita de ser arbitrária). De um lado, começando com o óbvio, Nietzsche não era um pensador sistemático; de outro, ele insistia em afirmar que cada um de nós tem suas "próprias virtudes" e que até nomeá-las é torná-las "comuns" e negar sua unicidade. Um argumento pós-moderno e popular hoje em dia contra todas essas análises da filosofia de Nietzsche aponta que ele não tinha ética, não fazia asserções, não dava "conselhos morais". Até a leitura mais apressada de qualquer um de seus muitos textos mostrará, sem dúvida, a insustentabilidade dessas afirmações são insustentáveis.[45] Ainda assim, essa leitura atraiu alguns dos melhores especialistas em Nietzsche, como Bernd Magnus e Alexander Nehamas.[46] Não vou, porém, tratar dessas questões aqui. Em vez disso, permitam-me supor heuristicamente que Nietzsche tem algum conselho a dar (na verdade, a respeito de tudo, desde orientação nutricional até modos de salvar o mundo) e tentar imaginar como seria a visão sistemática desses conselhos ou, melhor, da ética da virtude de Nietzsche, sob o título "a vontade de poder".

Muito já se debateu sobre o significado de "poder" (*Macht*) para Nietzsche. Em parte isso se deve à complexa e bastante implausível análise que Heidegger faz de Nietzsche como "metafísico da vontade de poder"; em parte à atenção que Walter Kaufmann dá ao conceito no clássico *Nietzsche: Philosopher, Psychologist, Antichrist* [Nietzsche: filósofo, psicólogo, anticristo]; e em parte, principalmente, às sinistras conotações militaristas do termo, que atrai de imediato os protofascistas e com razão assusta os liberais. Nietzsche, entretanto, muito lucidamente, rejeita a ideia de poder como poder sobre os outros (incluindo o poder político, ou *Reich*); e, embora sem dúvida aprove a competição, é inflexível quanto à primazia do poder como autodomínio. Não é implausível sugerir que Nietzsche tem em mente principalmente o poder criativo — do artista, do poeta, do filósofo ocasional. Ele iguala poder e "espiritualização", embora sempre com a advertência de que muito do que passa por "espírito", tanto na religião quanto na filosofia, não merece esse nome. O que tanto desvaloriza o "espírito" alemão em particular é o fato de ter-se enfraquecido de modo tão completo e constrangido, de ter ficado tão sobrecarregado pelas virtudes equivocadas (notadamente as cristãs, como humildade, que Hume, quase um espírito-irmão, chamou de "virtude do monge") e ainda aplainado pela identificação com o que Nietzsche chamou de "rebanho". A chave da vontade de poder, eu diria, é o forte sentimento do eu, um eu apaixonado, embora disciplinado, um eu que segue seus vigorosos "instintos" ainda que "se tenha superado" o bastante para "dar estilo ao próprio caráter", para "tornar-se quem é".[47]

Sabidamente ausentes dessa descrição estão algumas virtudes filosóficas como racionalidade e reflexão. Sem dúvida Nietzsche é muito mais penetrante quanto à "naturalidade" irrefletida do comportamento virtuoso do que a maioria dos filósofos morais (incluído Aristóteles, embora este insistisse nitidamente no fato de que o agir de forma bem-educada seja bom precedente para o raciocínio ético). Também insistia, porém, num lugar para a razão, e (como em Aristóteles) essa questão é mais de razão embutida na ação do que de razão como racionalidade reflexiva. Por exemplo,

> *Vitória sobre a força.* Ainda se está de joelhos diante da força — de acordo com o antigo hábito dos escravos — e, mesmo assim, quando se deve determinar o grau de *mérito de ser louvado*, só *o grau de razão na força* [*der Grad der Vernunft in der Kraft*] é decisivo; é preciso medir até que ponto a força foi superada por algo mais elevado e então servir a ele como utensílio e meios! (Nietzsche, *Daybreak* [Aurora], p. 548.)

A visível ênfase que Nietzsche atribui à "força" (*Kraft*), sobretudo no livro I da *Genealogia da moral*, deve ser ponderada em relação a muitas ressalvas. Igualar simplesmente poder e força (como o próprio Nietzsche tantas vezes insinua, principalmente nesta última citação de *Anticristo*) é fazer com que Nietzsche pareça um bárbaro ou um darwiniano moral, o que, com certeza, ele não é. O *übermensch*, se formos levar a sério essa imagem chargística, pode ser mais bem interpretado como projeção da ética da virtude de Nietzsche, personificação de seus ideais.[48] Retratar o *übermensch* como Conan, o Bárbaro, com certeza não é fazer justiça a Nietzsche; quando ele se refere (com muito mais frequência) a "tipos mais elevados", em geral é no grande poeta Goethe que está pensando explicitamente.[49]

Quais são as virtudes nietzschianas? Talvez a primeira coisa mais óbvia a dizer seja que muitas são virtudes "pagãs" e (como em Hume) concebidas para contrastar com as virtudes cristã ou "monacais" que Nietzsche, na Alemanha, viu reiteradas como virtudes "burguesas". Assim, uma primeira lista das virtudes nietzschianas lembraria a das virtudes aristotélicas: coragem, generosidade, honestidade, fidedignidade, temperança (*sophrosyne*), justiça, orgulho, amizade e espirituosidade. Essa lista de virtudes gregas ou "pagãs", porém, com certeza não é de Aristóteles nem era o gentil-homem/aristocrata de Aristóteles que Nietzsche tinha em mente; considerava antes a totalmente "decadente" filosofia dos três grandes filósofos gregos clássicos — Sócrates, Platão e Aristóteles. Considerava especificamente a ética de Aristóteles um tipo de ideia esperançosa sobre uma Atenas que talvez já tivesse existido, mas que certamente não existia mais. A Grécia que atraía a imaginação de Nietzsche era a Grécia pré-socrática, a Grécia quase mítica de Sófocles, a Grécia guerreira de Homero. O entendimento de Nietzsche sobre essas virtudes "pagãs" deve, portanto, recuar no tempo até uma época diferente, um espírito diferente. Além disso, sua reação a elas muito se distancia da de Aristóteles, começando talvez com sua rejeição do "critério do meio-termo" e com a insistência ateniense na "moderação". Isso, por sua vez, exige novo entendimento do que é ter uma virtude, e o comportamento de cavalheiros bem educados tem papel no máximo pequeníssimo.

Talvez esse pequeno papel possa ser atribuído à insistência do próprio Nietzsche na "cortesia" como uma das virtudes cardeais. Com certeza Nietzsche não tinha nada contra as virtudes da simpatia e da amizade e, na medida em que se preocupava com as virtudes sociais (que, entretanto, não fazem parte de seu principal interesse), não era de modo algum o linha-dura violento às vezes descrito (o caso mais óbvio desse autorretrato são as muitas objeções que publicou à piedade [*Mitleid*, também traduzida como "compaixão" e "solidariedade"], mas essa discussão, creio eu, tem objetivo muito diverso). No entanto, a diferença mais dramática em relação a Aristóteles, e nossa via rumo ao tema da vida apaixonada, encontra-se na análise das duas primeiras virtudes recém-citadas, ou seja, coragem e generosidade.

Em Aristóteles, coragem é vencer o medo, ou então, ter apenas a quantidade certa de medo: não demais (que seria covardia) nem de menos (que seria temeridade). A dinâmica psicológica não se esclarece em Aristóteles (por exemplo, o que é vencer uma emoção), embora se evidencie que algum grau de medo é necessário para a coragem. Agora, consideremos o seguinte quadro, ilustrado por um exemplo análogo ao uso que Aristóteles faz da coragem de Heitor na *Ilíada*.[50] Aquiles, enraivecido com a morte do amigo Pátroclo, lança-se ao campo de batalha perto de Troia tendo em mente a vingança ("justiça"). Não há medo, posto que não há espaço para medo em meio a toda aquela fúria determinadamente direcionada. Chamar Aquiles de "corajoso" em tal estado parece-nos uma meia-verdade, talvez mesmo um absurdo.

Nosso próprio entendimento de coragem concorda aqui com o de Aristóteles. Mede-se a coragem pelo montante de resistência, ou seja, medo, que se tem de superar. Simulemos, entretanto, analisar a questão como Nietzsche (e Homero), como se medo e coragem não fossem complementares, mas opostos, e que seja Aquiles o corajoso, e não o pobre soldado de joelhos trêmulos que "se obriga" a manter a posição (a palavra "bravo" já teve esse significado nietzschiano, exceto na medida em que também foi contaminada pelo entendimento aristotélico de "coragem"). Em outras palavras, coragem não é superar a emoção, ou seja, o medo. Ela é formada pela emoção avassaladora do entusiasmo desmedido, muito embora habilmente dirigido, que incorpora em vez de excluir o sentimento de honra e que, devido a seu foco nítido, pode até ser interpretada como calma. O poder, a eficiência e a eficácia da paixão, e não essa calma apenas aparente, são sua virtude.

É possível fazer análise semelhante da generosidade (que em *Zaratustra* é chamada de "a virtude dadivosa"). Não é o mero dar, nem o hábito de dar. Consideremos a generosidade no contexto do slogan de uma instituição de caridade atual, que insiste: "Doe até doer!" Pode-se imaginar o doador lutando contra a dor de sua própria avareza, comparando o fardo da consciência com aquela garrafa de Chateau le Boeuf em oferta na loja de vinhos da esquina. Finalmente, a generosidade supera a resistência, e a virtude é demonstrada de forma admirável. Note-se, em primeiro lugar, contudo, que quanto maior é a luta para dar, menos virtuoso se é. Aristóteles insiste que em todas as virtudes seu exercício na verdade é agradável e não doloroso; basta isso como teste da virtuosidade de alguém. Suponhamos, entretanto, que a generosidade de alguém consista naquilo que se pode chamar de natureza "transbordante" daquela pessoa. É assim, dizem, que Mick Jagger se comporta em turnê. Se tivesse mais dinheiro do que ele (ou qualquer um), você saberia como gastar; Jagger, com alegria, deixa que ele corra solto, meio indiscriminadamente, tanto para causas e destinatários merecedores quanto para os frívolos. Pode-se argumentar que esse alegre abandono é a verdadeira generosidade; não a luta contra a privação pessoal e sim um transbordar que só pode acontecer junto com a sensação de saciedade.

Assim também as demais virtudes surgem como "transbordamento" do espírito de alma grandiosa, de quem tem em abundância. Objetar que virtude não é isso, mas sim a sensação do dever em contraste com o interesse e a necessidade pessoais, é recair no que Nietzsche considerava o modelo patético das virtudes, o modelo que aparece em Kant e no cristianismo, em que o pobre (não o rico) de espírito torna-se o foco. Aristóteles, que escrevia para a aristocracia, teria ficado mais ou menos no meio-termo. O que compõe a virtude nietzschiana, todavia, é, antes de tudo, um tipo de saciedade apaixonada, uma sensação de si mesmo no topo do mundo. Não é preciso estar nadando em dinheiro, prestígio e poder para adotar essa ética. O próprio Nietzsche, empobrecido, desdenhado por seus pares intelectuais e mal de saúde, pode servir de exemplo. Na verdade, até a temperança (o contraexemplo mais tentador dessa descrição) constitui um tipo de plenitude, uma sensação de alegre autocontrole. Considerem-se os muitos comentários *Californische* de Nietzsche sobre dieta, boa saúde e bem-estar criativo.

A centralidade do "transbordamento" e da abundância é a chave dessa nova ética. Nietzsche usa esses termos e imagens em todas as suas obras. Vamos, então, detalhar o quadro que essas palavras sugerem. Para Nietzsche, a boa vida consiste não em humildade ("satisfação" no sentido minimalista de ter tudo de que se precisa), mas sim em exuberância, paixão, eros ou no que ele, no estilo filosófico do século, chama tantas vezes de "vida". Com amplos recursos, possivelmente todos eles espirituais, pode-se desenvolver "estilo" (disciplina, não moda) e "profundidade" que, como na expressão norte-americana "*having soul*" ("ter alma, ter espírito"), significam ser complexo, conflitado, combativo, "dionisíaco". Se Nietzsche tiver uma metafísica (e se não for totalmente enganador chamá-la de "vontade de poder), será uma metafísica moderníssima, mais da energia do que da matéria (ou "imatéria", aliás). Seria uma metafísica dinâmica (dificilmente o que se costuma chamar de "filosofia de processo"), digna de Heráclito. Quando Nietzsche insiste, em seu último livro, *Ecce Homo*, em se dizer "dinamite", não está simplesmente exibindo sinais de incipiente insanidade nem sendo "irônico", nem anunciando sem modéstia o efeito potencial de sua filosofia. Ele apenas resume e personifica aquela filosofia numa metáfora única e adequada.

DA VIRTUDE DAS VIRTUDES

> Uma vez que as coisas que se encontram na alma são de três tipos — paixões, faculdades, estados de caráter — a virtude deve ser um desses (...) [Mas] nem as virtudes nem os vícios são paixões, porque não nos chamam de bons ou maus com base em nossas paixões, e (...) não somos elogiados nem repreendidos

> por nossas paixões. Novamente, sentimos raiva e medo sem escolha, mas as virtudes são modos de escolher ou envolvem escolha. Por essas razões, também não são faculdades, pois não somos chamados de bons ou maus, nem elogiados ou repreendidos pela simples capacidade de sentir as paixões (...) Se, então, as virtudes não são paixões nem faculdades, tudo o que resta é que sejam estados de caráter.
>
> Aristóteles, *Ética a Nicômaco*

A virtude da ética de Aristóteles e seu foco nas virtudes estão na relativa riqueza, na densidade de sua descrição, no modo como sua ética incorpora as paixões da vida na essência da boa vida e não tenta reduzir a complexidade da vida a uma "superficial" questão de princípios ou a um argumento racional, ou ao "maior bem para o maior número". Mas, afinal, o que é virtude? Se fosse apenas a "instanciação" pessoal de um princípio abstrato — a disposição de cumprir um dever ou de agir no sentido do maior bem para o maior número — a ética, mais uma vez, ficaria enxuta e lógica, impessoal, e não emocional.[51] O que tentei mostrar foi que a ética da virtude pode ser concebida de modo bem diferente e que essa tentativa de redução é bem inadequada.

Há, entretanto, uma forte tendência, mesmo em Aristóteles, a pensar as paixões de maneira demasiado espontânea, até mesmo como "estímulo/reação", como se as emoções, ao contrário das virtudes, fossem simples reações às particularidades de uma situação. Na verdade, talvez pareçam ser assim. As virtudes, de acordo com Aristóteles, são extremamente contextuais. A própria identidade das virtudes como tal, aliás, depende do contexto. O significado de coragem é diferente num soldado, num estadista e num paciente com aids. A virtude num contexto pode ser vício em outro, tal como a generosidade (a "liberalidade" de Aristóteles) em relação a um necessitado ou a uma criança mimada. Em sua definição de virtude,[52] Aristóteles enfatiza-a como "estado de caráter", mas em outro trecho do mesmo livro destaca a importância da "percepção" e das particularidades da situação. As paixões (e emoções), contudo, em sua maioria, não são surtos aleatórios de entusiasmo ou ira, como Aristóteles bem sabia. As emoções são mais ou menos sistemáticas, uma vez que, juntas, formam o "temperamento" de alguém. E quando uma emoção incomum "explode" (mais uma vez, ao apaixonar-se ou ver-se inteiramente absorvido pela afeição por um novo bebê), tal emoção não deve ser concebida literalmente como "explosão", mas sim como constelação nova e dramática que, caso se acredite nisso, restaura e redefine a vida do indivíduo.

A insistência de que a virtude é um estado de caráter, e não uma paixão, tropeça até no caso da primeira e mais importante virtude da lista de Aristóteles: a coragem, sem dúvida, exigência cotidiana no ambiente de Aquiles. Hoje, as situações que exigem ou estimulam a coragem física, principalmente o paradigma de Aristóteles de coragem no campo de batalha, costumam ser escassíssimas. A coragem, do mesmo modo, surge como "explosão" ou súbito aparecimento de heroísmo ou integridade inesperados, mais do que como estado de caráter persistente e sempre visível. Negaríamos, então, sua condição de virtude? O fato de essa coragem talvez ser insensata também não prejudica sua condição de virtude. Reagir com bravura na rua a um assaltante armado ou a uma gangue de adolescentes costuma ser considerado (na melhor das hipóteses) mais imprudência do que bravura; ainda assim revela algo virtuoso, e esse algo não é concebido apenas como "explosão", mas como surgimento de algo que está "lá no fundo", há muito escondido, e até como um eu diferente.

O amor pode mesmo ser insensato e, com frequência (na verdade, paradigmaticamente), "inconveniente" ou "descombinado". Frustrar-se no amor é possivelmente, na melhor das hipóteses, enobrecedor e na pior, humilhante ou trágico, mas não querer ou não conseguir amar é destacar-se como ser humano provavelmente inferior. Apesar da insistência de muitos filósofos quanto ao fato de a moral ser uma questão de razão e as virtudes serem distintas das paixões, ainda assim as emoções mantêm seu lugar essencial em nosso mundo moral.

CAPÍTULO 2 A política da emoção

> Destruir paixões e anseios como mera medida preventiva contra sua estupidez e contra as consequências desagradáveis dessa estupidez — hoje isso nos atinge como outra mera forma aguda de estupidez.
>
> Nietzsche, *Crepúsculo dos ídolos*

Os filósofos têm muitas vezes contrastado "razão" com "as paixões", em geral defendendo aquela contra estas e a própria filosofia como amor à razão. Por implicação pelo menos, a filosofia tende a demonstrar desprezo pelas paixões. O "apelo às emoções" é citado, em quase todos os textos de ética e de introdução à lógica, como falácia "informal", algo a ser evitado, não a todo custo, talvez, mas pelo menos em trabalhos de final de curso. A filosofia é redefinida como formulação e crítica da argumentação, domínio exclusivo da razão. A discussão "acalorada", embora não seja incomum, é considerada inadequada. A análise desapaixonada é encorajada; a defesa apaixonada, não. Pode ainda a filosofia ser devidamente descrita como "amor" à sabedoria, mas dificilmente esse amor será o robusto entusiasmo com que Sócrates, embora não Platão, abordou o assunto. O ideal, tanto naquela época quanto hoje, é uma certa calma, o afastamento contemplativo, para não dizer, como no cinismo pós-moderno, a total *apatheia*. A vida apaixonada dificilmente recebe atenção.

Mesmo quando encontramos algum dos grandes filósofos defendendo as paixões contra as pretensões excessivas da razão, o resultado não é lá muito edificante, e as implicações cheiram a ceticismo. David Hume, mais notadamente, insistia que "a razão é e deve ser escrava das paixões", descartando de imediato a antiga tradição da ética concebida como atividade da razão. Pelo menos, ao fazê-lo ele insinuou — e sem dúvida preparou o palco para a discussão de outros — que a moral estava além do alcance da razão e, em certo sentido essencial, era indiscutível. Ao justapor razão e paixões, na verdade Hume se encaixa numa longa fila de filósofos que também as colocam uma contra as outras e separaram a emoção da racionalidade. Hume só inverteu a oposição. Descartes e seu compatriota Malebranche tinham analisado as emoções em termos de "espíritos animais" fisiológicos, de partes distintamente inferiores da psique — se é que chegam mesmo a ser partes da psique (Hume também emprega essa expressão). Leibniz pensava nas emoções como "percepções confusas", e Kant descartava o chamado "amor patológico" (o amor como emoção) do amor mais propriamente comandado, pelas Escrituras e pela razão prática. Kant também pode ter dito que "nada grandioso se realiza sem entusiasmo" (comentário em geral atribuído a Hegel), mas é óbvio que o entusiasmo como tal merece pouco espaço em sua grandiosa "crítica" das faculdades humanas mais elevadas.

Esse é o mais vulgar dos vários sentidos em que podemos falar sobre "política da emoção". Durante boa parte da história da filosofia, as emoções foram tratadas como lumpemproletariado da alma, com pouca participação na economia produtiva mas que, ainda assim, deviam ser temidas como custo e perigo, e contidas com a máxima eficácia. A política da emoção nega-lhes legitimidade e importância e, assim, justifica sua supressão e abandono. Vamos começar examinando essa campanha "política" travada em nome da "parcimônia" da filosofia.

AS EMOÇÕES AVILTADAS

> A mania dos moralistas exige não o controle, mas a extirpação das paixões. Sua conclusão é sempre que só o homem emasculado é um bom homem.
>
> Nietzsche, *O Anticristo*

A "mania dos moralistas" continua na atual literatura filosófica. Permitam-me mencionar dois exemplos ilustrativos: o discurso recente de um de nossos filósofos mais distintos e intelectualmente abertos e o ensaio de um famoso filósofo da mente.

Em seu discurso como presidente da Associação Filosófica Americana (Divisão do Pacífico), Joel Feinberg perguntou: "Que importância, se é que ela existe, têm os apelos ao sentimento em questões de ética prática?"[1] E prosseguiu com a resposta de sempre: "O modo brusco de lidar com a pergunta é responder 'nenhuma; sentimento é uma coisa e argumentação é outra, e nada nubla tanto a mente quanto a emoção'" (p. 19). Feinberg rejeitou essa resposta "brusca", mas sua conclusão é um endosso nada entusiasmado da emoção; admitiu que os sentimentos podem ser "relevantes" ou, pelo menos, não irrelevantes para a ética, e concluiu: "Não encontro conflito ingovernável entre o humanitarismo efetivo e a manutenção, sob controle flexível, dos sentimentos humanos essenciais." E acrescentou, como se isso já não fosse suficientemente cauteloso: "Espero que a conclusão não seja muito otimista" (p. 42).

A cuidadosa análise de Feinberg sobre o lugar do sentimento na ética merece resposta extensa e minuciosa; entretanto, só vou chamar atenção para a extrema cautela e para a posição defensiva que ele se sentiu compelido a adotar ao apresentar sua tese "otimista" de que o sentimento pode não ser totalmente irrelevante nas considerações éticas. Observamos o extremado esforço apenas no sentido de abrir um mínimo espaço para a emoção, como se, por exemplo, os sentimentos de uma grávida por seu corpo, por seu bebê, por sua "moral" e por sua reputação, e seus sentimentos com relação ao pai da criança e à sua carreira não passassem de incidentes pessoais e desvios no debate sobre o aborto, enquanto os argumentos abstratos dos filósofos sobre a condição e os direitos dos fetos e o direito (também abstrato) da mulher de controlar o próprio corpo configurassem a única preocupação legítima. Sejam quais forem os prós e os contras de uma ética assim, a ênfase continua a recair inteiramente nos princípios e nos argumentos que os sustentam, e as emoções não contribuem com nada de valor para nossas considerações morais.[2]

O segundo texto que vale a pena mencionar é "An Assessment of Emotion" [Uma avaliação da emoção], de Jerome Shaffer, publicado em 1983.[3] Começa com um exemplo de "passar por uma emoção": "Estou dirigindo numa curva e vejo um tronco atravessado na estrada. Suponho que danos corporais são prováveis, e isso eu não quero. Empalideço, o coração bate mais forte, sinto o estômago se contrair. Meto o pé no freio."[4] Não admira que Shaffer use esse e outros exemplos semelhantes para concluir que as emoções não são experiências muito agradáveis ou valiosas, tampouco "necessárias nem em geral desejáveis para os principais interesses da vida".[5]

Um momento de reflexão concluiria que esse caso de surpresa desagradável sequer se aproxima de um paradigma da emoção. Pelo contrário, pode-se objetar que surpresa não é emoção, apesar da sua semelhança fisiológica com algumas emoções. Seja como for, nem todas as emoções podem ser caracterizadas, muito menos definidas, com "empalideço, o coração bate mais forte, o estômago se contrai" e assim por diante. Considere-se a análise bem diferente que se seguiria caso tomássemos como nosso principal exemplo, digamos, ter uma forte sensação de satisfação por ter sido feita justiça ou a experiência, com duração talvez de décadas, de estar apaixonado (no mesmo ensaio, a análise de Shaffer sobre o amor como emoção o reduz a "borboletas no estômago" e outras "ondas, correntes, surtos ou transbordamentos" semelhantes e conclui que o amor também é uma emoção de pouco valor. Dificilmente seria essa a paixão que moveu Tristão e Isolda). Além disso, podemos prontamente concordar que topar com um tronco na estrada é uma experiência indesejável sem concluir que o medo também o é.[6] Na verdade, sabe-se que, em ambientes mais seguros, milhões de pessoas entram em filas e pagam até 10 dólares por cabeça para se apavorar com um variado sortimento de fenômenos naturais e antinaturais — tornados, tubarões comedores de gente, gorilas gigantes, clones jurássicos, vários marcianos e outros ETs, troncos voadores, derramamentos de lava e assassinos psicóticos.

A "avaliação" da emoção de Shaffer é, de fato, um ato de calúnia política, mas o modo superficial como conduz a argumentação indica o status político inferior das emoções. Imagine que um filósofo publique, numa revista especializada, uma avaliação de lógica em que o caso paradigmático seja um sofisma grotesco e depois conclua que a lógica não tem papel muito importante nem desejável em nossa vida. O preconceito contra a emoção na filosofia é tão forte que ataques frívolos ou injustos não provocam sequer defesa; e a defesa da emoção, por mais desapaixonada e responsável que seja, tende a ser acusada de sentimentalismo bobo.

Não creio que seja exagero afirmar que a moderna filosofia norte-americana demonstra, em geral, profunda falta de confiança, além de falta de interesse, no papel das emoções na filosofia (apesar do interesse apaixonado de nossos dois filósofos mais famosos, James e Dewey). Segundo o programa atual, os filósofos deveriam tentar ser apenas racionais, nunca apaixonados, nem, pior ainda, sentimentais. Deveriam avaliar a argumentação, mas não "se envolver" com uma das posições (um de meus colegas diz aos alunos que escrevem sobre questões muito emocionais: "não dou a mínima para aquilo em que acreditam, só me importa a solidez de seus argumentos"). Começa-se mesmo a suspeitar que o critério da respeitabilidade no discurso filosófico atual é a ausência de toda reação emocional. As teses filosóficas devem ser discutidas com absoluta calma e, sempre que possível, formalmente, neutralizando assim o efeito sedutor da retórica e evitando o apelo às emoções. Não surpreende que filósofos como Kierkegaard e Nietzsche, que louvam a paixão em vez da razão, sejam simplesmente desdenhados por não serem "filósofos de verdade". A conhecida política da exclusão marginaliza primeiro as emoções e depois os filósofos emocionais.

Tal como as emoções aparecem na filosofia, entende-se que seu lugar é tangencial; sua análise, uma questão secundária. As teorias exemplares da emoção, em Descartes e Hume, por exemplo, costumam ser ignoradas.

O tratado *As paixões da alma*, de Descartes, que inclui suas meditações mais prolongadas sobre as relações complexas entre mente e corpo, costuma ser posto de lado em favor de suas obras mais sedutoras *Meditações metafísicas* e de *Rules for the Direction of the Mind* [Regras para a direção da mente], esta última bem mais metodológica. Costuma-se pedir aos alunos que leiam os Livros I e III do grande *Tratado da natureza humana*, de Hume, omitindo-se, portanto o II, sobre as paixões. Assim, também, os alunos que leem Spinoza costumam ser levados a parar depois do Livro II da *Ética*, privando-se do que sem dúvida o próprio Spinoza considerava o âmago do projeto: três livros brilhantes sobre as emoções.[7] A cadeira opcional intitulada "Filosofia das emoções" é tratada como comentários marginais e exóticos, assim como "Filosofia da Nova Era 302" ou "Filosofia do amor e do sexo", ou seja, destinada aos mais ingênuos e aos facilmente entusiasmados.

Mesmo quando as emoções se tornam o principal interesse, o modo de focalizar é quase sempre muito parecido com a abordagem filosófica hoje obrigatória em todos os problemas: formal, objetivante, argumentativa, desapaixonada — em outras palavras, totalmente diferente do próprio assunto e até contrária a ele. Em relevantes livros dessa área, o rico tópico das emoções é reduzido à análise parcimoniosa e lógica da natureza da "intencionalidade", das várias formas de "cognição", do entendimento adequado das categorias psicológicas. Não faço objeção a tais estudos e considero alguns deles fascinantes, mas, com todo o devido respeito, neles a emoção se perde. Se a epistemologia, entretanto, tem como uma de suas metas aperfeiçoar nosso conhecimento, então, aparentemente, o "valor do conhecimento" de nossas emoções deveria ser um caminho essencial de investigação.[8] Em vez disso, muitos estudos da emoção parecem querer menoscabar ou neutralizar nossas emoções como nada além de meros "sentimentos". Com efeito, pode-se argumentar que a ênfase avassaladora na epistemologia, em vez de na emoção, na filosofia moderna trai o pressuposto, acrítico e provavelmente falso, sobre a natureza tanto da filosofia quanto da natureza humana de que somos antes de tudo seres *conhecedores* e só secundária ou patologicamente criaturas *sencientes* também. Em termos políticos, com certeza isso ajuda aqueles que sabem e podem raciocinar bem, mas degrada e rebaixa aqueles para quem sensibilidade e paixão são virtudes primárias (com certeza a imagem tradicional das mulheres como "mais sensíveis, menos racionais" tem sua relevância política nessa acusação).

O QUE É EMOÇÃO? (RUMO À VISÃO POLÍTICA)

> Os filósofos éticos intuem os cânones deontológicos da moralidade com a consulta aos centros emotivos de seus próprios sistemas límbico-hipotalâmicos.
>
> E. O. Wilson, *Sociobiologia*

"O que é emoção?" A pergunta foi feita exatamente assim por William James no título de um ensaio que escreveu para a revista *Mind*, há mais de cem anos.[9] Os filósofos têm-se interessado pela natureza da emoção e muitas vezes se preocupado com ela desde os primórdios da filosofia ocidental. Sócrates e os pré-socráticos levantaram questões profundas, mas nada coerentes, sobre o lugar das emoções na vida humana ideal. Embora a disciplina tenha se ampliado como busca da razão (sobretudo devido a Sócrates e a seu aluno Platão), as emoções sempre se esconderam lá no fundo como ameaça à razão e como perigo para a filosofia e os filósofos. Talvez por isso uma das metáforas mais duradouras da razão e da emoção é a do senhor e do escravo, com a sabedoria da razão firme no controle e os impulsos perigosos da emoção solidamente suprimidos, canalizados ou, idealmente, em harmonia com a razão.

A metáfora senhor e escravo exibe duas características que hoje ainda determinam boa parte da visão filosófica da emoção. Em primeiríssimo lugar, há o papel inferior da emoção, a ideia de que, sendo mais primitiva, menos inteligente, mais bestial, menos confiável e mais perigosa, ela tem de ser controlada pela razão (argumento que Aristóteles e outros atenienses esclarecidos usaram para justificar também a instituição política da escravatura humana). Em segundo lugar e de modo mais profundo, há a distinção propriamente dita entre razão e emoção, como se estivéssemos lidando com dois tipos naturais diferentes, dois aspectos conflitantes e antagônicos da alma. Até os filósofos que buscaram integrá-las e reduzir uma à outra (em geral reduzindo a emoção a gênero inferior de razão, a "percepção confusa" ou a "juízo distorcido") mantiveram a distinção e continuaram a insistir na superioridade da razão. Assim, foi como marca de seu considerável iconoclasmo que Hume declarou ser a razão escrava das paixões, mas até ele, apesar da análise engenhosa da estrutura das emoções, recaiu nos antigos modelos e metáforas.

"O que é emoção?", convenhamos, não é indagação apenas teórica, mera tentativa de conseguir explicação ou adequada compreensão para a emoção. A pergunta é primariamente prática, no sentido de que temos de viver com nossas emoções e através delas. Em resumo, vivemos nossas emoções. Trata-se do mesmo sentido em que alguém tem de viver em e por seu casamento, e não basta entender "casamento: instituição, história, leis relativas a, fatos curiosos sobre, exemplos incomuns de..." "O que é casamento?", desse ponto de vista, é uma indagação existencial e não sociológica; não é apenas sobre a particularidade *deste* casamento, nem mesmo que esteja em questão *nosso próprio* casamento. É por isso que a pergunta nos importa e que, na prática, meras generalidades (estatísticas de divórcio e reconciliação, por exemplo) não ajudem muito. Entre o conhecimento geral e as circunstâncias específicas da vida, porém, está a interdependência de teoria e prática. Quando se entende o casamento como compromisso pessoal e apaixonado, o próprio casamento será em grande parte composto por esse entendimento. Quando o mesmo casamento é concebido como ato infeliz do destino ou como obrigação social ou familiar, com certeza será um casamento bem diferente.

É assim também com a emoção. Quando se entendem as emoções como reações fisiológicas em grande parte involuntárias, segundo o modelo, por exemplo, da estudadíssima "reação de alarme", então as emoções serão vivenciadas, e se agirá em relação a elas, como se fossem invasões, infortúnios, pequenos surtos de doença ou estranhos puxões corporais e caretas.[10] Por outro lado, quando se entende a emoção como comportamento social político ou estratégico, então tanto a "visão" que se tem da emoção quanto o comportamento emocional e os sentimentos serão muito influenciados por esse entendimento. Assim, defendo que a emoção é, antes de tudo, uma prática constante na qual estamos ativa e interpessoalmente envolvidos. Não é um mero fenômeno, "algo que aparece". Não é meramente pessoal, mas é também interpessoal, construído e aprendido socialmente. Ter uma emoção, quer se sofra com ela, quer seja usada com todo o seu valor, é antes de tudo um tipo de prática social e política, uma das práticas definitivas de se ter uma vida decente e apaixonada junto a outras pessoas.

Isso não significa que não haja espaço para a teoria. Pelo contrário, quero combater a oposição prejudicial entre teoria e prática tão seguramente quanto quero combater o antagonismo insidioso entre razão e paixões, e como parte da mesma campanha. Com muita frequência, dão-nos uma falsa imagem da vida teórica como vida desapaixonada e de pura indagação, quando basta conhecer um cientista ou acadêmico sério para não se ter dúvidas da paixão essencial de sua busca, seja lá como for descrita.[11] Quer as práticas sejam conduzidas pela teoria, quer as teorias sejam conduzidas pela prática, é um erro tentar separá-las. O modo como pensamos sobre nossas emoções terá íntima relação com o modo como as vivemos, que inclui o modo como as racionalizamos e usamos ao lidar conosco e com os outros e como as utilizamos como razões ou desculpas para nosso próprio mau comportamento.[12]

Com isso em mente, quero defender três teses negativas que são fundamentais para o conceito de emoção que emprego em todo este livro. A primeira e de longe a mais importante é que a emoção *não é um sentimento*. A segunda é que a emoção não é ou pelo menos *não pode ser reduzida a uma ocorrência fisiológica*, por mais que aprendamos sobre a neurobiologia humana e sobre assuntos correlatos. A terceira é que a emoção *não pode ser compreendida em termos do mero comportamento individual*, "mero" não pretendendo negar que a emoção se expresse no comportamento ou que as emoções sejam, em certo sentido, vividas individualmente, mas sim negar que possa haver compreensão adequada da emoção, própria ou dos outros, na teoria ou na prática, sem alguma consideração sobre o contexto social, a cultura, os relacionamentos sociais e interpessoais e o "significado" do comportamento nesses termos. Também é isso que tenho em mente quando uso a expressão "política da emoção".

Costuma-se dizer que emoção é sentimento num sentido bastante inocente, o mesmo, aliás, que abrange todo tipo de percepção, incluídos, notadamente os sentimentos de amor e de afeição a longo prazo. O sentido que quero negar, entretanto não é nada inocente, embora tenha a virtude, como escreveu Nietzsche, "de ser refutável". Seu patrono mais famoso é William James, que defendeu o ponto de vista de que a emoção é um conjunto de sensações (causadas por uma perturbação fisiológica especificável, provocada, por sua vez, por alguma percepção perturbadora). No início do século XX, o ponto de vista de James foi questionado por W. B. Cannon (autor de *A sabedoria do corpo*) e pelo colega pragmatista John Dewey, que ressaltaram o fato de nosso repertório de emoções ser muito mais complexo e sofisticado do que nossa relativamente pobre bagagem de sensações.[13] A diferença entre vergonha e embaraço, para usar um exemplo conhecido, não pode ser entendida simplesmente em termos de sensações ou de suas causas fisiológicas, mas em termos da responsabilidade sentida, da situação social e da cultura em que ocorre o contratempo social. A expressão "responsabilidade sentida" deve ser levada em conta, pois não é um "sentimento", no sentido jamesiano, mas sim um modo bastante complicado e aprendido de ver, entender ou interpretar uma pequena porção de comportamento social (o nosso próprio) numa situação específica. Em outro texto, chamei de "modos de ver" esses *juízos* e argumentei que as emoções deles se compõem.[14]

Pode-se dizer que emoção é sentimento para fazer a sensata afirmativa de que, se alguém tem uma emoção, deve em certo sentido senti-la, ou seja, dela ter consciência. Não é preciso dizer que aqui uma série de problemas fenomenológicos se amontoa sobre nós. O que queremos dizer com "consciência"? Ela elimina a possibilidade de emoções inconscientes? E a possibilidade — ou, melhor, o fato óbvio — de que às vezes estamos visivelmente errados sobre o que afirmamos sentir, ou seja, sobre a emoção que temos? Essas considerações solapam a tradicional tentação cartesiana de nos afirmar capazes de ter consciência *imediata* de nossos próprios processos mentais, emoções incluídas, já que a própria noção de inconsciente, como defendida por Freud e como evidenciada em estratagemas emocionais familiares como a denegação, indica a incapacidade de chegar a um acordo, de "fazer contato" com nossas próprias reações emocionais. Ainda assim, é difícil negar que na afirmativa cartesiana há certa razão, certa exigência inescapável de que, para que algo seja reconhecido como emoção (ao contrário de mera convulsão corporal ou comportamento robotizado), a consciência do sujeito é condição essencial. Isso, no entanto, é muito diferente de dizer que emoção é sentimento, no sentido defendido por William James.

O ponto de vista de que as emoções podem ser reduzidas a ocorrências fisiológicas só raramente é apresentado (e em geral de forma metafórica) como argumento do senso comum. É verdade que há muito tempo empregamos imagens fisiológicas, mecânicas e "hidráulicas" para captar tanto a mecânica quanto a sensação das emoções.[15] E hoje as metáforas informáticas são popularíssimas para referir estados emocionais ("entrada/saída", "sobrecarga", "interface" e coisas assim). O ímpeto substancial rumo ao modelo fisiológico e mais especificamente neurológico da emoção humana, entretanto, vem do campo da prática médica e da teoria científica. Há um bom século, dois médicos diziam aos colegas que a psicologia tinha de levar em conta a ciência da neurologia, recém-desenvolvida. William James escreveu: "O psicólogo é forçado a ser quase um fisiologista dos nervos." Freud, mais ou menos na mesma época, identificou o cérebro com o que chamou de "aparelho psíquico".[16] Hoje, entendemos prontamente esse esforço. A psiquiatria fez enorme progresso nas últimas décadas ao "reduzir" várias formas de doenças mentais a disfunções neurobiológicas. Como muitíssimos desses distúrbios são de caráter emocional, é extremamente tentador presumir que as emoções em geral são simples funções neurobiológicas. Com os avanços da neurologia, essa tese parece ainda mais promissora quando se identificam no cérebro novos "centros" e síndromes.

Naturalmente, não é só isso que existe no quadro. Pode-se observar apenas os sistemas nervoso e endócrino na tentativa de entender as emoções, mas sempre haverá a questão bem real de saber se os processos assim revelados *são* realmente a emoção ou se, em vez disso, fornecem o substrato subjacente à emoção.[17] Isso não é um subterfúgio semântico. Se queremos entender emoções como amor, raiva, ciúme e tristeza, não é nada óbvio que o entendimento do cérebro, isolado de todas as considerações sobre a pessoa, sua cultura e as circunstâncias de sua vida, vá fazer o serviço. Não se trata de questionar a importância da pesquisa médica e cerebral; mas apenas de observar que, nesse estágio, toda tentativa de igualar as várias emoções a estados e processos do cérebro não passa de nota promissória que pouco ajuda a decidir, por exemplo, se cedemos à raiva contra um colega malévolo ou se atiçamos as chamas de um novo amor. Indefensável é, no entanto, usar modelos fisiológicos para primitivizar, reduzir ou excluir as emoções do campo dos fenômenos humanos interessantes e de boa estirpe. Minha razão para rejeitar o modelo do sentimento e o modelo fisiológico da emoção não é que para mim nenhum deles mereça investigação, mas sim que, com demasiada frequência, ambos são usados como desculpa para ignorar ou negligenciar a importância das emoções na vida humana — exceto, talvez, como distúrbio psiquiátrico destrutivo, que só tem importância porque atrapalha a boa vida.

Dizer que a emoção não pode ser entendida em termos de mero comportamento individual é condensar várias teses numa expressão bem curta. Mais uma vez, o ponto de vista que quero rejeitar tem uma interpretação inocente e bastante sensata: os indivíduos "têm" emoções, e, num sentido óbvio, individualizamos e identificamos emoções específicas em parte ao declarar quem (que indivíduo) as tem. Se todos na sala têm enorme prazer ao ver Alphonse, faz sentido supor que cada um dos indivíduos na sala tenha sua própria emoção de prazer. Além disso, temos de fato a sensação bem comprovada de que é possível ter uma emoção na ausência de qualquer causa ou estímulo externo (embora a ausência total de causa ou estímulo possa ser de difícil comprovação). Assim, embora as emoções sejam muitas vezes evocadas ou provocadas por causas externas ao sujeito, podemos muito bem insistir em afirmar que, sejam quais forem essas causas — ou mesmo na ausência delas —, a emoção se reduz em última instância ao que a pessoa sente, não se limitando a palavra "sente", mais uma vez, às sensações; abrangendo toda a gama de pensamentos, percepções, interpretações, avaliações, apreciações e assim por diante. Algo, porém, funciona muito mal quando esse ponto de vista do senso comum é elevado à condição de teoria ontológica e isolamos o sujeito do mundo. Contexto e ambiente social tornam inteligível a maioria das emoções e fazem uma emoção ser (mais ou menos) apropriada,[18] mas também possibilitam a maioria das emoções humanas. Minha meta aqui é bloquear mais uma fonte de atitudes desdenhosas para com as emoções, sobretudo a ideia "cartesiana" de que emoção é ocorrência simplesmente "interna".

Falar sobre emoções e sobre o que é realmente emoção é falar a respeito do "significado" de emoção. E esse significado inclui não só o contexto social, a cultura e os relacionamentos sociais e interpessoais nos quais alguém "tem" a emoção, exprime-a e encena-a, mas também as teorias e práticas com as quais alguém chega a entender o que está sentindo e fazendo. As teorias constituem o material da filosofia, e a psicologia e as outras ciências sociais formam ramos posteriores do tronco já sólido dos pontos de vista e preconceitos filosóficos. É por meio desses preconceitos teóricos, entretanto, que vemos e vivemos nossas emoções; sendo assim, as teorias da emoção, como, aliás, as próprias emoções, são políticas em última instância e profundamente relevantes para nossa sensação de poder no mundo.

DOIS PARADIGMAS DE EMOÇÃO: A ESTIMULAÇÃO (*AROUSAL*) DE JAMES E A POLÍTICA DE ARISTÓTELES

> Nossa maneira natural de pensar sobre essas emoções-padrão é que a percepção mental de certo fato estimula o atributo mental chamado de emoção e que esse estado posterior da mente dá origem à expressão corporal. Minha tese, pelo contrário, é: *as mudanças corporais seguem-se diretamente à* PERCEPÇÃO *do fato estimulante e nosso sentimento dessas ditas mudanças assim que ocorrem* É *a emoção.*
>
> William James, "O que é emoção?"

> Que a raiva seja definida como desejo angustiado de vingança visível pelo desprezo/humilhação visível e injustificável de alguém ou de seus amigos.
>
> Aristóteles, *Retórica*

William James ofereceu várias respostas diferentes à pergunta "O que é emoção?", mas a que todo estudioso das emoções conhece resume-se na afirmativa bem italizada "*nosso sentimento das [mudanças corporais] assim que ocorrem é a emoção*".[19] Desde então (e muito antes, claro), a ideia de que o âmago da emoção é certo tipo de "estimulação" fisiológica dominou boa parte da teorização psicológica e, até recentemente, filosófica sobre a emoção. Em resumo, emoção é um distúrbio fisiológico provocado por alguma percepção (pensamento ou lembrança) desfavorável ou perturbadora que é *sentida* de maneira mais ou menos característica. Na emoção, portanto, o foco é o organismo individual, sua fisiologia e seus sentimentos. Hoje, a neurofisiologia da emoção atrai bastante atenção, mas o modelo básico da emoção como "estimulação" permanece.

Ocorre, todavia, que a mesma pergunta sobre a natureza da emoção foi feita por Aristóteles cerca de 23 séculos antes de James. Aristóteles só mencionou de passagem sentimentos, agitação física e estimulação ao definir a raiva, paradigma da emoção, como "desejo angustiado de vingança visível pelo desprezo/humilhação visível e injustificável de alguém ou de seus amigos".[20] Em primeiríssimo lugar, o que nos deveria espantar nessa caracterização da emoção é o fato de parecer ter muito mais a dizer sobre ética, política e relações sociais do que sobre o que a maioria dos psicólogos reconheceria como "emoção". Os principais termos — "vingança", "desprezo", "pessoa ou amigos", assim como o "visível" repetido — indicam que, em essência, a natureza da raiva entrelaça-se com questões de percepção de status, com questões de ofensa e adequada retaliação e com relacionamentos pessoais. Na verdade, Aristóteles prossegue e insiste na afirmação de que só os tolos não se enraivecem e, embora pessoas muito enraivecidas possam ser "insuportáveis", a ausência de raiva (dirigida contra as ofensas adequadas) é um vício e não uma virtude. É o "desprezo/humilhação" que causa a raiva (talvez um caso de "desdém, maldade ou insolência"), mas é certo, até mesmo obrigatório, enraivecer-se com isso (na ocasião certa, pelas razões corretas, no grau adequado). A raiva e as outras emoções são políticas por natureza, uma vez que têm muito a ver com relacionamentos entre pessoas que vivem juntas em organizações sociais.

Em conjunto, James e Aristóteles determinam dois paradigmas para pensar sobre a emoção. De um lado, a emoção é um estado ou processo mental relativamente primitivo, uma certa combinação de fisiologia e de sentimento. Como a maioria dos fenômenos "mentais", a emoção é característica do organismo individual, algo "interior", ou, se se descartar "experiência interior" como muito "anticientífico" (James muitas vezes negava "a existência da consciência"), então algo literalmente dentro do crânio, ou seja, no cérebro. Na psicologia, devido à desconfiança metodológica da vivência privada e já que a ciência da neurologia é um território ainda bastante desconhecido, o estudo das emoções reduz-se ou concentra-se, hesitante, na superficialidade do comportamento — expressões faciais, breves sequências comportamentais ou relatos, nem sempre verossímeis, de alunos de psicologia de 19 anos. Por outro lado, há o que chamo de abordagem "política" das emoções, que adota como arcabouço para descrevê-las não a mente, nem o corpo, mas a situação social com toda a sua elaborada complexidade ética e interpessoal.

ALÉM DA TRADIÇÃO CARTESIANA

> A miopia teórica impede que os teóricos vejam que seus modelos ainda pressupõem que em algum lugar, convenientemente escondido no "centro" obscuro da mente/cérebro, há um Teatro Cartesiano, um lugar onde "tudo se junta", e a consciência acontece.
>
> Daniel Dennett, *Consciousness Explained*

Parte do que acho tão atraente na abordagem "política" das emoções é a maneira como escapa (ou contorna) ao que hoje se costuma chamar de tradição "cartesiana" da pesquisa mente-corpo. Essa tradição, bem sumarizada nos debates recentes envolvendo Dan Dennett, John Searle, David Chalmers e muitos outros, concentra-se na "questão da consciência" e oscila entre o dualismo e o materialismo reducionista.[21] É claro que Aristóteles não se sobrecarregava com tais preocupações e gozava do duplo benefício de ignorar o dualismo cartesiano (e quaisquer outras noções equivalentes, como "consciência") e as obsessões reducionistas da ciência moderna. As emoções especificamente têm um estranho papel — alguns diriam ininteligível — no quadro cartesiano, como um desajeitado conjunto causal tendo, de um lado, processos fisiológicos e, de outro, vivências pessoais (ou "sentimentos"). Descartes, que conhecia bastante bem a fisiologia de sua época, passou um considerável período (em *As paixões da alma*) pensando em como os "espíritos animais" no sangue efetuam as devidas mudanças na alma.[22]

No entanto, no lado "mental" da relação causal, a linguagem de Descartes muda de repente. O ódio, por exemplo, "surge em última instância da percepção do potencial de nocividade de um objeto e envolve o desejo de evitá-lo".[23] Embora talvez fascinado pela fisiologia, Descartes (como Aristóteles) estava decididamente interessado em uma análise da emoção que fosse voltada para os valores e preocupada com a sabedoria: como as emoções se inserem na boa vida e a definem. Mesmo assim, a tradição que leva seu nome alatinado tendeu a dar pouquíssima atenção à dimensão política da emoção e atenção excessiva às emoções como sentimentos ou "afetos". Existe certa admiração respeitosa e às vezes apocalíptica pelas possibilidades da pesquisa neurológica, mas o dualismo cartesiano delimitou em boa medida um fenômeno definido, de um lado, por uma neurologia ainda bastante desconhecida e, de outro, pelo conjunto de vivências — descritas como ricas e cheias de significado ou como primitivas e incipientes — que cada pessoa tem, alegadamente, como domínio próprio e particular.

Minha própria obra, em geral rotulada (não por mim) como descrição "cognitiva" das emoções, tendeu a permanecer na mesma tradição cartesiana.[24] Aceitem isso como confissão. Minha abordagem bastante fenomenológica enfatiza o papel do "juízo" nas emoções, seguindo (entre outros) Aristóteles, os antigos estoicos e Sartre. É verdade que várias vezes enfatizei a natureza interpessoal e ética desses juízos — como em juízos de afinidade, intimidade e responsabilidade —, mas, à medida que continuei a tratar as emoções como vivências pessoais descobri que tendia a negligenciar várias dimensões importantes da emoção. Passei a compreender isso principalmente a partir do final da década de 1980, em meu trabalho interdisciplinar com cientistas sociais e psicobiólogos. A neurologia e a ligação entre os processos cerebrais e a emoção ainda estão além de meu alcance, mas não dei atenção adequada aos aspectos mais prontamente acessíveis da emoção, como o papel das expressões faciais e as regras culturais "de exibição", apesar de sua importância na psicologia e na antropologia.[25] Na verdade, parece que até hoje os filósofos em geral ainda não descobriram a importância do rosto na teoria da emoção, apesar do fato de isso ter praticamente dominado o trabalho dos psicólogos seus vizinhos durante mais de vinte anos (além do fato de isso ser tão óbvio quanto o próprio rosto no espelho). Naturalmente a razão é o cartesianismo. O rosto é apenas corpo superficial. É, no máximo, expressão. Isso, supostamente, entretanto, nos diz pouquíssimo sobre aquilo de que é expressão, ou seja, a emoção, que, na descrição cartesiana, é necessariamente algo "interior" — não está no rosto nem na expressão, mas na vivência particular do sujeito.

Aqui retornamos a James, que desenvolveu confusão particular sobre como identificar a emoção. Tal como Hume, ele identificou nominalmente a emoção como sensação (ou conjunto de sensações, "impressão"), que distinguia de suas causas e expressões. Como médico, James era naturalmente influenciado pela importância das reações corporais e conhecia muito bem as complexas relações entre a emoção e sua expressão corporal, tanto que ficou famoso ao insistir que esta última era causa da primeira e ao sugerir, antecipando os atuais cartões de felicitações, que uma expressão feliz de fato resulta em sentir-se feliz. Ainda assim, segundo a doutrina jamesiana oficial, que lembra as doutrinas de tantos filósofos anteriores, a emoção é o sentimento, o conjunto característico de sensações. Escapou-lhe, porém, a integração adequada entre o que é "sentido" e os aspectos físicos da emoção.

A visão cartesiana das emoções assumiu muitas formas diferentes. Vários filósofos e psicólogos consideraram a característica definitiva das sensações que formam as emoções o fato de serem agradáveis ou dolorosas. Hume, por exemplo, assim distinguia amor e ódio, orgulho e humildade. Às vezes Spinoza deu sugestões parecidas, e sua melhor encarnação do século XX, na pessoa do psicólogo holandês Nico Frijda, defendeu igual ponto de vista.[26] Spinoza, porém, seguindo os estoicos, destacou o fato de que as emoções são "juízos" ou "pensamentos" (sobre o mundo e sobre si) mais do que sentimentos. Localizo-me nessa tradição "cognitiva". Outros, que tendem à análise comportamental (mas não behaviorista), insistem que as emoções são protoações, intenções, tendências à ação.[27] Behavioristas puros afirmam, com graus variados de implausibilidade, que as emoções não passam de comportamentos e disposições a comportar-se de certa maneira, permanecendo, assim, cartesianos, mas negando simplesmente "o fantasma na máquina". No entanto, agarram-se com bastante frequência a algum vestígio do mental, como nas famosas "pontadas e comichões", de Ryle, e na "roda que não atua no mecanismo", de Wittgenstein.[28] Outros supõem as emoções complexos de crenças e desejos, modelo bastante simplório da "psicologia popular" que hoje reina suprema em certos círculos das ciências cognitivas. O que todos esses pontos de vista têm em comum é a aceitação da emoção (ou, no caso do behaviorismo, sua rejeição desafiadora) como estado psicológico "interior". É claro que as diferenças entre eles são importantes, e passei boa parte de minha carreira defendendo alguns contra os outros. Hoje, entretanto, vejo o desafio de modo bem diferente, um modo que leva o ponto de vista das "emoções como juízos" de volta ao espaço não cartesiano.

Um dos filósofos que mais buscaram um entendimento alternativo e não dualista da emoção foi John Dewey, colega pragmático de James e defensor de uma visão holística e abrangente da emoção. Dois outros são Martin Heidegger, cuja obscuridade em outros assuntos não parece nublar-lhe a visão dos "humores" (*Stimmung*, que em sua redação inclui claramente muitas emoções), e Jean-Paul Sartre, que, apesar da ontologia aparentemente cartesiana, defendia uma visão inteiramente política das emoções (e da consciência em geral).[29] Encontram-se perspectivas semelhantes em toda a história da filosofia e da psicologia (antes que esses campos fossem separados à força por administradores de universidade e colegas mutuamente invejosos). O protótipo da abordagem política, contudo, ainda me parece ser Aristóteles. Todos esses pontos de vista têm em comum o fato de considerarem que as emoções se situam primariamente nas relações humanas e são inseparáveis da ética.[30] O problema, como o vejo hoje, é manter a percepção pessoal e vivencial (fenomenológica) das emoções, mas situá-las num contexto essencialmente interpessoal e social, tratando-as não só como relevantes para a relação entre as pessoas e como resultantes dessa relação, mas também como criadas nesse contexto.[31]

O(S) PROPÓSITO(S) DA EMOÇÃO

> Não podemos mais viver num mundo tão exigente e difícil. No entanto, precisamos agir. Assim, tentamos mudar o mundo, como que por mágica.
>
> Jean-Paul Sartre, *Esboço para uma teoria das emoções*

Uma das teses mais instigantes sobre a emoção a (res)surgir no século XX é a insistência no fato de que as emoções são dotadas de propósito. Elas têm o que Jean-Paul Sartre chamou de "*finalité*",[32] ou seja, não são apenas funcionais e às vezes vantajosas nem apenas o resíduo fortuito da evolução inconstante; por si, também são estratégicas e políticas. Explicando de modo diferente e meio controvertido, as emoções não nos "acontecem" simplesmente, como toda a linguagem da "paixão" e de "ser atingido por" parece sugerir. Forçando a palavra de modo bastante discutível, são atividades que "fazemos", estratagemas que nos servem, tanto em termos individuais quanto coletivos. Ou, para explicar ainda de outro modo, em certo sentido pode-se dizer que as emoções são racionais (ou irracionais) apesar de muitas vezes a "racionalidade" restringir-se àqueles contextos que envolvem cálculo e pensamento articulado. Com certeza as emoções podem envolver considerável articulação, pensamento e cálculo (aqui, a vingança nascida da raiva é exemplar). Assim, a racionalidade também é empregada de modo "instrumental", como escolha dos meios utilizados para atingir algum fim emocional. Na medida em que as emoções são dotadas de propósito, têm em si finalidades. Não se trata apenas de elas acontecerem (e do problema de como gozá-las ou delas se livrar). Também há questões sobre o que as satisfará. Como estratégias, as emoções buscam sua própria satisfação: na raiva, pela vingança; no ódio, pela dominação; em certos tipos de amor, pela "posse". Isso não significa que todas as emoções possam ser satisfeitas ou tenham condições de satisfação. O pesar, por exemplo, não as tem, a não ser, *per impossible*, a ressurreição do ente querido que se perdeu. Ainda assim, até mesmo essas emoções podem ter um ou mais propósitos; por exemplo, ajudar a refazer a vida que se rompeu de repente não só para o indivíduo como também para o grupo.

Não há dúvida de que se pode explicar boa parte disso pela evolução tanto biológica quanto cultural, mas esse não é o ponto mais importante. Naturalmente é possível supor que a energia gerada tanto pela raiva quanto pelo medo prepara o organismo para potenciais surtos extraordinários de agressão ou retirada. Essa descrição das emoções nada exige com relação a autoconsciência ou voluntariedade. Na teoria evolucionária, o indivíduo ou a espécie não precisam "entender" suas vantagens adaptativas, elas simplesmente acontecem — rãs e borboletas que se assemelham a exemplares venenosos de sua classe têm vantagem competitiva: não são comidas com tanta frequência; alguns pássaros machos cuja cauda apresenta mais plumagem têm mais probabilidade de atrair a parceira e, portanto, têm vantagem reprodutiva. Assim também acontece que criaturas com certo temperamento, que reagem emocionalmente e exprimem certas emoções em situações adequadas, podem ter vantagem competitiva ou reprodutiva. O cão que ruge e ataca pode ter mais condições de sobreviver em certos ambientes; seus semelhantes que correm, se escondem ou se aninham terão vantagens competitivas ou reprodutivas em outros ambientes (assim, os criadores de cães complementam a natureza com considerações mercadológicas). Suponho, porém, que nada disso seja em si assim tão controverso.

A maior parte do que hoje em dia passa por explicação evolucionária da emoção, tanto na psicologia quanto na filosofia, é, contudo, tão esclarecedora quanto a famosa explicação de Molière de uma poção para dormir em termos de seus poderes soporíferos. Mostrar que algo serve a um propósito ou função diz tanto sobre o processo evolucionário quanto as mais grosseiras teorias criacionistas ou contingenciais. A evolução é a nova varinha mágica que, num só movimento, transforma o inexplicável em coisa apenas aparentemente explicada. Como observou Nietzsche, preferimos más explicações a nenhuma explicação.

A teoria evolucionária, entretanto, é apenas o pano de fundo e não protagonista do que aqui discuto. Acontece que as emoções, de acordo com a hipótese evolucionária, são estratégicas ou funcionais porque contribuem, por acaso, para a "adequação", com todas as ambiguidades e objeções que essa palavra inspirou ao longo do último século. A pessoa (ou criatura) que experimenta uma emoção, de acordo com a linha evolucionária, não o faz por ter um propósito (ou porque alguém ou até a natureza tenha um propósito), mas porque essa emoção mostrou-se útil e estratégias alternativas mostraram-se fatais. Em casos assim, as próprias reações emocionais podem ser "instintivas" (como se costumava dizer) ou, no jargão atual com base na informática, "programadas". Exemplo bem simples (porque não se trata de fato de emoção) seria a reação de susto. Muito mais complicadas são as várias formas de afeição e de proteção maternais, o ciúme territorial, o medo ao ver determinadas formas ou na presença de certos cheiros. O que defendo, entretanto, é que, por mais que nossas emoções possam ter base biológica, sejam programadas ou não — de fato, sejam voluntárias ou não —, nosso entendimento da emoção só tem a ganhar quando deixamos de pensar nas emoções e nas reações emocionais como meros produtos e passamos a pensar nelas como estratégias, modos de lidar com os outros e conosco.

Às vezes a ideia de que as emoções são funcionais e dotadas de propósito pode ser encontrada na filosofia antiga e medieval, e alguns grandes filósofos e religiões endossaram especificamente o amor e a compaixão como estratégias divinas. Essa tese, porém, surge com força particular não só nas descrições evolucionárias das emoções e de seu desenvolvimento como também nas teorias do pragmatista John Dewey (que tinha seus próprios escrúpulos em relação ao darwinismo) e, mais radical e recentemente, nos textos de Sartre, que afirma serem as emoções "transformações mágicas do mundo", querendo dizer com isso que as emoções são modos intencionais e estratégicos de lidar com situações "difíceis". Nós as "escolhemos", e as escolhemos com um propósito.

Sem dúvida, essa visão sartriana da natureza estratégica das emoções força a credulidade da maioria dos teóricos contemporâneos da emoção, embora teses evolucionário-funcionalistas semelhantes, ainda que mais modestas, tenham sido defendidas por muitos psicólogos pesquisadores. Talvez eu possa atenuar algumas dúvidas observando que nessa tese voluntarista nada exige que as estratégias emocionais sejam reconhecidas, ou articuladas nem mesmo que sejam por si articuláveis. Em outras palavras, elas não precisam ser conscientes, no sentido costumeiro da palavra, e as "escolhas" que fazemos não precisam ser explícitas e deliberadas. Ainda assim, a emoção pode ser uma estratégia, um jeito de lidar com as coisas e, especificamente, um modo de lidar com outras pessoas. Especialmente quando esse modo de lidar envolve poder, acredito que temos razão de denominá-lo política da emoção. Como indicamos, porém, a expressão admite várias interpretações bem diferentes, começando com a campanha vulgar contra a opulência emocional em nome da "parcimônia" racionalista de que tratamos no início deste capítulo.

A política da emoção também se refere ao fato de que as emoções não são apenas "internas"; elas se estendem para o mundo. Do ponto de vista deweyiano-sartriano, é essencial a ideia de que as emoções são intencionais; dirigem-se para objetos (reais ou imaginários) no mundo. Envolvem, portanto, conceitos e cognição, incluindo reconhecimento, e, naturalmente, neurologia e fisiologia, além de poder haver uma base instintiva ou biológica dos estados intencionais (William James sugere, sem dúvida, que assim é. Os escritores contemporâneos adotam isso mais ou menos como ponto de partida de suas indagações).[33] O que, entretanto, essa noção de "intencionalidade" tende a fazer é derrubar a barreira cartesiana entre vivência e mundo, entre "interno" e "externo". Os objetos da emoção, obviamente, nem sempre são reais (podem ser meramente imaginados, lembrados ou, em casos extremos, alucinados). Nesse caso, podemos continuar falando metaforicamente sobre todo o processo como se estivesse "dentro" do sujeito. Nos casos mais comuns — Henrique gosta de Sandra, Frederico detesta espinafre, João tem ciúmes de Alfredo —, porém, a intencionalidade da emoção é dirigida a algo real e do mundo. Há muitíssima literatura filosófica sobre como lidar com essas questões, quer o caso do "objeto inexistente" tenha prioridade, quer seja tratado como um tipo de estranha exceção. Essas intrigas, todavia, não nos devem retardar aqui. A questão é que a emoção não é um mero "sentimento", como a dor, por exemplo; é também uma postura, uma atitude, um abrir-se para o mundo.

Como esse abrir-se, a emoção tem metas e valores (não apenas "avaliações", como indicaria parte da literatura psicológica mais destacada — avaliação é "observativo" demais). Percebemos coisas, pessoas e fatos e temos emoções a eles dirigidas que incorporam atitudes de aprovação e desaprovação, de desejo e repulsa, e objetivos de tipo muito mais complicado. Sejam o que forem, as emoções estão íntima e não só contingencialmente ligadas ao comportamento (e é por isso que durante tantos anos foram equiparadas, como primas pobres, à "motivação" nos livros didáticos de psicologia. Ninguém sabia onde mais as colocar.) Os behavioristas rigorosos dizem simplesmente que emoção *é* comportamento, mas aqui o laço conceitual é apertado demais, mesmo com as ressalvas costumeiras.[34] Outros (Nico Frijda, por exemplo) insistem apenas, de modo mais judicioso, que a emoção é um conjunto de tendências à ação.[35] É, porém, na ligação conceitual com o comportamento — o que significa, embora de modo meio desajeitado, dizer que a emoção e sua expressão são uma coisa só e não duas — que a "política" da emoção se torna especialmente destacada.

Se a emoção fosse apenas um juízo impessoal ou uma "avaliação" e estritamente "interna", como o espectador passivamente sentado longe do campo de jogo, a ideia de estratégias e políticas emocionais faria no máximo sentido mínimo. As emoções, entretanto, estão ligadas à ação, seja nas estratégias "frias" e defasadas de vingança que às vezes nascem da raiva, seja na expressão espontânea e imediata de prazer ou surpresa no rosto de alguém. Contudo, a emoção controlada, oculta e não expressa é que exige explicação especial, e não a ligação entre as emoções e sua expressão. Quando um empregado se zanga com o patrão ou quando uma criança respeitosa e madura se zanga com o professor ou o pai, o notável não é a ausência de expressão, mas a contenção, a distorção da expressão que quase sempre é evidente para os que sabem o que procurar. Ainda assim, há muitas emoções cuja expressão não tem importância, não porque a expressão seja controlada, mas porque ocorre numa situação em que não há ninguém para notá-la ou ser afetado por ela. É comum termos emoções quando estamos sozinhos. Do mesmo modo, é importante observar que há uma política "interna" das emoções, desde que não entendamos isso do modo cartesiano. Seja qual for o comportamento ou a expressão da emoção, o sujeito pode adotar uma estratégia emocional na ausência de qualquer outra pessoa ou criatura que possa ser influenciada, afetada ou até mesmo divertida. Ainda assim, a emoção e não só sua expressão ocorre no espaço público, e não em algum misterioso espaço cartesiano. A emoção está "no mundo", não na mente, na psique ou na alma.

A POLÍTICA DA EMOÇÃO

> Um estado de ânimo nos assalta. Não vem de fora nem de "dentro", mas surge do estar-no-mundo, como um modo desse estar.
>
> Heidegger, *Ser e tempo*

A "política" da emoção pode ser dividida em quatro níveis (inter-relacionados). Há, em primeiro lugar, a tese geral sobre a ontologia — ou, melhor, a geografia conceitual — das emoções: o que são, "onde" se localizam e os termos em que devem ser discutidas. A posição política tradicional das emoções, como me queixei, é desprivilegiada, o lumpemproletariado da alma (ignore-as, a menos que fiquem turbulentas). Em segundo lugar, há o sentido mais óbvio em que as emoções são políticas, ou seja, lidam com poder, persuasão, manipulação, intimidação. Nesse nível a raiva é o exemplo mais conhecido, embora amor, ciúme, vergonha, ressentimento, inveja, tristeza e até desespero também mereçam reconhecimento; e nele é possível perceber a maneira às vezes sutil pela qual as emoções dominam. Em terceiro lugar, há o que podemos chamar de política interna da emoção, a maneira como nos posicionamos e (pode-se até dizer) nos manipulamos em relação ao mundo, bem além do efeito de nossas emoções ou de sua expressão sobre os outros. Quando comecei a perceber a importância das estratégias emocionais, em função de minha postura cartesiana (não admitida), foi essa política interna que a princípio chamou minha atenção.[36] Mais uma vez, zangar-se é o exemplo paradigmático. Fica-se zangado para "livrar a cara" não só aos olhos dos outros (a política abertamente pública da raiva) como também aos próprios olhos. Finalmente, a política da emoção estende-se ao "meta"-campo da emoção: "rotulagem", reconhecimento da emoção, reportagem da emoção, descrição da emoção e teorização da emoção. Não se deve pensar, entretanto, que esse "nível" de política emocional seja fácil de separar ou, às vezes, até de distinguir dos demais níveis de política na emoção e na expressão emocional — os quatro campos costumam sobrepor-se e influenciar-se.

A ONTOLOGIA DA EMOÇÃO

A ontologia nos remete à natureza básica das coisas, a seu lugar no universo e ao modo como se relacionam com outras coisas. A ontologia da psicologia ou dos fenômenos psicológicos está há muito tempo presa no quadro cartesiano, o que, *grosso modo*, significa que os estados, processos ou atos "mentais" tiveram de ser tratados como manifestações fortuitas ou descrições enganosas de estados, processos e comportamentos materiais (Watson e Skinner na psicologia, Gilbert Ryle na filosofia) *ou* como entidades não materiais extremamente fortuitas que Ryle chamou jocosa e memoravelmente de "o fantasma na máquina". O próprio Descartes, porém, sabia muito bem que as emoções, especificamente, cobriam esse abismo ontológico, segundo ele composto de ambos os tipos de "substância" (material e imaterial), como agitações do espírito animal (material), de um lado, e, de outro, por crenças e desejos ("pensamento imaterial). O behaviorismo, apesar de seus absurdos, teve o bom senso de rejeitar essa dicotomia implausível e destacar, com vários níveis de sofisticação, que quase tudo o que conhecemos e praticamente tudo o que queremos dizer sobre a emoção depende do comportamento (até o comportamento verbal, sobretudo os relatos em primeira pessoa). O que ficou de fora, naturalmente, foi aquele insistente "caso da primeira pessoa", o "sentir" subjetivo das emoções, mas diversos golpes hábeis e às vezes inábeis desbastaram esse resíduo.

Sem negar a subjetividade, ainda assim é possível argumentar que boa parte do que os filósofos já tinham descrito como "interno" poderia, com igual plausibilidade, ser redescrito como "externo", por exemplo, nas expressões do rosto, na tendência a ações ou em tipos de ação específicos (agressão, possessão, zelo, introspecção), nas descrições e nas avaliações verbais usadas para exprimir a emoção. A tristeza, por exemplo, só minimamente pode ser entendida em termos de "pontadas" e da sensação de "esvaziamento" que constituía o "sentimento" característico da tristeza. O grosso dessa emoção básica pode ser mais bem entendido por uma análise de apreciações e avaliações da perda. Assim também a diferença entre embaraço e vergonha pode ser compreendida não tanto em termos das diferenças de sentimento ou sensação (há alguma?), mas em termos da diferença da atribuição dessas emoções a contextos decididamente distintos.[37] Descrever uma emoção como vergonha indica certa sensação de culpa, que não se inclui em sua discrição como embaraço. Na esteira de Wittgenstein, Ryle e seus colegas psicólogos, os misteriosos elementos "mentais" passaram a desempenhar um papel mínimo na discussão da emoção.

A fenomenologia, concebida não como "campo da consciência", mas como mundo vivenciado (de um ponto de vista ou outro), é o ambiente natural para descrever a emoção. Toda descrição do corpo, do cérebro, das circunstâncias comportamentais está fadada a ser incompleta ou a errar o alvo (o ponto de vista), assim como toda descrição de sensações meramente "internos" está fadada a ser digna de pena. Pode-se descrever equivocadamente a fenomenologia como "a peculiaridade do caso da primeira pessoa" e trazer à baila o enigma de como reconhecemos nossas próprias emoções e com que elas "se parecem", em comparação a como reconhecemos e entendemos as emoções dos outros. A questão de "onde" se localizam as emoções — no mundo material ou no singular mundo imaterial —, entretanto, não serve mais para nada. Em todos os sentidos importantes, as emoções estão "lá fora", no mundo. Ou melhor, não há "lá fora" porque não há o contrastante "aqui dentro", a menos, talvez, que se queira falar, de modo realmente muito peculiar, sobre processos "dentro do" cérebro. Isso não é o que se costuma chamar de "materialismo", que desaparece ao lado da estranha opinião, mantida apenas por filósofos, neurologistas e alguns cientistas sociais, de que as emoções estão "todas no cérebro". Não é, tampouco negar, de modo algum, a "existência da consciência", seja o que for que essa peculiar expressão signifique. É apenas dizer que as emoções são experiências vitais de criaturas sociais conscientes (ainda que o papel limitadíssimo do social seja a consciência constante de que há predadores e a percepção ocasional de que há um parceiro disponível). As emoções envolvem um bom número de aspectos inter-relacionados da sensibilidade, das relações pessoais, da consciência própria, das visões de mundo individuais ou coletivas dessas criaturas, de sua fisiologia, de suas várias expressões na fala e no comportamento. Criaturas tão complexas não deveriam ser divididas em uma ontologia simplista de corpos e mentes.

EMOÇÕES, PODER E PERSUASÃO

O sentido mais óbvio em que as emoções são políticas é que as usamos para emocionar outras pessoas ou criaturas. Nossos cães reagem bem depressa a um grito ou uma repreensão, ainda que seja fingido e disciplinar em vez de emoção genuína. Naturalmente isso levanta uma questão fundamental relativa à política da emoção; a expressão convincente da emoção, e não o que se poderia denominar emoção propriamente dita, é o que faz o serviço. Em nossa descrição da geografia conceitual das emoções, tentei lançar alguma dúvida sobre a distinção entre emoção e expressão, e argumentar que a exibição "convincente" da emoção pressupõe ou, como sugeriu William James, tende a criar a própria emoção demonstrada. Obtêm-se os mesmos fins fingindo, agindo *como se* a pessoa tivesse a emoção em questão sem, na verdade, a ter? Em teoria, talvez, e facilmente com alvos ingênuos ou hipersensíveis. Creio, porém, que a resposta prática é que poucos de nós somos atores tão bons a ponto de conseguir tal desempenho, de modo que na verdade parece que é necessário ter a emoção. Se assim é, redunda ser preciso ter a emoção para provocar os resultados desejados.

Sendo ou não assim (e com certeza a variedade de casos é muito mais rica do que sugeriria a fórmula simples de James), é claro que as emoções não são apenas (nem geralmente) isoladas e independentes, mas sim mais ou menos vinculadas a sua expressão. Aqui, complicam-se os limites entre autenticidade, autoengano e má-fé; quero porém, observar, de modo bastante cru por enquanto, apenas uma parte dessa charada intrincadamente humana (há mais no Capítulo 8): ter uma emoção com determinado propósito não obriga a "não ter realmente" a emoção. É claro que essa tese solaparia tudo o que eu já disse aqui. Nico Frijda apresenta-a com bastante inocência, mas, creio eu, acerta quando diz que "as emoções — seu tipo, sua intensidade, suas manifestações — são não só determinadas por fatos motivadores importantes como também bastante influenciadas pelos efeitos desejáveis previstos que exercem sobre os outros".[38] Em outras palavras, as emoções são estratégias, e há pouca razão para duvidar de que, em parte, nossas expressões emocionais evoluíram devido à eficácia na comunicação de nossas emoções a outros.

Às vezes nossas emoções e exibições emocionais envolvem solicitude, um grito de socorro, a expressão da necessidade. Expressões de submissão, guinchos de terror, gritos de angústia de um bebê, todos servem para chamar e dirigir a atenção dos outros (o que não quer dizer que sejam conscientes). Porque funcionam tão bem, podem ser aprendidos, cultivados, praticados e, assim, empregados de modo intencional (o que não quer dizer "fingido"). A fêmea jovem logo aprende a ganhar favores sendo submissa, o que envolve sentir-se submissa, e assim ela aprende a sentir-se submissa. Um macaco jovem e esperto aprende a espalhar o bando pelo menos uma vez e ficar com a comida só para si com a reação exagerada a algum sinal de perigo apenas modesto. Bebês, crianças e até adultos aprendem a chorar para conquistar a solidariedade dos outros. Mais uma vez, não estão "fingindo", mas sendo especialmente atentos a fim de encontrar razões para chorar. (Uma moça na série de TV *Seinfeld* derrama lágrimas genuínas quando sua salsicha escapa do pão; depois, quando a avó morre, não demonstra sinais de tristeza. Ela pode ser desprezível, mas não me parece uma fraude.)

Muitas emoções têm a ver com poder, persuasão, manipulação e intimidação. Por exemplo, usamos a raiva não só para obter a energia e a ousadia necessárias ao confronto, mas também para intimidar a oposição. Um dos integrantes mais desagradáveis de meu departamento acadêmico tinha o hábito de destacar todas as reuniões em que houvesse uma questão controvertida levantando-se (ele era bem alto), inclinando-se, ameaçador, sobre a mesa de conferências e gritando de maneira bem aterradora com quem se opusesse a sua posição. Como a maior parte das questões controvertidas discutidas era bastante trivial, o adversário quase sempre cedia, e o grandalhão impunha sua vontade. É revelador o fato de que essas vitórias baratas raramente tinham alguma relação com o mérito da causa e, mais revelador ainda, o de que não havia razão nenhuma para supor que suas demonstrações raivosas levariam à violência concreta (na verdade, ele fugiria de qualquer luta real). Para a maioria de nós, porém, o medo e aversão à raiva são tão profundos que a mera demonstração de raiva nos leva a reagir como por trás dela houvesse uma ameaça verdadeira, mesmo quando sabemos que não há. E jamais concluímos que essas demonstrações de raiva são fingidas ou falsas. Ele era apenas um homem zangado que há muito tempo aprendera a lição de que ficar zangado dá certo.

É assim também com as emoções sedutoras. Quantos de nós já fomos atraídos por encantos que, na época, sabíamos ser insinceros, enganosos ou iminentes desastres? A publicidade e as vendas dependem dessa vulnerabilidade. Nossa reação às emoções, assim como as emoções e expressões propriamente ditas, também são adquiridas, transformadas em hábitos, cultivadas e, às vezes, talvez, programadas. Essas experiências evidenciam que as emoções têm um elemento político, que sua existência não é um fato social ou psicológico neutro, mas sim uma força política que nos estimula e que influencia de diversas maneiras nossas ações.

Quando nos voltamos para os vários aspectos da exibição e da expressão de emoções, o poder dessas estratégias fica óbvio. Paul Ekman e Carroll Izard sustentaram durante anos o ponto de vista de que as expressões faciais que classificaram têm base evolucionária; com isso, queriam não só dizer que tinham surgido na história evolutiva como também que ofereciam alguma vantagem social e, portanto, reprodutiva. O que, porém, é verdadeiro na história evolutiva com certeza deve ser verdadeiro na história social mais ordinária. Pessoas mal-humoradas tendem a conseguir o que querem com intimidação (poderiam, possivelmente, chegar a esse resultado apenas fingindo estar zangadas, mas, à parte o necessário talento teatral, ficar realmente zangado parece ter vantagem dupla, pelas razões indicadas.) Determinar até que ponto outras emoções trazem vantagens reprodutivas ou sociais envolveria a análise de cada uma. Pode-se sem dúvida defender o caso do amor, considerado em termos gerais. A vergonha e a culpa indicam vantagens para o grupo, mas talvez não diretamente para o indivíduo. Pesar e tristeza convidam à especulação (com certeza existe pesar manipulador e lágrimas como súplica). Piedade e gratidão são fascinantes de examinar, como fez Nietzsche de modo polêmico e com certa extensão.[39] O que todas essas análises buscariam seria o modo como a expressão e a exibição (deliberada ou não) oferecem vantagens estratégicas junto a outras pessoas ou sobre elas.

A POLÍTICA INTERNA DA EMOÇÃO

A política interna da emoção significa as maneiras como nos posicionamos e (pode-se até dizer) nos manipulamos em relação ao mundo, bem além dos efeitos de nossas emoções ou expressões sobre os outros. Quando Nico Frijda escreve que, no campo da emoção, política é "demonstrar ou mesmo vivenciar uma dada emoção devido a seus efeitos desejados sobre o poder", há significativa ambiguidade incorporada à palavra "vivenciar". O que vivenciamos com certeza influencia ou até mesmo determina nossas atitudes e nosso comportamento, o que por sua vez influencia, emociona ou coage outras pessoas. Às vezes, porém, vemos uma versão truncada do processo em que a emoção não se expressa ou não é percebida, e pretende-se que assim continue. Na verdade, é na privacidade que a emoção consegue fazer sua "mágica".

A raiva, por exemplo, é uma emoção hostil em que se adota uma postura específica no mundo, mesmo que apenas do ponto de vista do sujeito. A natureza desse ponto de vista tem efeito poderoso sobre como o sujeito vê o mundo, se sua raiva é expressa ou não ou se resulta em ação, mesmo (e principalmente) que ele se isole e evite toda possível descoberta ou estímulo à ação. É na privacidade de nossas próprias emoções que pensamentos e juízos podem seguir sem correção nem questionamento dos outros (ainda é preciso silenciar a voz da consciência, mas a raiva é uma emoção barulhenta que tende a sufocar aquele solilóquio suave e incômodo). Ela exige uma postura julgadora, que lembra a situação de um tribunal, captada sucintamente por Lewis Carroll em *Alice no país das maravilhas* (na "História do ratinho"): "Serei juiz, serei júri, disse esperta a velha fúria." A vantagem estratégica é óbvia. Ao sair de uma situação em que foi ferido, ofendido ou humilhado, ainda assim o sujeito se posiciona como superior, até mesmo como irrepreensível. É uma posição psicológica poderosa, é a política emocional em seu lado mais profundo e sutil, seja ou não eficaz no mundo social.

Nietzsche desenvolveu um exemplo minucioso em *Genealogia da moral*: afirmou que o ressentimento, por sua própria natureza, é uma emoção que foge à expressão direta e ao confronto, preferindo alterar o mundo percebido para ajustá-lo a suas vulnerabilidades e fraquezas específicas. Assim, pode-se considerar "política interna" "rearrumação estratégica das atitudes próprias de alguém" ou "transformações mágicas do mundo", como Sartre mais politicamente denominou. Essa política interna da emoção combina muito bem com aquilo a que já me referi muitas vezes como papel julgador da emoção, seguindo alguns estoicos que defendiam tese semelhante há 2 mil anos. Para os estoicos, a questão não era como nosso comportamento emocional afeta o mundo (de forma negativa ou desprezível, argumentava a maioria deles), mas sim como nossos juízos emocionais afetam nosso próprio ponto de vista sobre o mundo e, consequentemente, nossa possibilidade de ser feliz.

Uma versão da mesma ideia, um tanto mais social e preocupada com o desenvolvimento, foi bem caracterizada por Ronald de Sousa em *Rationality of Emotion*, ao apresentar a noção de "situação paradigmática" ("*paradigm scenario*"), na qual se aprende não só a "adequação" de determinadas emoções e comportamentos emocionais como também sua força e importância.[40] Não se aprende só o efeito das reações emocionais sobre os outros (sua aprovação ou desaprovação e as reações em troca), mas também o modo como uma emoção faz com que nos "sintamos". Sousa menciona o sorriso inato dos bebês como bom exemplo do início da vida. A princípio, o sorriso é inato, mas entre seis e doze semanas o bebê começa a usar o sorriso para provocar uma reação.[41] O "sentimento" em questão não se deve confundir, de modo algum, com as sensações causadas pelas mudanças fisiológicas ou musculares concomitantes ou por aquela sensação incipiente de "afeto" citada por autores a quem falta capacidade para identificar a emoção "sentida".[42] Ele envolve, em vez disso, toda a fenomenologia complexa da situação em questão. Pode-se apresentar um histórico evolucionário dessas situações (e Sousa encoraja isso). Para meus objetivos aqui, porém, é importante insistir na ideia de que tais situações, depois de estabelecidas, não são nem precisam ser públicas nem socialmente situadas; em sua origem, sem dúvida, elas o têm de ser, mas assim que se "internaliza" o paradigma de uma emoção, pode-se representá-lo em particular, ensaiar e representar uma estratégia como se fosse pública e, ao fazê-lo, obter certa vantagem competitiva, ainda que só aos próprios olhos.

A POLÍTICA DA LINGUAGEM E DA TEORIA DA EMOÇÃO

Até agora abordei a política da emoção estritamente em termos de suas estratégias. Isso, entretanto, é apenas parte da história. Não se trata apenas de termos emoções. Sabemos que as temos. Nós as rotulamos, falamos sobre elas, imaginamos teorias a seu respeito e, não por acaso, alguns de nós extraem dessas teorias um bom ganha-pão. Pode-se dizer que há um segundo nível de vantagem competitiva, não nas emoções propriamente ditas, mas no metanível em que o falar a seu respeito é que entra em jogo. Como é tão fácil pensar na linguagem como algo acima e além das emoções, como capacidade ou faculdade bem separada de "ter" a emoção, tendemos a não considerar o falar sobre a emoção parte do mesmo conjunto de fenômenos. A verdade, porém, é que nossa linguagem, nossos conceitos e nossas ideias sobre as emoções estão intimamente ligados às próprias emoções, permeiam-nas e as definem (isso não é, de modo algum, negar que animais e crianças pré-verbais tenham emoções. É só negar que seres humanos adultos que têm tal linguagem sejam capazes de separar com clareza suas emoções e o falar sobre elas).

Há várias dimensões desta "metarreflexão" sobre as emoções. A mais simples tem a ver com a natureza do nome das emoções, ou seja, com o modo como as chamamos ou com o que os psicólogos denominam "rotular". Por exemplo, o fato de alguém rotular seus sentimentos hostis de "ódio", "raiva" ou "ressentimento" fará diferença na maneira como esse alguém exprimirá, avaliará e falará sobre a emoção e, consequentemente, no modo como se "sente". É mais complicada, porém, a maneira como falamos sobre as emoções e às vezes as mitificamos. O amor, nos Estados Unidos, é uma boa ilustração. É uma emoção altamente mitificada, pode-se até dizer "hipercognata", tanto que os cínicos já insinuaram várias vezes que "amor" é apenas uma palavra, uma confusão de fantasias, e não uma emoção genuína.[43] Finalmente, a mais sofisticada é a maneira como nós, filósofos e psicólogos, conceituamos e teorizamos as emoções. Durante 25 anos, o alvo de meus argumentos foi a tendência ainda forte a "primitivizar" as emoções — segundo afirmo, ao negar nossa responsabilidade sobre elas. Admito que é um tanto forçado dizer que "escolhemos" nossas emoções; entretanto, como profecia que provoca o próprio cumprimento, como maneira de assumir o controle e tornar-se cada vez mais consciente das opções emocionais que temos, mantenho que esse é um valioso conhecimento existencialista. A opinião alternativa de que as emoções são desorganizações fisiológicas e "forças" psíquicas além de nosso controle também é, como a profecia que provoca o próprio cumprimento, um convite a pensar em nós mesmos como vítimas e arranjar desculpas para nosso comportamento. Assim, a política da emoção torna-se parte integrante da política de responsabilidade pessoal e do cultivo das virtudes.

Importa se a denominamos "raiva" ou "ira", ou *riri,* ou "infantilidade", ou mesmo "fúria", "ultraje" ou "indignação moral"? (Qual seria a diferença aqui?) Jean Briggs informa que, em Utku, nomear de "infantilidade" o que chamamos de raiva serve para depreciar a emoção assim que é identificada.[44] Do mesmo modo, Robert Levi mostrou que, em taitiano, *riri* demoniza a emoção antes mesmo que seja descrita. A raiva é retratada como tipo de possessão demoníaca. "Ira" (diretamente do latim) tem certa nobreza que raiva não tem.[45] "Fúria" sugere violência; "ultraje" indica sensação extremada de transgressão ou profanação e "indignação moral" sinaliza retidão (a mera "irritação" é, pelo contrário, desprezível). "Cólera", digo eu, refere-se a algo muito maior (ou muito menor) do que raiva, uma reação neurológica totalizadora que é comparativamente descontrolada e em geral involuntária. Há mais coisas num nome, querida Julieta, do que aquilo que nomeia arbitrariamente o que cheira tão bem. E quando se dá nome à própria emoção (como Schachter e Singer demonstraram), é a emoção propriamente dita, e não meramente seu nome, que se altera.

A política da linguagem da emoção não se limita, de modo algum, a nomear a emoção. Considere-se, por exemplo, o menosprezo geral da emoção implícito em palavras como "sentimentalismo" ou "emotivo". Antigamente, "*sentimentality*" ("sentimentalismo") indicava a sensibilidade apurada dos aristocratas. Não é mais assim. Hoje em dia, tende a referir-se a arte de má qualidade, moralismo barato e uma falha visível de caráter. "Emotivo" e "sentimental" são usados como termos depreciadores, por exemplo, na rejeição duradoura (e ainda não extinta) a mulheres e a homens "afeminados" em cargos de responsabilidade.[46]

Finalmente, há a política de nossas teorias. O tratamento das emoções de Joel Feinberg e Jerome Shaffer citado no início deste capítulo é um bom exemplo de como as emoções são diminuídas e menoscabadas em pontos de vista antipáticos e descrições depreciativas. Tais pontos de vista também estão contidos nas teorias enganosamente chamadas de "psicologia popular" ("*folk psychology*").[47] Boa parte da teoria do senso comum (e da linguagem das emoções) acarreta o que chamei de "teoria hidráulica". É o ponto de vista desdenhoso de que as emoções são "tão somente" "pressão" fisiológica, como Freud, por exemplo, nas primeiras décadas da carreira, descreve no modelo do "sistema aquecedor" do "aparelho psíquico". Aqui minha objeção não só é teórica, mas também existencial e ética. A política do modelo hidráulico (e de boa parte da psicologia popular) é a de irresponsabilidade: "nossas emoções são um 'isso', não fazem parte do 'eu'". O mesmo acontece com as antigas teorias que concebem amor e raiva como tipos de loucura em vez de estratégias. É aqui que eu e Sartre atacamos com a teoria "existencial": não, as emoções não nos "dominam" nem "vencem". Defendi a posição de que são estratégias e que as *escolhemos*.[48] A responsabilidade pessoal é peça importante da história das emoções, e toda e qualquer teoria que não enfrente isso é, ela mesma, política (ou deveríamos dizer politicamente irresponsável?).

Há ainda mais uma forma de política relativa à emoção que tem de ser mencionada, a política acadêmica dos departamentos e do prestígio profissional. Redefinimos as emoções para se ajustarem a nossos métodos. Não surpreende que os filósofos, quando chegam a falar das emoções, tendam a vê-las por meio do arcabouço da análise conceitual ou como "ciência cognitiva", favorecendo, quando disponíveis, os recursos conhecidos da lógica e da análise linguística. Os neurologistas tendem a vê-las, em primeiro lugar, como neurológicas; os psicólogos behavioristas, naturalmente, por meio de sua expressão no comportamento, e assim por diante. Não há nada de errado nisso, mas com demasiada facilidade deixamos nossa política atrapalhar os esforços conjuntos e o entendimento mútuo. Os filósofos são especialmente hábeis na hora de rejeitar como confusão conceitual ou coisa sem sentido o mais dedicado esforço dos cientistas sociais, sem aplicar nada que se pareça com o princípio da caridade.[49] Seria muito mais construtivo procurar o que os cientistas sociais andam dizendo que os filósofos vêm sistematicamente ignorando ou recusando-se a ver. É previsível que, em retaliação, os cientistas sociais ridicularizem os "filósofos de poltrona" sem se incomodar em ver o que poderiam aprender com a análise conceitual e fenomenológica.

As emoções têm múltiplas dimensões e aspectos, e, consequentemente, oferecem múltiplas linhas de pesquisa. Devíamos parar de imitar os persas cegos do ditado, todos dogmáticos sobre sua própria parte do elefante. Se temos consciência da política que permeia e cerca não só a emoção como também o tratamento que damos à emoção, podemos trabalhar juntos e responder a algumas perguntas dificílimas, ou seja, como se encaixam essas diversas abordagens. Pode não haver um ponto de vista único e objetivo. Na verdade, pode não haver nenhum ponto de vista "objetivo" quando se trata de fenômenos tão "subjetivos". A "verdade" final sobre a emoção humana pode ser que nunca saímos de nós mesmos nem de nossos pontos de vista emocionais, e, assim, sempre haverá interesses políticos e relações de poder tanto na emoção quanto no estudo das emoções. O fato de que as emoções são políticas, entretanto, pode ser exatamente a razão pela qual nossa vida emocional é ou pode ser tão rica e as emoções nos inspiram interesse tão duradouro, mesmo na filosofia.

A POLÍTICA DA EMOÇÃO E A RACIONALIDADE

> Como se toda paixão não contivesse sua cota de razão!
>
> Nietzsche, *Vontade de poder*

Foi Sócrates, o grande defensor da razão, que adotou como lema a frase de Delfos, "Conhece-te a ti mesmo", e a injunção bastante extremada "a vida não examinada não é digna de ser vivida". Naquele conhecimento incluem-se, com certeza, a compreensão e a avaliação de nossas emoções, que, afinal de contas, são boa parte do que torna a vida digna de ser vivida. Usando uma expressão controvertida nessa conjuntura, as emoções são uma questão de racionalidade imanente. Falar sobre emoções em termos de política é defender que as emoções, ao contrário de meros sentimentos e reações mais primitivas, são inteligentes, estratégicas, dotadas de propósito — em outras palavras, racionais. Ainda subestimaremos, porém, o poder e a importância das emoções se as pensarmos dessa maneira meramente "instrumental", como "meio para um fim", como modo de conseguir o que queremos no mundo. Sem dúvida as emoções são meios, mas com frequência também são fins. O amor não é apenas um meio, mas um "fim em si mesmo". Tristeza e pesar não precisam ser meios para nada, mas, ainda assim, desempenham papel essencial em nossa vida. A raiva pode ser um meio, mas também representa certa postura na vida, um modo de ser; e a racionalidade da raiva pode muito bem resumir-se à adequação ou "ajuste" dessa postura emocional numa vida bem ordenada ou racional. O que isso pode significar é a questão à qual nos dedicaremos agora.

CAPÍTULO 3 Racionalidade e suas vicissitudes

> Quando alguma característica das coisas pesa nas deliberações das pessoas, podemos dizer que a vêem como razão a favor ou contra uma linha de ação. Mas que lado da questão explica o outro? O peso vem primeiro e explica o que se quer dizer com ver alguma coisa como razão? Desse lado estão filósofos como Hume e Santo Agostinho, que escreveu que "no impulso da vontade e do amor surge o mérito de tudo a ser buscado ou evitado, a ser considerado de maior ou menor valor". Do outro lado estão filósofos que prestam lealdade a Platão, Aristóteles e, às vezes, Kant. Sustentam que nossa natureza apaixonada fica inteiramente sob o controle da verdade e da razão. Apolo domina Dioniso. O problema desse quadro luminoso é que o controle de Apolo é ininteligível. (...) Por que deveríamos nos preocupar com as coisas (...)? Do lado de Santo Agostinho não há dificuldade; falamos de razões para refletir o fato de que já nos preocupamos.
>
> Simon Blackburn

> A palavra *filosofia* significa amor à sabedoria, mas o que os filósofos realmente amam é o raciocínio.
>
> Robert Nozick, *The Nature of Rationality*

> O coração tem suas razões, que a razão desconhece.
>
> Pascal, *Pensées*

Depois de ter esmiuçado a emoção, o que dizer sobre a racionalidade? A defesa da emoção e da vida apaixonada é a rejeição da racionalidade ou um adendo, talvez um complemento ou mesmo acentuamento da racionalidade? Pensar em termos de razão e de emoções, entretanto, mantém a velha dicotomia, e, embora insistir que a razão deva ser escrava das paixões ou o contrário tenha com certeza sua importância, o problema subjacente, na minha opinião, é a oposição falsa e prejudicial entre razão e emoção, como se ocupassem campos distintos da vida humana e brotassem de faculdades separadas da mente humana. Vida apaixonada não é a que se vive de forma irracional, sem razões ou contra a razão. Na verdade, as emoções não só nos dão razões, como também, como indiquei, a vida apaixonada é, por si, um modo racional de viver. Chegando ao ponto pelo outro lado, a racionalidade não independe das paixões nem é meramente a estrutura lógica em torno da qual as emoções ocupam o lugar adequado. A racionalidade, pelo menos na filosofia, ameaça tornar-se o conceito mais "enxuto" de todos, "o pensamento que pensa a si mesmo" (como declarou Aristóteles, num momento de miopia cósmica). Com demasiada frequência, a racionalidade tende a tornar-se lógica pura, mero "raciocínio", vazia ou pelo menos independente de sensibilidade, curiosidade e vivência.[1]

Observe-se que, na dicotomia "razão e emoções", razão está no singular. A razão, ao lado do raciocínio e da racionalidade, indica uma faculdade única, exemplificada por pensar corretamente, por seguir o caminho comprovado da verdade ou, pelo menos, o relato ou justificativa mais bem defendido. As emoções, pelo contrário, estão no plural. Asseguram-nos de que há um grande número de maneiras de ser irracional. A razão, defendo eu, não é, entretanto, esse monólito e só por nossa própria conta e risco divorciamos assim a racionalidade de nossa vida emocional e relegamos as emoções ao campo irracional. De acordo com o legado de Hume ("A razão é e deve ser escrava das paixões e jamais pode pretender nada além de servi-las e lhes obedecer"),[2] a racionalidade deve ser concebida como meio apenas, como puramente "instrumental". Os fins últimos não são racionais nem irracionais; mas tirar do campo da racionalidade os fins últimos da vida, deixá-los fora do alcance da crítica, da apreciação e da avaliação, é absurdo, como o próprio Hume admite claramente ao comentar: "Não é contrário à razão preferir a destruição do mundo todo a um arranhão no meu dedo."[3] Embora com certeza também sejam instrumentais, as emoções são constitutivas de fins — na verdade, fins últimos, aquilo com que realmente nos preocupamos.

William James aborda duas paixões primárias na filosofia, "nossa paixão por distinguir" e a "paixão pela simplicidade". Juntas, essas paixões opostas formam uma "dialética" que foge ao modelo de racionalidade como "raciocínio" linear e indica ser a racionalidade algo mais complexo e interessante do que o mero "raciocínio".[4] Ela envolve o coração além da mente (dois órgãos que os chineses sabiamente recusam-se a distinguir [*hsin*]). Se a própria filosofia não só é movida como também constituída por tais paixões, então com certeza a ideia da filosofia como racionalidade em guerra com emoções está errada. Explicando de outra maneira: não é que as emoções devam ser julgadas no todo-poderoso tribunal da razão. A própria razão está sujeita a julgamento, e não apenas — como em Kant e em alguns outros filósofos — em seu próprio tribunal. Na verdade, talvez a pergunta devesse ser: como a racionalidade satisfaz nossas paixões, especificamente nossa paixão pela vida?[5]

O que é racionalidade? A palavra não sugere qualquer parcimônia. Bem ao contrário, sugere complexidade, organização, até mesmo elegância. A racionalidade, em seu âmago, lembra algo opulento e texturado sobre nossa vivência. O raciocínio, do mesmo modo, não se limita à capacidade de criticar e de argumentar, nem mesmo de "entender as coisas", mas inclui a perspicácia e a capacidade de ver a complexidade como ordem, de encontrar significado na desordem e na confusão, de tanto distinguir e quanto simplificar. (De Chuang-Tsé sobre Confúcio: "do ponto de vista de sua similaridade (...) as 10 mil coisas são uma só.")[6] A mera crítica e as técnicas da argumentação, sem perspicácia, atenção e visão, não são apenas vazias. Fora da filosofia, tendem a ser cegas, ameaçando-nos com catástrofes sociais ao promover o cinismo.[7]

"Racionalidade" é um título honorífico, um endosso, uma palavra de louvor. Dizer que algo é racional é dar-lhe as melhores notas; em filosofia, trata-se da nota mais alta (devido à atual timidez de afirmar que alguma alegação filosófica é "verdadeira"). Dizer, a respeito de seres humanos, que são "racionais" não é apenas um ato de antropologia descritiva, mas um pouco de autocongratulação também. Dizer que o comportamento ou a ideia de alguém é racional é admitir que neles há algo certíssimo, ordeiro, adequado, apropriado, digno de louvor. Ainda assim, "racionalidade" continua a ser um daqueles conceitos essencialmente questionados que não podemos abandonar nem, em última instância, com eles concordar. Na filosofia, razão e racionalidade podem merecer muitos elogios, mas não fica óbvio, de modo algum, o que está sendo elogiado — nem, às vezes, se deveria sê-lo.

Concentrar ou limitar, na filosofia, a noção de racionalidade ao raciocínio, à racionalidade meramente "instrumental", é apará-la até sumir e privá-la de uma rica história teológica, filosófica e científica.[8] A racionalidade, por meio quer da reflexão, quer da percepção, tem há muito uma importante relação com Deus, com a verdade última, com a real maneira de ser do mundo. Para Platão, a percepção racional aparentava-se com o êxtase erótico, era a percepção das Formas perfeitas. A racionalidade, como exigência de percepção e entendimento, sempre foi o tema da filosofia, e não apenas seu método, meio ou principal "faculdade". E sempre esteve intimamente ligada ao Bem, aos valores, e não apenas à validade e à esperteza. Reduzir a racionalidade ao raciocínio e o raciocínio à lógica e à argumentação é privar a filosofia não só de paixão como também de substância. Pensar no problema do livre-arbítrio, por exemplo, apenas como um conjunto de teses e de argumentos que se opõem é deixar de lado o *páthos* e a ansiedade tão humanos que dão origem ao problema. São assim também muitos filósofos de hoje em dia que, sem vergonha nem embaraço, discutem problemas contemporâneos tão carregados de emoção quanto o aborto e a eutanásia como questão principalmente de argumentos conflitantes. Com toda a certeza isso pode ser preferível à violência que às vezes marca tais debates, mas sem dúvida deixa de fora o âmago da questão. Os filósofos atuais costumam louvar a lógica e a argumentação e excluem tudo o mais. Essa atenção compulsiva dada ao aspecto mais enxuto da filosofia enxotou aos magotes os bons alunos, o público e os colegas acadêmicos e levou alguns (talvez tolamente) a se aliar àqueles filósofos vanguardistas que parecem rejeitar por completo a racionalidade.[9]

A RACIONALIDADE EM PERSPECTIVA

> Não consigo ver a real aparência do Monte Lu porque estou em cima dele.
>
> Ditado popular chinês (*chengyu*).

Na Índia, numa conferência em Monte Abu em 1991, apresenta-se um filósofo local. Preparativos lentos, algumas palavras casuais de elogio, uma expressão de modéstia, um traço de humor, uma tese, depois outra, uma referência a um mito hindu, outra expressão de modéstia. Ele passa de tese em tese, construindo enquanto avança, acelerando a enunciação. Pergunto-me, aluno ávido de filosofia que ainda sou, aonde vai e qual, de fato, é sua tese, enquanto ele, como Nagarjuna, nos oferece teses e contrateses, alguns breves argumentos, uma tentativa de conclusão que parece ser "nenhuma das respostas acima". As teses se aceleram e se intensificam, embora nenhum tema se tenha delineado. Em vez disso, o tema é a torrente (do diálogo, ainda que na verdade só se ouça uma voz). O palestrante perdeu a noção do tempo (ou nunca se incomodou com ele). Já passou 25 minutos do horário previsto. A velocidade aumenta até um frenesi controlado. Então, em uma explosão de autoconfiança cósmica, chega ao fim. Mais tarde, pensando a respeito, percebo que acabei de assistir a uma raga filosófica.*

O contraste com o palestrante seguinte, famoso filósofo americano, não poderia ser mais intenso. No primeiro parágrafo, ele apresentou um problema, propôs uma tese, mencionou dois conceituados filósofos (ocidentais) que escreveram opiniões contrárias sobre o assunto e anunciou o método e a argumentação que iria seguir. E de fato fez exatamente isso em equilibradas quatro partes, a primeira dedicada ao estudo do problema, a segunda ao exame (e refutação) das opiniões opostas de seus antecessores, a terceira à apresentação de sua própria tese e de seus argumentos, e a última (e mais curta) à menção de algumas pontas soltas e à indicação de algumas modestas consequências. Veio-me a ideia de ter

*A raga é uma das formas melódicas tradicionais da música indiana. (*N. do T.*)

acabado de ouvir uma sonata clássica: totalmente previsível, perfeita em sua forma e com duração de exatos — e previstos — 50 minutos; dei-me conta, então, de que não se tratava de música, era apenas forma.

A analogia entre filosofia e música não é forçada; já foi utilizada muitas vezes, desde os vedas índicos; Nietzsche, naturalmente, também dela fez uso. Confúcio e os gregos, sobretudo Pitágoras, consideravam inseparáveis a música e a filosofia. Segundo os aborígines australianos, a ordem do mundo foi criada e é mantida pelo canto. Como modo de esclarecer a racionalidade, entretanto, a comparação entre filosofia e música traz alguns benefícios adicionais. Músicas diferentes têm em sua base diferentes noções de ordem, e, por assim dizer, diferentes racionalidades. Meus colegas ocidentais experimentaram confusão equivalente à que senti quanto à direção e à natureza da raga indiana; e não surpreende que os indianos tenham considerado as palestras ocidentais rígidas, estáticas, pouco criativas e não muito interessantes. (Pandit Nikhil Banerjee, famoso músico indiano, foi levado a um concerto de Mistslav Rostropovitch; era seu primeiro contato com a música ocidental. Ficou em silêncio, perplexo. Depois, queixou-se: "Ele desafinou o tempo todo, nunca desenvolveu tema nenhum e parece que alguém escreveu a música para ele tocar.")[10]

Na Índia, cultura com 2 mil anos de história de análise linguística lógica e meticulosa, um dos conceitos centrais da filosofia é *rasa*, palavra que se refere ao tom emocional que permeia a obra de arte.[11] Músicos e ouvintes, todos são participantes ativos. A ordem (*rta*) é definida por complexa progressão emocional (e técnica), cujo objetivo é "libertar-se gradualmente de limitações, tornar-se altruísta", e ver o mundo de um ponto de vista não objetivo (mas não consequentemente subjetivo).[12] Lewis Rowell comenta: "Igualar *rasa* a estado de espírito é reduzir o conceito a um clichê."[13] Vale notar que Aristóteles, em sua obra estética clássica (*Poética*), ressaltou o teatro e (com Platão) reduziu a importância da música. Por sua vez, o *Natyasatra* de Bharata, principal texto estético da Índia, louva a música acima de tudo. Não surpreende que Aristóteles enfatize a lógica da peça teatral, a trama. Bharata, pelo contrário, concentra-se em *bhava* — afeto, emoção, estado mental.[14] A "lógica" encontra-se na emoção compartilhada, encapsulada (como o *leitmotif* na música romântica ocidental) nos temas que se lançam uns contra os outros até fundir-se em êxtase.

O que conta como racionalidade depende do que se espera como resultado, como "acerto de contas". Os filósofos que abordam de modo excessivamente informal a racionalidade negligenciam a possibilidade de tipos diferentes de resultados, estilos diferentes de acertar as contas. Podem enfatizar o rigor à custa da criatividade e da paixão, nenhuma das quais é famosa pela nitidez. Ou podem ignorar o desenvolvimento e o "fluxo" em favor da eterna (e estática) solidez, da verdade e da validade. Olhando mais para leste, podemos dizer que filósofos demais ignoram *Tao* em favor de *Logos* e insistem num tipo de ordem enquanto abandonam outro, talvez mais "natural". Como entendemos ao visitar outros escritórios e escrivaninhas a ordem de um é o caos de outro.[15] A racionalidade de um, para outro é falta de imaginação e até recusa de ver o que está bem diante dos olhos. Uma coisa é definir uma concepção extremamente "enxuta" e não normativa de racionalidade, como a capacidade de manipular símbolos, a escolha do meio mais eficiente para alcançar um fim ou a inferência da melhor explicação. Coisa bem diferente é especificar o que deveria ser a vida bem ordenada ou, em outra linha, o opulento e abrangente entendimento da natureza.

A racionalidade da ciência e o método científico servem como o ponto de partida para a maioria das discussões contemporâneas sobre racionalidade, quer a ciência seja tomada como paradigma, quer, como na mais recente moda intelectual, como alvo de críticas. Mas a ideia de que a racionalidade permite pontos de vista levanta questões sérias. Existe algo como "a unidade da ciência" não só em termos da redução de uma teoria científica a outra, mas também em termos do(s) método(s) de pesquisa científica e da natureza das próprias questões? Ou, tocando um nervo exposto, faz sentido dizer, do ponto de vista religioso, que o criacionismo pode ser mais racional do que a teoria da evolução? (Não estou tratando da "ciência da criação", que me parece um erro estratégico fatal). Caso se admita que a evolução tem todo o peso da ciência atrás de si, conclui-se que aceitar a narrativa do Gênese é irracional? Se definimos racionalidade em termos de método científico, de indícios e inferências restritas e assim por diante, o que temos então a dizer sobre a racionalidade da ciência? Simplesmente (e de modo nada convincente) que é racional *por definição*? Então, como insistiam alguns filósofos do Iluminismo, a religião é inerentemente irracional, mera superstição? E as visões estéticas da natureza, que podem trazer algo diferente da elegância das teorias científicas e da apreciação dos prodígios da ciência?[16] Enquanto tomávamos café, um poeta amigo meu cunhou algumas expressões brilhantes a respeito da flor solitária que em nossa mesa lutava por atenção. Velho biólogo que sou, pensei, desajeitado, "turgidez, tropismo". Qual de nós era mais perceptivo, mais racional?

Até que ponto o contexto determina os padrões de racionalidade e as exigências de racionalidade transbordam e superam as considerações contextuais? A ciência e o método científico são ilimitados em seu alcance ou são apenas mais um conjunto de práticas sociais sem nenhum direito especial à verdade, como argumentaram alguns recentes "teóricos da ciência"? Um mito estimulante é menos racional do que um estudo estatístico e seco? Com base em quê? E é melhor que essa base não seja apenas o fato de o mito ser estimulante e o estudo, seco e, portanto, racional. Uma vida cheia de riscos e aventuras é menos racional do que uma vida de risco mínimo (o nietzschiano viciado em sofá que só pisca os olhos, o "último homem")? Uma definição comum de racionalidade (ter aversão a riscos, maximizar a segurança; "minimax") exige a pergunta. A racionalidade pode servir de antolhos, de racionalização, assim como de lente esclarecedora do mundo.

ALGUMAS RAZÕES PARA DESCONFIAR (DA RAZÃO)

> Posso suportar a força bruta; a razão bruta, porém, é bastante insensata. Há algo de injusto em seu uso. É um golpe abaixo da linha do intelecto.
>
> Oscar Wilde, *Retrato de Dorian Gray*

Como sofrível existencialista, sempre desconfiei das conversas filosóficas sobre a razão. "Razão" é uma daquelas palavras resplandecentes da filosofia, dotadas de nuanças e de interpretações teológicas. Alguns filósofos insistem que o próprio Deus é "Razão" (impedindo assim qualquer pergunta sobre ser racional acreditar n'Ele). Muitos outros descrevem modestamente a razão "à semelhança de Deus". A razão costuma ser apresentada como o maior dos árbitros, a Suprema Corte de todas as realizações humanas, o método definitivo de resolver todas as disputas e discordâncias, dentro e fora da filosofia. Às vezes os defensores da razão nos garantem (com mais frequência, apenas presumem) que para todo dilema há uma orientação, para todo paradoxo, uma solução, para toda pergunta (sensata), uma resposta, para todo mistério e milagre, uma explicação racional. A premissa reinante nos séculos XVII e XVIII (o Iluminismo) era que tudo podia ser explicado, "o princípio da razão suficiente".[17] O universo é racional porque "Deus nada faria sem razão". Já que somos animais racionais, o comportamento e a sociedade humanos também podem ser ordenados por mãos e pensamento humanos de acordo com a mesma razão dada por Deus e suas leis naturais.

Com pretensões tão grandiosas e expectativas tão elevadas, com tais promessas e a visão de unidade transcendental em todas as coisas, não admira que em nossa época moderna — época de duas guerras mundiais, armas nucleares e agora "Nova Ordem Mundial" — desapontamento, frustração e raiva sejam abundantes, tudo manifestado em uma "raiva da razão" ("*rage against reason*"), na adequada expressão aliterada de Richard Bernstein. E, de fato, muito frequentemente hoje as promessas da razão lembram promessas de campanha política. Muito frequentemente também percebe-se que a ênfase na razão é de fato apenas retórica, uma tentativa de convencer a oposição da superioridade da própria posição denominando-a simplesmente "racional", apresentando um argumento irrefutável que, portanto, é confundido com prova (um dos sofisticados mecanismos retóricos mais estranhos e duradouros da filosofia consiste em insistir que o fracasso em refutar o argumento favorável a uma posição ultrajante é, por isso, um argumento a favor da posição.)

A tese corrente de que a racionalidade é uma trama masculina, caucasiana e capitalista contra mulheres, pessoas de cor e culturas do Terceiro Mundo, afirmada assim, é com certeza um entendimento equivocado da racionalidade. Posso, entretanto, solidarizar-me prontamente com os que desconfiam de que isso que chamam de "razão", e depois empregam contra sua sensibilidade, seus costumes e suas crenças, não passa daqueles truques de debates escolares aprendidos em Oxbridge e em outras universidades elitistas e que integram o armamento do domínio colonial. Desprezar a raiva justa provocada pela exploração ou pela opressão em nome de ser "racional" e "sensato" é uma tática de poder óbvia demais. Depreciar a indignação não articulada dos carentes e sem instrução porque sua causa não é racionalmente (ou seja, adequadamente) apresentada é, para dizer o mínimo, fugir à questão. Muito frequentemente, afinal, invoca-se a racionalidade para defender tão somente os próprios interesses; todos conhecemos kantianos que conseguem encontrar um princípio racional (e até "categórico") para defender praticamente tudo, mesmo o mais mesquinho interesse pessoal.

E depois, claro, há aquele uso de "racional" cuja função é de surdina, de desmancha-prazeres visando desprezar a compaixão, assim como as paixões mais ardentes, em favor da razão fria e desapaixonada. A causa dos que de fato se preocupam é rejeitada com extremo preconceito, enquanto as políticas dos que alegam "racionalidade" — em geral em sentido particularmente estreito e econômico, favorável sobretudo a si mesmos — são favorecidas. E com muita frequência o ponto de vista racional acaba sendo o "sem interesses" (ao contrário do desinteressado), o de quem não está envolvido ou engajado e nem se importa com aquilo. Na verdade, a cada acusação de "irracionalidade" eu sugeriria que se exigisse algum complemento explicativo, como, por exemplo, "não instruída", "desajeitada", "desatenta", "ineficiente", "prejudicial a si mesma", "em desacordo com os procedimentos", "não conducente ao melhor resultado", "excessivamente preocupada", "injusta", "desigual" ou, às vezes, "excessivamente justa e contra os nossos interesses". Suspeito que, na filosofia, essa explicação não seria tão "inválida", "insensata" ou "incoerente", mas sim algo na linha de "sincera", "excessivamente emotivo", "com muito envolvimento pessoal" ou "embaraçosa para mim". Já observei muitas vezes, na discussão filosófica, a desqualificação como "não filosófico", do que "não é suficientemente distante e isolado"; a expressão porém, também pode ser entendida de maneira patológica, "sem meticulosidade compulsiva suficiente", ou seja, "que não faz o jogo filosófico". Nesse sentido a "racionalidade" torna-se um título honorífico cuja explicação pode mostrá-lo como realmente é: profissionalismo frio, indiferença ou insensibilidade — neurose, talvez — disfarçada.

É notório o fato de que os filósofos são a favor da racionalidade, pelo menos a maioria. Mesmo aqueles que a atacam (Kierkegaard, Nietzsche e Heidegger, por exemplo) costumam fazê-lo com bases reconhecidamente racionais, usando argumentos, analogias e contraexemplos, além de, naturalmente, pensamento e linguagem, e, em geral, com correção gramatical e lógica. Não se deve, porém, atribuir muito peso a essa contradição, aliás, apenas aparente. Os filósofos costumam empregar grande engenhosidade para determinar o que, na verdade, todos eles começam admitindo: que a racionalidade é a virtude cujo melhor exemplo são os filósofos. Em termos ideais, a racionalidade poderia abrir mão totalmente do filósofo e tornar-se pensamento puro, que pensa a si mesmo; sem essa pureza divina, entretanto, o filósofo anglo-americano, tão meramente finito quanto possa ser, torna-se a própria medida da razão. Todas as demais criaturas supostamente racionais, do polvo ao golfinho e ao macaco, das sociedades "primitivas" e "em desenvolvimento" às culturas mais sofisticadas do Oriente, além de franceses, italianos e finlandeses, são mais ou menos racionais, na medida em que sejam ou não capazes de fazer o que os filósofos da tradição ocidental (estritamente definida) fazem tão bem: articular conceitos abstratos, distinguir *modus ponens* de *modus tollens*, reunir indícios e congregar argumentos, desenraizar e criticar pressupostos (incluídos, é claro, os seus), refletir sobre o significado do que dizem e discutir com os que contra eles levantam objeções.

O conceito de racionalidade, no entanto, não admite interpretação simples. Os significados técnicos proliferaram e aplicaram-se critérios cada vez mais restritivos para garantir que, em última análise, ninguém se pudesse qualificar como agente racional a menos que tivesse no mínimo o bacharelado, senão um Ph.D. em filosofia. ("O que farão os filósofos quando ensinarem um macaco a falar?", perguntaram certa vez a G. E. M. Anscombe, filósofa de Cambridge. "Aumentarão a aposta", ela respondeu. E certamente o farão.) Costuma-se dizer, ou pelo menos insinuar, que a racionalidade exige não só o uso de uma linguagem autorreferencial complexa e da constância e da coerência de sempre como também de uma metateoria autocrítica.[18] E essa inflação da moeda da razão não é estritamente ocidental. Em uma análise detalhada do conceito de *pramana*, J. N. Mohanty, um dos maiores especialistas em sânscrito do mundo, argumentou que a racionalidade não só tem de ser concebida em termos de visão filosófica como demanda "teoria da prova, justificativa racional e avaliação crítica (...) e também uma teoria dessas práticas teóricas".[19] Insistir no fato de que a vida racional exige essa articulação teórica extremada ("a vida examinada") deixaria imóveis a maioria de nós.[20]

Desde Sócrates (que pode ou não ter tido sua "teoria"), os filósofos fizeram da reflexão filosófica o marco da racionalidade e até condição para uma vida "digna de ser vivida". Não é preciso dizer que isso impede a candidatura de muitíssimas culturas em que a autorreflexão e autocrítica não foram encorajadas nem desenvolvidas, em que mito e metáfora permanecem muito mais interessantes do que descrições literais vulgares e nada imaginosas, em que a teoria do conhecimento não é um conjunto de interesses valorizado nem inteligível e em que "justificativa" pode ser questão de autoridade ou de tradição e não de autonomia intelectual. E essa noção de racionalidade praticamente não se aplicaria a nenhuma espécie de animal "superior", por mais inteligente que fosse.[21] No entanto, quando observamos nossos cães Lou e Fritz descobrirem mais um jeito de sair do canil cercado ou um novo estratagema que nos leve a abrir o vidro de biscoitos para cães, não hesitamos em lhes atribuir certo tipo de racionalidade, como, aliás, não hesitamos em lhes negar quando fazem algo surpreendentemente estúpido (Fritz corre em direção ao vão de 50 centímetros da porta com uma vara de 90 centímetros na boca, e não é a primeira vez. Lou coça sistemática e recorrentemente seu machucado até que tenhamos de levá-la ao veterinário). A pergunta "O que significa ser 'racional'?" admite muitas respostas, dependendo exatamente do que se está perguntando e do que está em jogo. Se for apenas a louvação chauvinista de nossa estranha espécie autodestrutiva, acho que seria correto adiar a festa.[22]

Depois que abandonamos a camada autorreflexiva superposta à boa vida por filósofos como Aristóteles e Sócrates, que insistiam de forma absurda no fato de que "a vida não examinada não é digna de ser vivida", e a ênfase, igualmente chauvinista e cheia de angústia, em "purificar" a reflexão e a "liberdade absoluta", a nós imposta por Jean-Paul Sartre, fica bem evidente que a vida racional (e talvez feliz) pode estar ao alcance dos que não demonstram nenhuma predileção ou talento nem para a filosofia, nem para a reflexão. Na verdade, do outro lado da moeda, precisamos recordar que Dostoievski, Kierkegaard, Camus e Miguel de Unamuno, assim como vários antigos filósofos gregos e asiáticos iconoclastas, insistiam que racionalidade *significa* ansiedade e sofrimento. Nietzsche observou (em *A gaia ciência*) que a consciência reflexiva só se torna filosoficamente interessante quando percebemos como é dispensável, e boa parte da filosofia de Nietzsche é uma apologia dos aspectos mais "instintivos" e menos reflexivos da vida criativa.[23]

Às vezes os filósofos reiteram que a racionalidade está essencialmente ligada à reflexão, ao pensamento, a avaliações de "segunda ordem" (preferências relativas a nossos vários desejos, resignação a nossas crenças);[24] mas é o comportamento propriamente dito que é racional ou irracional, e não sua avaliação (é claro que ela, por sua vez, pode ser racional ou irracional, mas não vamos passar ao metanível, a discussões sobre métodos, padrões e a melhor estratégia). A racionalidade não precisa ser reflexiva, embora seres reflexivos, como nós, sejam obviamente mais complicados de um jeito interessante. O paradigma da racionalidade científica é base pouco sólida para obter o entendimento geral da racionalidade. É assim também com a "vida examinada". O excesso de ênfase na linguagem, no pensamento, na deliberação, nos princípios pode exigir demais da racionalidade. Ou de menos, pois não vejo esse excesso de ênfase no raciocínio e na racionalidade articulada como questão de negligência. Vejo-o antes como mecanismo para restringir a discussão filosófica, e talvez também o conceito de boa vida, apenas àquelas habilidades e àqueles traços da personalidade típicos de filósofos profissionais.

DAS SOMAS AO EGOÍSMO: A RAZÃO COMO CONCEITO ESSENCIALMENTE QUESTIONADO

> O louco não é o homem que perdeu a razão. O louco é o homem que perdeu tudo, exceto a razão.
>
> G. K. Chesterton, *Ortodoxia*

A racionalidade é um daqueles "conceitos essencialmente questionados" da filosofia (como "liberdade", "verdade" e "justiça") que desempenham papel polêmico e também normativo em nossas conversas. Embora a palavra possa ter significados neutros, como mero exercício ou aplicação de determinadas habilidades, "racionalidade" continua a ser um título honorífico que se refere a uma virtude, descrita, aliás, de diversas maneiras. Certa vez Bertrand Russell propôs secamente que a racionalidade significa "nossa capacidade de somar". De fato, muitos filósofos trataram a capacidade de pensamento abstrato como epítome da racionalidade. No entanto, em suas aplicações práticas, o papel da razão abstrata não é assim tão claro, e isso não é devido à prática do casuísta de ajustar o princípio ao particular, mas porque os próprios princípios costumam parecer supérfluos. Entender uma prática e saber como proceder costumam tornar irrelevante o conhecimento descritivo abstrato do processo, o *saber*, que os filósofos, em geral, tanto valorizam.[25] Os mestres em sua arte costumam ser inarticulados, ou inadequadamente articulados, quando tentam explicar exatamente o que fazem. Seus aprendizes, que provavelmente não aprenderiam muito com a hipotética descrição do mestre, aprendem fazendo, imitando, experimentando pessoalmente o processo. Até a matemática, o "somar", é aprendida sobretudo por experimentação, imitação — através da prática, e não da teoria. A teoria do que se está fazendo até quando se faz o mais simples cálculo aritmético continua a ser o aspecto mais difícil e essencialmente técnico da filosofia, a filosofia da matemática (aquela em que Russell confirmou seu brilho).[26] Mais tarde, Wittgenstein (um dos alunos de Russell) prosseguiu e defendeu a ideia de que a teoria pode ser pior do que irrelevante para a matemática, na medida em que "saber como continuar" é coisa que só se consegue na prática. Wittgenstein acreditava profundamente que a racionalidade como "teoria" era uma limitação, talvez até mesmo um obstáculo, e não a estrada larga para a sabedoria e a felicidade.

Não tenho escrúpulos de aceitar nossa capacidade de realizar operações matemáticas, por mais modestas que sejam, como prova de racionalidade num sentido óbvio. Matemática, entretanto, não é vida, como nossos alunos repetem exaustivamente; e levar uma vida racional, como demonstraram alguns de nossos mais brilhantes heróis matemáticos, não é mais fácil com a matemática. Em geral, a vida calculada não é a mais racional, tanto por exigir demais do papel adequado do cálculo quanto devido ao que exclui (a peculiar vida amorosa do próprio Russell, fonte de tremenda indignação para Wittgenstein, é generosamente ilustrativa do assunto). A racionalidade no viver não pode reduzir-se a uma fórmula ou a um algoritmo, e uma das muitas possibilidades é que a vida da razão, por sua própria natureza, não seja racional e que o pensamento desorganize o ritmo natural da vida.[27]

A maioria dos filósofos imita Sócrates e insiste que ainda assim falta à vida sem reflexão, mesmo que "seja digna de ser vivida", uma dimensão essencial. A racionalidade, contudo, é necessária para a boa vida ou é apenas uma das várias possibilidades? Viver bem equivale a viver coerentemente, com razões para o que se faz? Ou faria sentido viver "de acordo com a natureza", talvez sem coerência e sem se incomodar com razões? Se com razões, quais? Que tipo de razões? A vida racional, a melhor vida, poderia ser governada pelo instinto, pela compaixão, pela afeição, sem reflexão nem racionalização? Essa vida pode não ser o que a maioria de nós reconhece como vida distintamente humana, mas isso, talvez, só indique a profundidade de nossa sedução pelos artifícios da racionalidade. De forma mais plausível, podemos com certeza perguntar até que ponto a hiper-racionalidade da vida filosófica, da vida reflexiva, é obrigatória (como indica Sócrates) e até que ponto, como observa Nietzsche, é dispensável.

Até que ponto a ação racional é medida pelo volume de deliberação que a precede e até que ponto agir racionalmente é algo determinado simplesmente pela natureza da ação propriamente dita?[28] Consideremos (novamente) o conhecido exemplo: alguém é generoso. A generosidade simplesmente flui dele, espontaneamente, como água de uma fonte. Ele não tem nenhuma "teoria" da generosidade. Nunca pensou em por que dá, nem pensa muito sobre a quem dá. Não se orienta por nenhum princípio do tipo "seja generoso", embora seja generoso. Compare-o com o homem da razão prática, que afirma que todo ato potencial de generosidade é uma questão a se deliberar e, em última instância, uma questão de princípios. Há perguntas demais a fazer: Quem é ele? Por que precisa disso? Posso me dar a esse luxo? Quais serão as consequências? Como ele gastará o dinheiro? E todos os outros necessitados? Ele faria o mesmo por mim se eu estivesse em seu lugar? Que tipo de precedente isso criaria? Meu ato encorajaria ou desencorajaria os outros? Meu ato de generosidade encorajaria o governo a cortar verbas dos programas de bem-estar social? Esse é um exemplo de tratar o outro como simples meio (de demonstrar minha generosidade) em vez de fim? E assim por diante, até os píncaros da teoria ética. No final, o homem da razão prática também dá, mas, por acaso, é generoso? Ou seu ato virtuoso foi tão emplastrado de dúvidas, análises, perguntas e princípios que perdeu a espontaneidade necessária à generosidade? Talvez o homem da razão prática ainda mereça encômios por ter uma boa política, mas me parece plausível que sua bondade se comprometeu e não aumentou com a deliberação racional. Sem ser minimamente behaviorista, eu diria que a racionalidade da generosidade está no comportamento, e não no exercício mental que precede a ação.

Contra boa parte da ética filosófica, a racionalidade na vida moral não é, em sua maior parte, raciocínio deliberativo, mas seu oposto: ação espontânea e "natural". Esse é o encanto duradouro não só da ética da virtude com suas questões concretas de caráter e contexto, como também, penso eu, de algumas formas de utilitarismo (principalmente de Mill) e outras de consequencialismo na ética, apesar de também envolverem princípios abstratos demais (o princípio da utilidade, por exemplo).[29] Necessariamente essas formas de ética fazem referência a situações concretas, a pessoas reais envolvidas numa decisão ou numa linha de ação, a perguntas como "o que vai realmente acontecer?"; "quem foi de fato prejudicado?"; "quem, exatamente, é esta pessoa?". Com certeza, o utilitarismo pode manifestar-se na compulsividade irracional (por meio do cálculo quantitativo apresentado por Jeremy Bentham, por exemplo, e de preocupações sobre "preferência", "comensurabilidade" e "satisfação"),[30] mas, como tal, o utilitarismo serve de banal lembrete humanista de que as pessoas (e não só as pessoas) valem mais do que princípios abstratos, ainda que "racionais".[31]

Ao contrário da teoria "deontológica", o utilitarismo e a ética da virtude de Mill dispensam, em sua maior parte, os princípios éticos gerais (e, de acordo com alguns praticantes, também a teoria ética). A ética é necessariamente pesada e não enxuta; não é uma questão de princípio racional, mas de considerações concretas. É claro que a razão ainda está lá, por toda a parte. O utilitarista tem de imaginar qual é a melhor linha de ação para todos os envolvidos; a pessoa de caráter virtuoso age "com razão". Mas isso não significa necessariamente deliberação, reflexão e raciocínio, nem em Aristóteles se esclarece que o comportamento racional seja necessariamente o comportamento reflexivo.[32] O que a ação racional claramente exige é aquela sensação de medida ou *phronesis* que Aristóteles considerava a chave da ética, mas observar uma situação com compreensão e com compaixão, e "juízo" e julgamento, não é o mesmo que raciocinar.

Muitos filósofos que não entenderam Kant completamente defenderam a ideia de que racionalidade na ética significa impessoalidade absoluta, a capacidade purificada de formular e seguir princípios morais abstratos em vez de, digamos, tendências pessoais, consciência ou os "ditames do coração".[33] Às vezes a racionalidade assim concebida é descrita como capacidade de imaginar-se "ninguém em particular", de ver o mundo ou a situação "de lugar nenhum";[34] entretanto, uma vez que, para dizer o óbvio, sempre vemos nosso mundo de algum lugar — não só um ponto de vista, mas toda uma vida de experiências, emoções e valores —, não existe essa racionalidade, não existe nenhuma possibilidade dessa objetividade quase divina, estritamente compreendida. Não faz sentido esse ponto de vista impossível de olho de Deus, nem sequer como aspiração, como ideal.[35] Em face de exigências tão extremadas e impossíveis, a rejeição da "razão", no sentido proposto por tais teorias, é alternativa natural e tentadora.

No entanto, um conceito de racionalidade, oposto ao idealismo impossível, merece menção especial, ainda que apenas com o propósito de aumentar o exagero. Ao contrário dessas visões altruístas da racionalidade, há uma apropriação cínica da "racionalidade" honorífica para referir-se, em geral diretamente, embora às vezes de forma sutil, ao interesse próprio como tal, ou seja, o egoísmo. De acordo com essa noção agora generalizada (supostamente derivada da filosofia de Thomas Hobbes), a racionalidade é apenas a capacidade de conseguir o que se quer numa situação competitiva e não cooperativa, contexto em que o que é racional (maximizar o interesse próprio) pode estar em desacordo com o que é ótimo ou melhor para todos. Os filósofos que sustentam essa tese esforçam-se muito para demonstrar que a razão exige maximizar os próprios desejos, mas dentro de restrições que *idealmente* podem ser ótimas para todos.[36] Essa versão "realista" (de fato, cínica) da racionalidade, às vezes denominada "egoísmo esclarecido", tem a virtude de pegar carona numa teoria motivacional que hoje não costuma ser questionada. Motivador é o interesse próprio. A racionalidade, do mesmo modo, é a busca do interesse próprio — de modo "esclarecido", claro. O direito de buscar a felicidade é hoje traduzido como "todo mundo tem direito de buscar o que quer, seja o que for, e ninguém tem direito de negar isso a ninguém (exceto na medida em que interfira nas buscas igualmente válidas dos outros)". A racionalidade instrumental nunca foi concebida de modo tão vulgar.

Em termos políticos, às vezes essa teoria se afirma como forma especialmente violenta de libertarianismo, embelezada com o conceito de "direitos inalienáveis". Na filosofia (e com mais entusiasmo na economia e nas ciências sociais), ela dá origem à "teoria dos jogos" (ou "teoria da escolha racional"), disciplinas de aparência inocente acopladas a uma cornucópia de técnicas e paradoxos matemáticos que escondem uma horrenda visão da vida. É verdade que os teóricos dos jogos encobrem essa visão com todo tipo de negação de responsabilidade (por exemplo, não são especificados os objetivos ou preferências a satisfazer); segundo a inevitável insinuação da teoria, entretanto, racionalidade é egoísmo, e egoísmo é racionalidade, ponto de vista sinistro que, por sorte, a maioria dos teóricos dos jogos não põe em prática na vida social cotidiana.[37]

Esse uso de "racionalidade" como egoísmo esperto é diametralmente oposto ao sentido mais antigo da palavra, comum a Kant e aos utilitaristas, de acordo com o qual pensar "racionalmente" na ética é exatamente não pensar em termos do interesse próprio. Também se opõe àquele sentido de racionalidade que considera o maior bem não o do indivíduo, mas o do todo, da comunidade, da sociedade em geral, da humanidade. O bem do indivíduo não é de modo algum excluído desse objetivo mais amplo; na verdade, ele é resultado e medida do bem público maior. O fato de que a "racionalidade" pode referir-se a fins tão diferentes — os interesses estratégicos de um indivíduo egoísta (ainda que "esclarecido"), o bem público e o princípio que diz "não faça de si mesmo uma exceção ou caso especial" — indica, portanto, que a natureza da racionalidade não está de modo algum determinada, mas continua a ser objeto de considerável disputa.[38]

A RACIONALIDADE DAS EMOÇÕES E A BASE EMOCIONAL DA RACIONALIDADE

> O mau entendimento de paixão e razão, como se esta última existisse como entidade por si só e não como estado das relações entre diferentes paixões e desejos (...)
>
> Nietzsche, *Vontade de poder*

Entre os muitos significados apresentados para os conceitos de razão e de racionalidade, nada foi mais destrutivo que a tentativa de opor sistematicamente razão e emoção, de pensar a racionalidade como sensatez — por sua vez considerada o contrário de "ser emotivo". Ser racional é ser desapaixonado, "frio", não comovido pela emoção. Pelo contrário, defendo a ideia de que a oposição entre racionalidade e emoção precisa ser reconsiderada e a prioridade da razão desapaixonada (ou sem paixão), profundamente questionada.

Com isso em mente, deixem-me afirmar que não estaremos muito equivocados se pensarmos na racionalidade em termos de sentir as emoções certas, de preocupar-se com o tipo certo de coisa. O "tipo certo de coisa" pode ser, para começar, outras pessoas (e animais) e, por extensão, verdade, liberdade e justiça. Parte consideravelmente grande da História e muitíssimos conceitos de racionalidade excluíram a preocupação dos conceitos, das regras, das razões, das normas, dos princípios, dos símbolos e dos argumentos de sangue mais frio, que formam o vocabulário básico da racionalidade filosófica. E se começássemos a pensar na racionalidade não como tema especial do filósofo ou do cientista social, mas como questão de sensibilidade cultivada e engajada? Como ficaria nossa filosofia se fosse o estudo ou, mais importante, se fosse a prática da racionalidade *nesse* sentido?

Se, em primeiro lugar, considerássemos que racionalidade é preocupar-se com as coisas certas, ficaria óbvio que não falamos mais "instrumentalmente", a não ser talvez de forma trivial (para viver uma boa vida, para ser virtuoso). Pode-se argumentar que preocupar-se com as coisas certas é precondição essencial para viver a boa vida e não um simples meio para isso. Ser virtuoso é preocupar-se com as coisas certas. A racionalidade, como defendia Aristóteles, é antes de tudo uma questão de fins, e não só de meios. A felicidade e o bem-estar são constituídos, e não apenas auxiliados, pelas emoções certas, pela preocupação com as coisas certas. A própria noção de "coisas certas" provoca todo tipo de riscos e dúvidas, mas é a parte "preocupante" da equação que mais deveria atrair nossa atenção. Ela indica diretamente as emoções e, embora o modo como determinamos quais são as coisas "certas" possa muito bem estar crivado de conflitos pessoais, culturais e morais, pelo menos agora estamos claramente no campo da ética e não na terra de ninguém da "escolha racional" e da teoria dos jogos, em que preferências ocultam valores, e questões de estratégia sobrepujam intuições morais. A racionalidade torna-se, mais uma vez, a busca do bem, e o bem, por sua vez, pode ser entendido em termos de nossas paixões mais importantes. A racionalidade não é mais o parco conjunto de procedimentos, mero "raciocínio", que muitos filósofos nos apresentam.

Não se pode falar da racionalidade das emoções sem primeiro esclarecer a qual dos muitos conceitos de racionalidade estamos nos referindo. Quanto mais abstrato for esse conceito, menos apropriadas (e, consequentemente, menos racionais) parecerão as emoções. Se a racionalidade for exemplificada pela matemática, não se deve esperar a atribuição de notas muito boas às emoções. No entanto, com um conceito de razão suficientemente objetivo e prático, e um conceito de emoção suficientemente rico, fica fácil justificar a complementaridade e a interdependência entre razão e emoções — "a racionalidade das emoções". Podemos afirmar, sem muita discussão, que as emoções fornecem razões à ação. O que talvez não seja tão óbvio é que fornecem razões também à crença ou, pelo menos, razões para procurar um tipo de indício e não outro, ou razões para aceitar uma conclusão em vez de lutar para refutá-la. Desafio maior é saber se as emoções dão boas razões à ação ou à crença ou se fornecem o tipo certo de razão ao comportamento racional — insistiríamos, porém, que nenhuma resposta abrangente e apriorística serviria. Algumas emoções são justificadas ou, pelo menos, apropriadas; outras não, dependendo do contexto e da cultura, assim como das circunstâncias específicas. Alguns filósofos argumentariam que as emoções nunca são o tipo certo de razão para a ação racional, embora possam ser vistas como auxílio motivacional mais ou menos desejável (às vezes Kant é interpretado assim). O lógico Santo Anselmo, do século XI, adotou a paixão da fé como motivação certa da razão e assim (como Kant) tornou a própria fé racional e racionalmente fiel.

Parte da plausibilidade dada à opinião de que as emoções nunca são racionais (ou seja, são não racionais, e não irracionais) vem da visão arcaica de que elas são bestiais e primitivas (nós as partilhamos com os animais) ou da visão moderna e sofisticada de que têm origem fisiológica, principalmente neurológica. Quanto à primeira, mesmo concordando com o fato de os animais (a maioria deles) não serem racionais, na medida em que evidentemente não pensam de modo sistemático, não se conclui que não sejam racionais de várias outras maneiras: têm capacidade de escolher os meios que melhor conduzem a um fim desejado, agem por razões (ainda que não as possam explicar), obedecem a regras (por exemplo, as regras bastante complexas da matilha), são capazes de reconhecer e, até certo ponto limitado, entender símbolos e, naturalmente, têm capacidade de reconhecer e escolher os fins certos (para si, para o grupo ou para os filhotes) e de preocupar-se com as coisas certas (para eles, o que nem sempre é questão de interesse próprio). Na medida em que eles e nós temos essas mesmas variedades de racionalidade além de (algo do) nosso repertório emocional, a tão propalada superioridade de nossa espécie em questões de racionalidade abstrata não tem muita relevância específica. Quanto à opinião moderna e sofisticada, talvez baste dizer que nossas faculdades e atividades racionais mais sofisticadas, assim como as mais mundanas, têm inegavelmente sua origem no cérebro. Pode-se admitir, por um instante, o argumento de que, sem dúvida, meras perturbações hormonais não contam como racionais, mas (a) nenhuma perturbação hormonal sozinha é suficiente para contar como emoção e (b) mais uma vez, a origem fisiológica de uma emoção pode não ter nenhuma influência sobre sua racionalidade. Pelo contrário, às vezes uma boa descarga de adrenalina nos permite ser mais racionais, cortando caminho pela lama intelectual que se pode acumular depois de muito filosofar abstrato.

A persistência nos traz problemas especiais, por ser óbvio que, às vezes, as emoções são capazes de odiosa persistência — como na obsessão e na obstinação, por exemplo — e que, muitas vezes, nossas emoções estão "misturadas": mais dramaticamente, amor e ódio, mas também pesar e gratidão, alegria e tristeza, raiva e vergonha, aversão e piedade. A condição racional da obsessão e da obstinação parece-me depender da emoção específica. Estar obcecado pelo amor recíproco ou pela justiça negada parece mesmo racional; raramente é o caso de estar obcecado pela vingança. A obstinação do amor, como já observei, pode ser considerada uma de suas virtudes, mas não, em geral, a obstinação da raiva ou do ciúme. Por outro lado, quanto às emoções "misturadas" ou ambivalentes, o argumento parece também específico para cada caso. Se uma emoção é racional e a emoção contrária também o é, a lógica da emoção pareceria ser afirmar que as duas emoções juntas são racionais. É claro que seria preciso dizer muito mais sobre o que significa ter emoções contrárias "juntas" (ficam lado a lado? alternam-se como uma corrente elétrica? ocupam pontos de vista diferentes e esperam ser notadas uma de cada vez? misturam-se como duas cores de tinta para formar um roxo vibrante ou um marrom lamacento?).

Pode-se adotar a postura do filósofo e insistir no fato de que duas emoções juntas não podem incorporar uma incoerência *lógica*, o temido "P e não P", mas raramente a incoerência emocional é tão pouco sutil. Por exemplo, estar ao mesmo tempo alegre e com inveja porque um amigo acaba de ganhar o prêmio que se almejava incluirá sentir-se alegre e triste ao mesmo tempo, mas pode-se dizer que essas duas emoções têm objetos diferentes ("meu amigo ganhou o prêmio e está feliz" e "ele ganhou o prêmio, eu não") ou, caso se afirme que há apenas um objeto ("ele ganhou o prêmio, camarada de sorte, e eu não"), pode-se dizer que ainda assim há razões diferentes para as diferentes emoções.[39] As emoções conflitantes podem incluir pensamentos como "eu merecia aquele prêmio, ela não" e "ela merecia o prêmio mais do que eu" em sucessão bastante rápida, mas pode-se argumentar que se trata mais de incerteza do que de incoerência lógica — considerar alternadamente as duas proposições, e não afirmá-las de maneira resoluta ao mesmo tempo. Por mais que se refine a aparente incoerência lógica, o fato parece ser que sentimos essa mistura de emoções boa parte do tempo e é bem mais racional ter ambas as emoções juntas do que uma só (ou nenhuma).

Já insisti (e defendi em outro texto) que as emoções envolvem necessariamente "cognição" — conceitos, percepção, juízos, crenças, inferências, pontos de vista — mas o sentido ou a extensão em que isso envolve interação simbólica, linguagem e articulação é uma questão delicada em qualquer discussão a respeito das maneiras como as emoções são racionais ou não. No decorrer deste capítulo, exatamente por essa razão, tentei combater a pretensão do filósofo de que a racionalidade exige sempre articulação e argumentação. Em geral, nossas emoções são "sentidas" com muito mais clareza do que conseguimos articulá-las, o que, porém, não significa que não possam ser racionais. São racionais na medida em que "combinam", se são adequadas, se alguém consegue articular razões para sustentá-las, ainda que o sujeito não consiga fazer isso sozinho (no caso de um animal ou de uma criança, por exemplo). A emoção é racional se obedece a normas pertinentes, seja ou não possível refletir sobre as normas, a obediência e a pertinência ou explicá-las (aqui, quero ter muito cuidado a respeito do que se lê na importantíssima expressão de Gibbard "aceitação de normas").[40] Mas achar que uma emoção ou todas elas são irracionais (ou não racionais) porque não precisam ser articuladas (quer possam sê-lo, quer não) parece-me simplesmente irracional. É a própria emoção, e não apenas sua articulação, que pode ser racional (ou irracional), que combina, é adequada e pertinente ou melhora a vida (ou não).

Se a racionalidade traz consigo a capacidade de resistir à avaliação crítica e à ponderação, então só algumas emoções parecem racionais. Mas com certeza há muitíssimas emoções assim, embora não sejamos com frequência chamados a defendê-las. A questão é apenas se as podemos defender caso seja necessário (para nós mesmos também, aliás). Se a racionalidade realmente exige resistir à avaliação crítica e à ponderação, então podemos nos queixar de que é uma exigência socrática demais e inflexível demais querer que nossas emoções não só possam como devam ser submetidas a exame e justificativa. Não temos de nos justificar nem de justificar nossos sentimentos, pelo menos não o tempo todo. A opinião contrária, entretanto, de que os nossos sentimentos não precisam nem podem ser justificados, também está errada com certeza ("só estou lhe dizendo como me sinto"). É comum defendermos nossas emoções ("tenho o direito de estar zangado porque...", "estou triste porque...", "como eu o amo?, você? "Vou dizer-lhe todos os aspectos"). O erro é pensar que uma emoção só é racional quando está de fato sendo defendida; é suficiente que *possa ser* defendida. Quando se diz que a racionalidade da emoção exige o emprego da avaliação crítica e da ponderação como parte da emoção (e não apenas como relativas a ela), mais uma vez a exigência é excessiva. Não é óbvio, porém, que as emoções sejam incapazes de incluir tal atividade. É verdade que elas são tipicamente não reflexivas e não deliberativas; não incluem necessariamente sua própria avaliação crítica. Algumas parecem privadas dessa capacidade crítica — raiva "cega", fé "cega", amor "cego", ciúme "cego", por exemplo; mas observe-se que a "cegueira" destaca um estado emocional pouco comum e provavelmente patológico, que não é padrão. Outras, mesmo que possam envolver crítica, avaliação e ponderação elaboradas, não resistem a um exame mais aprofundado; por exemplo, ressentimento, ódio e ânsia de vingança, ainda que apoiados por razões ou racionalizações bem fortes. O que, entretanto, deveria ser óbvio, mesmo nesta breve discussão, é o fato de que até as preocupações críticas da racionalidade e as metas e os objetos das emoções estão intimamente ligados e que, longe de ser o "oposto" de emoção, a racionalidade crítica pode fazer parte integrante da vida com emoções. A vida apaixonada não é privada de agudeza crítica.

A racionalidade como autonomia constitui um desafio especial no campo das emoções. É claro que, na medida em que autonomia signifique "livre da influência das emoções", há pouquíssimo a dizer. Caso, porém, a ideia se refira a certa independência da mente, certa "propriedade" (no sentido do que nos é próprio) dos sentimentos, pensamentos e ações de alguém, costuma-se dizer, com alguma verdade, que nunca se é mais o que se é do que na paixão, nas circunstâncias particulares com as quais mais nos preocupamos. A razão e o raciocínio, por sua própria natureza, envolvem regras e procedimentos que não são do próprio indivíduo (Kant podia falar sobre os "ditames" da razão ao mesmo tempo em que defendia a autonomia). As paixões, ainda que semelhantes e mesmo se compartilhadas, são, entretanto, bem próprias do indivíduo (milhares de pessoas podem ter o mesmo pesar, por exemplo, mas, ainda assim, cada uma delas tem o seu). Ainda mais difícil é a questão de as emoções serem autônomas no sentido de, até certo ponto, configurar atos voluntários em vez de coisas sofridas. Defendi em outro texto que assim deveriam ser consideradas, mas aqui isso nos levaria longe demais.[41] Talvez baste observar que nossos pensamentos e crenças também não são obviamente atos de vontade, mas ainda assim nos consideramos responsáveis por formá-los, mantê-los e às vezes mudá-los (segundo Nietzsche, "o pensamento vem quando 'ele' quer, não quando eu quero").[42] Consideramos todos eles bem nossos. Se racionalidade significa autonomia, não fica óbvio, de modo algum, que as emoções não sejam, de várias maneiras, racionais e exemplares, em vez de inimigas, dessa característica tão louvada pelos filósofos.

Na medida em que a racionalidade ("instrumental") se restringe aos meios, às ferramentas e às capacidades e não aos fins, às verdades ou às metas, não há argumento no sentido de que as emoções sejam ou não racionais. Ronald de Sousa afirma que a "adequação" é a "verdade" das emoções, aquilo que as torna racionais. Creio que isso demonstra uma enorme capacidade de percepção;[43] contorna muitos problemas tradicionais incômodos que começam com a distinção excessivamente rígida entre juízos de valor e juízos de fato; e também localiza as emoções em seu próprio contexto: não como proposições abstratas ("juízos" malconcebidos), mas, em essência, como situacionais, definidas por sua "adequação". Aqui torna-se fundamental a existência de um propósito das emoções, e dizer que as emoções são racionais é dizer que servem a propósitos, em geral bem, mas às vezes precariamente. Falar sobre a racionalidade das emoções, entretanto não é dizer só isso. Elas são instrumentos, se preferirmos, no mesmo sentido em que outras reações inteligentes e praticadas o são: meios de lidar com o mundo, modos de reagir e responder ao mundo, modos de interagir e, no sentido mais profundo, estar com outras pessoas. É comum, todavia, o caso em que nossos meios se tornam fins, e às vezes confundimos uns e outros. As emoções podem servir de instrumentos da racionalidade (e, naturalmente, da irracionalidade, mas também emolduram aquela racionalidade dentro da qual (e rumo à qual) funcionam.

Aqui, como em outros pontos, é essencial não pensarmos nas emoções como muito "enxutas", como se fossem detritos atômicos na torrente da vivência. Uma emoção não é tanto assim um item ou elemento "na" vivência; é mais o ordenamento da vivência. O amor, bem ao contrário de interferir na ordem racional de nossa vida, acerta nossas prioridades. A raiva, mesmo quando é claramente inadequada ou irracional, não invade, mas sim reorganiza nossas prioridades. A vivência emocional não é um fenômeno ímpar e "inextenso" em nossa cabeça, por assim dizer; é a estrutura de ordenamento de nosso ser-no-mundo. Essa "estrutura de ordenamento" não passa da racionalidade, e falar a respeito de emoções já é falar sobre nossas razões para viver. As emoções não são apenas meios ou instrumentos. Elas fornecem os fins, a sensação muito merecida de frutificação que Aristóteles chamou de *eudaimonia*, com todas as ricas paixões de orgulho, afeição e amizade que a compõem — em resumo, os significados da vida. O que mais a racionalidade poderia exigir?

A discussão adequada da racionalidade das emoções não pode, entretanto, ficar no nível das emoções (e da racionalidade) em geral. Ela exige a tipologia caso a caso, a análise detalhada das condições de raiva (justificada), de ciúme, de amor, e de pesar racionais. Cada emoção envolve o que Robert Gordon chama de sua própria "estrutura" conceitual de juízos, que podem ser muito bem elaborados ou tolos, justificados ou não, corretos ou incorretos.[44] A raiva envolve juízos de culpa; o ciúme inclui juízos sobre a potencial ameaça de perda. O amor envolve juízos avaliativos, em geral exagerados, como também o ódio. O pesar envolve a admissão da perda; a vingança, tantas vezes difamada na filosofia, uma teoria da justiça em pequena escala, o "olho por olho", ou o que Kant chamou, com menos violência, mas mais ambiguidade, de "igualdade". Em todos esses exemplos, é possível reconhecer prontamente o que pode dar errado, o que pode ser "desordenado" ou inadequado na emoção e, em consequência, o que é exigido para que ela dê certo, para que esteja "em ordem", para que seja adequada e funcional na situação.

Na raiva, por exemplo, pode-se estar confuso a respeito dos fatos. Ainda se está enraivecido, mas erradamente. E quem tira conclusões apressadas ou não examina os indícios disponíveis age de forma tola. Pode-se estar certo sobre os fatos, mas errado sobre o dano causado ou a culpa da pessoa com quem se está zangado (quero declarar que a "intensidade" da raiva tem muito mais a ver com a dureza dessas avaliações do que com os acompanhamentos fisiológicos da emoção). Pode-se estar certo sobre os fatos e correto na justificativa da raiva, mas errado em sua expressão, lançando-a em direção equivocada (problema comum na vingança) ou exagerando-a. Como em toda estratégia, a irracionalidade da emoção pode ser uma falha no desempenho ou no momento escolhido e não um erro da emoção como tal. E, claro, a falha pode estar na meta ou no propósito da emoção, no excesso de exigência, na confusão de objetivos, como na ganância que leva à insaciabilidade ou nos propósitos mesquinhos e maldosos que violam o senso de integridade, quer violem ou não a justiça e as normas sociais também.

Há análises semelhantes para o amor, o pesar e todas as outras emoções, até as aparentemente mais simples. O medo, por exemplo, não é apenas um surto de adrenalina, mas também o reconhecimento do perigo, e pode-se errar a respeito do perigo, de sua iminência ou de sua gravidade. Em casos extremos, o medo pode ser "paralisante", mas pelo menos fica em aberto se essa imobilidade é sempre prejudicial. Pode muito bem ter servido a um propósito evolucionário, por exemplo, *não* correr de predadores, tendo por consequência não atrair sua atenção. Podemos distinguir medo de pânico, primeiro com base no fato de que apenas este último, e não aquele, é genericamente irracional e, depois, porque o pânico, ao contrário do medo, é uma reação quase inteiramente fisiológica, não inteligente nem estratégica. Em geral, é possível afirmar que o medo pode ser irracional por ser composto de e submetido a juízos de racionalidade, bem como à correção de nossa estimativa do perigo, e à adequação de nossos meios de fuga ou reação. Mas embora o medo possa ser irracional ao enganar-se nisso, conclui-se que pode ser racional quando está certo. Isso ocorre também com a sensação de compaixão, com o desejo de vingança, com a picada da injustiça e com o senso generalizado de justiça. Dizer que podem estar errados e ser irracionais também é dizer que, exercitados com adequação, podem ser igualmente racionais.

O que talvez seja ainda mais provocador nessa análise "cognitiva" da emoção e na concepção "preocupada" de razão é a inferência de que os conceitos e juízos que constituem nossas emoções constituem também os critérios da racionalidade. De fato, pode-se pensar na racionalidade como prudência emocional, ou seja, prudência no amplo sentido virtuoso, *prudentia*, e não no sentido da teoria dos jogos, de interesse pessoal a longo prazo. Assim, o que quero defender não é apenas a racionalidade das emoções, mas também o que se poderia chamar de embasamento emocional da racionalidade.

Quero rejeitar a ideia hoje dominante de que os critérios racionais são simplesmente pressupostos da emoção; por exemplo, a ideia de que o medo pressupõe a crença de estar em perigo, sem que essa crença faça parte da emoção. A cognição é um aspecto essencial da emoção e define sua estrutura e seu objeto. Também quero rejeitar a ideia de que os critérios racionais estão apenas nos padrões externos pelos quais as emoções e sua adequação podem ser julgadas. Isso deixaria de pé a ideia de um arcabouço racional no qual as emoções podem ser adequadas ou inadequadas, justificadas ou não, sábias ou tolas. Quero, em vez disso, dizer que as emoções constituem o arcabouço (ou arcabouços) da racionalidade propriamente dita. Obviamente, uma só emoção não faz isso. Ela se encaixa (ou não se encaixa) no arcabouço. Juntas, porém, nossas emoções ditam o contexto, o caráter, a cultura em que alguns valores têm prioridade, servem de fins maiores, fornecem os critérios da racionalidade e do comportamento sensato. Nosso senso de justiça, por exemplo, assim como as grandiosas teorias concebidas como expressões desse senso de justiça, não é uma emoção única, mas uma totalidade sistemática de emoções adequadas a nossa cultura e nosso caráter que determina não só as emoções específicas (por exemplo, esperança ou ressentimento), mas também os padrões e as expectativas segundo os quais essas emoções são provocadas.

Isso pressupõe uma concepção holística em que todo o campo da vivência de alguém (ou da cultura de alguém) é definido e contextualizado por seus envolvimentos e apegos, em que o juízo verdadeiramente "desapaixonado" é mais frequentemente patológico do que racional e em que o isolamento revela mais provavelmente a alienação do que a objetividade.[45] Aqui, o conceito trocadilhesco de estado de espírito de Martin Heidegger (*Stimmung*) como nosso modo de "estar afinado" (*Bestimmen*) com o mundo é instrutivo, tanto devido à bem-vinda mudança de ênfase do saber isolado para a preocupação pessoal holística (*Sorge*) quanto porque ele enfatiza mais os estados de espírito — que são gerais, difusos e sem objeto determinado — do que as emoções como tais.[46] O que, porém, é importante nos estados de humor e nas emoções é o fato de permearem inteiramente nossa vivência e não serem, como queriam muitas honoráveis opiniões antigas, interrupções, intrusões ou breves surtos de loucura que atrapalham a transparência em geral calma e fria da objetividade racional. Não temos um arcabouço de racionalidade dentro do qual medimos nossas várias emoções como mais ou menos adequadas, mais ou menos racionais. Os próprios arcabouços conceituais a que se referem os filósofos são produto de nossas emoções e daquilo com que realmente nos preocupamos. Racional é o que melhor se ajusta a nosso mundo emocional.

Deveríamos ter muito cuidado ao desdenhar as emoções como meramente "subjetivas" ou "irracionais" devido a sua visão de mundo sabidamente tendenciosa e às vezes distorcida. Há emoções sábias e tolas, emoções que se encaixam e que melhoram o resto de nossas vidas e emoções que "nos derrubam com sua estupidez" (Nietzsche). Praticamente todas as emoções, contudo, têm seu papel na constituição da estrutura de nossa vida e daquilo que, então, passa a ser reconhecido como estrutura de nossa racionalidade. Até as emoções tipicamente apelidadas de "negativas", como os sete "pecados capitais", cabem significativamente nesse quadro. Elas refletem, às vezes de forma exagerada, nossas necessidades e nossos valores, nossas maiores preocupações. Qual é a alternativa — não se preocupar com nada? Em oposição à luxúria, deveríamos defender a indiferença libidinal? Em oposição à ganância, deveríamos defender a preguiça? Mas a própria preguiça é pecado singular, já que trai apenas aquele tipo de indiferença que alguns antigos citavam como máximo da sabedoria (mas que Tomás de Aquino muito propriamente considerava incapaz de conduzir à veneração atenta e à fé). Hume reprovava a humildade como "virtude de monges", embora o que tivesse em mente, sem dúvida, fosse uma específica versão afetada e muitas vezes hipócrita daquela virtude. O orgulho, pelo contrário, surge como preocupação com o eu, o "cuidado da alma", ingrediente talvez essencial da integridade (pode-se argumentar que há o falso orgulho, mas há também a falsa humildade). É possível com pleno direito, rejeitar o orgulho e todas as emoções quando inadequadas ou excessivamente pomposas, disso, porém, não decorre que o orgulho ou as emoções em geral sejam tendenciosos, exceto no sentido inquestionável de que se preocupam com o eu e com o mundo.

Deveríamos admirar a vida vazia de afeições e de ofensas, a vida sem compromissos nem apegos, a abordagem supostamente "racional" da vida sem possibilidade de perda sugerida por vários ascetas e pensadores religiosos?[47] Essa vida "eviscerada" é o alvo do renomado ataque de Nietzsche ao ascetismo no terceiro ensaio sobre a genealogia da moral, no qual afirma que os ascetas (como todo mundo) buscam o poder e a autoafirmação mas os obtêm, na verdade, de trás para a frente, de modo furtivo e com a negação de si mesmos.[48] O ataque de Nietzsche, entretanto, não é à negação de si mesmo como tal, mas à própria ideia de vida sem paixão. Preocupar-se com as coisas certas costuma exigir a negação de si mesmo e, às vezes, a negação das emoções. Preocupar-se com a afabilidade exige modular a própria sensação de raiva e de indignação. Preocupar-se com a criatividade significa que é preciso controlar alguns impulsos para abrir espaço a outros. Isso, porém, não é questão de eviscerar as paixões, mas de cultivá-las e de discipliná-las. Tanto para Nietzsche quanto para Aristóteles, somos responsáveis por cultivar nossos talentos e nossas virtudes. "Naturalmente" nos preocupamos com nossa família e com nossos amigos; depois, talvez, com nossos compatriotas e vizinhos. Mas também podemos cultivar nossa afeição para que inclua a cultura mais ampla, o meio ambiente e, em última instância, o mundo. É isto o que define a racionalidade: não a lógica, mas o alcance de nossas preocupações. Não é a razão (como oposto de emoção) que nos permite ampliar nosso alcance, mas o alcance expansivo das próprias emoções. Aquilo com que nos preocupamos é definido pela concepção que temos do mundo, mas a própria concepção de mundo é definida pelo alcance e pelos objetos de nossas preocupações e atenções emocionais.[49] O cultivo ou a "civilização" é a internalização dos conceitos mais amplos de história, humanidade e religião, concepções de moralidade e ética que vão além dos interesses pessoais e provincianos. O que, todavia, não significa que a natureza emocional de tais preocupações seja substituída por algo mais abstrato e impessoal; as próprias emoções tornam-se mais expansivas.[50]

A racionalidade não é a grandiosa estrutura da vivência humana nem as emoções são apenas "reações". A racionalidade é produto do pensamento mas também da preocupação, e, embora sem dúvida tenham uma história evolucionária que precede em centenas de milhões de anos a chegada da espécie humana, as emoções evoluíram não só ao lado como também inseparavelmente da evolução da razão e da racionalidade. Juntas, as emoções e a racionalidade nos tornam capazes de ter consciência de um contexto humano e global mais amplo ao qual todos os nossos destinos estão ligados e em que estão envolvidos nossos interesses mútuos. Não há nada especialmente humano na emoção como tal (um cão pode ficar tão justificadamente zangado ou triste quanto uma pessoa), mas há emoções distintamente humanas. Na verdade, algumas destas últimas — o amor por vizinhos distantes, a indignação moral, o senso agudo de justiça, a paixão religiosa e a curiosidade científica, por exemplo — são exatamente aquelas costumeiramente apontadas como prova da racionalidade de nossa espécie.

CAPÍTULO 4 Justiça, solidariedade, vingança

> Porque este mandamento, que eu hoje te ordeno, não te é difícil demais, tampouco está longe de ti. Não está no céu para dizeres: Quem subirá por nós ao céu, e no-lo trará, e no-lo fará ouvir, para que o cumpramos? (...) Mas a palavra está mui perto de ti, na tua boca, e no teu coração, para a cumprires.
>
> Deuteronômio 30:11-12, 14

> A própria justiça, por ser justa afamada,
> Sentimento não perdeu ao ser vendada.
>
> Bernard de Mandeville, *A colmeia descontente*

O que é justiça? Sócrates fez esta pergunta há 25 séculos e desde então ela é uma das principais questões da filosofia ocidental. Mas de Platão a John Rawls, as discussões filosóficas da justiça tenderam a ser "enxutas", visando a teorias e princípios amplos e abrangentes ou concentrando-se em conceitos abstratos e universais, como "direitos". Ao referir-se às ideias históricas e relativamente ricas de contexto de John Locke sobre a justiça, Rawls, orgulhoso, anuncia seu próprio projeto como se elevasse a discussão "a um nível mais alto de abstração". Remove metodicamente todos os afetos e apegos pessoais e todos os benefícios e dificuldades do destino que Aristóteles supunha serem as precondições do nosso ponto de vista sobre a vida. Por trás do "véu de ignorância", desnudamo-nos, removemos nossas preferências e preconceitos pessoais, nossas vantagens e desvantagens individuais, tanto as virtudes quanto os vícios que nos distinguem. Desse ponto de vista despersonalizado e desapaixonado, supõe-se que surjam os princípios da justiça.

Assim, também, Platão apelou ao *nous*, um modo especial de "ver". Seus objetos eidéticos, a justiça incluída, são tão "parcos" que é difícil descrevê-los e para nós, *hoi polloi*, parecem não ter nenhum conteúdo. De Platão a Rawls, as discussões filosóficas da justiça enfatizaram a tal ponto a supremacia da razão que sobrou pouco espaço para uma avaliação adequada do papel dos sentimentos. Platão insiste na "harmonia" entre paixões e razão, mas tanto nos adverte contra as emoções que a metáfora musical não convence inteiramente.[1] Rawls dedica uma ou duas seções finais aos "sentimentos morais", que, enfatiza, não podem ser eliminados da vida humana;[2] parece, entretanto, que usa "sentimento" para denominar nada além de algumas disposições a agir com base em princípios racionais. É claro que muitos autores desdenharam os sentimentos como mero "sentimentalismo" e insistiram na ideia de que as emoções só confundem e distorcem as deliberações racionais da justiça. Kant sabidamente degrada as várias "inclinações" como no máximo secundárias à moralidade, desdenha sarcasticamente a "compaixão que se derrete" ou a "terna solidariedade" e rejeita com vigor todo o papel da vingança em sua descrição punitiva da justiça.[3] No entanto, voltando a uma tradição menosprezada na ética, quero defender o ponto de vista de que não pode haver compreensão adequada da justiça sem avaliação e entendimento do papel das emoções. Isso inclui não só aqueles "sentimentos morais" benignos, como solidariedade, preocupação atenciosa, compaixão e outros "sentimentos companheiros", como também as emoções mais desagradáveis, como inveja, ciúme, ressentimento e, especialmente, vingança.[4]

A justiça, de acordo com muitos filósofos, é uma questão de princípios racionais, e, caso esses princípios ou suas consequências sejam "indiferentes", como declara Nozick no prefácio de *Anarquia, Estado e utopia*, pior para nossos sentimentos.[5] Não estou, certamente, dizendo que expulsamos a razão de considerações de justiça, mas boa parte do que é chamado de "razão" na filosofia política é, isso sim, indiferença, mera esperteza, insensibilidade, desconfiança de nossa própria sensibilidade (ou dos outros) e teimosia. A impessoalidade e a distância com as quais nós, filósofos, nos identificamos com tanta frequência e das quais tanto nos orgulhamos podem, no caso específico da filosofia social, estar malsituadas. Quero defender a ideia de que o essencial para a justiça é nossa sensação supostamente nada filosófica de compaixão e várias outras paixões, há muito varridas para debaixo do tapete estendido por Kant e por tantos outros críticos sarcásticos da "compaixão que se derrete" e das "inclinações". E, talvez de modo ainda mais controvertido, quero defender a ideia de que emoções "negativas", como indignação e vingança, fazem parte de nossa natureza humana e são igualmente essenciais à justiça, e não apenas interrupções inadequadas em nossas deliberações geralmente racionais.

Costuma-se dizer que opiniões sociais dominadas por paixões são perigosas. É claro que todos conseguimos imaginar exemplos importantes que tornariam essa cautela necessária. Eu replicaria, entretanto, que o ideal de uma teoria da justiça racional e abrangente também é perigoso. De um lado, ele encoraja prontamente a passividade, mesmo quando provoca debate e controvérsia intelectual. Com muita frequência desencoraja a ação construtiva, e com muita rapidez as teorias grandiosas nos deixam isolados e sem envolvimento com o mundo, absorvidos na defesa de nossas opiniões, como se a implementação da justiça coubesse então a outros, a Deus, ao governo, ou estivesse talvez nas mãos do destino ou da história. A justiça, interpretada como teoria, não é uma virtude pessoal a ser cultivada e exercida. Mas, por outro lado, as teorias convidam ao dogmatismo, à tirania, à insensibilidade e à indiferença. Quando estamos tão concentrados no quadro maior e em seus princípios, é fácil demais perder de vista a solidariedade e deixar de senti-la pelos casos especiais que com tanta frequência não se encaixam em nossas teorias. Nesses casos, concluímos corretamente que a racionalidade abstrata, quando entra em conflito com nossa intuição do que é certo, é que não funciona.[6]

Um problema dos nossos mais elevados conceitos filosóficos de justiça é que parecem cair sobre nós, vindos "do nada". A insistência dos filósofos de que "embasemos" as afirmativas sobre direitos e justiça é reveladora desse aspecto. Ainda assim, ignoramos os alicerces emocionais da justiça, bem humanos e pé no chão, e desprezamos aquelas paixões que tornam a justiça necessária e possível. Em primeiro lugar, justiça não é um conjunto de princípios nem de modos de agir, mas, antes, um conjunto de sentimentos pessoais, um modo de participar do mundo. Sem o cultivo desses sentimentos — e alguns deles não são de modo algum atraentes —, os princípios da justiça não passam de palavras, e os modos de agir que nos tornariam justos, por mais justificados que sejam, tendem a ser, ao mesmo tempo, irrelevantes e excessivamente ambiciosos. Se reinjetarmos emoção nas discussões sobre justiça, talvez consigamos fazer os filósofos, em primeiro lugar, se preocuparem (e não se sentirem embaraçados com isso). É sempre melhor a indignação e até o desejo de vingança do que a indiferença e o isolamento contemplativo.

JUSTIÇA E VINGANÇA: O PARADIGMA QUE FALTA

> Se, então, alguém nos diz que é justo dar a todos o que lhes é devido, e com isso quer dizer que do homem justo se espera que venha o mal aos inimigos e o bem aos amigos, o homem que o diz não é sábio, pois isso não é verdade.
>
> De Sócrates a Polemarco, *A república.*

> A justiça [em *A república* de Platão] surgiu com suas verdadeiras cores como propriedade não primariamente de ações nem de instituições políticas, mas de *psiques*.
>
> C. D. C. Reeves, *Philosopher Kings*

Nosso senso de justiça é a reação mais ou menos particular, mais ou menos pessoal e parcialmente emocional a uma situação ou a circunstâncias, independentemente de como estão generalizadas ou abstraídas, bem como da distância ou das dimensões globais de nossas conclusões. Nossos pensamentos sobre a justiça são costumeira ou necessariamente provocados pela percepção da injustiça, muitas vezes diante de discordância, privação ou desarmonia. O contexto em que se discute e debate a justiça, sabe-se é variado e pode até ser incomensurável. As esferas da justiça punitiva e distributiva, por exemplo, costumam ser segregadas, embora com certo embaraço e ambiguidade terminológica. Na esfera da justiça distributiva, o desacordo perene entre os que defendem concepções igualitárias, libertárias e baseadas na necessidade, e os que preferem as várias concepções de justiça apoiadas em direito e mérito constitui, por si, uma disciplina. No entanto, muito já se discutiu a respeito de que essas concepções teóricas diferentes se baseiam na verdade em diferenças históricas, contextuais e culturais, além de ideológicas.[7]

O delineamento de esferas de justiça pode ser bem mais refinado do que isso, e essas esferas, incomensuráveis.[8] Não pretendo defender essa tese aqui, embora obviamente lhe tenha simpatia.[9] O que quero defender, sobretudo com referência à justiça punitiva, é que a justiça começa com uma reação emocional a um estado de coisas mais ou menos específico e se compõe dessa reação, dentro de uma tradição cultural e com uma história substanciosa e concreta (com "história substanciosa e concreta" quero dizer algo além da história dos direitos, "enxuta" e conscienciosamente limitada, sugerida de modo específico por Robert Nozick em sua argumentação contrária à posição rawlsiana "a-histórica"). Seria melhor até considerar o ponto de vista de Deus sobre justeza, tantas vezes defendido pelos filósofos, como exemplo de uma reação específica em um contexto cultural e histórico também específico. Um dos problemas do chamado ponto de vista de Deus é sua tendência a ser um ponto de vista de excepcional "parcimônia", que mascara toda referência a costumes, tradições e expectativas culturais ou locais.[10] Sem dúvida, por isso atrai tanto os filósofos.[11]

Para ressaltar esse ponto, quero sugerir uma coisa que, a princípio, soará absurda: não só a vingança pode ser defendida como importante ingrediente da justiça (de modo mais plausível, da justiça punitiva) como também, em certo sentido, a justiça em geral seria mais bem interpretada com base no modelo da vingança. Quero sugerir que a justiça tem duas raízes: primeiro, o desejo punitivo de "desfazer" uma ofensa ou agressão dolorosa; depois, as incitações mais difíceis da gratidão, da admissão de que se tem vantagens às quais não se tem direito. Isso, por sua vez, provoca a compaixão — não apenas o sentimento "natural" proclamado por alguns filósofos, mas uma paixão sofisticadíssima, cultivada e reflexiva. Punição e gratidão são ambas reações que envolvem questões de mérito, de culpa na primeira, de dívida na segunda, mas a assimetria entre elas também é digna de nota: a vingança busca acertar as contas causando dano, a gratidão não precisa dar recompensas ("agradecer" não deve ser assim concebido) nem pretende acertar contas. É esse sentimento de gratidão que conduz pronta mas não necessariamente a uma sensação mais aguda de compaixão, a uma consciência (porque a pessoa se percebe como não inteiramente merecedora) do fato de que outros, não menos merecedores, passam necessidade. Isso tudo para reiterar que a justiça não cai do céu, mas começa com os fatos concretos da vida, com nossas reações pessoais a eles, de acordo com as convenções e os paradigmas de nossa cultura. Ela não é produto do pensamento abstrato, mas sim aprendida pela experiência dentro de nossa família e vizinhança e, sem dúvida, em nossa primeira instrução moral e religiosa.

É desnecessário dizer que não quero aprofundar demais essa tese, mas a justiça tornou-se tão generalizada e abstrata, e a vingança tão rotineiramente desdenhada como bárbara e irrelevante para a justiça, que acredito na possibilidade de essa discussão, embora um tanto irônica, ser reveladora. A ideia é: em geral, nosso senso de justiça começa com a reação pessoal e apaixonada a uma desfeita ou mágoa, a um estado de coisas mais ou menos específico e histórico no contexto de uma cultura e de suas várias narrativas (é essa noção de narrativa "opulenta", os mitos e lendas de heróis e vilões, por exemplo, assim como a narrativa mais ou menos factual de uma comunidade e sua história e as circunstâncias detalhadas que cercam esse caso específico de alegada injustiça que quero justapor tanto às histórias "enxutas" de Nozick quanto à posição "a-histórica" de Rawls). Depois generalizamos, desenvolvemos nossas próprias narrativas pessoais, aprendemos a sentir empatia por desfeitas e por danos semelhantes causados a outros e talvez aprendamos também a teorizar e a levar a discussão a "um nível mais alto de abstração", (como poderíamos nós, seres generalizadores, racionais, cheios de princípios, articulados e debatedores, deixar de fazê-lo?). Ainda assim, é um erro jogar fora aquela reação pessoal e apaixonada como se não passasse de um gatilho, de uma tendência coincidente, de um impulso primitivo ou de mero motivo à cata de justificativa. Assim, também, as incitações da gratidão e da compaixão são generalizadas em opiniões sobre necessidades e sobre a percepção das desigualdades humanas (e a racionalização a seu respeito), que acabam projetadas numa noção grandiosa de igualdade, sempre muito mais atraente na teoria do que na prática.

Essa visão de justiça como pessoal, apaixonada e situada numa sociedade com paradigmas arraigados de transgressão, danos e desfeitas, honra e crimes contra a honra pode ser encontrada em Platão e Aristóteles. Antes de Platão, naturalmente, a "justiça" (variações de *diké*) tinha esse aspecto pessoal, vingativo e não eliminável; na *Ilíada*, por exemplo, é apresentada como questão de honra pessoal (ou tribal).[12] Na complexa trama de moral e de deveres dos dois épicos imortais de Homero, a justiça surge repetidamente sob o simples disfarce de punição pessoal, junto a recompensas adequadas e exigências de tributo. Em Platão, seus termos mudam bastante, como no importante ensinamento socrático de que não se deve, sob nenhuma circunstância, fazer mal aos outros. Tanto para Platão quanto para Aristóteles, porém, a justiça continua a ser virtude pessoal, seja ou não (como em Platão, mas não em Aristóteles) também um ideal abstrato. Isso não elimina as paixões, antes as emprega. E se a vingança como tal é condenada (ou, em Aristóteles, subordinada à raiva justificada), ainda assim a visão particularista da justiça como "dar a cada um o que lhe é devido" continua existindo, por mais embelezada e ontologicamente disfarçada por Sócrates e Platão.

Em *A república*, contudo, o conceito mais antigo e homérico de justiça tem seus dias de glória, ainda que por pouco tempo. No Livro 1, Polemarco, filho de Céfalo, tenta defender a ideia de que justiça é "dar a cada um o que lhe é devido". Ele admite que não tem muito sucesso nisso, e Sócrates solapa seu argumento a cada passo e o humilha. Numa de suas várias versões, a definição proposta torna-se "ser bom com os amigos e fazer o mal aos inimigos", que Sócrates derruba com a inteligência e o talento dialético de sempre. Isso provoca a famosa tática agressiva e filosoficamente depreciada de Trasímaco, que combate o esforço filosófico de entender a justiça como um ideal isolado da dura competição das relações humanas.[13] Sócrates o despacha com humor e ironia. E também argumenta, contra Céfalo, que não se devolvem armas a um louco, ainda que isso lhe seja devido. Parece-me, contudo, que o tiro de misericórdia dos argumentos de Sócrates contra os três, Polemarco, Trasímaco e Céfalo, diz respeito ao fato de os juízos sobre a justiça serem essencialmente contextuais. Dependem da situação específica e das relações da pessoa com as outras partes envolvidas. Se os contraexemplos de Sócrates mostram que as "definições" propostas de justiça são inadequadas, talvez seja porque não exista essa regra geral de justiça, livre de contexto e que não seja nem incompleta nem vazia. A justiça é sempre definida em um contexto ou em outro.[14]

Ainda assim, reinterpretado com generosidade, creio que Polemarco tinha um bom argumento contra Sócrates. "Ser bom com os amigos e fazer o mal aos inimigos" é uma maneira infeliz, mas ainda assim perspicaz, de enfatizar a importância dos apegos e dos relacionamentos particulares na justiça, assim como os sentimentos de reciprocidade que nos motivam. O que fica apenas implícito são as questões mais amplas que se referem ao fato de escolhermos e mantermos nossas amizades e de os amigos serem "fiéis". Também suspeito que amigos e inimigos não são tão opostos quanto o diálogo leva a supor. Em termos mais gerais, a insistência de Polemarco na importância do contexto e da "honra" pessoais se opõe à insistência mais idealizada e abstrata de Sócrates na virtude descontextualizada e não política. Sócrates ataca a própria ideia de punição como "punir o mal com o mal". Polemarco sabiamente admite a necessidade de causar dano aos que nos fazem mal, ou pelo menos ameaçá-los de dano. Sócrates argumenta contra o apelo às emoções na ética. Polemarco insiste corretamente que os sentimentos pessoais não só são motivos importantes como também base importante para a ação ética. Seria forçar a inteligibilidade do diálogo sugerir que Polemarco tinha em mente a tese de que a justiça combina punição e gratidão, mas apesar da brilhante manobra dialética de Sócrates, é possível defender seu jovem interlocutor. Os sentimentos pessoais e o contexto são essenciais na ética, embora "pessoal" aqui possa ser ampliado para incluir sentimentos como camaradagem, lealdade, compaixão e opiniões sociais (suprapessoais) sobre punição como represália. A questão é não deixar os louros apenas para Sócrates, mas ver, como em outros diálogos, o outro lado da história.[15]

Parece que Sócrates tinha duas lições bem diferentes a nos ensinar. A primeira, exemplificada por seu caráter e por suas discussões, é a importância da justiça — em sentido reconhecidamente mais amplo do que o de nosso uso da palavra — como virtude pessoal, como maneira de reagir ao mundo e às pessoas. Assim concebida, a justiça é altamente pessoal e sempre se situa num contexto social específico. Na verdade, a visão política da *República* pode ser considerada uma tentativa de esquematizar exatamente o contexto social (que lembra, de várias maneiras, o de Platão) que manifestará e cultivará com mais eficácia aquela virtude em cada um dos cidadãos. A segunda lição tem a ver com a visão mais filosófica de uma forma ideal e singular de justiça, que hoje se traduz na busca de uma teoria filosófica abrangente. (Não se esclarece se Platão chegou a isso.) As duas lições não são obviamente compatíveis e, com certeza, nos empurram em direções bem diferentes. Não há dúvida quanto à direção que a filosofia anglo-americana tomou. A justiça, lembram-nos muitas e repetidas vezes, é uma questão de princípios abstratos, desapaixonados, impessoais e racionais derivados de alguma descrição radicalmente despersonalizada da sociedade.[16]

Assim como a vingança sempre consiste na reação pessoal e apaixonada a um estado de coisas mais ou menos específico, em geral o senso de justiça consiste, pelo menos em parte, na reação culturalmente roteirizada a uma narrativa rica do ponto de vista histórico e a um estado de coisas mais ou menos específico: a punição de um criminoso, a retificação dos males sofridos por um grupo depois de séculos de escravidão ou opressão, a criação de um novo país que ainda cicatriza as feridas das agressões de um rei estrangeiro, a distribuição de bens em circunstâncias de escassez, a disponibilidade de serviços em épocas de necessidade, a distribuição de prêmios ou bônus em épocas de abundância. Admito que a vingança é um paradigma enganoso e excessivamente restritivo para a justiça na medida em que enfatiza apenas uma concepção especialmente desértica de justiça punitiva e quase ignora a justiça distributiva e compensatória (a questão das necessidades, por exemplo) exceto, talvez, quando elas envolvem punições e recompensas. Quero indicar, porém, que a ênfase tem sido desproporcional demais exatamente na outra direção. Na verdade, os filósofos que escrevem muito sobre justiça distributiva costumam manter-se surpreendentemente calados a respeito das questões de punição. Ao observar a recente política dos Estados Unidos e do mundo, seria preciso ser ideologicamente cego para afirmar que os conceitos punitivos não têm papel na distribuição dos bens desigualmente espalhados no mundo. Seja, porém, o abismo crescente entre ricos e pobres do mundo considerado questão de vergonha, embaraço, orgulho, ressentimento, indignação moral, medo ou defesa, é desses sentimentos que surgem as pretensões e teorias abrangentes sobre justiça, direitos, merecimento, exploração e imparcialidade.

JUSTIÇA CONTRA VINGANÇA: OPOSIÇÃO INSUSTENTÁVEL

> Quanto à proposição de Duhring de que se deve buscar o lar da justiça na esfera dos sentimentos reativos, somos obrigados, em prol da verdade, a contrapô-la com uma antítese direta: a *última* esfera a ser conquistada pelo espírito de justiça é a dos sentimentos reativos!
>
> Nietzsche, *Genealogia da moral*

A vingança costuma ser contrastada com a justiça, e até oposta a ela. ("Não quero vingança, quero justiça", é a exigência punitiva obrigatória.)[17] Dizem que a vingança é um mal, a retribuição do "mal com o mal"; desde Sócrates (no *Críton*) aos debates contemporâneos sobre a pena de morte, essa formulação é usada simplesmente para banir da discussão da justiça qualquer nova menção da vingança.[18] A insinuação perversa de que a vingança deveria ser levada a sério como paradigma da justiça vira de cabeça para baixo as costumeiras ponderações sobre a justiça. Por exemplo, a vingança é pessoal, não impessoal;[19] é apaixonada, não desapaixonada; é punitiva, ou seja, consiste numa reação adequada a uma situação específica. Não é uma teoria abstrata sobre igualdade ou direitos e pode parecer arbitrária dados os detalhes da situação específica, os vários personagens envolvidos e sua história — por sua própria natureza, entretanto, implica legitimidade e justificativa. Pode a vingança ser justificada? Sua subjetividade não é razão mais do que suficiente para eliminá-la do tribunal de justiça? Que racionalidade existe no desejo pessoal, apaixonado, punitivo de acertar as contas de uma ofensa possivelmente única, que talvez não tenha precedentes nem permita provas nem argumentos?

"Acertar as contas" refere-se a uma ideia de equilíbrio que está por trás de praticamente todas as teorias da justiça. A vingança exige reciprocidade calculada. Pressupõe envolvimento pessoal, noções de perda, merecimento e dívida pessoal, e não a atitude altiva e meramente julgadora do observador, do juiz, do júri, da Lei ou de algum filósofo teórico dos jogos. A vingança pode ser mais ou menos bem aceita, respeitável e até institucionalizada em algumas culturas e sociedades, mas só raramente é elevada à condição legal integral. Na verdade, pode-se argumentar que, embora justificada e racional, a vingança é, por sua própria natureza, extralegal. Pode ser encontrada muitas vezes como prática social aceita e obrigatória, mesmo onde é ilegal, contudo, mesmo onde é legal e legítima, quase sempre fica nas mãos do indivíduo, da família ou da comunidade local. Tende a não ser considerada responsabilidade nem sequer preocupação da lei ou da sociedade como um todo.[20] Seja ou não socialmente sancionada e embora possa ser estruturada ou restrita, a motivação subjacente da vingança não pode de fato ser criada socialmente. Os indivíduos "em estado natural", como a maioria dos animais "superiores", vão retaliar em caso de ataque, com reações tipicamente calculadas. A vingança como prática social será cultivada de acordo com certas normas e conceitos culturais, que incluem as noções de eu, o conjunto de noções do que é considerado crime (embora alguns, como roubo, estupro e assassinato, possam ter pretensões *prima facie* à universalidade), o conjunto de padrões de "ajuste", "equilíbrio" ou "acerto de contas" que distingue a vingança de outros delitos. Ainda assim, a vingança e sua satisfação, quer reconhecidas, quer negadas, continuam a ser ingredientes essenciais da lei penal e formam o padrão do que consideramos justo ou correto.

Não quero, evidentemente, deixar a questão por aqui. A vingança costuma ser irracional, no sentido direto de que ultrapassa seus limites, calcula erradamente a reação, identifica mal os alvos e as metas. O juízo pessoal precisa ser aprimorado e, até certo ponto, suplantado por padrões e acordos intersubjetivos e controles sociais. A violência deve ser minimizada e contida. E é óbvio que a tendência naturalíssima ao agravamento e à *vendetta* precisa de correção. Tudo isso exige, sim, teorias da justiça, generalizações abstratas e vários tipos de regra; só quero, porém, assegurar que não percamos de vista os motivos e as intuições originais que impulsionam e depois guiam nossa visão mais civilizada da punição em particular e da justiça em geral. Sempre que a justiça estiver em questão, a sombra duradoura da vingança não estará muito distante.

O foco particularista da vingança também se aplica ao terreno da justiça distributiva. Já mencionei o que considero vínculo importante entre gratidão e compaixão. E argumentaria que o impulso por trás dos planos gerais de justiça distributiva está em emoções situadas e concretas, como solidariedade, compaixão, culpa, vergonha, embaraço e piedade, mesmo quando essas emoções são provocadas pelo sofrimento de pessoas distantes, de grandes grupos ou até da humanidade. Vale notar que é mais comum ficarmos "emocionados", não, por exemplo, com a fotografia de uma só criança sofredora do que com estatísticas horrorizantes. Estatísticas só se fazem horrorizantes quando tentamos multiplicar logaritmicamente a compaixão singular. Também nosso senso de justiça distributiva, assim como o de justiça punitiva, é provocado por emoções diretamente "reativas", como inveja, possessividade, ressentimento e vingança, mesmo quando dirigidas a instituições sem rosto (como o constructo abstrato do "Grande Governo"), a palavra de ordem políticas ("a redistribuição da riqueza") ou, como o Sísifo de Camus, ao universo personificado como um todo.[21]

A conhecida pretensão a *ter direito*, por exemplo, embora se apresente como questão de direito abstrato, costuma trair-se em termos de sentimentos muito pessoais e particulares, que, em alguns casos, podem apoiar-se em convenções bem arraigadas (o direito à propriedade sendo o exemplo mais óbvio). Com mais frequência, são apelos quase objetivos ao mérito pessoal, por exemplo: "Sou *x* (alguém que trabalha muito/faz parte da equipe/que tem o melhor desempenho aqui/um cidadão deste reino) e assim mereço *z*." Com mais frequência do que gostaríamos de admitir em nossas teorias da justiça, o argumento assume a forma "Tenho (ou tive) *x* por tanto tempo que tenho direito a *x*." O fato de que há muitos sentimentos assim, bem como de eles por si não determinarem nenhum plano ou projeto específico para a sociedade como um todo, explica por que há e continuará a haver conflitos enquanto falarmos de direitos (e como não falar?). Consequentemente, surgirão conceitos de justiça muito diferentes, incomensuráveis e concorrentes.[22] O que valer como distribuição justa terá muito a ver com as particularidades do caso, o lugar, as pessoas, sua história, sua cultura e as circunstâncias concretas.

Quero sugerir que todas essas emoções podem ser consideradas parecidas com a vingança, pelo menos em sua natureza concreta, pessoal, *reativa*. Podem envolver o sofrimento ou a opressão próprios de alguém, o sofrimento ou a opressão de outros, a lembrança ou a imagem viva de sofrimento ou de opressão, o sofrimento próprio em resposta ao sofrimento ou opressão de outros ou o desejo de que outros sofram por causa de nosso próprio sofrimento ou opressão. Ou podem ser reações à boa sorte de alguém. Podem também resultar do reconhecimento agradecido ou embaraçoso de nossas próprias vantagens imerecidas. Alguém pode partilhar com outro o sentimento justificado de ressentimento ou busca de vingança, embora não tenha havido nenhuma ofensa a si mesmo. Pode estar apenas defendendo de invasões, apropriações, roubo aquilo que considera seu. É o mesmo sentimento em comum de reciprocidade na vingança que dita também o sentimento geral de merecimento e de recompensa e de favores a serem pagos. Já se sugeriu muitas vezes que nenhum padrão de distribuição é em si injusto. Só quando comparado com algum esquema ideal ou com expectativas sociais é que pode ser assim considerado. É por isso, e não por falta de um "pacto social", que Hobbes estava certo ao insistir que não há justiça no estado de natureza.

Não estou indicando — permitam-me ser desajeitadamente claro — que o favoritismo ou a vingatividade (digamos, num político, num burocrata ou no diretor do meu departamento) sejam justificáveis ou toleráveis. Esses cargos socialmente definidos fazem da impessoalidade e da neutralidade virtudes essenciais e transformam em vício expressões excessivas de compaixão, afeição ou desprezo. E é claro que se pode ser compassivo ou vingativo sem dar atenção à justiça. Nem sempre é ruim ser fria e desapaixonadamente justo. O que, entretanto, quero argumentar é que na justiça há mais do que isso, e que nossa sensação supostamente nada filosófica de preocupação, de compaixão e de várias paixões "negativas" é apenas tão importante para o senso adequado de justiça quanto a imparcialidade desapaixonada. As emoções são o material com que construímos nossos conceitos de justiça e ao qual permanecem ancorados. Sem emoção, sem preocupação atenciosa, a teoria da justiça é apenas mais um jogo de números.

O LADO BONDOSO DA JUSTIÇA: SOLIDARIEDADE E SENTIMENTOS MORAIS

> Por mais egoísta que se possa supor o homem, há evidentemente alguns princípios em sua natureza que o fazem interessar-se pela fortuna de outros e lhe tornam necessária a felicidade desses outros, embora dela nada lhe venha a não ser o prazer de vê-la. É desse gênero a piedade ou compaixão, emoção que sentimos pelo sofrimento dos outros. (...) O maior dos rufiões, o mais enrijecido violador das leis da sociedade não é totalmente privado dela.
>
> Adam Smith, *Teoria dos sentimentos morais*

Minha meta ao defender a vingança como paradigma de justiça é restabelecer o papel das emoções na configuração e na motivação de nosso senso de justiça. Com isso em mente, porém, seria enganoso, para não dizer perverso, focalizar apenas o lado punitivo da justiça e ignorar os sentimentos benignos que ajudam a configurar e a motivar nosso senso de justiça distributiva. As necessidades, assim como os merecimentos, precisam ser abordadas pela justiça. Com bastante frequência a justiça distribuitiva é debatida unicamente em termos de padrão de distribuição imparcial ou então como restrita por pretensões gerais de merecimento. O que está errado nessas duas posições filosóficas é que abordam o tema da justiça "de fora", por assim dizer, imaginando situações possíveis em vez de enfrentar a situação real do mundo à nossa volta. Nosso senso de justiça, no entanto, não é despertado pelo senso abstrato de "igualdade", mas sim pela percepção direta da desigualdade, pelo reconhecimento de necessidades — nossas ou dos outros —, pelo fato de que outros sofrem enquanto não sofremos ou que sofremos enquanto outros não. Neste último caso, somos movidos pela inveja ou pelo ressentimento (discutiremos mais sobre isso adiante); no primeiro caso, entretanto, somos ou deveríamos ser movidos pela compaixão.

É comum contrastar compaixão e justiça, assim como se contrasta vingança e justiça punitiva. A compaixão é pessoal; dizem que a justiça é impessoal. A compaixão é voltada para indivíduos isolados (mesmo que sejam milhões deles). Dizem que a justiça se preocupa com o quadro maior, com o sistema geral de distribuição (ou punição). A compaixão é meramente uma emoção, um "sentimento", ao passo que a justiça, dizem, exige os juízos da razão. Mas são exatamente esses contrastes entre pessoal e impessoal, entre particular e universal, entre emoções e razão que quero questionar. Quero defender que a compaixão é ingrediente essencial de nosso senso de justiça.

Assim como a vingança é uma reação hostil contra alguém pessoalmente responsável por uma desfeita ou crime, a compaixão é uma reação benigna ao sofrimento dos outros, exista ou não desfeita ou crime. Seu alvo não precisa ser alguém concretamente conhecido, mas a compaixão é sentida em termos pessoais e dirigida a alguém. Costuma-se considerar a compaixão disposição; na verdade, até mesmo a disposição generalizada de sentir o que o outro sente. O que há de certo nisso é o destaque atribuído ao papel de reação pessoal, e o que há de errado nessa visão dispositiva é o fato de subestimar o caráter especial da compaixão. A compaixão, antes de tudo, é uma forma de se preocupar com alguém, ainda que a distância, ainda que misturada ao medo e à aversão (como na piedade).

Já se sugeriu que o que falta no padrão de análises e teorias da justiça é a sensação adequada de preocupação atenciosa e de compaixão.[23]

Creio que isso é verdadeiro e importante. Até um personagem tão central quanto John Rawls, cujas credenciais liberais, bem como o senso de compaixão, não estão em questão, acha necessário vestir terno e gravata em seus sentimentos, e a maior parte da literatura que o seguiu mostrou muito mais entusiasmo por sua forma do que por seus sentimentos. Talvez seja por isso que tanta filosofia social de hoje se pareça com um debate da teoria dos jogos mais do que com alguma expressão de preocupação com o sofrimento humano, ainda que "os necessitados" e "os menos favorecidos" costumem aparecer como jogadores abstratos.

Infelizmente, essa importante questão foi politizada e discutida como diferença entre abordagens da ética "do macho e da fêmea" e "masculina e feminina". Nell Noddings, por exemplo, usa a divisão entre ética "masculina" e "feminina" como um tipo de Cortina de Ferro ou "grande abismo" da guerra entre os sexos.[24] ("Homens de princípios vêm destruindo o mundo; mulheres atenciosas podem salvá-lo.")[25] Em vez de insistir que *todo* senso adequado de justiça pressupõe preocupação atenciosa e compaixão, alguns autores recentes opuseram o conceito de justiça (supostamente masculino) à preocupação e à compaixão (femininas). Mas essa dualidade aparente não é nenhum "ou/ou" kierkegaardiano, justiça impessoal nem preocupação pessoal. A preocupação atenciosa (assim como eros) não é emoção exclusiva de mulheres ou mães e não é emoção que possa, sozinha, salvar o mundo. Os sentimentos bondosos não podem sozinhos explicar a enorme variação nem a grande profundidade das paixões que constituem o senso de justiça, e o sentimento sozinho não pode resolver as grandes questões políticas que inevitavelmente fazem parte de toda discussão de justiça. Ainda assim, todo senso de justiça, seja ele qual for, começa com a preocupação atenciosa — conosco, com nossa reputação e com nossas posses; com aqueles a quem amamos e com quem vivemos, de quem nos sentimos próximos ou por quem somos responsáveis; com o modo como é o mundo e com o destino das criaturas sencientes que nele existem. Se não fosse assim, por que tudo isso nos importaria — a distribuição de bens no mundo, o tratamento imparcial e igualitário, as recompensas justas e a necessidade que sentimos de punir, até mesmo as questões de vida e morte? A justiça começa com nosso envolvimento emocional no mundo, e o pressupõe.

Costuma-se culpar a virada kantiana da filosofia pelo exílio dos sentimentos bondosos e das "inclinações" em geral da filosofia moral.[26] Na esteira dessa tradição kantiana, porém, sempre vale lembrar como Kant (e também Rawls) afirma seguir de perto os calcanhares de seu herói Rousseau, um dos grandes defensores das inclinações naturais.[27] Antes de Kant e por volta da mesma época de Rousseau surgiram na Escócia (e alhures) os "teóricos dos sentimentos morais". Os proponentes principais e mais conhecidos da teoria do sentimento moral foram David Hume e Adam Smith. Defendiam a centralidade, na moral, do sentimento "natural" de solidariedade, distinguindo solidariedade de justiça, que Hume, especificamente, declarou não ser nada "natural".[28] Alguns anos depois, Schopenhauer, voltando-se contra seu mentor, Kant, defendeu opinião semelhante.[29] A teoria do sentimento moral começou com a ideia de que a base da moralidade e da justiça encontra-se em nossa disposição natural a ter certas emoções voltadas para o outro.

Tanto Hume quanto Smith surgiram como defensores precoces da importância da "utilidade" e também como defensores do que hoje chamamos de "ética da virtude". É claro, porém, que as coisas certas não costumam ser feitas por razões erradas, e só rara e ironicamente a justiça resulta de intenções maliciosas. Com certeza, entre as "razões certas" estão as emoções solidárias. Ao contrário de boa parte da tradição kantiana, ser moral e ser justo não significa, em primeiro lugar, que se deva agir com base em princípios. Uma boa razão para ajudar outra pessoa em necessidade é "sentir pena". Na verdade, é difícil pensar em outra razão tão impérvia à argumentação (o que não é dizer que seja irrevogável). Ainda assim, ao ler a filosofia dos últimos dois séculos, o leitor comum ficará chocado ao descobrir que "sentir pena" como razão moral é praticamente ignorado, quando não simplesmente descartado, como base da moralidade ou da justiça. Dizem que esse sentimento é caprichoso, ingênuo, nada confiável, imprevisível e, de qualquer modo, escapa à questão. Eu afirmaria, contudo, que, sem tais sentimentos, sem alguma sensação de privação e de piedade, os cálculos da distribuição justa são vazios, sem alma, para não dizer sem inteligência; são exercícios de equidade.

Há considerável confusão no significado de "solidariedade" ("*sympathy*", em inglês) tanto nos textos dos teóricos do sentimento moral quando nas conversas cotidianas. Na fala comum, solidariedade significa "ter pena" de alguém, enquanto para muitos filósofos (Hume, notadamente) diz respeito à benevolência (Smith tenta mantê-las distintas). "Ter pena" pode ser sinal de preocupação atenciosa, com certeza bem pequeno, já que podemos sentir pena de estranhos e até de nossos inimigos. A benevolência tem muito mais em comum com o conceito mais ativista de "preocupar-se com alguém", mas como tal tem alcance bem maior do que a solidariedade. Podemos sentir benevolência abstratamente, sem nenhum objeto específico, e benevolência por aqueles cujos sentimentos são totalmente maliciosos ou indiferentes (por exemplo, ao mostrar misericórdia por um criminoso condenado e ainda odioso, talvez como expressão de nossa própria largueza, mas ainda assim por benevolência). Em inglês, usa-se "*sympathy*" ou o verbo "*sympathize*" para registrar concordância ou aprovação, que, entretanto, não se qualificam como conceito filosófico adequado ou como definição correta e dicionarizada da palavra.

Tecnicamente, *sympathy* (literalmente, "sentir com", como "com/paixão") implica compartilhar o sentimento ou, como disposição, ser capaz de compartilhar sentimentos com os outros. Caso, porém, se queira insistir na ideia de que as emoções só podem ser individualizadas em virtude de quem as tem e, não podendo, assim, ser compartilhadas, é possível dizer que a solidariedade é uma "concordância de sentimentos", no sentido de "ter o mesmo [tipo de] emoção".[30] É claro que não é necessário "concordar com" o sentimento em questão, no sentido de "aprová-lo", assim como não é preciso sempre ter prazer, gostar ou aprovar as próprias emoções. Os sentimentos podem estar de acordo; nós não necessariamente; compartilhar um sentimento é uma coisa, aceitá-lo ou aprová-lo é outra bem diferente (nos filmes B, podemos ter sentimento de vingança igual ao do herói ofendido, ainda que nos critiquemos por isso).

Adam Smith usa a palavra no sentido técnico, "concordância de emoção". Assim, há grave ambiguidade entre solidariedade como sentimento específico e solidariedade como disposição de compartilhar sentimentos (sejam quais forem) com outros. A solidariedade, neste último sentido, não é de fato um sentimento, mas sim um instrumento para compreender os sentimentos dos outros, "sentimento de camaradagem com qualquer paixão".[31] É possível solidarizar-se com vários sentimentos do outro, não apenas com os bondosos e com os sociais morais, mas também com os antissociais, como inveja e ódio. A solidariedade não é um compartilhamento real de sentimentos (no sentido de "ter o mesmo sentimento"), mas sim um ato de imaginação com o qual é possível avaliar os sentimentos do outro, "colocando-se em seu lugar", "princípio que o faz interessar-se pela fortuna dos outros".[32] Isso permite a Smith explicar que as pessoas não são essencialmente egoístas ou interessadas em si mesmas, mas sim criaturas sociais que podem agir em nome de outros cujos sentimentos na verdade não têm (e logicamente nem poderiam ter).

A teoria original de solidariedade e de justiça de Hume, que muito influenciou Smith, é um pouco diferente e, para dificultar ainda mais as coisas, ele, naturalmente, mudou de ideia entre a redação da primeira obra-prima, o *Tratado da natureza humana*, e a posterior *Uma investigação sobre os princípios da moral*. Se naquela Hume trata a solidariedade de maneira bem casual, comentando que costuma ser uma emoção fraca, quando comparada com a maioria dos motivos do interesse próprio nesta, ele defende a solidariedade como sentimento universal suficientemente poderoso para superar o interesse próprio em muitíssimos casos. Em *Uma investigação...*, Hume considera a solidariedade uma forma de benevolência, um sentimento pelos concidadãos e uma preocupação com seu bem-estar. Para ele, porém, assim como para Smith, aliás, a solidariedade é, com muita frequência, contrabalançada e superada pelo egoísmo e, por essa razão, também é necessário ter senso de justiça. Mas enquanto Smith considera o sentimento de justiça aversão um tanto natural a prejudicar o próximo, Hume considera a justiça virtude "artificial" construída pela razão para nosso mútuo bem-estar. É um "esquema" convencional vantajoso, em vez de sentimento natural. Assim, para

Hume, a solidariedade é um sentimento moral genuíno, e a justiça, não, apesar de ele admitir que a justiça era tão benéfica que ficou inseparavelmente associada aos sentimentos morais, porque o que, nesses sentimentos, seria mais básico do que nosso sentimento natural de querer o bem geral de todos, "o sentimento em prol da felicidade da humanidade e de ressentimento com seu sofrimento"? Ele escreve:

> Nenhuma virtude é mais estimada que a justiça, e nenhum vício, mais detestado do que a injustiça; nem há qualidades que avancem mais na fixação do caráter, seja este agradável, seja odioso. Agora a justiça é uma virtude moral meramente porque tem aquela tendência ao bem da humanidade; e, na verdade, nada mais é do que uma invenção artificial com tal propósito.[33]
>
> Todo o sistema de lei e justiça é, contudo, vantajoso para a sociedade; e foi com vistas a essa vantagem que os homens, com suas convenções voluntárias, o criaram. (...) Uma vez criado, é naturalmente acompanhado de forte sentimento de moralidade.[34]

Hume não chega a ponto de dizer que a própria justiça é questão de sentimento, mas enfatiza que os sentimentos morais em geral e a solidariedade pelos outros em particular são tão essenciais à moral que sem eles não pode haver ética. Tanto Hume quanto Smith são firmemente contrários à visão hobbesiana de que as pessoas só se motivam por seus próprios interesses egoístas e advogam a importância das "paixões sociais" distintas e naturais. De fato, o âmago de seu argumento é, nas palavras de Smith, que "a natureza, quando formou o homem para a sociedade, dotou-o do desejo original de agradar e da aversão original a ofender seus irmãos".[35] Além disso, "a natureza dotou-o não só do desejo de ser aprovado como também do desejo de ser o que é preciso para ser aprovado, ou de ser o que ele mesmo aprova em outros homens".[36] Isso é não apenas solidariedade, como também todo um complexo de paixões mutuamente conscientes e recíprocas que nos unem. Portanto, não é preciso mexer muito com a teoria escocesa do sentimento moral para incorporar a justiça ao lado da solidariedade sob seus auspícios e adotar o todo como alternativa bem-vinda à tese de que "o homem é essencialmente egoísta" e à visão excessivamente enxuta de Kant e da maioria dos atuais teóricos da justiça de que "moralidade é racionalidade".

O problema da solidariedade é que sempre parece indicar mais do que realmente permite. Uma coisa é dizer que alguém está sensibilizado e tem sentimentos bondosos para com uma criatura que sofre; outra, que, em certo sentido, alguém "compartilha" o sofrimento. Mas ter pena não é o mesmo que querer ajudar e, embora a benevolência em geral leve à beneficência e à disponibilidade de ajudar, "ter pena", em geral, para na pena. Pode-se ser bondoso ou generoso "por piedade", mas, embora a piedade possa motivar, logo se torna um sentimento em si mesmo — uma das razões pelas quais Nietzsche é tão implacável ao atacá-la. A piedade inclui em sua estrutura a sensação inconfundível de "olhar de cima" seu objeto e, mesmo numa descrição mais benigna de que a de Nietzsche, não pode ser concebida como sentimento puramente bondoso, como se costuma considerar a solidariedade. Além disso, na medida em que a solidariedade realmente envolve compartilhar sentimentos, entende-se que o sofrimento compartilhado com o sofredor é, em sua maior parte, bastante frágil e não muito adequado para motivar o comportamento ético. Posso, de fato, sentir-me um pouco mal porque alguém acabou de quebrar a perna em três lugares, mas seria absurdo comparar meus sentimentos com os do acidentado e, mais ainda, dizer que estou "compartilhando" seu sofrimento. Naturalmente, se o sofrimento for genuinamente comum aos dois — por exemplo, se foi o *nosso* avô que morreu — seria perfeitamente plausível dizer que compartilhamos os sentimentos concernentes. Isso, porém, não seria uma questão de "solidariedade", pois a ideia por trás da teoria do sentimento moral é que eu posso sentir e sinto pelo outro com base no sofrimento do outro, e não no meu.

A solidariedade e a justiça, juntamente com a sensação de benevolência, dão a Smith um retrato da natureza humana muito mais elogioso do que o quadro hobbesiano da vida humana como "guerra de todos contra todos" e "vil, violenta e curta". Mas a tendência a dividir as paixões em dois conjuntos, um de sentimentos "egoístas" e outro "voltado para os outros", como a solidariedade e a compaixão, provoca questões profundas sobre como essa guerra interna consegue produzir uma vida individual coerente e, mais, uma sociedade coerente e harmoniosa. O erro, que Hume e Smith parecem tomar de Shaftesbury e Hutcheson,[37] era polarizar as paixões e caracterizar algumas delas como "morais" ou "sociais" e outras como "egoístas" ou "antissociais", quando na verdade quase todas, bem como os sentimentos com alguma complexidade, atravessam esses limites artificiais como as nuvens cruzam as fronteiras dos países. A solidariedade, especificamente, não é um sentimento simples e envolve, na verdade, componentes competitivos e de "interesse próprio", além de puro altruísmo e preocupação com o outro. Do mesmo modo, deveríamos esperar considerável tensão nessas teorias, já que Hume prossegue defendendo as classes proprietárias britânicas, e Smith defendendo o que desde então foi apelidado de "mágica" do capitalismo de livre-mercado. A verdade central e inegável da teoria do sentimento moral, porém, é, creio eu, que somos essencial e "naturalmente" criaturas sociais com sentimentos de companheirismo, preocupação atenciosa e compaixão por outros, não voltadas apenas para nossos próprios interesses e ambições na vida. Não somos misteriosamente movidos pelas incitações impessoais da razão prática.[38]

O LADO MALVADO DA JUSTIÇA: EM DEFESA DO RESSENTIMENTO

> A vingança, o excesso de ressentimento, parece ser a mais detestável de todas as paixões.
>
> Adam Smith, *Teoria dos sentimentos morais*

> A revolta dos escravos na moral começa com isto: o próprio ressentimento se torna criativo e dá origem a valores.
>
> Friedrich Nietzsche, *Genealogia da moral*

Argumento que a justiça é uma paixão ou um conjunto de paixões a ser cultivado e não um conjunto abstrato de princípios a ser formulado e imposto à sociedade. A justiça não começa com ideias socráticas, mas com as incitações de algumas emoções básicas, sendo as principais "negativas", como inveja, ciúme e ressentimento, a sensação aguda de ter sido pessoalmente enganado ou negligenciado e o desejo de "acertar as contas".[39] Com toda a certeza, essa não é a lista comum de "sentimentos morais". Em Smith, em Hume e, do outro lado da Mancha, em Rousseau lemos muito sobre esses sentimentos supostamente básicos de camaradagem, compaixão e solidariedade. Eles são essenciais, naturalmente; o problema é que são apenas um pedacinho do quadro, ainda que um pedacinho absolutamente essencial. Talvez valha a pena notar, com alguma ironia, que a solidariedade e as demais paixões inegavelmente positivas muitas vezes são não só negligenciadas como na verdade negadas, por exemplo, por cínicos que não sonhariam em negar a existência das paixões antissolidárias, como a inveja e o ressentimento.

Tanto a análise conceitual quanto a pesquisa empírica mostram que, essencialmente, as emoções da justiça vêm num "pacote". Assim como não se pode sentir amor sem seu potencial de pesar e não se pode sentir orgulho sem a capacidade de ter vergonha, não é possível ter nem desenvolver a paixão pela justiça suprapessoal sem o sentimento primário de injustiça pessoal.[40] As emoções da justiça devem ser tanto particulares quanto gerais e, quando mencionamos um "senso de justiça", não podemos pensar apenas numa sensibilidade universal, num amor platônico do bem.[41] O senso de justiça inclui não só as emoções nobres ou solidárias como também as emoções tantas vezes desagradáveis e mesmo odiosas, às vezes generalizadas, de máximas pessoais a princípios políticos universais.

O costumeiro conjunto de paixões altruístas, que Rescher chama de "vicárias", é muito limitado para justificar a justiça. As emoções "negativas" ou antipáticas são tão essenciais quanto as simpáticas para nosso senso de justiça. A inveja e o ciúme têm tanto a ver com a origem e com o desenvolvimento da justiça quanto a piedade e a compaixão. Bem no princípio do senso histórico de justiça (que predata em vários milênios nossa própria noção bastante etnocêntrica de "justiça distributiva"), está o senso de justiça como ultraje, ressentimento e vingança. É fácil demais supor que o senso de justiça totalmente desenvolvido, por ser tão nobre, deva derivar apenas de emoções igualmente nobres (embora, talvez, mais primitivas). Isso me parece equivocado. O senso de justiça surge como generalização e racionalização (não no mau sentido freudiano, mas no bom sentido hegeliano) do senso pessoal de *in*justiça.

O senso de injustiça não é uma sensação geral e posterior de ofensa e envolve várias generalizações grandiosas. Já indicamos que o senso de injustiça — e portanto, também a justiça — começa com alguma ofensa pessoal, com a sensação de falta de equanimidade. Mas talvez as emoções "negativas" não sejam assim tão negativas afinal de contas. Já se afirmou, por exemplo, que a própria inveja é uma emoção importante, um motor do capitalismo e da sociedade de consumo que nos encoraja a querer mais e a ser mais competitivos.[42] Nietzsche defendeu longamente a ideia de que o ressentimento é o principal ingrediente de boa parte do que denominamos de moralidade, e Dostoievski (ou um de seus famosos personagens) afirmava que a maldade é a própria essência do eu livre e autônomo. O argumento que quero apresentar e defender aqui é o de que nosso senso de justiça não pode ignorar essas emoções vis e, até certo ponto, delas se desenvolve. Não se trata de negar que a justiça exige e pressupõe compaixão, respeito e senso de dever, mas de reconhecer que ela envolve igualmente a emoção tantas vezes desprezada e descartada da vingança, que pode, na verdade, ser (histórica e psicologicamente) a semente da qual brotou toda a justiça.

Vingança e ressentimento são emoções irmãs (como Adam Smith deixa bem claro). Ambas têm fortes laços com o senso de justiça. Ambas são paradigmas da emoção negativa, como Nietzsche tanto defendeu.[43] Nosso senso de justiça não se ocupa apenas do que nos acontece, mas também, e mais significativamente, com o que nos fazem. O senso de responsabilidade, nosso e dos outros, é essencialíssimo para o senso de injustiça. Naturalmente há culturas em que a atribuição de responsabilidade não é, de modo algum, assim tão importante, e há alguns aspectos da justiça distributiva (como a distribuição de assistência médica) em que as considerações de responsabilidade são marginais.[44] Mas, em geral, a injustiça não fica só com a banda podre; ela também exige que haja alguém a culpar. Raiva, indignação, ofensa, vingança, todas são emoções que atribuem responsabilidade (na forma de culpa), mas o mesmo acontece com gratidão, admiração e emoções de "dívida" — atribuições de louvor em vez de culpa —

e todas as avaliações de "merecimento" e "mérito". Nosso senso de justiça (mas não o senso de justiça de todos os povos) atribui especial valor à responsabilidade pessoal (isso inclui emoções de responsabilidade autoatribuída: vergonha, culpa, embaraço, remorso, arrependimento e humilhação; orgulho, amor-próprio, senso de honra).

É óbvio que a maneira como nos sentimos a respeito da justiça depende, em parte, de como nos vemos e de como percebemos nosso papel no mundo. John Rawls pode tentar deduzir os princípios liberais da justiça de uma situação altruísta de deliberação racional, mas acho que os críticos conservadores acertam mais perto da mosca quando defendem (*ad hominem*) que o liberalismo é, antes de tudo, a sensação aguda de culpa pessoal quanto ao próprio lugar privilegiado no mundo. (Mas não dividem eles essa sensação de culpa? E por que tantas vezes os liberais se sentem compelidos a negá-la?) Antes de tudo, sentimo-nos desconfortáveis com nossa riqueza, com nossa saúde e com nossas oportunidades comparativas; então tentamos imaginar princípios para dar alguma estrutura a esse desconforto, para racionalizar nossos privilégios ou, pelo menos, para nos permitir conviver com eles, para corrigir as desigualdades de algum modo sistemático que não seja, ao mesmo tempo, totalmente autodestrutivo. Em outras palavras, grande parte da justiça é ser capaz de se culpar (e de se louvar), ter a humildade de abrir mão dos próprios privilégios e merecimentos e admitir a própria boa sorte, admitir a própria responsabilidade pela justiça e não a delegar a algum "sistema" ou estrutura social em que se é, no máximo, parte contingente ou talvez apenas observador. O senso de injustiça mais agudo talvez não seja a afronta de ser desdenhado, mas sim a angústia de descobrir que somos nós mesmos beneficiários da injustiça feita a outrem. É então, talvez, que nosso senso de injustiça, tantas vezes infantil, transforma-se em senso de justiça maduro não porque aprendemos a generalizar nossas noções pessoais de "direitos" e de "merecimento" numa teoria abstrata, mas porque aprendemos a nos ver no lugar dos outros e perceber que nunca somos meros observadores da injustiça, mas quase sempre também participantes.

Pelo menos no contexto nietzschiano, estamos tão acostumados a pensar no ressentimento em sua personificação inflamada, cruel, desa gradável, que podemos deixar de ver que a mesma emoção permite um tipo de interpretação bem diferente.[45] O ressentimento é uma emoção extremamente filosófica. Ele tem consciência da visão mais ampla. Sua visão é penetrante (é o análogo mais aristotélico do sentido do olfato de Nietzsche). É bastante consciente não só de como são as coisas, mas também de como poderiam ser e, mais importante, de como deveriam ser. É verdade que o ressentimento sempre tem um toque pessoal; até certo ponto, sempre se está ressentido *por si mesmo*, mas o ressentimento tem não só capacidade como também tendência de abrir-se a considerações mais gerais. Portanto, é dura e injusta a análise que insiste na ideia de que a camaradagem dos ressentidos é apenas do tipo sofrimento-atrai-sofrimento, posto que também pode ser um apoio mútuo e ativamente política. O ressentimento está no coração da democracia — Nietzsche estava certo a este respeito —, mas não "embrutece a vida" e não é, necessariamente, fraqueza nem mentalidade de "rebanho".

O que Nietzsche ignora, em parte devido a seu determinismo biológico, é a legitimidade da necessidade sentida de mudar o mundo. O sentimento de ressentimento pode muitas vezes ser uma sensação legítima de opressão. Não é a voz da mediocridade nem da incompetência, mas a paixão da justiça negada. Isso não é negar que o ressentimento possa ser vil e vingativo. Insistir na ideia de que o ressentimento não passa de mediocridade a solapar a excelência só limitou sua aplicação. O ressentimento constitui a dialética do mundo moderno, talvez a dialética básica de todas as relações humanas competitivas, como indicou Hegel (sem muita argumentação) na seção "senhor/escravo" da Fenomenologia.[46] Um dos erros mais comuns nas discussões da emoção é o pressuposto de que as emoções (equivocadamente concebidas como "sentimentos") só devem ser atribuídas a indivíduos e não a grupos. O ressentimento, especificamente, é, contudo, uma emoção muitas vezes compartilhada por comunidades ou culturas inteiras. Mesmo quando está contido num único indivíduo, ele tende a generalizar-se e a abranger a opressão de uma comunidade maior, ainda que mal definida.[47]

Nesse ponto de vista mais positivo, o ressentimento não é apenas uma emoção egoísta, embora tenha sempre seu elemento de interesse próprio. Ele costuma apelar à compaixão, quando insiste em projetar sua própria sensação de infortúnio sobre os outros e em nome deles fazer objeções. Conceitualmente, isso é muito mais elevado do que a "mentalidade de rebanho", que é impensada, irreflexiva e imitativa, mais do que compassiva. Ao mesmo tempo, devemos ser cautelosos ao concluir que a compaixão, sozinha, produza algo parecido com o verdadeiro senso de comunidade.[48] A consciência do próprio sofrimento, entretanto, deixa o indivíduo inclinado a reconhecer o sofrimento nos outros, e isso, por sua vez, encoraja (embora não garanta) o reconhecimento de que os outros estão em situação pior que a nossa (pode também, naturalmente, levar à *Schadenfreude*, o prazer com o fato de os outros estarem em situação pior que a nossa). É possível sentir-se ressentido por si mesmo apenas e por alguma leve ofensa ou falta de reconhecimento; o que, na verdade, costumamos considerar mesquinho, egoísta e maldoso não se trata, porém, e esse é o ponto mais importante, do ressentimento *per se* que tanto criticamos, mas de sua mesquinhez, de seu egoísmo e de sua maldade.

VINGANÇA COMO JUSTIÇA: A RACIONALIDADE DA DESFORRA

> Não há como negar a satisfação estética, o senso de justiça poética que nos agrada quando os que fazem o mal recebem a pena que merecem. O impulso de punir é primariamente o impulso de acertar contas (...) A satisfação é aumentada quando se torna possível medir a punição na exata medida do tamanho e da forma do mal que foi feito (...) *mida k'neged mida*, olho por olho, *lex talionis*.
>
> Arthur Lelyveld, *Punishment: For and Against*

> Deus misericordioso, não tende misericórdia dos que não tiveram misericórdia.
>
> Elie Wiesel, no quinto aniversário da libertação de Auschwitz

Finalmente, sobre a racionalidade da vingança, paixão original da justiça. A palavra "justiça", no Velho Testamento, quase sempre se refere à vingança. Em Kant e Hegel, a palavra *Gerechtigkeit* inclui, com certeza, uma forte indicação de punição e, durante a maior parte da história, o conceito de justiça foi muito mais relacionado à punição dos crimes e à retificação das desfeitas do que à equânime distribuição de bens e de serviços. "Acertar as contas" é e sempre foi uma das metáforas mais básicas de nosso vocabulário moral, e a emoção assustadora da raiva justificada tem sido a base emocional da justiça, tanto quanto a benigna compaixão. "Não enlouqueça, acerte as contas"*, além de talvez não ser um conselho prudente, é conceitualmente confuso. Acertar as contas é apenas um modo eficaz de estar louco, e ficar louco quase sempre inclui o desejo de acertar as contas. O prazer, a satisfação estética a que Arthur Lelyveld se refere na epígrafe desta parte revela a profundidade dessa paixão. A necessidade de "proporção" na vingança já indica um mínimo de inteligência envolvido nessa emoção, supostamente uma das mais irracionais e incontroláveis.

Isso não significa, todavia, que o motivo da vingança como tal seja sempre legítimo ou que a ação de vingança seja sempre justificada. Às vezes a vingança é inteiramente necessária e até obrigatória, e a desforra é, ao mesmo tempo, legítima e justificada. Às vezes não, sobretudo quando alguém se engana quanto ao ofensor ou à ofensa. Buscar vingança de um ato errado e atroz, vingar-se do mal — isso parece estar nos próprios alicerces de nosso senso de justiça e de nós mesmos, de nossa dignidade e de nossas ideias de certo e errado. Até o sentimentalista Smith escreve: "A violação da justiça é crime (...) isto é, portanto, objeto adequado de ressentimento e de punição, que é a consequência natural do ressentimento".[49] Não somos meros observadores da vida moral, e o desejo de vingança poderia ser defendido como mero aspecto integrante de nossa capacidade de reconhecer o mal e a ele resistir.

Costuma-se supor que a vingança é "descontrolada"; ela contém, entretanto — ou pode ser cultivada para conter —, a noção de seus próprios limites, o reconhecimento da necessidade de equilíbrio. Assim, o Velho Testamento nos ensina que a vingança deveria *limitar-se a* "olho por olho, dente por dente, mão por mão, pé por pé, queimadura por

*"*Don't get mad, get even*" — tradicional ditado em inglês. (*N. T.*)

queimadura, ferida por ferida, golpe por golpe" (a lei de Talião).[50] Foi essa "igualdade" que Kant considerou princípio racional absoluto em *Filosofia do direito*; em roupagem mais moderna e jovial, temos o *Mikado*, de Gilbert e Sullivan: "um objeto tão sublime/faz a punição combinar com o crime". O Novo Testamento exige ainda mais contenção: a abstenção da vingança com as próprias mãos e a paciência de confiá-la a Deus. Tanto o Velho quanto o Novo Testamento (mais este do que aquele) também encorajam o "perdão", mas não pode haver perdão se não houver antes o desejo (e a garantia) de vingança.[51]

A vingança costuma aliar-se a emoções de ofensa, como raiva e ressentimento, mas é algo mais em seu compromisso intrínseco de ação. Pode-se estar zangado ou ressentido sem sentir a necessidade de "acertar as contas". Mesmo quando a raiva e o ressentimento estão amarrados à punição, não é necessário que se chegue a impor pessoalmente essa punição.[52] Isso, no entanto, é essencial para a vingança. No clássico bangue-bangue *Era uma vez no Oeste*, o vingador (Charles Bronson) salva a vida do vilão (maldosamente representado por Henry Fonda) só para poder matá-lo pessoalmente no clímax do filme. Isso é essencial para a vingança (como indicam a Bíblia e as palavras imortais de Mickey Spillane: "a vingança é minha"). Fundamental na vingança, em outras palavras, é o papel essencial da própria pessoa no processo de justiça. É claro que é exatamente isso que a transforma em anátema para o sistema legal moderno, que quer manter para si a justiça e, sobretudo, a punição. É também o que faz dela, aqui para nós, um paradigma tão importante, embora perverso. A vingança é pessoal, não impessoal; apaixonada, não desapaixonada; comprometida, não meramente filosófica.

No entanto, nem todas as paixões são explosivas. É erro grave supor que todas as paixões são, por sua própria natureza, fenômenos episódicos e momentâneos caracterizados por um surto de sentimento e o costumeiro acompanhamento fisiológico. Muitas emoções são atitudes psicológicas duráveis e constantes; "fervilhantes", talvez, mas de modo algum episódicas. O ressentimento é um exemplo óbvio, o amor também. Como, porém, o amor dura e pode não se manifestar em espetacular comoção corporal durante meses ou anos, já ouvi filósofos lhe negarem o status de emoção (é, talvez, a "disposição" de ter uma emoção). Isso, no entanto, é absurdo. Nosso senso de justiça, voltando ao assunto em pauta, é também uma dessas paixões duradouras, que Hume chamava de paixões "calmas", embora possa muito bem explodir em episódios específicos, em geral provocados pela percepção da injustiça. A vingança também é uma paixão duradoura, tanto que pode parecer que não é mais uma paixão. Como dizem os sicilianos, "a vingança é um prato que se come frio". A teatralidade da demora parece essencial à vingança. A retaliação é imediata, a vingança leva tempo. Na verdade, a vingança pode tornar-se uma razão de ser, como evidenciado em tantos filmes e histórias, desde o clássico de Dumas *O conde de Monte Cristo* até o extravagante *Confessions of a She-Devil* [Confissões de uma diaba], de Fay Weldon. A vingança tem suas razões (embora, com certeza, possam ser equivocadas, irrelevantes, desproporcionais ou simplesmente ruins). Em culturas nas quais a vingança é uma prática social arraigada e obrigatória, pode até tornar-se um paradigma de racionalidade e questão de honra familiar.[53]

Vingança é a necessidade de "acertar as contas", de devolver o equilíbrio ao mundo, e essas frases simples já incorporam toda uma filosofia da justiça, mesmo que (ainda) inarticulada e não justificada. Os filósofos foram apressados demais ao atribuir à razão essa sensação de "equilíbrio" ou "punição", e eu gostaria de argumentar que isso também é função da emoção. Kant, é claro, opta de imediato por esta, descartando quase totalmente aquela. A vingança, afirma ele, é puramente subjetiva, inteiramente irracional, indigna de confiança e injustificável. Totalmente sem medida ou razão, é vazia de todo senso de equilíbrio ou de justiça. Em defesa do punitivismo, Robert Gerstein escreve: "A vingatividade é uma reação emocional a ofensas que alguém nos fez. Sentimos o desejo de ofender aqueles que nos ofenderam. O punitivismo não é a ideia de que é bom ter e satisfazer essa emoção. É, antes, a ideia de que há bons argumentos para incluir o âmago de racionalidade que se pode encontrar na paixão pela vingança em qualquer sistema justo de leis."[54] É esse âmago de racionalidade, exatamente esse senso de medida ou de equilíbrio, que Kant (e tantos outros filósofos) negam à vingança, atribuindo-o apenas à razão. Onde, porém, começaria nosso raciocínio sobre a punição se não em nossa sensação emocional da necessidade de retaliar e punir? (Enfatizo que a retaliação e a mera compensação, que às vezes podem "desfazer" o dano, não servem como punição.)

Talvez em lugar nenhum a negação do que é mais humano em nós (ou seja, nossas paixões) seja mais evidente do que nos vários debates e preocupações que cercam o problema da punição na justiça penal. A disputa constante entre os "utilitários" (que acreditam na teoria da punição como "desencorajamento") e os "punitivistas" (que acreditam que a punição é necessária para satisfazer as exigências de justiça) não só despreza como também descarta explicitamente toda menção àquela paixão que, sozinha, talvez desse algum combustível ao conceito de punição, ou seja, a emoção da vingança. Isso não é dizer que a punição só serve de vingança, mas, sim, que a punição, em parte, é a satisfação da necessidade de vingança e sem isso não faz sentido. Susan Jacoby argumentou que nossa negação do desejo de vingança é análoga à negação vitoriana do desejo sexual e por ela estamos pagando um preço psicológico semelhante.[55] Tal como no caso da fome de sexo, não somos bem-sucedidos ao suprimir a sede de vingança.

Como surgiu nossa paixão pela punição, nossa necessidade de vingança? Acho que as especulações evolucionárias podem ir bem longe na resposta a essa pergunta. Antes, neste capítulo, enfatizei as descrições dos teóricos do sentimento moral como importantes visões da "natureza humana", mas espero ter sido suficientemente cuidadoso para não dar a impressão de que somos naturalmente "bons", em qualquer sentido ridículo que seja. A teoria evolucionária demonstrou, de forma conclusiva, penso eu, que há vantagens comprováveis para grupos e espécies — embora nem sempre para indivíduos — na evolução da cooperação. A cooperação, contudo, tem dois lados: a boa vontade de cooperar, em primeiro lugar, e também o ressentimento e a punição dos que não cooperam (isso inclui a expectativa de ser punido caso não coopere). Pode-se imaginar facilmente a evolução da cooperação sem a evolução da punição.

O modelo hoje clássico de Robert Axelrod da evolução da cooperação como "olho por olho" explica a evolução tanto da cooperação quanto da punição.[56] Num tipo de situação repetitiva como o "dilema do prisioneiro" ou em qualquer situação constante em que alguém tem frequentemente a capacidade de enganar o(s) outro(s), uma ótima estratégia para desencorajar a trapaça é reagir com punição, de forma confiável e previsível. A criatura dotada apenas de compaixão que "entendesse" e perdoasse motivos de trapaças e invasões e não os punisse seria um fracasso evolucionário, tanto quanto a criatura que nada fizesse além de cuidar da própria vantagem e sempre trapaceasse. Assim, a punição rápida e confiável é da natureza dos animais sociais, tanto quanto a lição da teoria dos jogos. A vingança não é antagônica à racionalidade, mas sua manifestação natural.

Talvez a questão tenha sido exagerada na opinião majoritária na decisão da Suprema Corte dos Estados Unidos no caso *Gregg contra Georgia* (1976):

> O instinto de punição faz parte da natureza humana, e canalizar esse instinto na administração da justiça penal serve a um propósito importante, por promover a estabilidade da sociedade governada pela lei. Quando todos começam a acreditar que a sociedade organizada não quer ou não pode impor aos responsáveis pelos crimes a punição que "merecem", plantam-se então as sementes da anarquia — da ação por conta própria, da justiça com as próprias mãos, da lei do linchamento.

Aqui a emoção da vingança é levada a sério e não meramente sacrificada à autoridade desapaixonada da lei. Somos criaturas dotadas de necessidade natural de punir, além de solidariedade natural e de senso de solidariedade social. A justiça punitiva não é questão puramente racional, mas nem por isso é "irracional". Boa parte dos argumentos apresentados contra a vingança poderiam, com pequenas modificações, ser aplicadas também às noções padronizadas de justiça punitiva — o que não surpreende, caso vingança e justiça punitiva sejam de fato aparentadas. No fim das contas, porém, talvez não se trate de questão de a vingança ser racional ou não, mas de ser tanto no fundo do coração quanto no alto da mente, um aspecto inegável da maneira como reagimos ao mundo não só como instinto, mas como parte impossível de eliminar de nossa visão de mundo e de nosso senso moral de nós mesmos.

Costuma-se dizer que a vingança, ao contrário da justiça, é "cega", embora valha lembrar qual das duas na mitologia clássica é representada com uma venda. A verdade é que a vingança, como senso de justiça, tem ou deveria ter um quadro bastante claro de seus fins e seus meios. Mas toda violação impõe (embora vagamente) seu fim "poético", para não dizer "natural".[57] Estamos cientes do ponto em que a vingança passa a ser excessiva ou deixa de ser satisfeita.[58] Como toda emoção, a vingança admite manifestações exageradas, cruas e genuinamente estúpidas, assim como expressões refinadas e até elegantes. Cultivada, ela pode ser sutil e até sublime (embora, sem dúvida, isso seja muitíssimo mais comum na literatura do que na vida real). Crua, costuma ser feia e contraproducente, mas isso porque quase nunca tem clareza a respeito do que faz. Do mesmo modo, o problema da vingança é que tende a ser mesquinha e excessivamente concentrada em transgressões passadas. Perde de vista o contexto mais amplo e as consequências futuras. Como dizem os chineses, "se buscas a vingança, cava dois túmulos". Quando a vingança se agrava (a lógica da *vendetta*), o mal pode muito bem exceder até a satisfação mais maldosa. Assim também, a limitação da vingança por meio da institucionalização é necessária; não se segue daí, entretanto, que a vingança propriamente dita seja ilegítima ou desmedida ou sem importância nas considerações sobre punição.

É aqui que a misericórdia e o perdão entram em cena, como aspecto essencial daquele contexto mais amplo que a vingança facilmente obscurece. Contra a tradição que distingue misericórdia e justiça (vingança) e as antagoniza, quero dizer que fazem parte do mesmo pacote holístico. São contrastadas devido a um conceito muito estreito de justiça (justiça como seguir regras inflexíveis, a letra da lei), que não observa o padrão geral de relacionamentos emocionais e sociais. Demonstra-se misericórdia porque o crime de fato não merece a punição recomendada ou porque, ainda que a punição corresponda ao crime, não corresponde ao criminoso — com virtudes que falam mais alto do que o crime.

É claro que se pode demonstrar misericórdia para exibir as próprias virtudes, o próprio poder, a própria bondade, até mesmo os próprios caprichos e a própria imprevisibilidade. Ou, como parte daquele contexto mais amplo, a misericórdia e o perdão podem ser expressão de convicções religiosas, de fé na importância de algo muito maior do que nós ou o crime em pauta. Misericórdia não é o contrário de vingança. Naquele contexto mais amplo, é a tentativa de ver mais longe e visar a uma sensação de satisfação bem maior do que a vingança sozinha poderia trazer.

Vale notar que misericórdia e perdão costumam ser contrapostos à justiça, como no Velho Testamento, em que a misericórdia reduz as pretensões de justiça como vingança e retaliação. E, como já observamos, aquela misericórdia, como forma de compaixão, complementa o desejo de vingança. Nietzsche, indo contra a tradição bíblica, considera a misericórdia um marco da verdadeira justiça, disponível apenas a seres semelhantes a deuses (os seus *Übermenschen*), e vincula o desejo de vingança ao ressentimento, a emoção dos fracos. O Novo Testamento prioriza a virtude do perdão, embora frequentemente os críticos e comentadores se tenham mostrado perplexos com o tipo de ato ou emoção que supostamente isso demanda. "Dar a outra face" parece ser uma espécie de paradigma; em muitos casos, porém, a disponibilidade dessa outra face não é assim tão óbvia. Consideremos também a trival dupla "perdoar" e "esquecer". Por que se precisa dos dois? Eu diria que perdoar significa abandonar os próprios planos ou esperanças de vingança; esquecer, entretanto, é coisa bem diferente; alude a um tipo de satisfação. O antropólogo Steven Feld descreveu a prática de "comprar a raiva", encontrada na Nova Guiné e em outras culturas. A vítima de uma ofensa, ou sua família, exige compensação, o que, embora não seja explicitamente um pagamento em gêneros, pode trazer "satisfação" e evitar o aumento da violência.[59] Essa manobra material pode nos parecer pouco adequada, mas a analogia com a "dívida", que Nietzsche ressaltou com tamanha agudeza, está no âmago de nossa própria noção de culpa. Dispomo-nos a entregar à lei nossos descontentamentos visando à indenização e à punição, mas só se acreditarmos que a dívida será paga (não é difícil ver o descontrolado sistema legal americano da responsabilidade civil e do ilícito civil como versão dessa prática). Todo sistema de princípios legais que não leve em conta emoções como a ânsia de vingança e que não se motive em seu nome pode ser qualquer coisa, menos um sistema de justiça.

Não tentei defender a vingança como tal, mas afirmo que ela merece lugar central em toda teoria da justiça e, seja o que for que acrescentemos sobre a punição, o desejo de vingança precisa estar em nossas deliberações. A noção de satisfação tem importância especial. Gerstein lembra que "o punitivismo não é a ideia de que é bom (...) satisfazer essa emoção", mas parece-me que é exatamente esse "bom" decorrente da emoção justificada que justifica a punição. Falamos em "satisfazer a sede de vingança" e, de modo um pouco menos metafórico, reconhecemos que dada punição satisfaz ou não as exigências. A pena de dez meses de prisão imposta a um estuprador não satisfaz a exigência de vingança totalmente compreensível por parte de quem foi estuprado, nem a de cinco anos para um assassino satisfaz a família da vítima. A pena de morte imposta a um universitário portador de maconha, entretanto, também nos agride. Sem essa satisfação (retificadas, é claro, as percepções pessoais enganosas e o excesso de expectativa), não se faz justiça.

COMO A JUSTIÇA SATISFAZ

Justiça cumprida é a que satisfaz nossas emoções (justificáveis). Não é o cumprimento de algum esquema abstrato (quanto sangue foi derramado nessas fantasias!), mas a solução, caso a caso, de dilemas humanos concretos, incluído o desejo bastante natural e justificável de acertar as contas. No entanto, enfatizar as emoções negativas à custa de emoções como solidariedade e compaixão seria defender um conceito de justiça realmente pervertido. O que tentei mostrar é que a descrição adequada da justiça daria atenção tanto às emoções "positivas" quanto às "negativas", com o complicador extra de que essa simples polaridade também se desintegrará quando sondarmos o papel e a função sociais das várias emoções. O que rejeito é a ideia de que algum tipo de cálculo desapaixonado, baseado na utilidade ou no merecimento semilegal ou numa noção menos que empírica de "equanimidade", seja a base do nosso senso de justiça. Isso não é descartar a relevância ou a importância dessas ideias, mas, quando elas perdem o contato com os sentimentos que as provocam ou deixam de reconhecer esses sentimentos pelo que são, a teoria da justiça também sofre. Numa sociedade em que o individualismo abstrato e a obsessão com contratos ameaça substituir a dinâmica interpessoal e toda sensação de comunidade, a impessoalidade e a forma patológica de "racionalidade desapaixonada" tendem a disseminar-se muito além da esfera devida e ameaçam tornar-se vícios em vez de virtudes. Argumento, portanto, que a justiça depende não tanto de planos de redistribuição em grande escala ou de discussões abstratas sobre a necessidade de punição quanto de uma sensação mais primária de comunidade e de relacionamento humano. A justiça não será encontrada nos céus nem em nossas tentativas contratuais de ir além do estado de natureza. O perigo é que, como cantores de música country em busca do amor, só procuremos justiça no lugar errado.

CAPÍTULO 5 O sentido trágico da vida

Minha fórmula da grandeza do ser humano é *amor fati*: que não se queira nada diferente, nem adiante, nem antes, nem por toda a eternidade. Não apenas suportar o que é necessário, menos ainda ocultá-lo (...) mas *amá*-lo.

Friedrich Nietzsche, *Ecce Homo*

Pela primeira vez, abri meu coração à indiferença benigna do universo.

Meursault, em *O estrangeiro*, de Camus

É relativamente fácil para os filósofos falar sobre justiça, mantendo o assunto a uma distância segura, abstraindo-o e reduzindo-o a uma teoria, e debatendo, sem chegar a uma solução, direitos *versus* necessidades *versus* mérito *versus* igualdade. Não é tão fácil, entretanto, falar sobre outros tópicos, sendo o mais difícil, penso eu, o terrível fato do sofrimento humano. Pode o prazer da filosofia resistir à realidade da tragédia?

Aqui, suspeitamos, a busca filosófica da formalidade e da "parcimônia" tem um motivo a mais. O sofrimento humano, por sua própria natureza, nunca é "parcimonioso".[1] Costuma-se usar a expressão "ser filosófico" para referir-se à capacidade de lidar com o infortúnio através do pensamento, mas a filosofia, em sua encarnação profissional, mostrou-se sabidamente indisposta a enfrentar as questões difíceis e delicadas que cercam a tragédia. Com toda a certeza, há uma literatura filosófica florescente sobre o Holocausto — exemplo mais moderno e temível do mal e da tragédia em grande escala —, embora, por segurança, mantida longe das principais revistas. Como exemplo do mal, porém, o Holocausto tende a provocar culpa e autoanálise da espécie, em vez de, digamos, o silêncio respeitoso e sem culpa que se segue a um desastre natural (terremoto, furacão, súbita epidemia). Por que acontecem coisas horríveis com pessoas boas? Por que deveríamos pensar sobre tragédias? Como lidar com doenças e acidentes incapacitantes? O que nós, filósofos, podemos dizer, além dos lugares-comuns e das condolências de sempre, a quem perdeu um ente querido, um braço ou a capacidade de enxergar? Como nós mesmos deveríamos viver e o que deveríamos pensar se uma ou outra das tragédias, em última instância inevitáveis, nos acontecer?[2] Todos nós conhecemos ou lemos sobre aqueles raros sábios que sofreram os infortúnios mais profundos e mantiveram o sentimento de aceitação, de afabilidade e até o bom humor diante da vida. Pode a filosofia ajudar-nos a fazer o mesmo?

Talvez queiramos distinguir tragédia (ou tragédias) de infortúnio, reconhecendo neste último um aspecto inevitável da vida, mas reservando a primeira aos casos de nobreza excepcional, como "a tragédia de Édipo" ou "a tragédia do Rei Lear". Aqui, entretanto, nosso igualitarismo ataca, e nos rebelamos contra essa tradição aristocrática (e teatral). Enfatizamos a ideia de que o sofrimento e o infortúnio de uma princesa ou de um formando da Universidade de Princeton não são mais (nem menos) importantes do que o sofrimento e o infortúnio de um mendigo ou de um morador de rua. Dado o recente surto de tristeza que cerca várias mortes muito divulgadas de celebridades, podemos notar que não é de todo óbvio que nós, como povo, realmente acreditemos que todo sofrimento tem igual importância. Ainda assim, a questão filosófica pode ser apresentada de forma igualitária. O que conta como sofrimento — o que faz alguém sofrer — pode muito bem variar enormemente de um caso a outro, de um indivíduo a outro. O sofrimento como tal, porém, é parte da vida e, como tragédia, não é mero sofrimento. Como tragédia, insisto, tem significado. Investigar o que dá significado ao sofrimento é tarefa da filosofia.

Miguel de Unamuno escreveu o clássico *Do sentimento trágico da vida* pouco antes da Primeira Guerra Mundial.[3] Hoje, infelizmente, o livro e seu tema saíram do "cânone". Quase nenhum bom aluno de filosofia chega a ler *Do sentimento trágico...* nem demonstra simpatia por sua trágica sensibilidade. As questões pungentes da morte, do sofrimento e do infortúnio imerecido abordadas por Unamuno, tão fundamentais em praticamente todas as religiões do mundo, foram quase exorcizadas da filosofia. A opinião de Unamuno, em última instância, era religiosa, mas no tom desesperador de Dostoievski, e não na melodia da "boas novas para a melancolia" de Kierkegaard. O fato rude da vida humana é que existe sofrimento sem solução e mal sem redenção.[4] Assim diz nossa razão.

Existencialista, Unamuno sustentava um tipo de linha "irracionalista", argumentando contra as soluções científicas ou "objetivas" dos problemas filosóficos do sofrimento e do mal. A razão, afirmava, só nos pode levar ao ceticismo. Deixa a vida desprovida de significado. Como Pascal, juntamente com Kierkegaard (seus dois heróis filosóficos), Unamuno destacava que a razão tem de ser combatida pela fé. A fé, entretanto, embora seja alternativa à razão e ao desespero, nunca surge das sombras da razão e, assim, também não consegue fugir do ceticismo. Nesse sentido, somos incapazes de ser não racionais.

Em sua procura por uma resposta para esse dilema, Unamuno segue Kierkegaard, tentando um "salto de fé", uma versão da "verdade subjetiva" de Kierkegaard, além da razão, além da objetividade. Ao contrário de Kierkegaard, entretanto, descobre que a dedicação sincera e apaixonada é sempre comprometida por nossa racionalidade. Não podemos ignorar nem negar os fatos do sofrimento não resolvido e do mal não redimido e, em última instância, não podemos ver além deles. Às vezes Unamuno afirma que enfrentar essa "desesperança" é em si o próprio significado da vida humana (mais tarde, Camus ponderaria que o significado da vida é enfrentar "o Absurdo"). O que dá significado à vida é uma forma de rebelião contra a razão, a insistência em acreditar apaixonadamente que podemos acreditar racionalmente. O significado da vida será encontrado na paixão — paixão romântica e religiosa, paixão pelo trabalho e pela diversão, compromissos apaixonados diante dos quais a razão "sabe" que é sem sentido. A filosofia, por estar do lado da razão, é, pelo contrário, um tipo de resignação acoplado a uma divertida confusão e ao autoengano.[5]

A opinião que quero defender aqui reproduz a de Unamuno, mas sem as associações mórbidas e a postura pseudo-heroica tantas vezes a ela associadas.[6] Como existencialista, Unamuno defende com vigor a responsabilidade pessoal e a importância do compromisso pessoal. Quer a vida tenha ou não significado, qualquer que seja ele, criamos significado por meio de nossos compromissos. É no contexto desses significados criados que o sofrimento e o mal podem ser removidos do centro do palco da vivência humana para esperar nos bastidores (de onde inevitavelmente sairão, sem direção e sem conhecer o enredo da peça). A razão pode mesmo mostrar-se inimiga de tais compromissos e significados, principalmente através do cinismo — o descarte por atacado de todos esses esforços — e através daquelas formas de filosofia que reduzem as tragédias da vida a quebra-cabeças lógicos vazios de significado pessoal. Esses mecanismos racionais permitem aceitar a tragédia, mas a um preço terrível.

Pelo que já mencionei neste livro, deveria ser óbvia minha opinião de que Unamuno, como muitos existencialistas, exagera brutalmente a oposição entre racionalidade e "sentimento" e, consequentemente, entre razão e fé em questões de fundamental importância. Considero correto, entretanto, seu argumento de que encontramos significado principalmente em nossas maiores paixões e que criamos significado por meio de nossos compromissos apaixonados. O amor com certeza tem essa estatura em nossa vida. O mesmo acontece com o sentimento de comunidade, a paixão pela justiça, os compromissos com o trabalho, cuja real importância para nós não deveria ser o que permite amealhar (salário, direitos autorais substanciais, reconhecimento e fama), mas o envolvimento propriamente dito, o exercício de habilidades e talentos, o papel social, a dedicação, as responsabilidades.[7]

Aqui também, contudo, tragédia e sofrimento se apresentam. Se os significados da vida são os que criamos, reconhecemos uma contingência fatal a nossas paixões e a nossos projetos. Não há neles nada necessário. Na verdade, não há nada necessário em nós. Como argumentam Camus e Unamuno, nossos compromissos, em última instância, são limitados; não há resposta final à pergunta "por quê?", e tudo acaba em morte ("a irmandade do homem", de acordo com os dois autores). Aqui Unamuno se vê dilacerado entre paroxismos de desespero e excessos de autoconfiança cósmica. Exigimos a imortalidade ou a identidade com Deus ("ou tudo, ou nada!").[8] Em seus pronunciamentos mais sensatos, Unamuno simplesmente encoraja a religião — em seu caso, o retorno à Igreja Católica. A tragédia, porém, independentemente do que façamos e por mais que "saltemos", é real e inegável. Camus, como Unamuno, transforma esse fato óbvio em postura heroica, que ele denomina "manter vivo o Absurdo" e "rebelião". Sísifo sacode o punho fechado "com desdém e desafio" aos deuses que o condenaram, assim afirmando e transcendendo ao mesmo tempo sua absurda situação.

Há algo de belo e de patético nessa atitude quase racional e enfaticamente existencial. Sacudir para Deus ou para os deuses aquele punho fechado e insignificante é tão pungentemente humano, tão sem sentido e, ao mesmo tempo, tão cheio de significado. Obviamente, essa atitude não faz nenhuma diferença concebível para nada, a não ser em nosso próprio comportamento. Nossa sensata mente racional e filosófica quer resistir a essas posturas absurdas e afirma simplesmente que a vida é realmente cheia de significado, no mínimo porque a questão filosófica mais abrangente (sobre o significado da vida) é em si mesma sem significado. Em outras palavras, a vida tem significado por princípio, por não levar a questão a sério. O que, entretanto, é belo e revelador em Unamuno e Camus (e em Sartre também, aliás) é exatamente a recusa a abandonar a pergunta ou a desesperar-se com a resposta. Provocam uma insolúvel tensão não entre razão e paixão, mas entre nossos compromissos apaixonados e a consciência de que, ainda assim, nossa vida, em última instância, não está em nossas mãos.

O que acho admirável nos existencialistas é a insistência resoluta na ideia de que as questões mais confusas não devem ser varridas para debaixo do tapete da filosofia nem examinadas apenas com pinças filosóficas. Sofrimento e morte são reais. A frustração final de nossos projetos é inevitável. O amor não traz apenas a possibilidade mas, pondo de lado certas ilusões românticas, também a inevitabilidade da perda. Mediante uma desconfortável consciência filosófica, tentamos manter unidos o amor à vida e o temor do que há de vir. Unamuno está certo. Nossa paixão jamais escapa à razão, nem a consegue eclipsar (na verdade, não há paixão sem racionalidade). Camus está certo. Não há alternativa viável desse confronto "absurdo" entre nossa mente racional e exigente e o universo "indiferente" (se é que se deve fazer essa distinção entre mente e universo). Não há como negar o sofrimento. Nem há necessidade de nele se demorar, mas, se a filosofia não for insuportavelmente leve ou "enxuta", precisa fazer as pazes com o inevitável. Em resumo, o sofrimento tem significado porque a vida tem significado. A tragédia, diante disso, parece minar esse significado. Como, pode, então, a tragédia ter significado?

Em primeiro lugar, sem ir tão longe quanto Unamuno, vamos esclarecer uma certa presunção filosófica. Na vida real, tanto a justiça quanto a racionalidade têm seus limites. Em termos abstratos, podemos destacar que a virtude merece recompensa, o vício, punição e a arrogância, censura; na realidade, porém, sabemos que a vida não é justa, que acontecem infortúnios aos inocentes e aos virtuosos, que crianças sucumbem a desastres naturais, que pessoas morrem "antes de seu tempo" e às vezes à beira do sucesso que lhes fugia, que muitas vezes os vilões progridem e, às vezes, conseguem assassinar sem ser punidos. Com certeza, podemos sentir uma satisfação, ainda que levemente culpada, quando alguma má ação é realmente punida, bem como prazer altruísta quando a bondade é milagrosamente recompensada; não fingimos, porém, que é sempre assim ou que o mundo, afinal de contas, é justo. Só na filosofia e na teologia ousamos argumentar — ou simplesmente presumir — que há uma explicação, uma contabilidade racional, de tudo o que acontece, ou ainda nos esconder sob a exigência de que *deveria haver* essa contabilidade racional. Sabemos que na vida as coisas más simplesmente acontecem. E, então, nossa querida racionalidade mostra um de seus aspectos mais embaraçosos: a capacidade e a disposição de *racionalizar*. Como disse Nietzsche, é melhor o universo explicado, mesmo que por razões ruins do que não ter nenhuma explicação.

"Nem sei o que dizer" é uma reação adequada ao infortúnio extremo, no sentido em que, diante da enormidade de muitas tragédias humanas, as palavras e as ideias parecem fazer pouca diferença. Em outro sentido, porém, algo tem de ser dito, ainda que só à guisa de condolência e de solidariedade, o que já provoca pelo menos o esforço de entender e dar sentido ao infortúnio. É aqui que a filosofia pode de fato fazer algum bem. O taoismo, por exemplo, é brilhante nesse aspecto: nos ensina a ver tudo o que acontece como necessário para que o resto todo seja como é e, assim, a considerar tudo importante do ponto de vista holístico (a opinião do cínico e do pessimista, pelo contrário, é a de que o ponto de vista mais amplo mostra que tudo é insignificante).[9] É difícil acreditar que alguém possa adotar Chuang-Tsé e não se alterar.[10] Se, no entanto, a filosofia pode ajudar, também pode camuflar o problema da tragédia. A racionalidade transforma-se facilmente em racionalização. Dizemos, contra toda razão e contra todo sentimento, "foi melhor assim" ou desdenhamos uma horrível tragédia com a vazia afirmação teológica "foi a vontade de Deus". "Da racionalidade à racionalização" é um modo rude de destacar a diferença entre as reações que acredito serem adequadas, sensíveis e filosoficamente asseguradas e as que são inadequadas, insensíveis e filosoficamente suspeitas. Se vamos tentar abordar a tragédia, comecemos com um exemplo do que é filosoficamente suspeito.

EM VEZ DE TRAGÉDIA, CULPA E MERECIMENTO

"*Shit happens*" ("merda acontece") é uma das frases mais comuns em camisetas e adesivos usados pelos jovens universitários e pré-universitários. Além da vulgaridade, ela choca por ser tão óbvia, inegável e inevitavelmente verdadeira. Ainda assim, essa ideia global desmorona quando a merda de fato acontece. A tragédia é negada — até mesmo pelos que (em relação a si mesmos) têm uma noção fraquíssima ou até desprezível de responsabilidade pessoal — mediante a busca de algum culpado. Em outras palavras, a tragédia não "acontece" simplesmente; é causada, é produto da ação, e algo ou alguém tem de responder por ela.

A denegação da tragédia começa numa tese filosófica de aparência inocente: *tudo o que acontece acontece por alguma razão*. E, voltando a

Aristóteles, essa noção de "razão" (ou "causa") deve ser entendida, em última análise, em termos de intenções, propósitos, teleologia. De imediato, procuramos alguém; alguém responsável ou, se for o caso, irresponsável: o motorista, o fabricante, o médico ou o hospital, os pais. Ou, de forma um pouco menos direta, culpamos a instituição, a constituição, o país, a cultura. Personificamos a natureza, criando assim "alguém" que possa ser responsabilizado (os chineses ainda se referem aos terremotos como "a raiva da terra"; os evolucionistas de segunda classe ainda mencionam a seleção natural como se fosse um processo com algum propósito). E, claro, personificamos as máquinas, chutando os carros, amaldiçoando os computadores. Em desespero, culpamos "o sistema". E, se ninguém mais tangível se apresenta como candidato plausível, sempre existe Deus.

Desastres naturais são, de modo bastante revelador, chamados de "atos de Deus". Gente que jamais pensaria em agradecer e dar crédito a Deus por suas realizações parece não hesitar em culpá-l'O por seus infortúnios. "Foi a vontade de Deus" é o pau para toda obra da filosofia e da atitude que se recusam a aceitar a tragédia e insistem na racionalização. Mesmo sem esse apelo divino, no entanto, procuramos o bem — a razão — em tudo. Aqui podemos alegar que irracional é a razão. Revisamos nossas narrativas para ajustá-las à ideia de como tudo deveria ser. E, quando não conseguimos achar propósito, inventamos: as perdas são "aprendizado", uma morte na família "ensina-nos uma lição" e a morte depois de doença prolongada é "na verdade uma bênção".

Na história da filosofia, isso foi várias vezes denominado "princípio da razão suficiente".[11] Data de tempos antigos, mas, estranhamente, teve sua época de ouro em tempos modernos, especialmente entre os filósofos "racionalistas" da Europa, como Spinoza e Leibniz, e o pessimista romântico Arthur Schopenhauer. É claro que há uma versão do princípio em vigor na ciência ("tudo o que acontece tem uma explicação"), mas em Spinoza e Leibniz é mais um princípio teológico, uma descrição que serve para todas as várias manifestações de Deus. Para Leibniz, é um princípio simples, relativo às várias escolhas de Deus. Para Spinoza, é mais uma tentativa (como no taoismo) de explicar a "necessidade" de tudo o que acontece, mas o resultado é semelhante. Tudo o que acontece acon tece por alguma razão, e a maior razão é Deus. Schopenhauer, de várias maneiras, é um caso mais interessante — teleologista simples e direto, com o duplo tempero de não acreditar em Deus nem na existência de um propósito final do universo, sua tese é, em última instância, bem parecida com a que quero defender aqui (embora eu dispense o pessimismo). O apelo ao princípio da razão suficiente, observa Schopenhauer, é em última instância ilusório e frustrante, e aumenta, em vez de reduzir, o volume de sofrimento no mundo. Ainda assim, é possível que não possamos livrar-nos dele.

O princípio da razão suficiente cobre um enorme território, da defesa filosófica da pesquisa científica àquelas teodiceias do século XIX que tentam esclarecer o plano de Deus na história humana. Tem, porém, à guisa de racionalização, função mais mundana, menos sofisticada e pré-filosófica. Por exemplo, os teóricos da conspiração, que trabalham no lado obscuro do raciocínio, sempre insistirão num culpado: alguma cabala secreta, o comunismo, o Ministério da Defesa, a Máfia, os banqueiros internacionais, os judeus, os árabes, o capitalismo internacional, o patriarcado, a CIA ou os favoritos da atualidade: visitantes que chegam do espaço cósmico. Nada é "circunstancial" nesse ponto de vista (ou, em termos filosóficos, *post hoc, ergo propter hoc*). A culpa pode recair em quem for alvo fácil de suspeita ou crítica e talvez tenha motivos, ainda que não os meios, para pôr a coisa em prática. Pode-se dizer que os teóricos da conspiração têm imaginação hiperativa, mas sensibilidade filosófica limitada. Tudo o que acontece — eles também acreditam nisso — acontece por uma razão. Só que é uma razão malévola, que não nos inspira gratidão nem veneração, mas sim medo, repulsa e ódio. Ainda assim, a lógica é equivalente.

Segundo tal lógica, as coisas ruins não acontecem apenas. Somos avessos a admitir a tragédia, o fato de que a vida é trágica e que nada nem ninguém precisa ser o "responsável". Portanto, *alguém* deve ter feito isso conosco. Em sua expressão mais vulgar, o princípio da razão suficiente é a opinião de que "alguém tem de pagar por isso!" Não se trata naturalmente de mero mal-entendido filosófico. Em termos culturais, a ideologia popular e legal da sociedade norte-americana parece dedicada à ideia de que não há "acidentes", de que existe sempre um culpado. Quando os advogados se referem a "atos de Deus", podemos confundir a expressão com uma frase de efeito ou piedade ocasional; se refletimos bem, entretanto, ela trai a negação da responsabilidade, o outro lado daquela versão particularmente oportunista do pressuposto de que nada acontece sem razão, sem propósito e, portanto, sem um agente responsável. Se quem for a causa mais imediata tiver um bom álibi ou se livrar do embaraço, sempre haverá, em instâncias mais distantes, quem responsabilizar: o órgão, a instituição, o fabricante, o escritório de licenciamento.

Na verdade, de acordo com a "responsabilidade objetiva", culpa e responsabilidade nunca se podem separar. Pode-se ser responsabilizado até na total ausência de culpa. A posição básica é que não pode haver acidentes literais, ou seja, acontecimentos sem causa, agente e propósito, sem nenhum culpado. A dimensão prática dessa postura nos Estados Unidos envolve, segundo algumas estimativas, 300 bilhões de dólares por ano.[12] É a crise americana constante da responsabilidade civil e do ilícito civil, que, num resumo filosófico, corresponde à insistência em culpar os outros por nosso infortúnio, às vezes bem além de qualquer noção sensata de "erro", e exigir em troca alguma indenização ("justiça"). O que se perde, além de bilhões de dólares e milhões de horas de ansiedade e sessões em tribunais, é toda a sensação da vida trágica. "Alguém vai pagar por isso!"

O problema da responsabilidade e do ilícito civis revela outro feio aspecto da denegação da tragédia, firmemente vinculado à insistência em culpar — culpar os outros, claro. É o fenômeno do *ter direito a*. Além de ironia, isso implica falar de certo tipo de incoerência radical. Somos rápidos para culpar os outros por nosso infortúnio, mas igualmente rápidos para negar nossa própria responsabilidade, tanto por nosso infortúnio quanto pelo que causamos aos outros, direta ou indiretamente. Quando sofremos, o sofrimento não é culpa nossa, e, portanto, merecemos ser compensados. O entendimento subjacente é que temos direito a uma boa vida, a uma vida feliz, saudável, confortável (a Declaração de Independência dos Estados Unidos restringe-se, aliás, a afirmar que temos direito à "*busca* da felicidade"). Se não a conseguimos encontrar, a culpa tem de ser de alguém. No caso de um acidente ou (hoje em dia) até de uma doença, é preciso poder demonstrar que há alguém ou alguma entidade que nos privou da boa vida que merecemos e que ele, ela ou eles nos devem. Atualmente, os próprios pais são alvo desses processos por "vida injusta", cuja lógica inclui as palavras-chave "merece", "tem direito" e "deve". Essa pode ser a linguagem da justiça, mas não é, certamente, a da tragédia. Em contexto mais amplo, nenhum de nós "tem direito" a nada, muito menos à felicidade. Isso não significa que não vale a pena ter e promover a felicidade, o que é coisa bem diferente, mas, sim, que a linguagem da justiça perde seu lugar nas grandes questões da tragédia.

Ainda assim, é difícil abandonar a ideia de "compensação", mesmo e principalmente nas horríveis circunstâncias da tragédia. Quem fica aleijado num acidente de carro em geral processa o outro motorista, ainda que tenha sido, literalmente, um "acidente" (ninguém estava bêbado, ninguém foi imprudente nem desatento). Como fragmento de engenharia social — mecanismo para garantir que quem foi gravemente incapacitado tenha algum sustento financeiro —, o objetivo é inatacável, embora o mecanismo seja ineficiente. Não é isso, porém, o que acontece aqui. A ideia de que é simplesmente possível ter má sorte não nos soa bem. Costumamos preferir a má sorte a nos sentir responsáveis por nosso próprio infortúnio; em que grau muito maior, porém, preferimos culpar alguém e nos sentir no direito de ajustar as contas. E se o alguém também só teve má sorte? Ora, então que pague por isso, e se o "alguém" for uma empresa ou um profissional que teve sorte suficiente para ter lucro com o produto ou com o serviço envolvido, melhor ainda. As pretensões e expectativas das vítimas têm sido um tópico da filosofia ocidental pelo menos desde os profetas bíblicos, senão antes. Em lugar nenhum, porém, foram tão universalizadas e institucionalizadas quanto nos Estados Unidos, onde, à moda de Platão, todo cidadão merece o que lhe é devido ou, pelo menos, o seu dia no tribunal.

Por outro lado, a percepção de que a vida não é justa também pode ser uma racionalização, um dar de ombros que elimina o pensamento, bem como, aliás, a culpa e a responsabilidade. Quando o presidente Jimmy Carter disse isso, provocou profundo ressentimento não só porque sua tarefa era cuidar para que a vida se tornasse justa, pelo menos nos Estados Unidos, mas também por ser obviamente verdade. Além do que ele também pisoteou uma das mais profundas crenças-esperanças norte-americanas: a de que, pelo menos nos Estados Unidos, a vida é justa (Ronald Reagan ganhou com facilidade a eleição seguinte ao garantir que, com a "economia do pinga-pinga", a famosa *trickle-down economics*, o "alvorecer na América" traria de volta a probidade). A gafe na fala de Carter é uma justa advertência. A ideia de que os bons prosperarão (ou que, portanto, os que prosperam devem ser bons) e que os maus cairão (ou que, portanto, se caíram foi por ter feito algo errado) não deve ser questionada. Os finais felizes de Hollywood, com que, aliás, Reagan se criou, produziram um enredo necessário que não se confina ao cinema e é esperado, como questão de direito, na vida real.

Assim, permitam-me dizer o óbvio: algumas coisas estão sob nosso controle, e essa é a esfera adequada da justiça. Vivemos com outros numa sociedade em que as pessoas podem ser responsabilizadas pelo que fazem. Nesse contexto social, é comum ficarmos ofendidos, enraivecidos, ressentidos e até com vontade de punir quando nos enganam. Mas também vivemos num universo "indiferente", que às vezes temos de enfrentar; esse é um contexto bem diferente. Quando dizemos que a natureza nos "engana", nos damos conta de que entramos no domínio da metáfora. A natureza não engana. Não há culpado. Até o mais religioso admite que alguns atos de Deus não são atos de Deus. Na pior das hipóteses, são omissões de Deus, ainda censuráveis ou teologicamente causadoras de perplexidade, talvez, mas não dano direto para o qual se deva esperar razão ou explicação. Portanto, não se esclarece a quem culpar ou a que teríamos direito. E isso nos leva a um dos problemas mais exaltados da filosofia.

O PROBLEMA DO MAL

> Se um homem não faz o que deve, Deus, o Criador, não tem culpa.
>
> Santo Agostinho, *Cidade de Deus*

Há 1.600 anos, o filósofo Santo Agostinho preocupou-se intensamente com o que desde então foi codificado como "o problema do mal". Quero considerar esse "problema" como problema propriamente dito, que reflete nossas expectativas e extravagantes exigências relativas ao mundo e a Deus. Acontece que o problema do mal é mais uma manifestação de nossa tendência a culpar os outros e de nossa sensação não justificada de ter direito a alguma coisa.

Desde a época pré-histórica, é óbvio que acontecem coisas ruins a pessoas boas. E desde a época pré-histórica, isso tem sido fonte de preocupação e consternação, um enigma, uma desculpa para filosofar, teologizar, racionalizar com extravagância. Mais incômodo, talvez, mas não menos exigente em termos metafísicos, é o fato também óbvio de que acontecem coisas boas a pessoas más, que os que causam mal nem sempre recebem o que merecem. Como resposta a esse par de fatos perturbadores, foram inventados muitos paraísos e infernos, a maioria deles (mas não todos) dedicados à proposta de que, no fim, haverá a proporcionalidade.

O fato avassalador que define o problema do mal é o sofrimento. "Vida é sofrimento", ensina o Buda na primeira de suas Nobres Verdades. Se os budistas prometem repelir os anseios e as expectativas que resultam em sofrimento, nós insistimos em satisfazê-los e, quando nossas tentativas se frustram, perguntamos "Por quê?". O sofrimento sempre exige alguma explicação. O que tanto dificulta a abordagem do problema na tradição judaico-cristã é a onipresença de um Deus onisciente e onipotente. Cria-se um paradoxo. Se acontecem coisas más com pessoas boas, deve ser porque (1) Deus não sabia, mas ele é onisciente; ou (2) Deus nada pôde fazer para impedir, mas ele é onipotente; ou (3) Deus não se importa, mas a premissa de toda a argumentação, o próprio conceito de Deus, é que o fato de ele se importar, e em última instância talvez só isso, é que conta.

No século XX, Camus resume a questão em seu romance, *A peste*: "As pessoas morrem e não são felizes." Em obra anterior, ele resumira a sensibilidade moderna no "Absurdo", o reconhecimento de que, afinal, a vida não tem sentido, não há justiça, nossas orações não são atendidas, não há Deus que as escute. Em *O mito de Sísifo*, Camus escreveu, de modo pungente, embora um tanto obscuro: "Temos de aprender a viver *sem apelo*." Durante muitos anos, não entendi o que ele quis dizer, mas hoje acho que entendo. Já não considero que seja uma denegação de Deus, apesar do ateísmo professado por Camus. Na verdade, ele era um admirador simpatizante de Agostinho. O que rejeitava, creio eu, era o uso de Deus para negar a tragédia, o absurdo. Fazê-lo, disse Camus, é uma forma de "suicídio filosófico". É como o que pretendia Nietzsche ao sugerir que vivêssemos sem "juízo" (embora obviamente o próprio Nietzsche falhasse nisso). A vida é absurda, mas, ainda assim, temos de vivê-la e enfrentá-la juntos.[13]

Houve muitas tentativas de contornar o paradoxo do Deus onipotente, onisciente e bom que permite o mal em Seu domínio. A mais destacada delas, no cristianismo e no islamismo, é a promessa e ameaça de paraíso e inferno. Apesar das aparências terrenas, *haverá* compensação, recompensa e punição, com a justiça fluindo tanto na bem-aventurança eterna dos salvos quanto no interminável sofrimento dos condenados. Essa conversão da tragédia humana em justiça divina assume muitas formas, grosseiras ou refinadas, do rude modelo recompensa-punição dos pregadores televisivos mais agressivos às sofisticadas opiniões sobre a "ordem moral do mundo" de Rousseau e Kant; não quero entrar no labirinto teológico para explicá-las. Minha atitude geral, que não pretendo defender aqui, é que essa crença é perfeitamente respeitável, embora impossível de demonstrar. A crença na vida após a morte, seja no mundo do paraíso cristão ou islâmico, seja no mundo da reencarnação, dos fantasmas e da união com os ancestrais, é uma das crenças mais populares e de mais fácil compreensão, e até os filósofos de mente mais empiricista a deveriam respeitar.

Nem todas as suas versões, porém, são amenas. Seu uso como vara para vergastar infiéis ou como desculpa para mandar simples meninos para a morte sem sentido como "mártires", por exemplo, é odioso. Menos ofensivo mas ainda problemático é seu uso como bálsamo para os angustiados. Dizer "Foi a vontade de Deus" a um homem praticamente da religião enlutado pela perda do filho deveria evocar apenas solidariedade, não discussões filosóficas. O que serve de bálsamo, porém, não serve de cura, e, além do papel de terapia e no ponto de vista desta vida, a bênção eterna não é compensação para uma vida interrompida pela tragédia. Não é a crença na vida após a morte que é questionada, mas (como Kant e muitos outros crentes enfatizaram) a propriedade de uma noção de compensação desse tipo. Deus não brinca de pão, pão, queijo, queijo (nem joga dados) com Seu universo.

Uma das numerosas e mais ou menos engenhosas tentativas de responder ou contornar o problema do mal é manipular e enfraquecer a concepção de Deus. Por exemplo, já se disse que a fé só exige que se acredite que Deus é muito poderoso, não que seja onipotente; que basta Deus ter conhecimento muitíssimo superior em vez do conhecimento total, talvez logicamente impossível. Na ponta sofisticada da escala, há as tentativas lógicas, previsivelmente "enxutas", de resolver o problema, ainda que, naturalmente, sem arrancar o conceito de "mal", que é o âmago tangível da questão.[14] Por outro lado, com apenas um pouco de sofisma filosófico ou teológico, as pessoas comuns são facilmente convencidas a comprar a explicação de que não temos esperanças de conhecer os "caminhos misteriosos" de Deus. Portanto, o fato de Ele permitir o sofrimento e a morte na vida humana não precisa contradizer a ideia de que se importa conosco, e as comparações com sentimentos e expectativas humanas comuns estão fora de questão. Ficou famosa a sugestão de que essa criação d'Ele é "o melhor dos mundos possíveis" e que não há mais mal e mais sofrimento do que o necessário, num sentido que nos é impossível compreender. Já se disse que Deus, de fato, está "ocupado demais" para cuidar de todos os males do mundo, e então surge a reação "verdíssima" de que nos enganamos ao pensar que é conosco que Deus se importa exclusivamente, quer "nós" se refira a um único "povo eleito", quer à humanidade como um todo.[15]

Sinto muita simpatia por alguns desses pontos de vista, principalmente a visão ecológica de Gaia, que tem sua expressão mais sublime no taoismo. Passar do respeito e da responsabilidade ecológica ao desdém pelos seres humanos como "insignificantes", entretanto, leva, com muita rapidez, ao fanático anti-humanismo, em que interesses e necessidades dos seres humanos podem ser simplesmente omitidos ou considerados tão desimportantes quanto os interesses e as necessidades dos mosquitos. Expliquem ou não a existência do sofrimento humano no mundo (ao dizer, de fato, que isso não importa), esses pontos de vista também têm o mesmo potencial de vício e de maldade do povo da Inquisição e da Danação. O problema do mal não pode ser resolvido negando-se a importância do mal e do sofrimento humano.

Ao contrário do modo como costuma ser formulado, quero dizer que o problema do mal tem pouco a ver com a crença na existência de Deus ou na vida após a morte. Camus era ateu, e, ainda assim, foi o problema do mal, a presença do sofrimento humano, que violentou seu sentimento inato de justiça e equanimidade, que provocou seu dramático conceito do "absurdo". Nietzsche também era ateu ("por instinto", como revela em *Ecce Homo*), mas não são Deus nem o Céu que instigam seu fogo mais pesado. É, isso sim, o uso vil e mesquinho da teologia para negar ou racionalizar o sofrimento em vez de enfrentá-lo e, como os antigos gregos que ele adorava, usá-lo para alguma coisa — se não algo belo, pelo menos algo importante. Para questionar o problema do mal, não precisamos convocar a natureza e a existência de Deus, nem a crença na vida após a morte. Para questionar o problema do mal, devemos, antes, nos recordar da contingência de nossa boa sorte e de como é pouco sensato negar a inevitabilidade do infortúnio e a finitude da vida. Como escreve Bernard Williams, "O problema do mal só existe para quem espera que o mundo seja bom".[16] Assim, convocamos aquelas ofensas a Deus e a ideia de vida após a morte, que bloqueiam nossas reações emocionais mais profundas ao nos assegurar, contra todas as evidências, que nosso sofrimento vale a pena.

CULPAR A VÍTIMA: A SOLUÇÃO DO "LIVRE-ARBÍTRIO"

> A razão humana só precisa querer com força superior à do destino, e será o destino.
>
> Thomas Mann

As respostas mais fortes ao problema do mal, mesmo no domínio da teologia, vieram a concentrar-se não na natureza de Deus e de Seus caminhos, nem em nossa própria insignificância, mas, pelo contrário, em nosso importantíssimo papel na criação do mal e do sofrimento no mundo. Os desastres acontecem porque somos maus, egoístas ou irresponsáveis. Do mesmo modo, catástrofes podem muito bem ser punições, e não meros acidentes; "atos de Deus" no sentido mais literal e punitivo da expressão. De acordo com Santo Agostinho, nosso próprio "livre-arbítrio" é causa e explicação do mal; Deus não pode levar a culpa. Os emaranhados teológicos e filosóficos que se seguem — como, por exemplo, se ainda assim Deus é responsável por nos deixar fazer o mal que Ele necessariamente sabia que faríamos — não nos interessam aqui. Esses debates só ratificam nossa tendência a culpar Deus, ainda que indiretamente, em vez de enfrentar o sofrimento "sem apelar".

O que torna a atribuição de culpa tão atraente hoje em dia é o fato de que relativamente poucos de nossos desastres e tragédias são catástrofes naturais ou atos de Deus. Quando um estatístico quer indicar a raridade da ocorrência de determinado acontecimento, equipara-o a ser "atingido por um raio" ou "morrer da picada de uma abelha". Desastres naturais são cada vez mais raros, se comparados aos provocados pelo homem. Estes últimos, óbvia ou, pelo menos, compreensivelmente, resultam de nossos próprios atos, de nossas interferências na natureza, das fábricas e das experiências com máquinas perigosas e processos biológicos complexos, do amor à velocidade e ao motor de combustão interna, do amor ao conforto e à comodidade apesar dos custos terríveis, embora não evidentes à primeira vista. Ainda ocorrem terremotos e furacões, mas constroem-se prédios que a eles resistem. Quando morrem pessoas em uma tempestade, em geral a culpa é atribuída aos incorporadores, aos construtores e até mesmo aos próprios moradores. Atualmente, os que morrem em avalanchas, deslizamentos de terra e nevascas não costumam ser considerados vítimas inocentes que de nada suspeitavam, mas temerários, aventureiros, desportistas que partiram em busca da emoção do perigo. Pode-se hesitar em dizer que as tragédias resultantes estão ligadas ao problema do mal, mas, mesmo assim e com certeza, a solução agostiniana do "livre-arbítrio" ainda se aplica hoje, de forma convincente, ao problema tradicional.

Naturalmente, a concepção de sofrimento como punição não se limita aos desastres provocados pelo homem. Em 1755, os filósofos do Iluminismo europeu enfrentaram um ato de Deus especialmente horrendo e paradoxal: o terremoto de Lisboa, em Portugal, que matou milhares de fiéis, muitos deles mulheres e crianças, dentro das igrejas na manhã de domingo. Essa perda calamitosa de vidas inocentes foi um lembrete bem pungente da dificuldade do problema do mal, e nenhuma culpa pessoal, por maior que fosse, parecia suficiente para explicar, muito menos justificar, esse terrível desastre natural. Responsabilizar o "livre-arbítrio" pelo mal parece excluir uma distinção essencial que só os obcecados pela depravação humana ignorariam. Há males que são realmente atos nossos, por nós provocados direta ou indiretamente; mas há também os que não parecem passíveis de ser atribuídos, da forma mais remota que seja, a nossos atos e intenções. Inquestionavelmente, não podem ser concebidos como punições. Ainda assim, nossa metafísica e nossa prática social continuam a fazer exatamente isso. "Culpar a vítima" não é apenas um elemento de perversidade do sistema jurídico atual e de nossa cultura, mas uma doutrina teológica e metafísica muito antiga e ainda popular.

Boa parte da história hebraica e da "culpa judia" baseia-se na doutrina de que os infortúnios acontecem por nossa culpa. Do mesmo modo, sofrimento é punição e, portanto, tem significado. O tema é conhecido: melhor se culpar do que admitir a possibilidade de o sofrimento não ter nenhum significado. O fato perturbador de que as punições de Deus parecem impostas não só aos culpados como também aos inocentes é, então, explicado pela ideia, comum a várias culturas, incluídas as tribos do Velho Testamento, de que não se faz justiça só ao indivíduo, mas também à família, à tribo, a toda a sociedade. Cidades inteiras são destruídas por Deus, embora a simples demografia indique que, entre os habitantes de Sodoma e de Gomorra, havia bebês e crianças inocentes que ainda não tinham cometido pecados como seus ancestrais. A ideia de que só o indivíduo é punido pelas más ações ainda é estranha, por mais que gostemos do princípio. A crua verdade é que, mesmo em nossa sociedade, os inocentes pagam muitas vezes pelos crimes dos pais, dos vizinhos ou dos líderes políticos.[17]

Mas nem o Velho Testamento tem certeza dessa resposta radical ao problema do mal. Consideremos a história de sofrimento imerecido mais perturbadora da tradição judaico-cristã, a "prova" de Jó. O Deus de Jó é mais malvado do que misterioso. De qualquer modo, é obviamente injusto, segundo qualquer padrão humano ou divino que seja sensato. Jó era totalmente inocente. Na verdade, essa inocência é a premissa da história e sem ela não haveria problema, dilema nem prova de fé. Fazer um homem bom sofrer para provar uma posição ou testar sua paciência não é um ato de justiça, em nenhum sentido civilizado da expressão Não importa que tudo lhe seja devolvido no final da história. Justiça não é apenas compensação. A dor de perder a família não é compensada pela alegria de reencontrá-la sã e salva, muito menos pela troca por uma nova família. O sofrimento da doença e da fraqueza prolongadas não é nem pode ser compensado pela recuperação da saúde. Mas o que de fato traz à baila o problema do mal não é tanto a questão da vontade de Deus, tampouco se a compensação é adequada, mas a reação do próprio Jó ao sofrimento. Milhões de páginas foram escritas sobre a "paciência" de Jó e sobre como (ou se) ele foi aprovado na prova de fé. Qualquer olhada casual na história de Jó, porém, mostra um personagem que era tudo, menos paciente e confiante. Jó mostrou-se indignado, ressentido. Não aceitava o sofrimento e não o considerava justo.[18] Sabia que não tinha culpa, e nós também sabemos.

Solução claramente insatisfatória para o problema do mal é a culpa injusta. Culpar injustamente a vítima de nada adianta para salvar a doutrina de um Deus justo e todo-poderoso. Talvez seja diferente, porém, quando culpamos a nós mesmos. É de presumir que assim pensasse Santo

Agostinho — que nos responsabilizássemos por nossos próprios defeitos e fracassos. É inegável que causamos boa parte do sofrimento humano, no mínimo pela extravagância de nossas expectativas e de nosso estilo de vida. No infortúnio, podemos discernir o "ajuste de contas" ou a retaliação retardada por infligir sofrimento a outros. A noção de karma do sul da Ásia, seja qual for a nova bagagem metafísica que tenhamos de carregar, é antes de tudo admitir que o que sofremos na vida faz parte do "resíduo" de ações anteriores.[19] Na verdade, essa justiça crua constitui o tema de algumas histórias muito apreciadas em todas as sociedades. Também reconhecemos a justiça crua no sofrimento de sociedades inteiras, principalmente depois das guerras. Sartre resumiu essa visão dura da responsabilidade ampliada sem negociações quando, no ápice da Segunda Guerra Mundial e durante a ocupação nazista de Paris, declarou: "Temos todos a guerra que merecemos." Ninguém precisa da noção de pecado original para entender essa ideia. Basta acreditar no princípio da razão suficiente, entendido aqui como crença de que, em certo sentido, tudo o que acontece é responsabilidade nossa.

Exemplo excessivo e terrível de nossa tendência de nos culpar é o modo como costumamos considerar a doença. Em vez de entender a doença e o mau funcionamento do corpo como algo natural e inevitável para todos nós, tendemos a ligar doença e culpa. Pelo menos, com relação às doenças dos outros. Quando adoecem, consideramos que a culpa é deles, por não se cuidarem melhor — culpa de sua atitude, de seu modo de vida, de sua dieta. O que, aliás, é verdade, principalmente no caso da doença mais aterrorizante de todas, o câncer. Em seu livro mais pessoal e talvez mais profundo, *A doença como metáfora*, Susan Sontag queixa-se com razão de nossa tendência medieval a interpretar todas as doenças como sinal, punição, retribuição. Recusamo-nos a acreditar que as pessoas simplesmente adoecem; exceto em nosso próprio caso, quando, claro, a culpa é dos outros. É o meio ambiente, o ar poluído, o excesso de sais minerais na água potável, a fábrica da cidade, a frouxidão dos controles do governo, o diagnóstico descuidado do médico, a ineficácia dos remédios, o estresse do emprego, as tensões da família e assim por diante. Ninguém simplesmente "adoece". Tampouco há acidentes; a culpa é sempre de alguém, mesmo que seja da vítima.

É certo que muitas tragédias humanas de hoje têm causa humana ou toda uma história de causas humanas. Em cada estágio dessa série causal humana, haverá atos que têm "intenção", nos termos da lei, realizados com total conhecimento e propósito e, se acarretam danos, merecem levar a culpa. A punição, então, é adequada. Há também, no entanto, acidentes, ou seja, desastres e danos que acontecem sem intenção, ainda que seres humanos os tenham provocado. Algumas consequências e efeitos colaterais não podem ser previstos. Não é possível prever todos os usos, abusos e maus usos de produtos. Às vezes alguém percebe que uma ação pretendida ou certo produto terá uma segunda consequência não pretendida, mas com frequência o risco desse "efeito duplo" não pode ser prontamente calculado. Algumas tragédias são resultado de miopia, preguiça ou outras formas de "negligência"; outras não. Acontecem apesar de todas as precauções sensatas, apesar de todos os cuidados e de todas as boas intenções. É previsível o fato de a vacina que impediria uma doença terrível em milhões de pessoas ter algum efeito colateral terrível em algumas; não podemos, entretanto, saber com antecedência quem serão elas. Tais calamidades são trágicas no sentido clássico; não há "razão suficiente" nem explicação racional e justa para elas, e ninguém tem culpa. Por que não podemos simplesmente parar por aí?

Com certeza não pretendo desdenhar as vítimas cujo infortúnio trágico as faz ansiar por uma bengala metafísica; nem quero limitar a responsabilidade daqueles que de fato merecem ser culpados pelo infortúnio dos outros. Em vez disso, suponho que, com muita frequência, recorrer à "vontade de Deus" e ao "problema do mal" é um jeito de não enfrentar o sofrimento, sobretudo o alheio. A insistência na culpa pode ser uma forma de cinismo invertido, uma exigência de reparação do que não pode ser reparado. Para muitos pode ser óbvio que Deus garanta o triunfo da justiça no final. Não é nada óbvio, porém, o que isso significa no contexto da tragédia, o que compensação pode significar, que padrão de justiça seria inteligível. Enquanto isso, muitos daqueles mesmos crentes farão sua parte em nome d'Ele, cobrando não só indenizações compensatórias, mas também punitivas, aproveitando o dia no tribunal e transformando as coisas ruins que acontecem na ilusão de estar cuidando do mundo em Seu nome.

O RETORNO DE ÉDIPO: A MORTE DA TRAGÉDIA

> Por que um homem deveria temer, se o acaso tanto se lhe assemelha, e ele claramente nada pode prever? É melhor viver sem cuidados, como for possível, sem pensar.
>
> Jocasta, em *Édipo Rei*

O que aconteceu à tragédia? Foi essa a pergunta de Nietzsche sobre sua própria cultura alemã, a cultura de Wagner, Goethe e Schopenhauer, em contraste com o brilho dos antigos gregos.[20] Não é que aquele povo sofresse muito menos. Nietzsche viu em primeira mão o sofrimento que a guerra e a doença causavam ao povo. Mas o que viu foi o princípio da despersonalização da guerra, a institucionalização médica da doença, a mesquinharia crescente das racionalizações com que sua época encarava o destino. A pergunta de Nietzsche era como e por que a era moderna perdeu o conceito do trágico, a vivência da tragédia, aquela sensação profunda de perda que envolve nossa ideia de significado e de medo em vez da tendência tantas vezes mesquinha de encontrar um culpado.

Nietzsche acusava seus conterrâneos alemães de terem perdido toda a sensação de profundidade e, com ela, o conceito de tragédia. Observava que preferiam chapinhar no melodrama romântico da época a enfrentar os sofrimentos (e também as alegrias) da vida. Nos Estados Unidos de hoje, o melodrama romântico não se extinguiu, mas foi ocultado por uma ilusão muito mais poderosa: o final feliz. Nenhuma cena é mais conhecida do público televisivo de língua inglesa do que o drama de tribunal com a virada surpreendente e o final feliz ou o filme de bangue-bangue em que o herói cavalga rumo ao pôr do sol (ou voa de volta a sua galáxia). Com certeza, sempre há o melodrama feito para a TV, o filme da semana sobre doenças fatais ou crianças agredidas. Nosso aparente fascínio com a reação corajosa dos outros aos acontecimentos e às doenças que tememos não indica, porém, o sentido trágico, mas o lado contrário. Não surpreende que a maioria desses melodramas também tenha um vilão — alguém a culpar — e ainda que, se a vítima corajosa sucumbir (como anunciado) no final, pelo menos o vilão sofra o ajuste de contas. O final feliz, como o melodrama romântico, é a verdadeira antítese da tragédia. Costuma-se dizer (por exemplo, no *Simpósio* de Platão) que o oposto da tragédia é a comédia. Não é. O oposto da tragédia é o *kitsch*.[21]

O fato de hoje em dia ninguém fazer a pergunta da tragédia, nem mesmo em círculos acadêmicos, é em si um sintoma de nosso tempo. É como se tivéssemos sobrevivido à tragédia, como se a noção de tragédia tivesse sido amplamente apropriada nos dias de Sófocles e de Shakespeare, mas não fosse mais um modo adequado de falar sobre a condição humana. É claro que admitimos prontamente que há "tragédias", ou seja, coisas horríveis que acontecem — uma criança que morre num acidente de bicicleta, dois adolescentes mortos quando o carro é atingido por um motorista bêbado, uma jovem no ápice da carreira que morre de câncer, uma cidade afegã arrasada por um terremoto, com milhares de mortos —, mas, ainda assim, a noção de tragédia desapareceu. A tragédia permanece *outra*, algo que acontece aos outros, deixando muito espaço para explicações e para racionalizações sem confirmação. Aristóteles, por sua vez, era inflexível quanto ao fato de que a tragédia nos emociona exatamente porque nos identificamos de forma emocional com o herói trágico. Além disso, as tragédias relativas a outros mais distantes podem ser facilmente tratadas como desprovidas de significado, pura má sorte, e não como tragédias de verdade. O simples desdém ou distanciamento é uma poderosa ferramenta filosófica.

Essa ferramenta, no entanto, pode ser usada de várias maneiras, nem todas simples. Considere-se o tratamento que Aristóteles dá à forma como Sófocles conta a trama de Édipo. A tragédia propriamente dita é bem conhecida. Quando Édipo nasceu o oráculo profetizou que ele cometeria o pior crime imaginável ao matar o pai e desposar a mãe — atualmente, um roteiro freudiano que ainda subverte a santidade dos "valores da família". Seus pais, que não eram bobos, decidiram livrar-se da criança, o que, em uma sociedade que permitia o infanticídio imediato, não era difícil. Entregaram o pequeno Édipo a um criado que o entregou a um pastor que, em vez de deixá-lo nas montanhas para morrer, arranjou quem o adotasse. Acontece que os novos pais também eram rei e rainha (Édipo era um órfão de muita sorte mesmo). Ele porém, tomou conhecimento da profecia original; abandonou devidamente seus "pais" e partiu para Tebas. No caminho, matou um homem (adivinhem quem?) e, depois de uma série de aventuras (que incluíram um jogo de enigmas com a esfinge), chegou a Tebas, casou-se com a rainha recém-enviuvada e tornou-se rei da cidade. É nesse ponto que começa a peça *Édipo rei*, de Sófocles.

Tebas está amaldiçoada. Os profetas mais sábios partem para descobrir a razão (porque, naquela época, como hoje, nada acontece sem razão). O mais sábio deles, Tirésias, logo descobre a verdade, mas por razões óbvias reluta em contar ao rei. Na verdade, seu sábio conselho, e de quase todo mundo na corte, é no sentido de não aprofundar a questão. Édipo, porém, preocupado com o bem-estar de Tebas e sentindo-se culpado (mais do que sabe), busca insistentemente a causa da maldição, que, afinal percebe ser ele mesmo com seu comportamento imperdoável (embora não soubesse disso). Todo o corpo da peça, então, é a percepção retardada e dolorosa de Édipo de que foi ele quem "poluiu" Tebas. A plateia, naturalmente, já sabe de tudo quando chega ao teatro, o que então justifica pergunta de por que a peça é tão "catártica", tão emocional.

Os gregos, evidentemente, sentiam pena; os americanos costumam sentir desconforto. Os gregos admitiam, como resumiu Aristóteles em seu grande livro *Arte poética*, que, na verdade, a tragédia de Édipo era a tragédia de todos e de cada um de nós. Édipo era o "particular que representa o universal", o rei que podia ser qualquer cidadão. Desde então, contudo, os comentaristas tentaram isolar Édipo e sua tragédia e explicar por que, na verdade, ela não é aplicável a todos nem a nenhum de nós. Ele era burro, teimoso, irresponsável. Não importa que nós, também, sejamos muitas vezes irresponsáveis, burros e teimosos. E, naturalmente, ele era rei; era rei em um mundo que ainda acreditava em maldições, profecias e destino. Não vivemos em um mundo assim e, com um salto gigantesco de lógica esperançosa demais, também não vivemos num mundo trágico.

No entanto, apesar da proposição geral, Aristóteles também adota a estratégia do distanciamento para tornar a tragédia mais palatável. Em *Arte poética*, ele apresenta uma teoria da tragédia até hoje ensinada a crianças tão logo alfabetizadas: a teoria da "falha trágica" (*hamartia*), de acordo com a qual Édipo e todos os demais heróis trágicos têm algum vício fundamental ou, pelo menos, algo bem inferior à virtude, que lhes marca o destino e torna mais ou menos inevitável a tragédia que se segue. Aqui o "mais ou menos" é, na verdade, importantíssimo, já que era uma questão em aberto para Aristóteles, assim como para nós, até que ponto a tragédia (e o destino em termos mais gerais) era verdadeiramente inevitável e até que ponto estava sujeita a controle humano e intervenção intencional. De modo mais imediato, porém, a questão é se a tragédia propriamente dita pode ou não se encaminhar para a falha e se, de fato, essa falha tem de existir.

Com certeza Édipo é apresentado como ser humano nada perfeito, embora, em boa parte, seja pelos olhos da plateia que essas imperfeições de fato se evidenciem. Ele nos parece arrogante, verdade, mas, afinal de contas, era um rei da Grécia antiga, quando havia tiranos por um punhado de dracmas. Ele era mesmo teimoso, mas essa teimosia de chegar à verdade, essa obstinação quando estava em jogo o bem-estar da sua cidade, não poderia ser considerada uma grande virtude, essencial ao bom líder, em vez de vício ou fraqueza? Buscar a verdade até o amargo fim, não é isso que consideramos coragem em outras circunstâncias? Sócrates foi louvado por cem gerações de buscadores da verdade pela corajosa aceitação da morte em vez de trair sua querida filosofia. Por que nós e Aristóteles ("neto" intelectual de Sócrates, por intermédio de Platão) consideraríamos "falha" a obstinação de Édipo? Porque no caso de Édipo, ao contrário de Sócrates, a falha levou a um desastre não mitigado. Sócrates tornou-se mártir e depois herói perene. Édipo, nas palavras da peça de Sófocles, tornou-se "alguém que inspira pena a toda a humanidade". Heróis e mártires, aliás, não nos incomodam, desde que mantidos a uma distância segura; as vítimas da tragédia, porém, não são mártires, mesmo que já tenham sido chamadas de "heróis", e sua tragédia precisa ser explicada ou, melhor, minimizada. A ideia de que sofreram devido a uma falha de seu próprio caráter muito nos atrai. Significa que mereceram o que lhes aconteceu, ainda que a punição, pensando bem, tenha sido de fato excessiva.[22]

Há outras maneiras de lidar com Édipo, assim como há muitas maneiras de lidar com o problema do mal; e, delas, poucas não foram tentadas. Por exemplo, há a ideia antiga, já não tão íntima do público moderno, de que herdamos nosso destino. A maldição merecida a princípio pode ser transmitida a filhos e a filhas. O próprio Édipo foi amaldiçoado devido às más ações de Laio, seu pai, e Antígona foi amaldiçoada como filha de Édipo, embora ela mesma não tivesse cometido nenhuma ação reprovável. Na verdade, o caso de Antígona foi tão pungente e exceção tão óbvia da análise generalizada de Aristóteles, que ela (bem como a peça *Antígona,* de Sófocles) se tornou o paradigma de uma teoria totalmente contrária da tragédia, desenvolvida principalmente por Hegel no início do século XIX. Segundo Hegel, a vítima da tragédia não tem necessariamente nenhuma falha, mas está presa em meio a forças esmagadoras e contraditórias. Antígona, entre a obrigação tradicional e "divina" de sepultar o irmão morto e a ordem absoluta do rei para não o fazer, não poderia fugir a seu fado, mas ainda assim fez o que considerou (e nós também) certo, selando então seu destino. Assim, Hegel buscou desfazer a abordagem clássica de "culpar a vítima" que Aristóteles faz da tragédia.

No entanto, o mecanismo de distanciamento permanece na própria noção do "fado" imposto aos personagens trágicos. O fim de Antígona já estava selado pelo destino e pelo pai; Édipo, por sua vez, foi condenado pelo pai, Laio, culpado de uma versão grave do que hoje denominamos violência contra menores. Assim, o pecado dos pais passa aos filhos, e a tragédia poderia ser explicada, se não em termos de culpa e de responsabilidade individuais, pelo menos em termos de destino e de um histórico familiar específico. Nós, pelo contrário, não acreditamos em destino e, de qualquer modo, não somos tão amaldiçoados e predestinados. Mais uma vez, o objetivo do exercício é isentar-nos. Gostaríamos, talvez, de acreditar que Édipo e Antígona é que são exceção, não nós.

DESTINO, MACDESTINO E A MÃO INVISÍVEL

> E assim foi, usando uma expressão americana em que descoberta, punição, tortura, morte, eternidade surgem na forma de um "resumo" especialmente repulsivo.
>
> Vladimir Nabokov, *Lolita*

Com muita frequência, a escolha metafísica que se nos apresenta resume-se ao seguinte: ou se acredita em Deus (na verdade, num conceito muito particular de Deus), ou se fica às cegas. Há, porém, outra opção que já foi ingrediente básico de praticamente todas as filosofias e religiões, que é a noção de destino. O destino costuma ser desdenhado como primitivo, resíduo de povos aterrorizados que enfrentavam as calamidades naturais do mundo na completa ignorância científica e convertiam o inexplicável em algo que conseguissem entender, como sua própria personalidade. Portanto, o mundo é controlado por espíritos antropomórficos, e o infortúnio, causado por caprichos e ciúmes maldosos de deuses e deusas. Catástrofes como terremotos e tufões são provocadas por divindades enraivecidas. Para nós, modernos e cientificamente sofisticados, esse quadro fantástico pode ser facilmente menosprezado como superstição sem sentido. A noção de destino, no entanto, não precisa ser tão simplória.

Os filósofos antigos estavam obcecados com a ideia de que a vida não está sob nosso controle.[23] Com certeza, tomamos nossas decisões diárias e aparentemente "escolhemos" ir por aqui ou por ali, mas em uma visão mais geral essas escolhas, de um modo ou de outro, já estão determinadas. A natureza do poder determinante sempre foi tema de disputas animadas, que vão de "destinos" antropomórficos a sofisticadas teorias filosóficas do determinismo e ao *kitsch* da Nova Era, bem rotulado por Vladimir Nabokov como "MacDestino", a ideia banal de que tudo o que acontece "tinha de acontecer assim". Na época medieval, o poder determinante era Deus. O que o Deus judaico-cristão acrescentou à noção de destino foi uma concepção clara de preocupação atenciosa. Do mesmo modo, fé e fidelidade serviam para alguma coisa e, embora não se pudesse realmente influenciar o modo como Deus fazia as coisas, pelo menos era possível ter alguma confiança em Sua bondade.

Hoje, pelo contrário, a ideia da mão invisível que guia ou controla nossas ações está comprometida tanto por nossa crença generalizada no determinismo científico quanto pela sensação compulsiva de responsabilidade pessoal e, com ela, a exigência de controle. Essa antinomia aparentemente não nos incomoda, exceção feita aos filósofos, naturalmente.[24] Tomados em conjunto, porém, o determinismo científico e a responsabilidade pessoal eliminam todo e qualquer espaço para o destino, o primeiro com a ênfase exclusiva na causalidade natural antecedente, a segunda ao recusar-se a admitir qualquer agente que não sejamos nós mesmos. Acrescentem-se a isso a visão contemporânea mais refinada da ciência em termos de imprevisibilidade, caos e teoria dos quanta, e a crença anticientífica e antediluviana num Deus guardião que prefere milagres a leis naturais, e teremos uma verdadeira bagunça intelectual. A única coisa que se mantém, o único fato sólido que se destaca em meio a todos os paradoxos e contradições de alto nível é o reconhecimento de que a vida, em última instância, não está sob nosso controle. Merda acontece, de fato, e só às vezes acontece por nossa própria vontade e por nossa própria responsabilidade.

O conceito de destino tem um lar perfeitamente natural e inteligível. "Caráter é destino", escreveu o filósofo efésio Heráclito, algumas décadas depois de Confúcio ter desenvolvido ideia semelhante na China. Em lugar nenhum isso é mais evidente do que na experiência levemente traumática e divertida de comparecer a uma reunião de colegas de escola. O mais chocante é como nossos colegas de sala mudaram pouco depois de dez, vinte ou até trinta anos. Alguns terão sido vítimas de doenças graves ou de traumas pessoais, mas a maioria permanece espantosamente igual. A metáfora que vem à mente, desgastada mas profundamente filosófica, é a do broto que se torna árvore. Forma, tipo e caráter básicos já estão todos determinados. O resto é contingência e detalhes. Alguém recorda que um dos colegas de classe estava "destinado a ser presidente". Naturalmente nem todo mundo que está assim "destinado" nas milhares de escolas dos Estados Unidos pode de fato se tornar presidente; na maioria das vezes, porém, aquele colega será presidente de alguma coisa, terá algum cargo de liderança. Alguém recorda que um dos colegas de classe estava "destinado a ser preso". E a possibilidade realmente é que ele (menos provavelmente ela) não compareça, envolvido com outro compromisso de longo prazo.

O caráter como destino ocupa uma posição mediana entre o determinismo e o acaso. Na verdade, a noção de caráter é empregada por alguns grandes filósofos (David Hume, John Stuart Mill) como resposta para o enigma livre-arbítrio/determinismo (um ato é livre se nasce do caráter de alguém, mas o caráter é ao mesmo tempo determinado por circunstâncias antecedentes e determina atos futuros que, por sua vez, determinam o caráter). Sem dúvida o caráter pode ser cultivado, mas na prática a variedade de opções, embora teoricamente irrestrita, é muito mais limitada do que gostamos de pensar. Tentar romper um hábito simples — um pequeno defeito de pronúncia, um cacoete, um andar desajeitado, bem como o tabagismo — pode ser dificílimo. Tentar mudar a própria personalidade — de tímida para extrovertida, de covarde para corajosa — pode exigir uma mudança de vida radical que, em retrospecto, também é reconhecida como parte essencial do caráter da pessoa (como firmeza, como determinação). O fato de o caráter ser cultivado em longo período impede-nos de interpretar quem somos como simples questão do acaso, embora muitas coincidências e contingências entrem na formação do caráter. Parece que um número notável de características é "congênito" ou, pelo menos, está presente desde o nascimento. Não se pode, porém, dizer do caráter de alguém, mais ou menos da mesma maneira como se pode falar da época do nascimento ou da nacionalidade, que "simplesmente foi assim", que não estava "em suas mãos". Agir assim ("sou covarde e nada posso fazer para evitar") é o paradigma do que Sartre chamava de "má-fé" (*mauvaise foi*).[25] Ao mesmo tempo, contudo, não se pode considerar o caráter simples questão de opções próprias (fazê-lo, com efeito, seria negar a noção de caráter). Na medida em que o futuro de alguém decorre de seu caráter, podemos aceitar como perfeitamente inteligível certa importante noção de destino.

Em *Matadouro 5*, Kurt Vonnegut faz com que os trafalmadorianos nos revelem (por intermédio de seu herói Billy Pilgrim) que catalogaram centenas de civilizações em outros tantos planetas e só na Terra encontraram criaturas que acreditavam em "livre-arbítrio".[26] Mas até o mais libertário de nós percebe que acreditamos em mãos que não são nossas a controlar nosso destino. Nos casos amorosos, achamos irresistível a ideia do destino. Na verdade, ela parece embutida em nossa concepção romântica de amor ("nascemos um para o outro").[27] Na economia, é difícil afastarmo-nos da famosa metáfora de Adam Smith, em *A riqueza das nações*, a da "mão invisível" que assegura prosperidade apesar da atenção concentrada e estreita da sociedade empresarial no interesse próprio.[28] Na biologia, os evolucionistas, com exceção apenas dos mais fervorosos e implacavelmente coerentes, tendem a adotar uma ideia de progresso, de propósito, por exemplo, quando explicam a "função" desta ou daquela característica para a sobrevivência de uma espécie.[29] Temos opções, é verdade, e devemos nos responsabilizar por elas. Mas também sentimos uma destinação maior, um certo sentido em que não podemos fugir a nosso destino. Somos arrastados por forças globais, pela economia mundial, pela política internacional, pela ecologia dinâmica do planeta e por forças locais mais fáceis de identificar (a política dos departamentos e da universidade, a ameaça do crime e da violência, a onipresença da cultura popular, a personalidade dos vizinhos). O retrato que Hegel faz do *Zeitgeist* e sua opinião sobre a relativa desimportância do indivíduo reflete muito bem esse quadro humilhante, como fez Tolstoi em *Guerra e paz* algumas décadas depois. Em boa parte, nossa vida e nossa fortuna são produto não só do nosso caráter como também do caráter mais abrangente da cultura e da época em que vivemos. Não importa o que se pense da famosa questão do livre-arbítrio, é inegável que somos reféns do destino nesse sentido mais modesto. Não somos os únicos autores de nossa vida e, sem negar o papel do acaso — nem o da simples sorte (boa ou má) —, nosso futuro, na maior parte, está determinado diante de nós. Sejam quais forem nossas ambições libertárias e existencialistas, transformamo-nos nelas em vez de realizá-las para nós.

Nem todas as concepções de destino, entretanto, limitam-se ao caráter e à cultura. Às vezes os soldados e caubóis do cinema americano se referem a "balas com meu nome". É uma forma de apelar para o destino em termos morbidamente concretos. O fato acontecerá ou não. Na física, na biologia evolucionária, na economia podemos falar com liberdade sobre o acaso, mas quando se trata de nossa vida o acaso é praticamente impossível de engolir. Podemos visualizar o futuro; visualizar as possibilidades — pelo menos algumas delas —, e portanto, é difícil acreditar que uma delas não vá acontecer ou, em certo sentido, já não tenha acontecido (em *Matadouro 5*, Vonnegut faz o esclarecido Billy assim se referir à própria morte: "Aquele momento sempre aconteceu. Sempre acontecerá"). Aristóteles tomou essa ideia comum e transformou-a em paradoxo lógico ("se é verdade que amanhã haverá uma batalha naval, então *já* tem de ser verdade que haverá uma batalha naval amanhã"). Somos menos exatos, mas não menos intrigados. Se um acontecimento está predestinado, acontecerá. Hoje, transformar perplexidade em paradoxo é uma maneira generalizada de fugir a questões difíceis "enxugando" uma questão filosófica antiga e vital a ponto de não ter mais nada a ver conosco. O que, entretanto, motiva o paradoxo de Aristóteles é o fascínio não só pela lógica do tempo, mas também pela sensação inexplicável de inevitabilidade que ele herdou dos antecessores gregos, com suas mentes trágicas.

O destino refere-se a essa necessidade, à ideia de que algum fato ou estado de coisas tem de acontecer, seja o que for.[30] Não se trata apenas da opinião nebulosa de que "algo vai acontecer", como na intuição, no medo e na ansiedade, mas da opinião mais exata de que algum fato ou resultado específico vai e na verdade tem de acontecer. O destino, no sentido clássico, permanece desligado dos meios, do rumo que aquele futuro predestinado deve tomar. Em termos mais filosóficos, o destino não está ligado de um modo ou de outro ao "determinismo", à ideia de que todo fato é provocado, "determinado", por um conjunto de causas e condições antecedentes. Tampouco está o destino necessariamente ligado a propósitos preexistentes.[31] Quando Édipo soube da profecia de que mataria o pai e se casaria com a mãe, imediatamente deixou a cidade.

Essa decisão foi sua. Mas seu destino era tal que ainda assim ele matou o pai e casou-se com a mãe. O destino supera tanto o acaso quanto a escolha. O que está predestinado não "acontece" simplesmente; o destino envolve necessariamente uma explicação, talvez nebulosa e obscura quanto aos detalhes ("deve ter sido o destino"), mas explicar um fato com referência ao destino é excluir a possibilidade de mero acaso e também negar o controle individual.

Segundo as versões mais rígidas, o que está predestinado é inevitável. "Está escrito", aponta o Corão, e nada pode acontecer de outro modo. É possível, todavia, uma leitura de destino mais modesta e afeita ao senso comum, como eventualidade não inteiramente gravada em pedra. Por exemplo, quando pego gripe (em geral todo mês de fevereiro), eu recorrentemente a combato, nego, forço-me a ponto de ficar tão doente que meu corpo se recusa a sair da cama. Assim que me sinto um pouco melhor, levanto-me e retomo meu trabalho, minhas aulas, com o resultado previsível. Muitas vezes me surpreendo comigo mesmo, com minha própria estupidez e teimosia, mas minha obstinação tem, como seria de esperar, uma estrutura filosófica. Se vou melhorar de qualquer jeito, ficar na cama é perda de tempo. Por outro lado, se vou piorar, posso muito bem trabalhar enquanto isso. Um modesto lembrete determinista mostraria que o que faço "enquanto isso" determina o resultado, mas sou fatalista, não determinista (pelo menos nesse contexto). Ou vou melhorar, ou não, e, assim, não importa muito o que farei enquanto isso. Isso não é dizer que eu saiba se vou melhorar ou não; fatalismo não significa conhecimento nesse sentido. Só exige a ideia de o que será será, e que o que será já está determinado.

A noção de destino é encantadora não porque afaste a sensação de responsabilidade, mas porque faz o futuro parecer assentado. É como se os futuros netos já estivessem à espera, como se já tivéssemos obtido o Ph.D. quando ainda somos um aluno promissor, como se o destino do mundo já estivesse determinado. O destino é a narrativa maior na qual uma opção ou um fato atual que pareceria sem significado pode ser visualizado com significado profundo do ponto de vista do futuro. É, por sua própria natureza, um fenômeno retrospectivo. Refere-se ao futuro, mas só pode ser reconhecido quando se olha para trás. Um casal pode dizer, até mesmo no primeiro e maravilhoso encontro: "Fomos feitos um para o outro." Se se trata de verdade ou de mera brincadeira de mau gosto só anos depois ficará evidente. Agimos na ignorância, mas sempre com um olho no futuro, à luz do passado, em uma narrativa que dá significado a nossas ações.

A maioria de nós se orgulha de suas realizações. Acreditar no destino as compromete? O orgulho nos estimula a negar o destino, a insistir que estamos no controle. "Cada um é responsável pelo que é", escreveu Sartre em seus primeiros textos. E, durante toda a carreira, afirmaria, com apenas uma pequena restrição, que "cada um é sempre responsável pelo que faz daquilo que se fez."[32] Até Sartre, porém, sempre deu o devido crédito às circunstâncias, à "facticidade" de alguém, à "situação". O passado, por exemplo, é sempre um exemplo de facticidade. Está findo e acabado; determinado de uma vez por todas. Não se tem escolha a respeito de onde se vai nascer ou quando, ou em que circunstâncias. Um judeu, na Alemanha de 1933, não poderia escolher se tinha nascido ou não judeu, se fora criado ou não na Alemanha e se teria de enfrentar o surgimento do partido nazista. Naquela situação, entretanto, era possível fazer escolhas, incluída a de aceitar a situação como determinante ou rejeitá-la, possivelmente mentir a seu respeito, negá-la, esconder os fatos — mas não, é evidente, realmente alterá-los. Talvez a pergunta seja: pode o mesmo tipo de análise ser imaginado para o futuro (o futuro determinado, ainda que desconhecido)? Em termos práticos e existenciais, pode-se insistir que isso não faria nenhuma diferença concebível. Se conhecêssemos o futuro, não faríamos escolhas, apenas seguiríamos o enredo. E como não sabemos nem podemos saber, de que adianta pensar assim? (Pergunto a meus alunos: "Tenho uma amiga que prevê o futuro e acerta 95% das vezes. Você lhe perguntaria com quem vai se casar ou quando vai morrer?" Quase todos respondem "não" a ambas as possibilidades.)

Ainda assim, parece-me difícil não acreditar em destino. Quando não somos levados por ataques de abstração ou de intelectualmente compelidos pela pressão dos colegas a favor da correção ontológica, para ele apelamos o tempo todo. Queixamo-nos, diante de doenças ou de infortúnios naturais, que "tinham de acontecer". É a abordagem natural a toda calamidade, desde falência nos negócios a ficar sem lar: "Foi bem feito" (o volume crescente de comentários sobre moradores de rua e sua "escolha" pessoal de morar na rua é uma aterradora ilustração dessa tendência; essas opiniões, no entanto, sempre predominaram, mesmo nas sociedades mais "esclarecidas", a respeito dos pobres). Esperamos que tudo "funcione" de uma certa maneira, o que pode ser apenas um resíduo de nossa criação mais ou menos segura, de pais que fizeram promessas e nos protegeram e serviram e cuidaram para que tudo desse certo, que nos confortaram quando nos machucamos, desculparam-nos, consolaram-nos em nossos fracassos com racionalizações estereotipadas. Quando sofremos com nossos próprios erros, a resposta pronta era "eu não disse?" e quando éramos bem-sucedidos aquele louvor era sempre adornado com "eu sabia que você ia conseguir". O futuro nos parecia determinado e, até certo ponto, assegurado. Passamos a esperar um universo racional e nunca superamos isso. É claro que essa é a versão positiva da tese de Freud sobre religião em *O futuro de uma ilusão* e era a opinião de Albert Camus sobre "o absurdo". É o que todos nós sentimos, pelo menos quando algo ruim acontece. Não conseguimos deixar de perguntar "Por que eu?", como se o universo nos devesse uma resposta.

BOA SORTE, MÁ SORTE E FALTA DE SORTE: UM APELO À GRATIDÃO

> Se não fosse a má sorte,
> Eu não teria sorte nenhuma.
>
> *Riff* tradicional do *blues*

Sorte é o ingrediente que falta em boa parte da filosofia e que costuma ser misturado à noção impessoal de "acaso". Na famosa questão do livre-arbítrio, a sorte é desdenhada, junto com o acaso, como inutilidade em qualquer explicação em termos das causas da ação humana (no mínimo por não ser causa nem explicação).[33] Na filosofia da ciência, o acaso e as probabilidades — mas não a sorte, que tem um componente de valor impossível de eliminar — são matérias-primas da explicação científica. Na ética, a sorte é eliminada da consideração com a máxima eficiência possível (Kant dela se livra em uma longa e única frase bem no início de *Fundamento da metafísica da moral*).[34] Na vida comum, com certeza, apelamos para a sorte com bastante frequência: arriscamos a sorte na loteria e agradecemos à "estrela da sorte" se ganhamos. Muitas vezes percebemos ter escapado a tragédias ou desastres por pura sorte, sobretudo quando dirigimos um carro ou outro veículo veloz em que a diferença de frações de segundo faz *toda* a diferença. Há, porém, algo oco em nosso apelo, como se realmente não acreditássemos na sorte. Não importa o quanto sejamos sortudos, sempre sentimos, inevitavelmente, que merecemos o que recebemos, pelo menos com relação à boa sorte. Em caso de má sorte, sentimos exatamente o contrário. Eis aqui de novo aquela conhecida assimetria que encontramos no exame da tragédia. Mas, boa ou má, a sorte é suspeita, por ser noção *ad hoc*, descartável, substituta de relatos mais substanciosos ainda por vir.

Kant negou, de forma memorável, que a sorte tenha algum papel no que chamou de "valor moral". Afirmava ser o bem, sem ressalvas, a "boa vontade", que se manifestaria até (e sobretudo) diante do mais terrível infortúnio. Aristóteles, pelo contrário, incluiu explicitamente a boa sorte (em seus vários disfarces) como essencial para a vida feliz. O que, obviamente, se compreende: ele escrevia para um punhado de aristocratas bem-nascidos. Quando, porém, tratou da tragédia e do infortúnio, assim como Platão e Sócrates, ele tentou recuar para uma posição de invulnerabilidade filosófica. Sócrates chamou-a de "o bem de sua alma"; Aristóteles, de "virtude".[35] Para ambos, e para muitos filósofos desde então, a maior das fugas era para o mundo do pensamento, para a vida de "contemplação". Quaisquer que fossem as demais virtudes, o ideal de uma vida assim não era apenas o prazer da filosofia. Era — mais explicitamente nos estoicos posteriores — a tentativa de minimizar o risco de sofrer as crueldades da sorte e da vida.

Os leitores de livros publicados pela Oxford University Press tendem a nascer em invejável riqueza, com possibilidades e potencialidades claramente indisponíveis para a maioria dos seres humanos com quem dividimos o planeta de forma desigual. Podemos bajular a sorte, em raros momentos de reflexão filosófica, mas agimos e pensamos como se merecêssemos os dons que a boa sorte nos prodigalizou. Um empresário de Dallas foi entrevistado na televisão, no ápice da expansão econômica texana dos anos 1980 (pouco antes da derrocada texana dessa década). E disse: "apenas agradeço ao bom Deus por ter nascido quando nasci e por ter nascido e vivido em Dallas, Texas". Todo o resto de seu discurso, porém, evidenciava que não se considerava "sortudo" nem grato, mas sim um homem responsável e esperto, e que muito trabalhara. Merecia sua fortuna considerável e, como esclareceu, não via nenhuma obrigação de dividi-la com ninguém. Do mesmo modo, os atletas bem-sucedidos também agradecem ritualmente a Deus por seu talento, mas não deixam dúvida de que seu sucesso seja devido a suas habilidades especiais e aos anos de treinamento; de que eles, só eles, são os responsáveis (embora, talvez, com o encorajamento das mães). Não se trata de hipocrisia, mas sim de uma versão cuidadosa e filosoficamente revisada da vida; uma narrativa que se concentra no que podemos controlar; assume o crédito por isso e ignora o que não podemos controlar. Não vemos o mundo ou a sociedade, por exemplo, como empreendimento estritamente "comunitário", em que o talento de alguém é, propriamente falando, o talento de todos, em que as recompensas têm de ser divididas, e os créditos, aceitos com indiferença. Não vemos e talvez não possamos ver que é por pura sorte que alguns de nós têm talentos, capacidade e recursos, e outros não.

É importante distinguir sorte de mero acaso. Sorte é uma noção bem humana, cheia de esperanças, temores e remorsos. Acaso, pelo contrário, é uma noção impessoal, questão de simples probabilidade. A ciência moderna reduziu o mundo a questões de acaso, "indeterminismo" em vez de determinismo, estatística quântica em vez de mecânica clássica. Ao contrário de Einstein, Deus (se é que existe) "joga dados com o universo". Na biologia, o famoso darwinista Stephen Jay Gould, em Harvard, combate ferozmente todas as versões de evolução que mantenham alguma noção residual de metas ou propósitos do "adaptivismo"; em resumo, qualquer coisa que dê ao processo já violento e sem objetivo da seleção natural alguma nuança de significado ou método. Os grandes filósofos afirmam que o mundo é tudo o que apenas acontece, e nada mais. Poderia ser bem diferente. Não há razão para que o mundo seja assim e não assado. "O notável", pondera Wittgenstein, "não é que o universo seja como é, mas apenas que seja." Wittgenstein pensava num contexto espiritual mais amplo (que, contudo, parece nunca ter entrado em sua filosofia), mas é fácil interpretar suas afirmativas secas como assertivas bem modernas do puro acaso.[36]

Não vou sair criticando a física quântica nem as melhores teorias evolucionárias. O problema é que não conseguimos ver nossa vida assim. Ver o que nos acontece como mero acaso, sem explicação, é impensável. Somos, para o melhor ou para o pior, animais racionalizantes. Quando, porém, pensamos sobre a vida, nossa moderna atitude científica simplesmente se desintegra. A ideia de que partículas subatômicas voam sem causa é um "fato" que aceitamos com facilidade devido à autoridade dos físicos que, afinal de contas, sabem do que estão falando. A ideia de que galáxias distantes explodem de forma mais ou menos espontânea não é problema, embora possamos imaginar de leve que um ou mais planetas de uma ou mais estrelas de alguma daquelas galáxias distantes poderiam conter criaturas e civilizações não muito diferentes das nossas. Até a ideia de que a vida evoluiu na Terra por questão de puro acaso soa totalmente implausível a muitas pessoas sem posição religiosa a respeito. Na verdade, até quem abriria mão dessa "teleologia" e admitiria que a existência humana, como toda existência, é estritamente acidental e contingente, ainda assim agarra-se à ideia de que, não se sabe como, não estamos aqui à toa. O que significaria viver se tudo e todos não passam de puro acaso? Observe com que facilidade nossa mente passa da ideia de acaso para a noção de falta de significado, da ideia de que a vida e os fatos específicos da vida não podem ser explicados para a de que nada são. Na verdade, alguns dos filósofos mais influentes de nossa época combinaram essas duas ideias num só argumento, embora suas conclusões e consequências finais variem consideravelmente. Se o acaso é a regra do universo, então onde encontraremos valor, significado e um modo adequado de pensar na vida?[37]

Ver a vida em termos de sorte, por sua vez, é vê-la cheia de significado, ainda que inexplicável. Aqui também é importante distinguir com clareza sorte e destino. É comum os dois coincidirem, ainda que tenham significados que talvez pareçam diametralmente opostos. Sorte refere-se a um fato que não admite outra explicação: a queda de uma moeda, cara ou coroa; a escolha aleatória de um número ou de uma carta; o telefonema aleatório de um programa de rádio. Em teoria, pode existir ou não explicação (uma microanálise detalhada da superfície e da distribuição da massa da moeda, o torque exato do "peteleco", a distância e a natureza da superfície, tudo contado pode permitir a explicação e a previsão exata do lançamento da moeda, as moedas, como os quanta, obedecem a leis deterministas). Mas para todos os objetivos práticos, exclui-se a possibilidade de explicação. É por acaso que a moeda cai desse ou daquele jeito. É sorte (boa ou má) que se tenha apostado naquele resultado específico. Dentro do alcance da referência à sorte, não se exige mais explicação (quer ela exista ou não).[38]

O destino, por outro lado, constitui uma explicação, ainda que vazia ("foi o destino que nos uniu"). Dizer que a moeda caiu de cara para cima (nossa aposta) devido ao destino é bem diferente de dizer simplesmente que a queda da moeda foi uma questão de acaso que coincidiu com nossa preferência. É dizer que, num certo sentido, "devia" resultar naquilo, "tinha" de resultar naquilo (o extremo oposto da medida da probabilidade no acaso e da incerteza envolvida na sorte). É dizer que há alguma razão forte para resultar naquilo, o que pode ter a ver com mérito ("eu merecia ganhar") ou talvez com forças mais sutis do universo ("é um sinal de esperança"). O destino, necessariamente, faz parte de uma narrativa maior, mais abrangente, e embora seu valor explicativo seja nulo ou quase nulo, a capacidade de transmitir significado é extraordinária. Quem acredita que "nada acontece por acaso" deve ter uma vida incrivelmente rica (embora sobrecarregada). Mas se o destino enriquece, a sorte, ou muita ênfase na sorte, tende a diminuir a vida, não só no caso do pobre jogador cuja única ambição na vida é "ganhar na loteria", mas também no caso mais filosófico daqueles tipos mais científicos que insistem em ver tudo como questão de acaso e, portanto, consideram a busca de significado uma noção ingênua e tola.[39]

Às vezes sorte e destino são interpretações alternativas de um único fato. Por exemplo, duas pessoas se conhecem por acaso no trem, conversam, tomam um café e mais tarde se encontram para jantar e se apaixonam. Dizer que foi sorte é dizer que foi uma coisa boa, mas que não havia razão para isso. Só aconteceu. Dizer que foi sorte é dizer que não há explicação. Por outro lado, pode-se ver como destino o encontro aparentemente casual. O cineasta Claude Lelouch fez um filme (*Toute une vie*, 1975) em que mostra três gerações de duas famílias, em pontos praticamente opostos do mundo, e como suas vidas convergem lentamente até que, na última cena do filme, "acontece" de os dois netos se conhecerem num avião. O romântico da história é que o que parece pura coincidência, coisa inteiramente insignificante, é levado a parecer predestinado. É uma narrativa sobre o destino, não sobre a sorte.

O destino depende dessas narrativas. A verdade, entretanto, é que agimos na ignorância, pelo menos até certo ponto. Em geral não conhecemos a história maior em que nossos atos têm algum papel de possível relevância. O grande romance de Thomas Pynchon, *Gravity's Rainbow*, atribui ao protagonista um papel importantíssimo na Segunda Guerra Mundial, do qual, entretanto, é e permanece totalmente ignorante. O que nos parece sorte, em nossa visão limitada, pode acabar sendo destino na história maior. Nos dois casos, porém, esse contexto maior está (quase sempre) além do nosso controle. Não cabe a nós saber se algo acontece por sorte ou se está destinado a acontecer. E é por isso que tendemos a rejeitar ambas as noções. Minimizamos a sorte e desdenhamos o destino, pois se a sorte nos tira o crédito das ações, o destino vai adiante e nos priva ainda mais. Gostamos de planejar e de pensar que planejamos o futuro. De que servem os planos se o que está para acontecer já está planejado?

A reintrodução da sorte e do destino na filosofia, no entanto, tem pelo menos uma consequência muito importante, que é o novo sentimento de gratidão. Sorte, destino e acaso mostram visões do mundo diferentes e fascinantes. Ver a boa fortuna que se tem em termos de puro acaso é afastar todo sentimento de obrigação de ser grato por ela. Vê-la em termos de sorte, pelo contrário, é, ou deveria ser, mostrar-se reconhecido; entretanto, vê-la em termos de destino é ver a vida toda em um contexto muito mais grandioso. "Reconhecido" talvez não seja a palavra adequada. Pode haver ou não personificação suficiente do destino para garantir gratidão ou agradecimento (a natureza predeterminada do destino pode tornar essa atitude meio estranha. Não é preciso ser grato pelo que vai acontecer de qualquer jeito. Pode-se experimentar gratidão pelo que poderia não ter acontecido ou pelo que não aconteceu, mas poderia ter acontecido). Quero dizer que a gratidão talvez seja a melhor resposta às tragédias da vida. É estranho e infeliz que consideremos pressupostas as bênçãos da vida ou insistamos que as merecemos, mas nos ofendamos com as coisas ruins da vida, como se não fosse possível que as merecêssemos. A admissão apropriada da tragédia e do sentido trágico da vida não é sacudir o punho fechado contra os deuses ou contra o universo "com desdém e desafio", mas, sim, como escreve Kierkegaard num contexto religioso, "cair de joelhos" e dar graças. Se há ou não Deus ou deuses a quem agradecer não me parece ser a questão principal. Trata-se antes da importância e do significado de estar grato pela própria vida — ao que ou a quem quer que seja.

No lugar da gratidão, nossa cultura e seus filósofos tendem a pôr os cálculos de prudência e de vantagem mútua da teoria dos jogos, os conceitos abstratos de igualdade e de oportunidades iguais, as pretensões minimamente históricas ao merecimento e, em nível mais vulgar, as racionalizações para a insensibilidade: "Por que ele não consegue sair da sarjeta como eu saí (ou poderia ter saído)?" Em vez de gratidão, temos construções abstratas da posição original e pretensos contratos sociais. Parece que até no nível ontológico mais básico é amplamente preferível nos vermos como independentes e determinados por nós mesmos do que como dependentes dos outros e adequadamente gratos por nosso papel vantajoso na vida.[40]

Num estudo de alguns anos atrás, a psicóloga bostoniana Shula Sommers descobriu que os homens americanos, especificamente, consideravam a gratidão a emoção mais desconfortável e humilhante, pior do que o medo. Não é difícil entender por quê. A gratidão admite o fato de que, na verdade, não somos autores de nosso próprio destino, que devemos nossa boa fortuna a outros e, especificamente, à sorte. Quando se pensa em termos da possibilidade abstrata de ser um ou outro dos muitos seres humanos na Terra neste momento, a probabilidade é nascer pobre, crescer malnutrido e ignorante e passar fome, vivendo em guerra civil, numa ditadura cruel, sem esperanças nem possibilidades reais. Com certeza, sejam quais forem as nossas virtudes, não estarmos assim condenados a uma vida miserável e à morte precoce é questão de sorte. Mas, embora possamos admitir isso em termos abstratos, parece quase impossível conviver e muito menos basear nossa vida nessa percepção profundamente perturbadora. O que devemos e a quem se todo o nosso sucesso, nossa saúde e nosso talento tivessem de ser creditados à sorte? É aqui que surgem o Destino e Deus para nos dar uma mão. Nesse caso, porém, tolerar o infortúnio dos outros se soubermos, se realmente soubermos, que "só pela graça (...) sigo em frente"? Por outro lado, quão diferente será nossa compreensão do infortúnio se soubermos, se realmente soubermos, que foi "simplesmente assim que aconteceu" ou tinha de acontecer, ou foi ordenado por Deus que acontecesse, e que, no fim das contas, de qualquer modo, fomos mesmo extremamente... sortudos?

O SIGNIFICADO DA TRAGÉDIA

> Todos são arquitetos do destino, trabalhando nessas paredes do tempo.
>
> Henry Wadsworth Longfellow, "Construtores"

As discussões do sofrimento e do sentido trágico da vida foram prejudicadas por uma dessas infelizes mas popularíssimas dicotomias que os simplórios usam para comentar a filosofia, as categorias de otimismo e pessimismo. O otimista é o que olha "o lado claro das coisas"[41] (dá para lembrar a canção que encerra *A vida de Brian*, filme de 1979 de Monty

Python). Em outras palavras, o copo está meio cheio. O pessimista, por outro lado, é aquele que vê a vida, se não como inerentemente sem sentido, pelo menos mais como maldição do que como bênção, e para ele o copo está meio vazio. F. H. Bradley, hegeliano inglês, definiu o otimista (com ironia) como "quem acredita que este é o melhor mundo possível, e que tudo nele é mal necessário". Por sua vez, define o pessimista como aquele que acha que "tudo é ruim, mas é preciso conhecer o pior". Esses ditos espirituosos são exatamente o que merece a dicotomia, na medida em que nos força a optar falsamente entre dois "pontos de vista" que não são distintos nem de fato chegam a ser, em nenhum sentido importante, pontos de vista.

No século XIX Arthur Schopenhauer despontou como brilhante e autointitulado pessimista, embora baseasse boa parte de sua filosofia no budismo, que, ele sabia muito bem, não se trata de uma filosofia pessimista. Por sua vez, Hegel, arqui-inimigo filosófico de Schopenhauer, costuma ser citado como otimista, mas quem quer que conheça sua filosofia, porém, sabe que essa classificação é forçada e simplória. Assim, também, tentar dividir as atitudes filosóficas em "positivas" e "negativas" quase assegura, com exceção do caso único e excepcional de Schopenhauer, que se vá distorcer quase tudo o que foi escrito em filosofia. Esse é o aspecto mais simplório, mais bobo de "parcimônia" filosófica. Ainda assim, as categorias nos levam, pelo menos, ao mais difícil de todos os problemas filosóficos. Como vamos olhar a vida, dado que ela inclui sofrimento e morte? Talvez a tragédia seja a fonte real da filosofia. Se não pudéssemos ser feridos, prejudicados, desapontados nem humilhados, o que teríamos para pensar?

É comum sugerir, principalmente no caso dos filósofos, que o pensar sobre a vida é que lhe dá significado. Considero ser esse mais um caso de elogio filosófico em boca própria. A vida, e não o pensar sobre a vida, é que deve ter significado. Pensar sobre ela, entretanto, não é de modo algum irrelevante, e, como defendeu Camus, é na conjunção das duas — vida e reflexão — que vamos encontrar o significado que buscamos.

Há alguns anos, a mãe de um garoto que perdera os dois melhores amigos num acidente trágico tentou ajudar o filho a perceber algum significado naquilo tudo. Ela escreveu sobre sua agonia numa revista popular e concluiu: "Não acho que as tragédias aconteçam de propósito, mas aqui repito as palavras dele [do filho]: se todos aprenderem a valorizar-se mais uns aos outros e a ver como a vida é preciosa, talvez algum bem possa vir de coisa tão horrível." Palavras sábias e modestas. Ela terminou acrescentando: "No final, as ideias de um menino de 9 anos que luta para encontrar uma razão são as ideias de todos nós."[42] Aos que dariam uma "resposta" à tragédia ou a reduziriam a dois pontos de vista bobos falta essa sabedoria.

Há nesses pensamentos uma resposta que faz justiça tanto à vida quanto à tragédia. Não nega o sofrimento, mas com ele não se regozija. Pode-se bem dizer: "a vida não é justa". Nesse aspecto, o sentido trágico da vida não passa de simples reconhecimento do óbvio. Isso, porém, não é afirmar que a vida é sem sentido nem é justificar que nos fixemos nas tragédias da vida com exclusão de suas bênçãos e de seus benefícios. Nietzsche, bem corretamente, combinou seu próprio sentido agudo da vida trágica com uma alegria incontida (embora nem sempre convincente), e Unamuno, em sua própria vida, fez mais ou menos o mesmo. Com bastante frequência optamos pelo cinismo e nos fazemos de vítimas, como produto de nossa faculdade excessivamente ativa de jogar a culpa nos outros e de nossa sensação extravagante de merecimento. Ou nos refugiamos no pessimismo (se esperarmos o pior, o que de pior pode acontecer?). Há, no entanto, maneiras melhores de pensar na vida — gratidão é uma delas, bom senso de humor, outra. No geral, porém, parece-me que a melhor reação filosófica à tragédia é a combinação de gratidão e de humor, com uma pitada daquele confronto camusiano falsamente heroico com o absurdo e o envolvimento apaixonado com os detalhes e com as pessoas de nossa vida. O importante não é negar a tragédia, mas abraçá-la como parte essencial da vida que amamos e pela qual deveríamos ser tão gratos. Nietzsche sugeriu que deveríamos viver a vida como uma obra de arte, e tinha em mente o que *fazemos* dela, com infortúnio e tudo. Nesse ponto de vista, nosso sofrimento tem significado porque a vida tem significado, e mais do que isso não temos o direito de exigir.

CAPÍTULO 6

Pensar a morte cara a cara

Fetichismo da morte, solipsismo mórbido

> Quando a mulher de Chuang-Tsé morreu, Hui Shih foi consolá-lo. Chuang-Tsé estava acocorado com os joelhos abertos, batendo numa panela e cantando.
>
> — Depois de passar a vida com alguém — disse Hui Shih —, com ela criar filhos e envelhecer, já seria bem ruim recusar-se a chorar-lhe a morte, mas bater panela e cantar... Haverá algo mais vergonhoso?
>
> — Não é verdade. Assim que ela morreu, acha que consegui não sofrer com a perda? Voltei a espreitar o começo de minha mulher; houve um tempo antes de haver vida. Além de não haver vida, houve um tempo antes que houvesse forma. Além de não haver forma, houve um tempo antes que houvesse energia. Estando tudo junto, misturado no amorfo, algo se alterou e surgiu a energia; por alteração da energia, houve a forma; por alteração da forma, houve vida. Agora, mais uma vez alterada, ela seguiu para a morte. Isso vai a par com primavera e outono, verão e inverno, na sucessão das quatro estações. Quando havia alguém prestes a deitar-se e dormir na maior das mansões, eu, com meus soluços, só sabia pranteá-la. Ocorreu-me a ideia de não estar sendo compreensivo com o destino, e então parei.
>
> Chuang-Tsé

Já se sugeriu que a morte é o último tópico filosófico, último não apenas no sentido trivial de "final" (como "no fim de nossa vida"), mas também no sentido de que, junto com o sofrimento grave, ela provoca até na pessoa mais prática a reflexão filosófica. Embora às vezes seja verdade, trata-se de um exagero. A tese de Martin Heidegger, famosa mas nem sempre muito clara, de que nossa existência é a de um ser-para-a-morte recebeu muito crédito respeitoso, tal como a opinião bastante anterior de Boécio (480-524) de que o "consolo da filosofia" é a transcendência da morte.[1] Embora os filósofos, sem dúvida, tenham algo a pensar sobre a inevitabilidade da morte, parece-me errado exagerar a importância disso, o que, entretanto, aparentemente não constitui problema, na medida em que, hoje em dia, relativamente poucos filósofos fora do círculo heideggeriano escrevem sobre a morte.[2] A definição de morte, é compreensível, entra em certas discussões recentes de bioética, assim como a indesejabilidade da morte serve de premissa básica da ética; é raríssimo, porém, que a natureza da morte e sua indesejabilidade sejam adotadas como tópicos em si. Talvez por isso, quando se torna uma questão da filosofia, a morte costuma ser exagerada. Tanto os filósofos como as pessoas em geral são acusados, de várias maneiras, de "negar a morte", que é "enxugada" até virar mera abstração, e o mais seco dos tratamentos "enxugadores" é, naturalmente, nenhum tratamento. Parte dessa secura, entretanto, constitui em si uma doutrina filosófica de certa importância, a opinião de Epicuro de que a morte, em resumo, "é nada".

Ao contrário, ouvi muitas vezes o comentário de que a morte é a última tragédia. Isso me parece banal e, também, falso. Pode-se muito bem temer (corretamente) que a morte do cônjuge ou do filho seja tragédia muito maior do que a própria morte (restringindo-se o campo às tragédias pessoais e ignorando os horrores coletivos da guerra, dos assassinatos em massa, dos acidentes nucleares e dos holocaustos). Mais uma vez, pode-se defender que é a tragédia *final* (e, nesse sentido, última), mas até esse suposto truísmo me parece falso sem ressalvas trivializantes. Aristóteles, num famoso trecho em que cita Sólon, argumentou que "nenhum homem pode ser considerado feliz até depois da morte".[3] À primeira vista, isso parece não fazer sentido, seja como afirmação da felicidade ou da morte. Que sentido haveria em falar da felicidade de alguém depois da morte? E o que significaria chamar de feliz um homem morto? Entendido em seu todo, porém, o argumento de Aristóteles faz muito sentido. Assim que abrimos mão da moderna acepção hedonista de "sentir-se feliz" e adotamos o sentido muito mais abrangente de

Aristóteles de "viver e ter vivido uma boa vida", percebemos que a tragédia não se limita, de modo algum, aos vivos. A humilhação e o escândalo que afetam o "bom nome" de alguém mesmo depois da morte refletem-se naquela vida e na maneira como foi vivida. "X deve estar se revirando no túmulo" é apenas uma de várias alusões pouco poéticas a esse fato óbvio, que nada tem que ver com nenhuma crença mais ambiciosa em imortalidade, reencarnação ou vida após a morte.[4] A morte de alguém não é a última e maior tragédia. Deve haver tragédias muito piores, antes ou depois da morte, mesmo do ponto de vista (por mais indireto que seja) do morto.

Também se diz, de modo igualmente irrefletido, que a morte é a última e maior das punições, e, é claro, essa é a costumeira justificativa para a punição de crimes graves, aqueles suficientemente "hediondos" para merecer a pena de morte. Mas de modo algum a morte é a maior punição, exceto, mais uma vez, no sentido trivial de que é a *última* (na verdade, nem isso é assim. Quando soldados israelenses destruíram as casas da família palestina de um terrorista falecido, esperavam estar punindo mais uma vez *o terrorista*. Quando prêmios e honrarias são cancelados postumamente, a morte não é a última punição, pode-se dizer contudo, que é uma das humilhações de uma série). Há muitas coisas piores do que a morte, por exemplo, doenças dolorosas, debilitantes, terminais, e por isso sempre há apelos justificados a favor da legitimidade do suicídio e da eutanásia consensual. Costuma-se considerar a tortura pior que a morte. O efeito das execuções elizabetanas, processos longos e arrastados em que a vítima era castrada, arrastada e esquartejada, às vezes esfolada e desfigurada, tudo na total humilhação de um espetáculo público, tornava a morte um misericordioso alívio. Os prisioneiros condenados à prisão perpétua às vezes declaram preferir a morte e, de vez em quando, têm seu desejo realizado. Em 1965, Gary Gilmore, na cidade de Provo, no estado norte-americano de Utah, pediu a pena de morte por seus crimes, dando início ao longo e sangrento festival de execuções que só os americanos, entre todas as nações "civilizadas avançadas", parecem exigir e apreciar.[5] A taxa de suicídio nesses mesmos países civilizados, nem todos com invernos escandinavos, atesta a popularidade (ou racionalidade?) de preferir a morte a várias humilhações e fracassos sociais, econômicos, familiares, profissionais ou psicológicos. A morte não é a maior punição nem o que de pior pode acontecer a alguém. Na verdade, existe a boa morte, idealmente no final de uma boa vida, e é isso que devemos ter em mente.[6]

PENSAR A MORTE CARA A CARA

> A verdade é que a vida não tinha sentido. Todos os dias da vida, todos os seus passos, me levavam, por assim dizer, mais para perto do precipício; e eu via claramente que não havia nada, só ruína. E parar era impossível; voltar atrás era impossível; e era impossível fechar os olhos para não ver que diante de mim não havia nada além de sofrimento e a morte real, a aniquilação absoluta.
>
> Léon Tolstói, "Confissão"

> Estou morrendo como vivi, acima dos meus meios.
>
> Oscar Wilde

Só vi a morte cara a cara duas vezes (sem contar os vários "por um triz" em carros e motocicletas, rápidos demais para permitir o confronto consciente). Como diz Heidegger, embora obscuramente, essas experiências deixam-nos frente a frente conosco, provoquem ou não, e muito menos assegurem, algum tipo de "autenticidade". Costumo, porém, pensar na morte, como presumo que Heidegger fazia, e isso não é o mesmo que enfrentá-la. Enfrentar a morte é experiência muito emocional, para dizer o mínimo. Ao contrário, pensar nela parece curiosamente distante, abstraído, sem contato com o próprio fenômeno. Como Descartes sabidamente observou, nunca sabemos melhor que estamos vivos — ou achamos mais inconcebível não estar — do que quando pensamos.

Ainda assim, parece-me difícil pensar sobre a morte sem ficar superficial e até bobo. Tudo parece tão abstrato, mesmo quando (como aconteceu esta semana e atualmente tem sido cada vez mais comum) um bom amigo ou conhecido morre de repente. O fato é sempre tão súbito ou só a notícia é sempre chocante? Até a palavra — a fonética chocha de "morto", o som aberto de "morte" — transmite a irrealidade do todo.[7] E, depois, há a ideia da morte, apavorante e incompreensível ao mesmo tempo. Sem entrar em detalhes autobiográficos, venho evitando a morte a vida toda, com sucesso, é óbvio, mas nem sempre com responsabilidade. E nisso, acredito, não estou sozinho. Como criança nascida e criada com a pena de morte dos médicos pendendo sobre a cabeça e como filósofo com muitas oportunidades de refletir sobre o assunto, não consigo deixar de pensar sobre a morte e, consequentemente, sobre o significado da vida. Nunca consegui "perder-me" inteiramente na efervescência do mundo cotidiano para fugir à questão, embora com certeza o faça com frequência.

A filosofia deu-me meios para lidar com o problema — ou dele fugir inteiramente — de modo sutil, talvez hipócrita. É muito comum as pessoas não se sentirem à vontade ao falar sobre a morte. Na filosofia, é possível fazê-lo bem à vontade; mas será porque a "encaramos" ou porque nos isolamos, e talvez nos vacinamos contra pensar nela de verdade? E, desnecessário lembrar, quando a linguagem fica mais abstrusa e distante da "fala" cotidiana, as possibilidades de autoengano nesse terreno crescem em vez de diminuir. Ao falar, pensar e escrever sobre a morte, porém, consegui ao menos encará-la como abstração. As ideias filosóficas, como sempre digo, podem ter mesmo algum impacto sobre nossos sentimentos e comportamentos, sobre a vida real. Tanto Kierkegaard quanto Heidegger advertiram-nos contra a confusão entre o silogismo grosseiro "todos os mortais vão morrer, sou mortal, logo..." e o fato de realmente encarar a morte. Contudo, no ponto em que os pensamentos abstratos se tornam palpáveis e apaixonados, e em que meros pensamentos se tornam enfrentamento real que está a difícil "metaquestão" dos filósofos. Entre as sofisticadíssimas abstrações proporcionadas aos que podem dedicar seu tempo a ler Heidegger e Sartre, a rir com Chuang-Tsé ou a dar uma olhada no *Livro tibetano dos mortos* e fazer verdadeiramente as pazes com a morte não há ligação necessária. *Não* pensar sobre a morte e simplesmente admitir a própria incompreensão, entretanto, também não é o modo mais honesto de ocupar seu lugar no metrô da Indesejada das Gentes. Quando sou honesto comigo mesmo, é evidente que todo esse papo sobre "nossa própria morte" não tem nada a ver comigo. Isso dá a minha tagarelice certo ar acadêmico e levemente histérico, como um dervixe que dança para não cair.

Como se pode ser "claro" em tais assuntos? Leio tratados sobre a morte e o morrer — ou seja, sobre a morte e o morrer *dos outros* — e fico espantado com a ideia de que esse assunto devesse ser debatido e catalogado de maneira tão científica. Não que esse trabalho não seja necessário ou interessante. É um serviço mórbido, mas tem de ser feito. Lembro-me, porém, de quando estava na escola de medicina — há muito, muito tempo — e observava meus colegas se iniciarem na prática isolante de lidar com a morte sem lidar com ela, transformando-a em parte da rotina, moldando-se sempre no papel do "outro", seja como herói, seja como ajudante, seja como mero espectador. Também ficava fascinado quando lia alguns dos melhores filósofos analíticos que escreviam sobre a morte, cujos pensamentos muito cuidadosos e até sensíveis passavam à força pela peneira dos quebra-cabeças técnicos.[8] Ali, também, o isolamento virou prática. A técnica é conhecida: transformar o fato bruto em paradoxo e depois concentrar toda a atenção em resolver o paradoxo. Há alguns anos, participei de um simpósio sobre o mal e assisti a um filósofo analítico muito inteligente mudar o tópico do mal para o paradoxo socrático ("pode alguém causar mal de propósito?") e terminar com uma longa discussão sobre o significado de comer uma banana (não estou brincando). Sumiram de vista o Holocausto, os horrores da Bósnia, de Ruanda e da Birmânia, os cartéis das drogas. Em seu lugar, estava uma questão técnica sobre a conexão entre desejos, intenções e ações (mínimas). Portanto, também é possível discutir a morte com certa profundidade sem sequer tocar o tópico que realmente nos interessa.

Essas evasões são acusadas de "negar a morte". Talvez seja meio forte, mas são técnicas para não enfrentar o problema. Eis minha questão: O que é, realmente, encarar a morte — em outras palavras, *não* negar a morte? A verdade é que a filosofia é um jeito de brincar com a morte ou com a ideia de morte. Isso é diferente de "consolo" e, com certeza, bem mais leve do que o *Sein-zum-Tode* (ser-para-a-morte) de Heidegger. Talvez faça parte do prazer da filosofia, essa licença de brincar a uma distância segura do mais pesado de todos os tópicos humanos. Não sei, contudo, como não ser superficial nem hipócrita quanto a essa questão impossível, embora aparentemente simples: o que é morte? Ou, melhor, o que é, para mim, a minha morte?

São duas perguntas, parece-me, bem distintas, uma relativa à morte própria (no caso, "minha"), a outra relativa à morte dos outros. A relação entre as duas é, no mínimo, problemática. Quanto aos demais infortúnios da vida, como dor e pobreza, por exemplo, pode-se apelar (de maneira ainda problemática) àquela noção tantas vezes confusa de "empatia", ou seja, "pôr-se no lugar do outro". É possível imaginar-se com ferimento semelhante, talvez comparável com o já sofrido anos atrás. Com algum esforço, pode-se imaginar como seria não poder comprar remédios, comida decente, carro, livros, computador. Quando, porém, a questão é a morte, não se tem clareza do que significa "como seria estar morto?"

Às vezes diz-se que a atitude ideal a manter diante da própria morte é um senso de humor meio discreto (mas não necessariamente negro), do qual o exemplo mais óbvio, mais mórbido e mais extremado são as piadas na hora da morte (a estratégia do ressentimento torna o quadro confuso. Fazer piada sobre a própria morte para o carrasco, por exemplo, é sugerir que a punição não está sendo levada a sério; em outras palavras, que não chega a ser uma punição). Adotar a atitude humorística quanto à morte do outro, ainda que seja a morte de um velho inimigo ou de alguém muito mau, parece, entretanto, inadequado. A assimetria aqui é avassaladora, mais ainda, talvez, do que em qualquer outra questão filosófica.[9] Não quero ser insensível, mas quando escrevo descompromissadamente sobre minha própria morte parece que o faço sobre a morte dos outros também. Mas escrever e pensar sobre a morte dos outros, mesmo de alguém muito próximo, é bem diferente de escrever e pensar sobre nossa própria morte. Espero que o leitor aprecie esse dilema autobiográfico e minha recusa a seguir pela costumeira saída filosófica, que é reduzir a questão a uma série de quebra-cabeças epistemológicos e metafísicos que não afirmam pontos de vista e só escapam à ofensa evitando o problema.

Não sei como analisar aquilo que, em vários sentidos, é simplesmente *nada*. Na verdade, minha tese aqui é a de que a morte não é "nada", embora também não seja "algo". Espero que isso não soe tolo nem profundo demais. Não sei como ser profundo ou, melhor, ir fundo (metáfora que, naturalmente, nos leva à cova). É facílimo confundir profundidade com tristeza, mas a verdade está na superfície. Desde o instante em que nascemos, o fim é dado, talvez não como necessidade metafísica, mas como essência da narrativa humana. O que nos torna humanos é o fato de reconhecermos a inevitabilidade da morte, não só em geral ou nos outros, mas também em nós mesmos, ainda que reprimamos esse reconhecimento e neguemos ao máximo tal conhecimento. Um ensaio sobre a morte é a tentativa de dizer alguma coisa viva sobre o mais mortal dos silêncios.

E talvez seja dizer alguma coisa, com todas as devidas desculpas, sobre o que é ser humano.

A NEGAÇÃO DA MORTE: UMA BREVE HISTÓRIA

> O principal é começar a falar sobre a morte e o morrer. Em nossa sociedade, morte é assunto tabu. Uma das principais coisas que queremos fazer é mudar nossa cultura para que a morte não seja considerada fracasso.
>
> Rosalynn Carter, *Newsweek*

Há quase trinta anos, Ernest Becker escreveu seu tratado clássico enquanto morria: *A negação da morte*. Expressão e tema que logo se tornaram o lema da *intelligentsia* mais deprimida e surgiram em vários filmes (quase todos) de Woody Allen. A tese de Becker, na verdade uma tese existencial conhecida, é a de que nós, norte-americanos, nos ocupamos tanto do mundo cotidiano, nos enterramos tanto nele, que mais negamos propositalmente do que deixamos de entender os fatos básicos da vida, a morte em particular. Becker, que sucumbiu ao câncer, ocupou-se em redigir o livro durante seus últimos dias, quase como se vivesse a própria tese. A mensagem atingiu o alvo, e americanos inteligentes e saudáveis começaram a se preocupar cada vez mais em se preocupar mais com seu falecimento. Para começar, Woody Allen. Havia, naturalmente, boas razões, nem todas metafísicas ou espirituais, para os americanos serem tímidos ao enfrentar a morte. Jessica Mitford escreveu *The American Way of Death*, maravilhosa e horrorizante denúncia do setor das funerárias, em 1963. O golpe da morte, evidentemente, não se confinava aos Estados Unidos (sem dúvida, um bom cínico já a encontraria entre os egípcios). Evelyn Waugh satirizara o mesmo setor em *O ente querido*, de 1948, transformado em filme de muito sucesso em 1965 (roteiro de Terry Southern e Christopher Isherwood). Em meados da década de 1960, com a Guerra do Vietnã tecendo o pano de fundo, a morte chegou à maioridade nos Estados Unidos. "A negação da morte" tornara-se praticamente um clichê, mas, como a maioria das tão comentadas negações, parecia que sua própria divulgação a contradizia. Um dos grupos musicais mais populares da época, The Grateful Dead (Os mortos agradecidos), estava perfeitamente afinado com seu tempo, nesse e em vários outros aspectos.

O que começou como lamento tornou-se comemoração não da morte, mas da negação da morte. Na verdade, toda a conversa sobre a negação da morte propriamente dita tornou-se um modo conveniente de ignorar a morte. Em vez de angústia e de reflexão existenciais, sociologia. E na esteira das acusações ("os americanos não encaram a mortalidade de frente", "os filósofos analíticos negam a morte", "os produtores de cinema e televisão trivializam a morte"), as questões sobre o significado da morte pareceram esvair-se. Houve discussões cada vez mais acaloradas sobre a exibição de violência letal em filmes e desenhos animados e, quando a geração do pós-guerra ficou mais velha, houve mais preocupação com aposentadoria e com previdência social. Todos se exercitavam mais, comiam melhor, pararam de fumar e começaram a planejar a vida até os 90 ou 100 anos de idade. Assim, de acordo com o pensamento contemporâneo, a morte é adiada. Talvez não seja o mesmo que negação, mas para mim é bem parecido. Mas, então, o que significa exatamente "negar a morte"?

Em outros lugares do mundo e durante a maior parte da história, foi difícil negar a morte, que estava em toda a parte, espontânea e evidente demais aos sentidos. Desde a descoberta da morte (e quando e como foi?), a negação da morte — da morte de uma vez por todas — foi uma tentação inevitável. Há 100 mil anos, os neandertais praticavam cerimônias rituais para os mortos. Não temos como saber em que acreditavam, mas não é insensato suspeitar que atirassem para todos os lados, pedindo ajuda e, ao mesmo tempo, protegendo-se dos mortos. A morte era tão importante quanto o nascimento, muitas vezes mais dramática e quase sempre dilacerante para os sobreviventes. Crianças ficavam sem pais, tribos sem líderes, caçadores sem rastreadores. Se os neandertais temiam a própria morte ou apenas admitiam e aceitavam a morte dos outros é uma questão para a qual não temos resposta. O que deve ter sido claríssimo, entretanto, é que a morte fazia parte da vida. Tinha-se de lidar com ela. É presumível que não houvesse enfermeiras, hospitais nem coveiros neandertais para ocultar ou remover da vida cotidiana essa coisa desagradável. Também não havia advogados para complicar ainda mais as coisas. Morte era morte. Mas, mesmo então, talvez não fosse.

Os povos "primitivos", desde pelo menos os cro-magnons, desenvolveram estratégias detalhadas para aplacar e afastar os espíritos dos mortos. Os mortos, em outras palavras, não estavam totalmente mortos, mesmo depois de abandonar quase todos os seus prazeres e poderes terrenos. O épico mais antigo que se conhece (pelo menos um milênio anterior à Bíblia hebraica), a história babilônica de Gilgamesh, situa-se em boa parte na terra dos mortos. Os egípcios são um exemplo, mas não o único, dos preparativos em grande escala para a vida após a morte. Aguardavam talvez não a morte, mas essa vida que a seguiria. Do mesmo modo, a morte e seus detalhes recebiam enorme atenção, obsessiva até. Não só a vida após a morte recebia tanta atenção, nem o desagradável ofício de morrer; a natureza da morte propriamente dita, o portal ou transição, recebia seu quinhão de atenção do faraó.

Por outro lado, para os antigos hindus dos Vedas e depois os budistas e jainistas, a alma (ou *jiva*) não morreria, mas continuaria a viver (em outro corpo) bem adiante no futuro. Ao contrário dos colegas do Ocidente, não lhes bastava, porém, essa possibilidade. Viam a vida como sofrimento, como fardo a ser aliviado pela "libertação" final (muito diferente da simples morte). A morte era levada muito a sério, como se fosse uma mistura de promoção cósmica e condenação cármica. Os gregos, por sua vez, supunham apenas a sobrevivência daquela pobre sombra chamada "sopro" (*psyche*), banida do corpo, mas que, mesmo assim, nada não era. As descrições do Hades não são nada atraentes, e, embora os gregos não negassem a morte, com certeza não a viam com bons olhos. Dois milênios depois, Friedrich Nietzsche especularia a respeito de a grande virtude dos gregos ser sua aceitação fatalista da morte e do sofrimento como base da existência humana. E foi essa aceitação, proclamou ele, entusiasmado (em 1872), que os tornou, como sua vida, aliás, "tão belos!".

Foi Sócrates que transformou a alma num fenômeno filosófico, que ele fantasiava libertada do corpo. Em *Apologia*, de Platão, Sócrates meio que obriga o júri a condená-lo à morte ao declarar que preferiria morrer a parar de fazer filosofia. A visão da alma de Sócrates (por Platão) é tema de muito debate filológico, mas o que fica muitíssimo evidente é que ele acreditava na alma imortal, numa alma imortal bem concreta, aliás. Por menor que fosse a personalidade dessa alma assim libertada, ela era claramente capaz de pensar. Sócrates imaginava que, como alma desimpedida, poderia passar a eternidade pensando apenas em filosofia. Nisso, rompeu fileiras com a maioria de seus antecessores e abriu caminho para uma rica vida depois da vida (também insinuou alguma forma de reencarnação, que provavelmente tomou de Pitágoras, que por sua vez a pegou emprestada dos egípcios). Foi questão apenas de alguns séculos antes que esse aspecto da filosofia platônica provocasse um dos maiores despertares religiosos do mundo antigo.

A leste, na Palestina, os judeus fariseus acreditavam na vida após a morte, embora o significado completo dessa crença fosse bastante inespecífico até surgirem os cristãos. Na verdade, uma das promessas mais atraentes do início do cristianismo era a prevista "vitória sobre a morte" de Cristo. Isso ia muito além das esperanças de todos os povos anteriores. Não só havia vida após a morte, vida eterna, como seria mais gloriosa, mais justa até do que o maior dos grandes impérios, e sem sofrimento. A propaganda tornou irresistível a promessa do Céu. A vida era apenas uma frase curta, e a morte mal chegava a ser um sinal de pontuação. Dada a ubiquidade dessa ideia, pode-se quase concluir que a morte não seria mais um problema. Era apenas um "portal" para o reino de Deus. Ainda assim, a crença mais apaixonada tem de superar a prova dos sentidos e, embora o fato simples da morte fosse óbvio, a existência do prometido Outro Mundo não era.

O que significa negar a morte? Fiz essa pergunta antes, mas só como provocação retórica. Agora, porém, é hora de tentar algumas respostas. Negar a morte é, em primeiro lugar, recusar-se a acreditar que "isso" vai acontecer conosco. Pensar na morte como "isso" e em nós como suas vítimas significa, entretanto, apenas mais uma estratégia de negação, mais um jeito de afastá-la, de abstraí-la, de negar a responsabilidade, se não pela própria morte (o que é mais frequente do que se pensa), pelo menos por encará-la. Em sua estratégia mais mundana, mas generalizada, negar a morte é concentrar-se no alvoroço do mundo cotidiano e nem sequer levantar os olhos para o horizonte, para nossos próprios limites mortais. Suspeito que todos nós fazemos isso. Fazemos nossos planos estendendo-os indefinidamente no futuro. Acreditamos, a cada dia, que "amanhã vai ser outro dia". Agimos e sentimos como se tivéssemos todo o tempo do mundo. Da morte, dizemos simplesmente: "quando vier, virá" (pensando, mais uma vez, na morte como "isso" e em nós mesmos como vítimas, como estratégia de negação). Isso aparece em nossas prioridades, adiando o que é verdadeiramente importante até "limpar o caminho" e "apagar algumas fogueiras", cuidar das urgências.[10] Mas o caminho nunca é fácil de ver, as fogueiras continuam acesas, e algum dia não haverá amanhã.

A negação mais eficaz da morte enfatiza simplesmente que morte não é de fato morte, que a vida continua num meio mais ou menos idêntico a si mesmo. Essa pode ser a pura e simples sobrevivência da alma. Pode ser a sobrevivência da mente, das lembranças, do senso de si. Pode ser a reencarnação da alma em outra criatura, talvez em outra pessoa. Pode ser coisa muito mais grandiosa, a unificação com a Divindade ou a união com o divino Círculo Interior. Recentemente, vi na televisão uma entrevista com o filho do reverendo Billy Graham, e, ao ser perguntado como se sentiria quando o pai morresse, ele explicou com habilidade que ficaria terrivelmente triste quando o pai se aposentasse do ministério, mas só sentiria alegria quando "partisse", por saber então que seria muito mais feliz do que jamais fora. Com certeza, isso é pura e simples negação da morte. E, podemos perguntar, o que há de errado nisso?

Não duvido do encanto dessas crenças nem tenho nenhum argumento convincente contra elas. Na verdade, preocupo-me um pouco com os que adotam como missão derrubá-las. Paul Edwards, por exemplo, mais conhecido pela organização da *Enciclopédia de filosofia*, passou boa parte da carreira refutando primeiro a visão heideggeriana da morte e, mais recentemente, a ideia da reencarnação.[11] Quem lê esses livros? Com certeza, não os crentes. Nem, mais provavelmente, os descrentes. Como existencialista, até concordo com algumas ideias de Heidegger, pelo menos, e, como velho biólogo e amante de animais, aprecio bastante a ideia da reencarnação, seja qual for sua plausibilidade. Ainda assim, quero mostrar que todo tipo de crença em vida após a morte pode ser considerado uma forma de negação da morte. Pode haver total aceitação da morte do corpo, mas, em um sentido relevante, considera-se que a pessoa sobrevive. Pessoalmente, duvido; ou, permitam-me dizer, não acredito nisso, embora minha crença pessoal, sou o primeiro a destacar, não tenha a mínima importância nem interesse a ninguém, exceto a mim. Na verdade, pode bem ser minha perdição. Mas minha própria crença é que isso apenas adia a questão, que é — haja ou não vida após a morte — "O que é morte e como devo pensar a seu respeito?". O que acontece após a morte é outro assunto; no meu caso, qualquer "algo" que acontecesse seria uma surpresa bem espantosa. "O que acontece após a morte?" não é substituto para "O que é morte e como devo pensar a seu respeito?", e pensar que é não passa de outra forma de negação.

DA NEGAÇÃO DA MORTE AO FETICHISMO DA MORTE

> Nada, nada tinha a mínima importância (...) Do escuro horizonte de meu futuro, era como se uma brisa lenta e persistente soprasse sobre mim a vida inteira (...) Que diferença teria para mim a morte dos outros, ou o amor de mãe, ou seu Deus, ou o modo como o homem prefere viver, o destino que escolhe, já que um só destino estava fadado a "escolher" não só a mim, mas a milhares de milhões de privilegiados (...) Todos seriam condenados a morrer um dia.
>
> Albert Camus, *O estrangeiro*

Muitas vezes tem-se considerado a morte como prova ou teste, como evento definitivo numa vida que frequentemente flertou com fatalidades. Em especial na ética homérica, o modo de ocorrência da morte era considerado a marca definitiva do caráter de um homem. Morrer com bravura na batalha era virtuoso. Morrer jovem de gripe ou pneumonia, tentando não ser grosseiro demais, era patético (Alexandre, o Grande, e Lord Byron estão nesses casos). Morrer de velhice era louvável, mas só para quem reunisse todo um histórico de cicatrizes de batalha e que por pouco não tivesse morrido em combate. Saltando 30 séculos, na ética clássica dos caubóis, era considerado essencial "morrer de botas" — a morte era um ritual e, embora significasse que se perdera a luta, indicava também que a luta fora boa (levar um tiro nas costas não só mostrava a covardia do assassino, como privava a vítima da oportunidade de ter uma morte honrosa). Os rituais de duelos da América do Sul e das lutas contemporâneas entre gangues urbanas mantêm códigos semelhantes de honra, lealdade e morte, em que a morte faz parte da vida, sendo, aliás, seu teste mais importante. A morte é um mal e também é inevitável; o jeito *como* se morre, porém, significa tudo.[12] A biologia da morte tem pouca importância.

Em boa parte da tradição cristã, a meta é morrer de consciência limpa, seja por comportamento correto, seja por arrependimento oportuno. Durante a Idade Média, a ética do guerreiro uniu-se à da salvação em desconfortável colaboração, quando cristianismo e islamismo entraram em combate na Terra Santa. Matar e ser morto em nome de Deus, mas morrer com absolvição, era o ideal da cavalaria, tanto quanto a languidez do amor e o juramento de lealdade imorredoura. A morte continuou a ser o ponto alto da vida, tanto por causa do significado do modo como se vai quanto pela promessa de vida futura.

Durante boa parte da mesma história, a morte da mulher era considerada coisa mais simples, de preferência tranquila e sem queixas, mas também trágica, durante o parto. Assim como negavam-se às mulheres o direito e a capacidade de ter uma vida plena, também lhes eram negados o direito e a capacidade de ter uma morte completa. Só raramente a morte de uma mulher era um ato excepcional de honra, heroísmo ou patriotismo (Joana d'Arc, por exemplo). Uma das questionáveis conquistas do movimento pela igualdade das mulheres é o fato de, nas forças armadas modernas, elas se estarem aproximando dos postos de combate, enquanto suas irmãs das gangues urbanas, que lutam nas ruas, vêm acumulando ataduras tão longas quanto as de seus camaradas do sexo masculino. A partir desses indícios pode-se concluir que pelo menos alguns jovens perderam o medo da morte e não a negam de nenhum modo. Talvez seja um fenômeno a ser explicado pela desvantagem socioeconômica, como fenômeno de classe, mas os indícios mostram outra coisa. Eu diria que o novo caso de amor com a morte transcende as classes e significa algo mais.

Na filosofia recente (e em boa parte da poesia e do teatro de vanguarda e das pretensões vanguardistas de estilo de vida, como na moda da "morte requentada" de Calvin Klein), a morte tornou-se a maior das experiências. Pensamos imediatamente nos franceses: Foucault, descrito de modo tão vivo por Jim Miller em sua recente biografia; Artaud, tão louvado por Susan Sontag em alguns de seus textos mais inflamados da década de 1970; Rimbaud e a posição elevada que ocupa entre os poetas franceses, devido principalmente à morte deliciosamente precoce.[13] Pensamos em Heidegger e sua noção de "ser-para-a-morte", que precisa receber sempre ressalvas cuidadosas. Para o próprio Heidegger, clara e enfaticamente, isso não deveria ser entendido como "experiência"; na verdade, Heidegger não tinha muito a dizer, a não ser com sarcasmo, sobre "experiência" em geral.[14] Do modo como Heidegger foi lido, primeiro pelos franceses e, agora, pelos americanos e por alguns australasianos, o "ser-para-a-morte" tornou-se, sem dúvida, o foco de um certo tipo de experiência, uma "experiência autêntica", talvez também de um certo tipo de estado de espírito, não só no sentido heideggeriano e bastante abstrato da palavra, mas também como afeto palpável, um sentimento de depressão niilista misturado à sensação exultante de liberdade (essa falsa sensação de liberdade e a sensação de irresponsabilidade que tende a acompanhá-la são o verdadeiro alvo do desdém de Sartre por filosofia tão niilista).

Estritamente falando, a ideia da morte como a maior das experiências pode não ter muito sentido. A morte não é uma experiência. Como nos assegurou Epicuro há dois milênios, ela é "nada". Mas agora *nada* também foi elevado à categoria de experiência capaz de definir a vida; e o processo de morrer, o momento de morrer, a consciência aguda do próprio ato de morrer e a afobação com que se vive prevendo-o, tudo isso passou a ser considerado um tipo de sensibilidade heroica. Decerto com muita frequência, os personagens mais dramáticos vão embora prematuramente numa névoa induzida pela droga, como, há alguns anos, o artista plástico Basquiat ou Kurt Cobain, cantor do grupo de rock Nirvana. Deu-se muita ênfase à noção de *escolha* ao morrer, em parte inspirada, talvez, pela prática clínica e hospitalar desumanizadora das últimas décadas. Em termos mais profundos, essa ênfase recém-encontrada na escolha ao morrer pode ser a percepção dramática da ênfase heideggeriana em tornar a morte "própria de alguém". Essa, penso eu, é a explicação filosoficamente mais importante da explosão de violência da juventude no mundo inteiro — um mundo sem empregos, no qual as relações são problemáticas e os heróis da tela grande ganham vida desafiando a morte o tempo todo. Num mundo assim, enfrentar a morte e, com frequência, morrer tornam-se menos uma fuga do que um modo de expressão pessoal. Dublês de pilotos morrem sozinhos em desastres nas montanhas, em corridas de bêbados ou de idiotas, e passam a ser considerados heróis e não tolos. Criminosos que jogam a vida fora num tiroteio sem esperanças são celebrizados (recordemos os personagens inegavelmente encantadores de *Força de um amor* [*Breathless*] e *Butch*

Cassidy). É claro que nesses fenômenos há muitas dimensões sociológicas e psicológicas, mas não deveríamos subestimar o poder da moda filosófica do livre-arbítrio, de morrer segundo os seus próprios termos, mesmo que (se necessário) pelas próprias mãos.

Tornar própria a morte e saborear (ou acreditar que se vai saborear) a experiência tornou-se um forte motivo existencial. Alasdair MacIntyre lamenta o fato de seus contemporâneos, em geral, manifestarem a opinião de que prefeririam morrer instantaneamente, sem aviso e sem sofrer a morte lenta e arrastada que permitiu aos mais antigos refletir e ruminar sobre a vida e sobre seus pecados, organizar a história e o significado da existência.[15] Esse tópico passou a fazer parte do discurso popular. Logo depois da explosão do avião do voo 800 da TWA que decolou de Nova York (em julho de 1996) as conversas foram reveladoras. Por um lado, foi dito que os passageiros eram vítimas (é degradação da linguagem e não expressão de simpatia reiterar, como costumam fazer os políticos, que foram "heróis"). Por outro lado, porém, houve muita discussão angustiada e quase empática sobre o que significaria ser uma dessas vítimas. Muito se comentou, dada a subitaneidade da explosão, o fato apavorante de que (para as vítimas) não só não houve escolha como também não houve tempo — tempo para saborear ou para prever a experiência. Não houve tempo para nada além de choque e medo. Não houve tempo, em outras palavras, para tornar própria a morte.

Foi então divulgada a notícia de que alguns passageiros (os que estavam na parte traseira do avião) continuaram a voar, presumivelmente ainda conscientes, por mais 10 ou 12 segundos. Isso inspirou um horror exatamente do tipo contrário. Houve quem ponderasse que é melhor ir "de repente" ("sem saber o que o atingiu"); houve quem declarasse ser preferível ter aqueles precários segundos para chegar a um entendimento, recompor a alma, por assim dizer, e viver, ainda que talvez não saborear, a experiência. Nessa conversa fiada distante e mesquinha logo após uma tragédia horrível, pode-se perceber toda a história e mesmo a própria natureza da preocupação humana com a morte. Como deveríamos pensar sobre a morte? O que significa "preparar-se" para a morte? Seria melhor nunca pensar nela, mesmo quando estiver imediatamente sobre nós? É possível tornar a morte "própria"?

A glorificação da experiência da morte é o que chamo de *fetichismo da morte*. É uma versão extremada, mas pervertida, da mentalidade do guerreiro heroico, segundo a qual a morte é o momento mais importante da vida. O herói e o guerreiro, entretanto, não pensam na morte como "experiência". Para os fetichistas da morte, por outro lado, ela é a maior de todas as experiências (não apenas a última). Esse é um ingrediente comum nas práticas mais perigosas e até fatais do pessoal sadomasoquista. Sem dúvida acompanhou a morte de Basquiat e a de Cobain (embora talvez não as tenha causado). Percorre seu caminho nas últimas obras de Michel Foucault e, caso se aceite a versão de James Miller, foi a força motivadora não só destas últimas obras, mas também de seus últimos anos. O fetichismo da morte rejeita totalmente a opinião epicurista de que morte é nada e insiste, com entusiasmo considerável, que é um baita *algo*, algo essencial, algo a ser louvado, algo a ser até amado. Seus proponentes vivem ansiosíssimos para defender a ideia de que é o próprio oposto da negação da morte. É a recusa de trivializar a morte ou de explicá-la apelando para um tipo qualquer de continuação da existência. O fetichismo da morte simboliza o enfrentamento heroico da "possibilidade necessária" de que vamos todos morrer (e a impaciência com isso).

Ao contrário dos heróis que enfrentam a morte mas esperam evitá-la na batalha, o fetichista da morte flerta com ela em seus próprios termos. Na verdade, o verbo "flertar" parece perfeito, tanto porque o fetichismo da morte é fenômeno inegavelmente erótico e até sexual quanto porque nunca se tem certeza da intenção de ir até o fim. O fetichismo da morte, seja o que for além disso, é um exemplo purificado do que Heidegger sugeriu quando escreveu sobre "tornar própria a morte" e sobre a vida humana como "ser-para-a-morte". Sem dúvida, a ideia de Heidegger não era a louvação da morte. Ele foi um homem que (como Nietzsche) viveu bem longe das tentações do perigo físico. Por mais dramático que seja seu texto, ele não permitiu que o risco e que o fatalismo que exprimia interferissem em sua sensibilidade bastante doméstica (ao contrário de Nietzsche, viveu com bastante saúde até os 80 e tantos anos). Creio, porém, que Heidegger é o patriarca do fetichismo da morte na filosofia. A maior parte da história da filosofia, talvez, tentou negar à morte seu lugar apropriado na vida humana, seja ao proclamar a probabilidade de outra vida depois, seja ao ignorar inteiramente o assunto. Mas foi Heidegger que, com mais destaque, abraçou a morte e lhe deu a atenção devida. Em seguida, os franceses pós-heideggerianos — Bataille, Artaud, Foucault — transformaram-na em fetiche.

Em muitas religiões, o fetiche é um objeto sagrado, dotado talvez de poderes mágicos. Desde Freud, a palavra também descreve o objeto erótico e excitante, embora possa-se argumentar que a distinção entre o religioso e o erótico é produto da maldade judaico-cristã, e Freud, um de seus seduzidos modernos. Em termos seculares e bem assexuados, porém, o fetiche é, principalmente, qualquer objeto alvo de excessiva atenção e devoção. Assim, Marx destacou, com bastante justeza, o fetichismo do dinheiro e das mercadorias no capitalismo atual, e os historiadores da cultura pop se referem com considerável saudade àquele fetiche americano, o automóvel (pelo menos antes da década de 1980, quando todos os carros se tornaram não só japoneses e alemães como também tão cheios de equipamentos computadorizados, que a intimidade sob o capô não foi mais possível para a maioria dos entusiastas amadores). Assim, nos Estados Unidos e, hoje, no resto do mundo, o automóvel não é apenas útil e, às vezes, necessário, além de símbolo de status. Representa também a concretização dos poderes, da personalidade, do próprio eu. Ainda assim, é apenas uma máquina. O fetichismo da morte, similarmente, converte a morte, uma fração da máquina da vida, no significado da vida, no teste maior da vida e, até mesmo, na razão da vida. No final de *O estrangeiro*, de Camus, o personagem Meursault declara: "Só havia uma classe de homens, os privilegiados. Todos seriam igualmente condenados a morrer um dia." Meursault prossegue observando que nada mais, nenhuma das escolhas de alguém, nenhuma de suas ações ou interesses faz diferença diante daquele "horizonte escuro", de onde "uma brisa lenta e persistente soprou em minha direção a vida inteira".

Em *O mito de Sísifo*, Camus observa, de modo semelhante, agora com sua própria voz, que "pela mera atividade da consciência transformo em regra da vida o que foi um convite à morte". Recusar-se a se suicidar, de acordo com o jovem Camus, é o que dá significado à vida. E se a filosofia de Camus é sempre um tipo de louvação da vida, não se pode deixar de notar que sempre é também um fascínio pela morte, como ele mais ou menos admite em suas obras mais autobiográficas.[16] A "paixão pela vida" que ele tanto enaltece costuma ser indistinguível da obsessão com a morte. Em última instância, não se pode ignorar nem negar a morte, mas, assim como é possível tentar ignorá-la, negá-la, desdenhá-la ou torná-la hollywoodiana, também é possível dar-lhe importância desmedida. A morte não é o foco de nossa vida. Não somos "seres-para-a-morte", apesar do fato inevitável de que vamos morrer.[17]

A morte é um fato da vida em meio a muitos outros (nascimento, apetites, excreção e, de acordo com a sabedoria popular, os impostos[18]), e podemos aceitá-lo sem com isso ver tudo a sua sombra. Com muita frequência, em Camus, em Foucault e Artaud, em Heidegger, dá-se importância desmedida à morte. O fetichismo da morte merece reconhecimento como rebelde oposição à negação da morte, mas penso que precisamos ser mais críticos a respeito da própria ideia de "negação da morte". Boa parte do que recai sob essa acusação parece-me não passar de apreciação saudável da vida. O fetichismo da morte, ao contrário, não surge como aceitação, mas como celebração da morte. A morte, de acordo com seus fetichistas, é excitante, é algo a ser saboreado. Para o fetichista da morte, ela não é um "nada" nem o portal para a outra vida. Sem dúvida, por trás das bravatas do fetichismo da morte há terror e irresponsabilidade, mas há também algumas questões sérias que podem ter papel importante ao nos levar a ver exatamente o que é importante na morte e o que não é.

O CENÁRIO VAZIO: "MORTE É NADA"

> Acostuma-te à crença de que a morte é nada para nós. Pois todo bem e todo mal consistem em sensação, mas a morte é privação de sensações. E portanto a compreensão correta de que a morte é nada para nós torna agradável a mortalidade da vida não porque lhe acrescente duração infinita, mas porque leva embora a fome de imortalidade. Pois nada há de terrível na vida para o homem que compreendeu verdadeiramente que nada há de terrível em não viver.
>
> Epicuro, *Carta a Meneceu*

> Reconhecidamente, não há maior jogo de azar do que o jogo de vida e morte. Aqui, toda decisão é enfrentada com supremo *suspense*, preocupação, medo. A nossos olhos, é tudo ou nada. Por outro lado, a Natureza, sempre honesta e franca, não mente. Fala sobre o tema de modo muito diferente, tal como Krishna no *Bhagavad Gita*. Seu depoimento é que nada depende da vida nem da morte do indivíduo.
>
> Arthur Schopenhauer, *O mundo como vontade e representação*

A maioria não pensa muito sobre a morte; sobre sua própria morte, melhor dizendo. Os mais abastados podem dedicar-se a um mínimo de prudente planejamento da herança e, hoje, quase todo mundo é encorajado a redigir seu testamento.[19] Isso, porém, diz muito menos a respeito da expectativa da morte do que sobre a atitude do cidadão comum diante dos advogados e do governo. É meramente uma recusa ideológica a abrir mão de seu suado dinheiro. Na verdade, o "planejamento da herança" pode ser até veículo para negar a morte, para mantê-la a distância e absorver-se nos assuntos materiais do mundo. Meu próprio pai, advogado à moda antiga que ainda considerava que ser advogado era um modo cavalheiresco de ajudar as pessoas, sobrecarregou-se devidamente de seguros de vida e de outras proteções para a família, caso algo lhe acontecesse. Quando, inevitavelmente, algo aconteceu, minha mãe descobriu que ele deixara de explicar onde e como receber a maior parte dessas proteções. Pensar de fato sobre a morte, ao contrário do planejamento sensato da herança, foi coisa que ele não ousou fazer.

Foi da recusa a pensar sobre a morte — sobre a própria morte — que tratou Heidegger, seguindo Kierkegaard. E, sem dúvida, há nisso importante questão sociológica, além de existencial. A questão sociológica é distintamente europeia, americana e moderna. Em geral, os rituais da morte são escondidos, isolados, só raramente tema de pensamento e planejamento elaborados. A questão existencial é que a negação da morte, de um modo difícil de identificar, é também negação da vida. Essa, entretanto, é uma alegação ainda não comprovada, por mais que seja recorrente. E vai ao encontro de uma das mais clássicas ideias sobre o assunto, a de que "morte é nada". Segue-se, portanto, que nada há a temer — e nada a negar. É hora de examinar cara a cara essa filosofia.

Escolas inteiras de filosofia dedicaram-se a essas proposições — morte é nada e, portanto, não há o que temer da morte. Nesse contexto, o nome mais famoso é Epicuro (341-270 a.C.), seguido por Lucrécio, seu sucessor romano (98-55 a.C.). A milhares de quilômetros a leste, Chuang-Tsé (369-286 a.C.) e outros taoistas também enfatizaram que a morte é "nada", opinião defendida mais tarde por muitos budistas e, modernamente, por Schopenhauer. Para os epicuristas, a morte era nada de maneira bem direta. "Acostuma-te à crença de que a morte não é preocupação para nós, pois todo bem e todo mal consistem em sensação, e a sensação termina na morte. Enquanto existimos a morte não está presente e quando a morte está presente não mais existimos."[20] Pode-se notar a virada negativa da filosofia de Epicuro, ignorada pelos que o tratam como hedonista e que usam "*epicúrio*" para referir-se àqueles que só sabem divertir-se. Epicuro não se concentrou no prazer, mas sim no horror da dor. Na verdade, "prazer", para ele e para muitos filósofos, significa principalmente ausência de dor.

Lucrécio, que como Epicuro era seguidor de Demócrito, sugeriu que a alma humana nada mais era do que um arranjo de átomos que na morte se dispersava, nada deixando. Chuang-Tsé endossava imagem semelhante, ainda que o taoismo seja uma filosofia holística e não atomista. Assim como os filósofos ocidentais, os taoistas deram enorme ênfase à ideia de que os seres humanos fazem parte da natureza. Nossa individualidade, até certo ponto, é ilusão, e um dos ideais da vida é considerar tanto a vida quanto a morte com equanimidade e serenidade. Chuang-Tsé deixa-nos uma série de belas imagens, descrevendo, por exemplo, a morte de um indivíduo como uma gota d'água que se une a todas as outras gotas de um rio. Portanto, a morte é nada, e nada há a temer.

Pode-se argumentar que a tese de que a morte é nada não é uma forma de negação da morte. Ela aceita a morte, e aceita-a como morte, não como portal para outra vida. Os epicuristas e taoistas não negam que a morte é inevitável (embora alguns taoistas posteriores tenham brincado com a ideia de imortalidade pessoal).[21] Ela, porém, não teria importância e, em certo sentido, seria irreal. A dispersão dos átomos ou a fusão do que na verdade nunca foi separado — por que tais questões deveriam ser importantes? A acusação grave, entretanto, é que a opinião de que a morte é nada alimenta-se da ideia (ou a ela conduz, enganosamente) de que a vida é nada ou nada importante e, até mesmo, um fardo, algo de que é preciso aliviar-se. Isso transparece nas quatro Nobres Verdades do budismo e, às vezes, parece imiscuir-se também no taoismo. Está no centro da noção de "libertação" das três grandes religiões do sul da Ásia (hinduísmo, jainismo e budismo) e, naturalmente, tem papel central no pessimismo de Schopenhauer.

A ideia de que vida é sofrimento é especialmente pungente na tradição judaico-cristiano-islâmica. Tanto no judaísmo quanto no cristianismo, há a ânsia constante de transcender o sofrimento e "vencer" a morte. No cristianismo, a morte nem mesmo é morte (um jeito bem diferente de dizer que "morte é nada"). Mas isso também não é uma maneira de menosprezar a vida? Ver a vida essencialmente como dor e sofrimento e a morte como alívio da dor e do sofrimento pode atenuar o medo da morte, mas a custo considerável para a apreciação da vida. Várias versões de cristianismo são bem claras a esse respeito. Nelas, a alma cristã não faz parte da natureza nem deste mundo ("no mundo, mas não do mundo", na formulação do Novo Testamento). É a "vida eterna" de cada um que conta, e não a mera vida terrena. Isso, acusa Nietzsche, é o "não-dizer" de pensadores "do outro mundo", a começar com Sócrates, que odiava a vida e sonhava com outros mundos melhores. Epicuristas e taoistas, por sua vez, não prometem nenhum Outro Mundo assim, mas também parecem remover o ferrão da morte ao fazer muito pouco da vida. Se morte é nada, tão somente dispersão de átomos ou reunião da matéria-prima de nossos corpos ou almas com aquela natureza da qual na verdade nunca se separou, a vida então seria algo especial ou não passaria de conjunção de átomos e almas?

Acho que os epicuristas e taoistas podem ser inocentados dessas acusações. O que devemos entender é o contexto em que foi apresentada a ideia de que morte é nada, que deve ser vista como reação à ideia de que a morte é algo a ser levado a sério, algo com que se preocupar. Epicuro ensinou e escreveu contra a preocupação e contra a cerimônia que cerca a morte no contexto do fanatismo religioso. Os estoicos romanos pregaram lição semelhante em meio a um carnaval de excêntricas religiões. Ao levar a extremos a importância da morte — e de modo algum foi o cristianismo nascente que mais avançou nessa direção — a atitude popular diante da morte inspirou, naturalmente, reação mais do que diferente, oposta. O comentário de Epicuro "morte é nada" é a frase de para-choque dessa reação.

Em vez do pânico crescente acerca da natureza da vida após a morte e da natureza punitiva dos deuses, o dito de Epicuro nos parece sinal de sanidade. Foi, entretanto, tirado de seu contexto. A frase completa é importante — "a morte é nada *para nós*" — e permite a possibilidade de que, mesmo assim, a morte possa ter importância considerável para os sobreviventes ou para a sociedade em termos mais gerais. E o trecho que o contém esclarece a intenção deflacionária de Epicuro. De fato, ele não visa tanto à morte (ou à preocupação com a morte) quanto aos deuses e à preocupação com os deuses. Ele simplesmente enfatiza a inexistência de deuses, assim como de outra vida na qual os deuses pudessem agir sobre nós. Nesse contexto, "nada" havia com que se preocupar. Só se pode imaginar, diante do apavorante pano de fundo religioso daquela época, que aquilo que Betty Sue Flowers chama de "o cenário vazio" ("*the bald scenario*") deve ter sido um tremendo alívio.[22]

Acho que a ênfase de Epicuro no valor social da morte é ainda mais importante. Essa questão, quero retomar em detalhe, não deve ser confundida com a observação óbvia de que a morte afeta tanto os sobreviventes quanto o falecido. Embora seu nome e a palavra dele derivada (epicurista) se tenham tornado sinônimos de hedonismo, Epicuro distinguia cuidadosamente (como faria John Stuart Mill dois milênios depois) as "qualidades" dos prazeres e afirmava que a honra (ou o que chamaríamos de "integridade") tinha importância máxima. Bem ao contrário dos fetichistas da emoção da morte de sua própria época, Epicuro recomendava a *ataraxia*, ou paz da mente. Não se preocupar com a morte era um dos aspectos do não se preocupar em geral, mas a *ataraxia* não podia nem devia ser obtida por meio do esquecimento nem da irresponsabilidade. O segredo era ter uma vida boa e virtuosa, em que os valores mais elevados fossem a amizade e a comunidade. Ao contrário da caricatura popular, Epicuro não era um solipsista em busca do prazer, mas também não aceitava a ideia de que a vida é só dor. Sua insistência de que a morte é nada "para nós" é a garantia de que não há dor nem sofrimento que venha com a morte, que não há torturas à espera da alma recém-libertada, que não há experiência, nem boa nem má, a esperar ou temer. Isso não é dizer que a vida também é nada. A vida é, ou deveria ser, cheia de virtude e amizade, e dos melhores prazeres. Mas quando ela acaba, acaba — e só.

Quando pensamos na morte, costumamos pensar no que perderemos. Mortos, perderemos a festa, mas isso não será mais uma preocupação. E os amigos também não deveriam se preocupar — não que não se importem ou que não sintam falta —, pois não estaremos "perdendo" nada, visto que não estaremos em lugar nenhum, não estaremos sujeitos a nenhum mal, seremos nada. Embora os epicuristas não se entregassem ao pensamento tantas vezes fátuo de que os mortos, afinal de contas, estão em condições muito melhores e são muito mais felizes do que nós, poderiam ao menos, em sã consciência, sentir-se tranquilos, já que os mortos também não estariam em condições piores nem infelizes. Como, algum dia, seria o caso deles também.

A MAGRA CEIFEIRA: A MORTE COMO PARADOXO

> A morte sempre foi considerada — se está certo ou errado, ainda não se pode determinar — a fronteira final da vida humana. Assim, foi natural que uma filosofia interessada primariamente em precisar a posição humana em relação ao não humano que a cercava considerasse primeiro a morte como porta que se abria para o nada da realidade humana, e que esse nada fosse a cessação absoluta de ser ou então a existência em forma não humana. Portanto, houve a concepção realista da morte em que ela surgia como contato imediato com o não humano. Desse modo, a morte fugia ao homem, ao mesmo tempo que o completava.
>
> Jean-Paul Sartre, *O ser e o nada*

O antídoto epicurista foi fonte de considerável sabedoria e paz de espírito na filosofia e na religião ocidentais. David Hume, por exemplo, epicurista em vários aspectos, adotou essa estratégia filosófica.[23] Em seu leito de morte, repetiu um argumento que tomara emprestado de Lucrécio, discípulo romano de Epicuro. Boswell assim descreve a conversa: "Perguntei-lhe se a ideia de Aniquilação nunca lhe causava nenhuma inquietude. Ele disse que nem um pouco; não mais do que a ideia de que não tivesse existido, como observa Lucrécio."[24]

Assim proclamada, a reflexão de Hume tem duas partes. A primeira é que "morte é nada". A segunda é um argumento de "simetria", que afirma não ser o "nada" que se segue à morte diferente do "nada" que precedeu o nascimento. Acho isso pavorosamente problemático. Tom Nagel argumenta, de modo correto, creio eu, que morte não é "a mera imagem espelhada do abismo anterior".[25] Ele escreve: "O tempo depois da morte [de alguém] é tempo do qual sua morte o priva. É tempo em que, caso não tivesse morrido, estaria vivo."[26] E continua:

> Mas não podemos dizer que o tempo anterior ao nascimento de alguém seja tempo em que teria vivido caso tivesse nascido não naquele momento, mas antes. Pois, além da breve margem permitida pelo parto prematuro, não poderia ter nascido antes: quem quer

> que nascesse substancialmente antes dele seria outra pessoa. Portanto, o tempo anterior ao nascimento não é tempo que o nascimento posterior impede que se viva. O nascimento, quando ocorre, não lhe provoca a perda de nenhuma vida.[27]

Pode-se muito bem sondar a noção de "privação" nesse contexto. Em que sentido o morto é "privado" de tempo? Privação implica perda, talvez até logro, traição, injustiça. Mas em que sentido alguém "tem" ou "merece" o tempo que então se perde? Os fornecedores de morte (Hollywood e as forças armadas, por exemplo) gostam de dizer "chegou a hora" ou "chegou a minha/sua hora". Nesse caso, não há perda, porque não há nada a esperar. Isso certamente é insensível, mas encontra-se conceito semelhante em muitas religiões, com frequência sob a noção de "destino", facilmente mal-entendida. Pode-se dizer que destino é tempo designado. Morrer é simplesmente esgotar o próprio tempo, não importa se parece que foi "cedo" demais à luz dos próprios projetos, expectativas, esperanças, saúde. Desse ponto de vista, pode-se dizer que a morte de alguém, na verdade, é como seu nascimento, já que tanto antes quanto depois a pessoa está "sem tempo". Ela não existe, e a diferença entre "ainda não" e "não mais" passa a não ser nenhuma diferença. Isso, entretanto, não pode ser uma defesa adequada do argumento de Hume.

O que me incomoda nesse modo de pensar não é só a potencial insensibilidade, mas também o fato de que, como em tantas discussões da filosofia, ele confunde gravemente os casos em primeira pessoa e em terceira pessoa. Num sentido filosófico sorrateiro, *para mim* não há diferença (nos momentos citados) entre o vazio que precedeu meu nascimento e o vazio que se seguirá a minha morte. Mas isso é só porque não há nada para mim, nenhum sentido em "para mim", nem igualdade nem diferença. Como "vazio", não há diferença, não poderia haver diferença (o buraco de um pedaço de queijo é diferente do buraco na camada de ozônio, mas a diferença é entre o queijo e a camada de ozônio, não entre os vazios).[28] Assim, *para mim* não há diferença; *quem*, porém, descreve esse vazio e de que ponto de vista? Com certeza não pode ser *eu*. No mundo dos outros, entretanto, há pelo menos uma diferença fundamental:

depois de minha morte, ao contrário de antes de meu nascimento, algumas pessoas sentirão minha falta (os solitários, na triste situação de não ter ninguém que vá sentir sua falta, queixam-se reveladoramente: "É como se eu nunca tivesse nascido"). Na verdade, durante minha vida posso prever que vão sentir minha falta. Mas, antes de meu nascimento e depois de minha morte, não há ninguém em condições de descrever a semelhança entre o abismo anterior e o posterior. Por outro lado, se faço a descrição a partir do presente — ou seja, enquanto estou vivo —, a diferença entre o vazio antes do meu nascimento e o que prevejo depois de minha morte é de fato enorme. O primeiro é simplesmente um passado sem mim, e (a não ser em circunstâncias bem extraordinárias) um passado no qual eu e meus papéis específicos não temos nenhuma importância concreta.[29] O último está cheio das minhas esperanças, dos meus temores e das minhas expectativas, tanto até o momento em que eu morrer quanto também depois da minha morte.

Entre as preocupações de minha vida podem-se incluir meus projetos, minhas ambições, minha posição social, minhas ameaças de ferimentos e doenças, o tipo ou o modo de minha morte. Entre as preocupações com meu futuro — essas esperanças, temores e expectativas que apontam para depois da minha morte — podem-se incluir a maneira como serei lembrado, o destino de meus filhos, o que será feito de minha propriedade, se meus livros ainda serão lidos, se meu corpo será adequadamente respeitado ou violado, ou usado para a ciência, ou reciclado com algum propósito inconveniente. Nenhuma dessas preocupações voltadas para o futuro, contudo, me envolve essencialmente e não poderia ser descrita a não ser em termos de quem sou e de quem fui, e o que fiz de mim, e a natureza de minha existência em vida. Isso não é verdade quanto ao passado, a não ser, mais uma vez, no caso de alguma narração hiperteleológica e muito criativa.[30] Posso imaginar ter nascido anos e até séculos antes da data em que de fato nasci, mas, deixando de lado a questão de que então eu seria uma pessoa diferente (como argumenta Nagel), parece claro que o que estou fazendo é transportar-me como um todo — minha vida inteira, meu caráter, minha história — para um passado imaginário. Não estou perdendo nem prevendo perder o tempo anterior a meu nascimento.

O tipo oposto de argumento, parecido com o de Epicuro, pode ser chamado de argumento "fenomenológico". É impossível imaginar o não-ser do ponto de vista da primeira pessoa. É até fácil imaginar que não se existe, claro, mas há sempre aquela pergunta incômoda sobre pontos de vista: a partir de onde se imagina esse não ser de si mesmo? Assim, Freud imagina-se em seu próprio funeral, uma presença fantasmagórica, mas, ainda assim, ali presente. Assim também os personagens de Sartre em *Entre quatro paredes* observam e comentam o comportamento dos amigos durante e depois de seus funerais. O personagem de Jimmy Stewart em *Do céu caiu uma estrela* (*It's a Wonderful Life*) chega a ver como teria sido o mundo sem ele, mas, ainda assim, lá está, e vê, caminha, dirige um carro e até faz contato com seus antigos amigos e vizinhos (que não se lembram dele) e com a esposa (que, naturalmente, sem ele, é uma velha solteirona).[31] Em outras palavras, é Jimmy Stewart representando ele mesmo, e não ninguém, ainda que seja um estranho para seus amigos. Como argumento contra o vazio, todavia, a fenomenologia é falsa. Não há ponto de vista para ocuparmos quando estamos mortos.

O que preocupa em toda essa linha de argumentação, dos antigos aos modernos de Nova York e Paris, é que ela realmente foge à pungência, senão ao tema, da pergunta: "O que é, para mim, a minha morte, e por que eu deveria temê-la?" Pode-se avaliar o contexto em que Epicuro e Chuang-Tsé tentaram neutralizar a histeria que cercava a morte em suas culturas; no contexto contemporâneo de negação e fetichismo da morte, parece-me, porém, que é preciso uma dialética bem diferente. O que acontece, sobretudo nas tentativas anglo-americanas contemporâneas de argumentar que "morte é nada", é que a perplexidade e a confusão naturais que cercam o medo da morte são supostamente resolvidas "esclarecendo-se a questão". De fato, muitos filósofos que conheço diriam que todo o objetivo da filosofia é esclarecer exatamente confusões desse tipo. Mas algumas questões não podem e não devem ser esclarecidas, e essa é uma delas. O que vemos aqui é um truque de filósofo: primeiro, elimine tudo o que não é a morte como tal, por exemplo, a dor e o sofrimento de morrer, todas as questões sobre como se morre, onde e com quem, elimine toda consideração sobre potencialidades futuras (já que, depois de morta, supõe-se que a pessoa não tenha mais essas potencialidades); remova o temor da morte e toda esperança de outra vida (não importa como for concebida). Bingo! Não sobra nada. Morte é nada. Talvez se queira dizer que assim se deixa a questão de lado, mas "questão" é exatamente o que não há. De certa forma, o medo da morte é uma teia de preocupações e confusões não só sobre a possibilidade de outra vida como também sobre a vida que chega ao fim na morte. Desdenhar tudo isso como meramente "nada" é desdenhar também nossa preocupação com a vida. Assim, afastamo-nos de Epicuro.

MEDO DA MORTE: O QUE TEMER?

> Portanto, a morte horroriza e enoja não só por cheirar mal, mas porque *não* é [itálico meu] o fim do processo da vida (...) O ter vivido e o viver unem-se para formar o mundo orgânico do apodrecimento gerador, que cheira mal e é nauseante ao toque. A lama pegajosa, a poça infecta são o caldo da vida, a própria fecundidade: vida animal viscosa, escorregadia, movendo-se sem parar.
>
> William Miller, *An Anatomy of Disgust*

Por que deveríamos temer a morte? Se enveredarmos pelo caminho reducionista, insistindo na "morte em si" e nada mais, vamos acabar com um conceito tão precário de morte, que, por necessidade, acabará em nada. Vamos, em vez disso, examinar o equívoco e a confusão que a questão engendra. Olhar a morte como evento, como instante, como meramente "o fim" desvirtua o lugar da morte na vida. Não pensamos nem podemos pensar assim em nossa morte, a não ser, talvez, como filósofos. A morte está amarrada ao morrer e ao estar morto, que por sua vez só são compreensíveis em termos da vida e de viver. Nosso conceito de nós mesmos como pessoas — como alunos, professores, amantes, cônjuges, amigos, pais, filhos, avós, cidadãos, escritores, autoridades, atletas, gourmets, proprietários — é que inspira nosso conceito da morte. Camus e todos os demais estão simplesmente errados quando sugerem que a morte é a mesma para todos nós. Como as famílias infelizes de Tolstói, temos todos nossas histórias diferentes e é em termos dessas histórias individuais que a morte tem de ser entendida.

Em primeiro lugar, obviamente, há o fato da morte como fim dos planos, das aspirações e das esperanças que formam a vida, sejam grandiosos e globais, como a ambição de Alexandre de conquistar o mundo, ou modestos e limitados ao sofá da sala, como ver quem vai ganhar o campeonato ou a olimpíada. Entender a morte é entender cada morte e todas elas como frustração desses desejos, específicos da pessoa, da família, da comunidade e da cultura. Nesse sentido, a morte é sempre inoportuna. Sempre, mesmo aos 99 anos, corta a vida "cedo demais". O fato de que às vezes a morte é "oportuna" — logo depois de realizada a ambição da vida inteira, de alguma grande comemoração ou de algum acontecimento importante — é um caso especial, em que o desejo mais básico pode não se frustrar.

Em geral, porém, essa visão é uma deturpação das aspirações e dos prazeres, sempre múltiplos, que revigoram a maioria das pessoas. Esse consolo costuma vir da boca dos sobreviventes, só de vez em quando da pessoa que está morrendo ("agora, finalmente posso morrer feliz"). Com certeza, essas ocasiões são inspiradoras e vale a pena recordá-las, ainda que apenas como lembrete de que a vida pode ser mais ou menos completa, e também terminar, e que a morte não tem de ser a ruína da vida. A boa morte, quase (mas não inteiramente) por definição, vem no final da boa vida. Entretanto, também são memoráveis aqueles — a maioria de nós — que não "morrem na hora certa". Friedrich Nietzsche, que insistiu notoriamente nisso, talvez seja o exemplo mais pungente de alguém que não morreu na hora certa. Esse filósofo e homem de letras tão dinâmico definhou durante mais de uma década num estado que só ocasionalmente o deixava mais interessante do que um vegetal, obscurecendo assim uma vida de brilhante polêmica com a sombra duradoura de insanidade e *pathos*.

A ideia da morte como fim dos planos e dos projetos de uma vida não deveria ser interpretada como apenas em proveito próprio, referindo-se apenas aos próprios projetos. Muitos de meus planos e projetos envolvem outras pessoas essencialmente, não só sua ligação comigo ou a opinião que têm de mim, ou seu afeto por mim, mas também seus próprios planos e projetos e, em geral, seu bem-estar. Assim, por menos filosófico que pareça, uma das principais preocupações do medo da morte é o que vai acontecer com eles. Ora, com certeza esse sentimento de proteção pode ser autoengrandecedor. Pode-se não ser tão necessário quanto se pensa e há uma série plausível de pensamentos que vão de "minha família passará fome sem mim" ao mais tranquilizador "alguém vai cuidar deles", depois à desanimadora percepção de que "alguém ocupará meu lugar" e chegando ao horrível "Vão acabar me esquecendo". E, lógico, assim é. Tendemos a nos transformar em simples lembrança e, depois de uma ou duas gerações, nem isso. Provavelmente é bom, para a maioria de nós, que não estejamos aqui para ver que assim é (ficaríamos todos como o personagem de Jimmy Stewart, gritando: "Não me conhece?"). Esse é o provável desapontamento que assoma na outra vida e que todas aquelas histórias sobre "bem-aventurança eterna" ou "prazeres celestiais" não costumam mencionar. Sartre acertou. Seus inesquecíveis personagens no limbo "vivem" para lastimar o dia em que ouvirão as intrigas póstumas a seu respeito. Mas então, como verdade psicológica e licença poética, Sartre logo torna impossível que o façam.

Talvez o mais humano de nossos temores quanto à morte seja a preocupação com os outros. Nossa principal preocupação com a morte, e a mais fácil de justificar, envolve nosso papel na família, na comunidade, em organizações, em projetos, em grupos, em causas nas quais outras pessoas passaram a depender de nós. Também nos preocupamos com a adequação da vida, como nossa história será contada quando a narrativa estiver totalmente fora de nossas mãos (quantas autobiografias insossas foram escritas na tentativa de impedir essa perda? E quantas biografias sensacionalistas parecem ter como objetivo remover os últimos vestígios de controle do sujeito?). Se essas ideias não são adequadamente "filosóficas" por ignorar a lógica do nada e o solipsismo que o cenário "morte é nada" tende a pressupor, tanto pior para a filosofia.

Filosofia, entretanto, não é só lógica, e o eu não é apenas aquele átomo solipsista retratado por alguns filósofos e personificado por sociopatas ocasionais. A questão filosófica da morte não trata apenas da lógica do nada, mas também do eu e do fim do eu com todas as suas armadilhas e detalhes. Ser-se humano — não apenas filosófico — envolve algum complexo conjunto de crenças, expectativas, esperanças, preocupações e temores sobre a morte: morte como morte, morte como desaparecimento, morte como ausência, morte como frustração de ideais e desejos. O que não se esclarece o suficiente, porém, é se os seres humanos são as únicas criaturas que conhecem a morte ou se preocupam com ela. Argumenta-se muitas vezes que os elefantes têm algum entendimento a respeito e outros mamíferos "superiores" também.[32] Provavelmente é verdade que todos os seres humanos, seja qual for sua crença e por mais ou menos fervorosa que ela seja, têm em comum alguma apreensão quanto à morte ou, pelo menos, quanto a morrer.

A noção de Heidegger de *Dasein* como "ser-para-a-morte" explora, assim, um aspecto essencial de nossa formação existencial. Nunca se sabe, até chegar a hora, se nosso ser irá tranquilamente para aquele "boa-noite" ou "lutará" contra ele. Nunca se sabe, no calor da batalha ou na dor e na febre da doença, se teremos uma morte nobre ou patética. Essa incerteza — não saber como será, como estaremos e o que faremos ou sofreremos — constitui, com certeza, uma parte enorme de nossa preocupação com a morte, talvez exageradamente.[33] Suspeito que boa parte do medo aparentemente metafísico da morte é, na verdade, o medo muito mais pessoal de morrer — não a parte do sofrimento, que acho ser com frequência exagerada, mas a parte do caráter pessoal, de sua nobreza, tão louvada em outras culturas, em Homero, em Mishima, até em Dickens. Nos Estados Unidos, com a insistência dos americanos em "finais felizes", a questão da morte heroica tende a tornar-se bastante acadêmica. A não ser, é claro, para os guerreiros e para os fetichistas da morte.

O medo da morte também tem a ver com a pergunta "O que acontece depois da morte?" não em termos daquelas questões difíceis sobre outra vida, mas sim daquela questão muito mais tangível do destino do corpo. Heitor não morreu mal, mas ser arrastado atrás do carro de Aquiles foi de todo humilhante.[34] Na verdade, é provável não haver na Terra cultura que não tenha pensado profundamente, durante muito tempo, sobre o descarte apropriado do corpo após a morte. E com certeza vale a pena perguntar (uma pergunta empírica): quanto do medo da morte é medo não da morte nem de morrer, mas medo inútil de como o rosto e o corpo ficarão quando não mais estivermos vivos. Acho que essa questão de morte e de vaidade é negligenciada com muita frequência nas discussões excessivamente metafísicas e religiosas sobre a importância da morte. Para Heitor, o horror da morte não era a experiência nem, presumivelmente, o morrer, que (lemos) foi rápido e, com boa probabilidade, indolor. A humilhação da morte é que era o horror, o fato de ter perdido a luta e o fato ainda mais humilhante de negarem a seu corpo o funeral adequado.[35] Na verdade, suspeita-se de que o aparato de enterro e cremação (as duas formas primárias de descarte) tem tanto a ver com a ocultação do fato da morte quanto com salvaguardas higiênicas. Nos bangue-bangues (mais recentes) e filmes de gângster (como na vida real), há o medo especial de receber um tiro no rosto. A dor é desprezível, mas a ameaça à vaidade é avassaladora (uma das formas mais comuns de suicídio masculino é colocar o cano de uma pistola ou espingarda na boca, para explodir o cérebro deixando o rosto intacto).

A morte não inclui apenas o fato "cru" de que alguém morreu. Também inclui os detalhes e floreios nojentos da morte, detalhes dos quais se foge rapidamente na maioria das discussões da ressurreição do corpo. Assim, William Miller, ao escrever sobre morte e nojo na Idade Média, sugere que a morte era horrível não só por dar fim à consciência, mas por fazer parte do processo biológico ressumante, nojento, incontrolável. "Portanto, a morte horroriza e enoja não só por cheirar mal, mas porque *não* é [itálico meu] o fim do processo da vida."[36] E para completar, Miller nos deixa com alguns versos de *Faerie Queene*, de Spenser: "Imenso monte de lama ele deixa, onde procriam/criaturas de dez mil tipos (...) formas tão feias, tão monstruosas, em lugar nenhum se encontrariam".[37]

Isso é nojento, mas, parece-me, é também essencial. Em (muitos) filmes em que os mortos simplesmente caem ou desaparecem, a morte propriamente dita não é para ser temida, é apenas o fim do papel de alguém e talvez o cancelamento de seu contrato. A verdade terrível é que, quando morremos, não desaparecemos simplesmente, mas ficamos por aí durante algum tempo, como fonte de nojo e horror para os que estão a nossa volta. Todos declaramos que preferimos morrer cercados de amigos e familiares, por trás desse desejo, porém, costuma haver outro, em geral tácito, de que deveríamos morrer de maneira decente, de preferência bem-vestidos, com maquiagem impecável, o rosto não distorcido pela dor nem rompido pela violência, ainda róseos e corados e sem manchas de coisa tão repulsiva quanto o sangue. Um segundo de reflexão pode levar-nos a repensar esse cenário e entender por que algumas pessoas, como os elefantes, se afastam para morrer sozinhas.

O que acontece ao corpo, assim como o que acontece à alma, tem fascínio e importância consideráveis para nós. Não surpreende que algumas religiões (por exemplo, o judaísmo ortodoxo) e muitos indivíduos rechacem a ideia de "usar" o corpo morto para qualquer propósito que seja — como a instrução de futuros médicos (é difícil não pensar no *eu* de alguém ali, na mesa de dissecação) ou a salvação de outra vida com um coração ou fígado ainda saudável. Nossa sensação de individualidade corporal pode terminar com a morte, mas enquanto estamos vivos é projetada para além da morte; pode ser vaidade, mas dificilmente seria tolice (embora possa ser egoísta, pelo menos no caso médico). É uma forma de vaidade que não pode ser simplesmente ignorada ou denegada. Por mais que falemos, cheios de bravatas, sobre "do pó ao pó" e a vitória dos vermes, as circunstâncias humilhantes que cercam o estar morto constituem realmente boa razão para nos preocuparmos com a morte e não devem ser menosprezadas como se não tivessem importância para nós. Não nos tornamos nada na morte, mas sim uma coisa e tanto, um objeto de repulsa e nojo. E quando prevemos isso, de maneira bastante natural, temos boas razões para nos preocupar.

O futuro da alma, o eu etéreo, é uma das muitas questões sobre a morte e a única que tende a estar metafisicamente destacada das preocupações com a própria vida. Mas essa também é uma ilusão. Sócrates vislumbrou sua morte como continuação ininterrupta daquilo que mais adorava fazer em vida.[38] O paraíso islâmico é descrito, de modo mais explícito do que o cristão, como "Jardim das Delícias", contendo todos os prazeres mais valorizados em vida. É óbvio, porém, que nunca se sabe, por mais forte que seja a fé, o que acontecerá depois com a alma, com o espírito, com a mente, com as lembranças. Não pode haver nada além de especulação metafísica, sem indícios nem depoimentos, apesar de comentários duvidosos dos poucos que afirmam já ter "estado lá". O futuro do eu ou da alma pode, entretanto, ser muito mais do que isso, ainda que, do ponto de vista teológico mais grandioso, seja um tanto menos.

No início deste capítulo, citei Aristóteles, que citava Sólon: "Nenhum homem pode ser considerado feliz até depois da morte." Os desejos de alguém podem terminar com a morte, mas não a satisfação desses desejos. Um casal só quer o melhor para seus filhos e netos. Com sua morte, o desejar termina, mas o desejo permanece e só pode ser satisfeito ou frustrado anos mais tarde. O poeta quer que sua poesia seja apreciada, mas morre ainda desconhecido e não admirado. Anos depois, talvez séculos depois, é "descoberto", e seu desejo se realiza. Há muitos significados em "vida após a morte" e "imortalidade", nem todos eles tão separados assim da vida. Em *Simpósio*, Sócrates aponta os "filhos" de Homero (a *Ilíada* e a *Odisseia*), assim como todos os filhos por toda parte, como significado de imortalidade. Em comparação com esse sentido concreto de continuação e de significado da vida, o ponto de vista esotérico e bastante egípcio de Sócrates sobre a imortalidade da alma empalidece.

Mesmo que alguém acredite na vida após a morte, a questão da morte — e com ela a questão da vida — não desaparece. A promessa de outra vida não deveria ser usada para ocultar as questões mundanas da ética e do apego, para minimizar a importância dos relacionamentos e trivializar as obrigações (ainda que também faça do comportamento ético e do sucesso nos relacionamentos critérios para obter um lugar desejável na outra vida). Mesmo em seu pensamento mais escatológico, a questão socrática de "como viver" ocupa o centro do palco, e a questão de como pensar sobre a morte transforma-se no desafio de pensar sobre a vida.

Assim, Spinoza, homem religioso e devoto, observa: "O homem livre, ou seja, o homem que vive de acordo apenas com os ditames da razão, não é conduzido pelo temor da morte, mas deseja diretamente o bem; quer dizer, deseja agir, viver e preservar seu ser em concordância com o princípio de buscar seu próprio ganho. Pensa, portanto, em nada menos do que a morte, e sua sabedoria é uma meditação a respeito da vida."[39] Sejam judias, sejam cristãs, sejam muçulmanas, sejam hinduístas, as questões sobre a vida após a morte são ética ou ontologicamente secundárias em relação às questões da vida. Viver para a morte é negar a vida, o que é muito mais grave do que negar a morte.

ALÉM DO SOLIPSISMO MÓRBIDO: A DIMENSÃO SOCIAL DA MORTE

> Quando se deixa de contribuir, morre-se.
>
> Eleanor Roosevelt

O medo da morte apresenta-se facilmente como perplexidade metafísica ou lógica, como temor do desconhecido, confronto com o nada. A verdade, penso eu, é muito menos lisonjeira. Preocupamo-nos com a dor de morrer ou com a dor que precede o morrer. Vaidosos, preocupamo-nos com o descarte de nosso corpo após a morte. Preocupamo-nos com as pessoas de que gostamos, mas também se vão ficar bem sem nossa atenção e se conseguirão lembrar-se de nós sem nossos lembretes constantes, ainda que gentis. A ideia de que morte é nada também pode ser mais uma desajeitada sensação de ausência do que questão metafísica. Do modo menos lisonjeiro, podemos dizer que minha morte é algo ruim porque priva de mim o universo. Imagino o mundo sem mim, como os personagem de Sartre em *Entre quatro paredes*. Vejo-os falando sobre mim, rindo sobre mim, tendo pena de mim. Vejo alguém namorar e desposar minha mulher, criar meus filhos, refutar meus livros. Ou, pior, vejo que me ignoram. A morte pode ser nada, mas é um nada que dói.

Tudo isso não é metafísica grandiosa nem "ontologia fundamental", mas egoísmo mesquinho disfarçado em enigma. É o que chamo de *solipsismo mórbido*, uma imagem da morte tão somente em termos do eu. O que venho argumentando e que, me parece, tem sido negligenciado na filosofia é a dimensão social da morte. Para avaliar a importância disso, não é necessário abandonar a postura da primeira pessoa, básica para a questão filosófica, nem, de modo algum, abrir mão da rigorosa ideia de vida individual e de preocupação pessoal com a morte. É, antes, dizer que, em primeiro lugar, somos animais sociais, tanto fenomenológica e ontologicamente quanto em termos biológicos. A morte de alguém sempre é, exceto no caso mais solitário, o rompimento (espera-se que não muito pequeno) de uma rede de relacionamentos. E mesmo naqueles casos solitários, a morte de alguém é, no pensamento da própria pessoa, o rompimento de relacionamentos passados ou possíveis, ou, nos limites externos do *pathos*, o lamento de que se está, de maneira bem antinatural, morrendo inteiramente sozinho.

O que Heidegger destaca como "unicidade" do ser-para-a-morte parece-me ser uma versão de solipsismo mórbido, a negação do óbvio em favor de uma teoria filosófica obscura e falsamente heróica. E Sartre também, por mais que eu concorde com ele, cai na mesma armadilha solipsista, falando de "meus projetos" e justapondo "minha mortalidade" à "do *Outro*". Mas Sartre também tem plena consciência do fato de que, quando penso em minha morte, não posso evitar pensar no que os outros verão em mim, como me verão, o que pensarão e recordarão a meu respeito. Quando me imagino em meu próprio funeral, como Freud, são os olhos dos outros que imagino, não os meus, quer "meu ponto de vista" seja ou não, lógica e irredutivelmente, meu e somente meu. Quando imagino meu corpo numa mesa ou ensanguentado na rua, ou congelado de dor terminal, são os outros que imagino vendo-me assim, não eu. Quando me preocupo com o modo como morrerei, é com os outros que me preocupo. Também me preocupo, é óbvio com minha reputação, mas aqui, mais dramaticamente do que no resto todo, a natureza social do eu está em evidência. Afinal de contas, que diferença faria para mim, naquele atenuado sentido filosófico póstumo, se parti como herói, covarde ou palhaço?[40]

A maioria das sociedades consideraria isso óbvio. Seus rituais de luto partem desse princípio. Em nossa avançada filosofia decadente, porém, esse pensamento é praticamente ignorado ou explicitamente negado. Quantos filósofos examinaram a tristeza e o pesar como aspectos da morte, em vez de meros artefatos culturais que pertencem propriamente aos antropólogos? Quantos filósofos tomaram nada menos que toda a narrativa da vida como "momento" essencial na morte (além do mórbido Sileno, para quem a vida inteira era morrer)? Na sabedoria dos desenhos animados, é clichê antigo, quando se está à morte, a vida inteira passar diante dos olhos (interiores).[41] Em vez do argumento "morte é nada", os filósofos deveriam argumentar que é a riqueza da vida que provoca o *pathos* que cerca a morte. E a riqueza de nossa vida não se deve tanto à fenomenologia da experiência quanto à fenomenologia muito particular da experiência social.[42] Quero viver por causa dos outros. Quero viver porque amo. Quero viver porque estou mergulhado em meus projetos, praticamente todos projetos sociais, como Sartre, acima de tudo, seria o primeiro a avaliar, não importa quão solipsista fosse sua prática (escrever, por exemplo). Quero viver porque outros precisam de mim e porque me preocupo com os outros. Faço parte de seu mundo, assim como eles fazem parte do meu.

Ao pensar sobre a morte, parece-me muito claro que aquilo que realmente me importa são as pessoas que deixo para trás. Isso, em parte, deve-se a meus interesses, meu orgulho, minha vaidade. Minha preocupação não é apenas altruísmo. É também interesse próprio, amor, ambição, vergonha e medo de perder o controle (o verdadeiro horror de *Entre quatro paredes*). A morte é que nos individualiza, na medida em que alveja a vulnerabilidade de relacionamentos íntimos e significativos. Em si, morte é nada, e morrer não é nada que valha a pena louvar. Se morrer é um teste, um desafio, uma ocasião de bravura, só o é na categoria de "ser-por/com-outros", não de "ser-por-si" ou "ser-para-a-morte". A morte não é o nada, mas com certeza pode ser transformada em algo, uma morte nobre, uma morte não apenas "própria", mas com outros em mente e para o bem dos outros. De acordo com Heidegger, essa pode ser uma morte "não autêntica", mas é a morte que os heróis homéricos admirariam. É para esse caminho que nossas filosofias deveriam novamente nos levar: para longe do solipsismo, para longe do fetichismo da morte, para longe do solipsismo mórbido, para longe do nada, e de volta à riqueza de nossa vida.

CAPÍTULO 7 Como recuperar a identidade pessoal

> O filósofo chinês despertou num sobressalto, pois sonhara que era borboleta. E, pelo resto da vida, não soube se era um filósofo chinês que sonhara ser borboleta ou uma borboleta que agora sonhava ser filósofo chinês.
>
> Chuang-Tsé

A identidade pessoal é um daqueles problemas corretamente considerados universais e perenes na filosofia. É claro que, em suas manifestações "opulentas", a identidade pessoal provoca tipos de pergunta bem diferentes em culturas diferentes. "Quem é você?", na China significa, mais provavelmente, "Quem é sua família?"; nos Estados Unidos, "O que você faz (para viver)?". Na verdade, ela provoca tipos de pergunta bem diferentes em indivíduos diferentes, dependendo de seu destino na vida, do temperamento, do talento e das possibilidades. A pergunta "Quem sou eu?" feita por um ator treinado no método Stanislavsky indica preocupação muito diferente do "Quem sou eu?" de um aluno que escolhe a faculdade que quer cursar ou do "Quem sou eu?" da mãe e dona de casa frustrada que nunca teve oportunidade de comprovar seu talento no mercado de trabalho. Em leitura mais estrita, porém, parece que todo ser humano tem *alguma* concepção de si, e essa concepção pode ser questionada.

Ainda assim, em muitas versões atualmente mais discutidas, o assim chamado problema da identidade pessoal na verdade é bem localizado e só tem cerca de 200 anos; é um provinciano recém-chegado à tradição filosófica helênico-judaico-cristã. O problema é fácil de resumir, embora de maneira enganosa: "Quem sou eu?" A resposta mais óbvia, claro, é "Depende de quem pergunta". Essa busca aparentemente simples de referência e identificação provoca, entretanto, várias perguntas bem diferentes com pressupostos diferentes e, do mesmo modo, respostas culturais e conceituais muito diferentes.

Avaliada superficialmente, a pergunta "Quem sou eu?" parece pedir um nome — adequado, talvez, depois de um acidente ou de um sono longo e induzido. O nome, por sua vez, envolve uma história e um lugar no nexo social. Em momentos de crise moral, a mesma pergunta pode ser um grito de desespero ou de profunda confusão existencial. "Quem sou eu?" significa "O que faço agora?". Minha história, meu lugar e minha posição social foram questionados. O que me preocupa não é o que fui, mas o que deveria ser. É a narrativa de minha vida (e talvez também de outros) que foi trazida à baila para ser renovada, reconsiderada e, talvez, consideravelmente revisada. Essas crises existenciais evocam a angústia tão louvada por Kierkegaard, Heidegger, Sartre e todos aqueles milhões de adolescentes eriksonianos. Por outro lado, o problema da identidade pessoal pode ser considerado, em termos mais gerais, "O que é ser um ser humano?". A resposta a essa pergunta está embutida em praticamente todas as línguas, em todas as tradições filosóficas, tanto orais e mitológicas quanto científicas e epistemológicas. Na maioria dos contextos culturais, sem excluir a Europa e os Estados Unidos, ser um ser humano significa ser uma pessoa como nós, "como nós" (e "pessoa") referindo-se, num caso, aos colegas de Aristóteles, do sexo masculino, aristocratas e atenienses, noutro aos javaneses de Clifford Geertz, noutro aos republicanos fiéis a George Bush e noutro ainda aos chineses. Em cada caso, há uma história, um modo desenvolvido de ser, uma narrativa em comum envolvida. A definição tanto exclui quanto inclui. Assim usada, a expressão "ser humano" não é uma categoria biológica, mas uma arma política desajeitada e muitas vezes opressora.

Levado de volta ao nível do indivíduo, o problema da identidade pessoal pode ser "O que é ser um Eu?", pergunta que provoca prontamente uma resposta ontológica ou fenomenológica, um discurso sobre a unidade transcendental da consciência ou sobre a introspecção cartesiana, mas também deveria indicar a insistência da busca transcultural e comparativa. Na medida em que o Eu — e o conceito que se tem de Eu — é socialmente construído como narrativa (mais ou menos) específica culturalmente, há todas as razões (e agora muita pesquisa) a indicar que povos diferentes têm conceitos diferentes de Eu. Feita assim, portanto, a pergunta é incompleta. Deveria ser assim formulada: "O que é ser um Eu na sociedade chinesa?", "O que é ser um Eu na sociedade iorubá?", "O que é ser um Eu na sociedade kaluli?", "O que é ser um Eu na sociedade burguesa parisiense?", "O que é ser um Eu na sociedade utku?". Novamente, não se deveria, entretanto, pressupor que a pergunta "O que é ser um Eu na sociedade chinesa/iorubá/kaluli/francesa/burguesa/utku?" é mera antropologia descritiva. Ela cai com facilidade na pergunta "O que é ser uma pessoa?", noção explicitamente ética. Os debates sobre o aborto e sobre os direitos dos animais, por exemplo, acabam discutindo se fetos e (pelo menos) alguns vertebrados são pessoas. Do mesmo modo, a questão de ser ou não uma pessoa atrai atenção considerável em culturas que sofreram grave deslocamento, devido, por exemplo, ao colonialismo, ou que estejam rompendo sistemas feudais tradicionais ou outros sistemas de castas hierárquicas. Nesse contexto, o problema da identidade pessoal torna-se nada mais nada menos do que a busca filosófica de legitimidade e dignidade.

De volta à academia, entretanto, o problema da identidade pessoal tornou-se, em primeiro lugar, um quebra-cabeça ontológico — "O que é permanecer 'a mesma' pessoa com o passar do tempo?" — e, em segundo lugar, uma indagação empírica mais específica: "O que é ser este ser humano específico que sou?" O primeiro deles às vezes é identificado como problema de autoidentidade (oposto à questão secundária da identidade pessoal), embora a resposta àquela pergunta também seja, obviamente, parte da resposta à outra. O quebra-cabeça ontológico, como a maioria dos quebra-cabeças que definiram a filosofia anglo-americana na segunda metade do século XX, provoca passos e contrapassos engenhosos e demonstra rebeldia notável. Por ter ficado assim tão difícil, passou, portanto, a ser considerado uma questão filosófica séria e está bastante na moda hoje em dia. Costuma ser acoplado ao problema mais geral da identidade: "O que é, para qualquer coisa, ser 'o mesmo' com o passar do tempo?" E para testar os limites tanto de nosso conceito ordinário de identidade quanto de nossa extraordinária imaginação filosófica, o problema é definido em termos das transformações mais malditas, muito mais estranhas do que nenhum hindu ou grego, nem mesmo Kafka, jamais sonhou em suas histórias mais esdrúxulas de metamorfose e miscigenação de homens e bichos, deuses e homens.

John Locke iniciou essa tradição, perguntando-se diretamente o que aconteceria se as lembranças de um homem fossem transpostas para a mente de outra pessoa. Nas últimas décadas, Bernard Williams, entre outros, enriqueceu o exemplo com dimensões extravagantes. Os transplantes de mentes e de cérebros ficaram extremamente populares entre os filósofos. Um exemplo genérico: o cérebro de A e, consequentemente a memória, a personalidade e o senso de identidade pessoal de A são colocados no corpo de B, enquanto o cérebro de B e, consequentemente, a memória, a personalidade e o senso de identidade pessoal de B, no corpo de A. Essas trocas de mente e corpo às vezes são acompanhadas de perguntas tentadoras, como, por exemplo, o que você diria se lhe propusessem uma operação extremamente dolorosa a ser realizada em seu corpo sem anestesia, mas enquanto estiver "ocupado" por outra pessoa?[1] Dá para imaginar como essas discussões podem tornar-se imaginosas, e alguns dos melhores e mais inteligentes filósofos da tradição anglo-americana entraram no ringue.[2] Na década de 1980, a ideia de que o cérebro de A e, consequentemente, a memória, a personalidade e o senso de identidade pessoal de A pudessem funcionar perfeitamente no corpo de B tornou-se um lugar-comum da filosofia (e da ficção científica). Então, quem é quem? Os filósofos ficaram ao mesmo tempo desapontados e impressionados quando se observou que nossa concepção ordinária de pessoa na verdade não é adequada para lidar com tais circunstâncias.[3]

Entretanto, com a explosão de preocupações multiculturais e com o tumulto a respeito da autoidentidade que define o começo do século XXI, pode-se pensar que tais quebra-cabeças intelectuais estéreis dariam lugar aos problemas de identidade própria e pessoal que oferecem terreno fértil para a investigação e a compreensão filosóficas transculturais e comparativas. Em vez disso, as principais revistas de filosofia continuaram a excluir quase obsessivamente tudo o que não fosse a versão ontológica (presumivelmente universal) do problema, apesar do fato, segundo uma das melhores e mais inteligentes delas, de que a questão ficou "ressecada".[4] Os problemas filosóficos, compreensivelmente, não morrem e raramente são resolvidos, ficam, porém, cada vez mais "enxutos", lógicos e tediosos. A feitiçaria técnica atualmente empregada para resolver o problema da autoidentidade não é prova de progresso, mas de osteoporose conceitual avançada. Entretanto, dado que a questão da identidade pessoal continua a ser um tema que fascina os não filósofos e também parece constituir a chave de um intercâmbio filosófico mundial, podemos refazer nossos passos e perguntar como essa questão se tornou tão desinteressante, um mero quebra-cabeça, uma charada profissional (se é que essa expressão é adequada neste contexto).[5]

O que os não filósofos acham tão instigante? Afinal de contas, qual é a dúvida? Como o debate ficou tão restrito? Na verdade, até na França, que fica a poucas dezenas de quilômetros de alguns acadêmicos anglo-americanos, o conceito do Eu singular, considerado pressuposto nos debates atuais, foi fragmentado e enterrado ao lado de "o autor" e daquilo que Derrida sabidamente apelidou de "ilusão ontoteológica da presença". O que faremos da noção de multiplicidade de eus, que agora passou dos anais da psiquiatria para a teoria corrente da personalidade?[6] O que faremos da noção de "não eu", tão importante para várias formas de budismo? Na verdade, o que faremos da tese de que, em algumas sociedades, o eu e a identidade pessoal pouco ou nada têm que ver com introspecção e lembranças, mas tudo que ver com o lugar ocupado na família, no grupo, na comunidade? Por que esse paradigma cartesiano introvertido de individualidade deveria ser considerado essencial e pressuposto como universal?

Por que deveríamos esperar que o conceito de pessoa — ou os critérios para a "mesma" pessoa — fossem iguais para um budista e para um muçulmano, para um hinduísta e para um taoista, para um monge e para um banqueiro de Wall Street? Como entenderemos o conceito mitológico-tribal de pessoalidade dos iorubás?[7] Qual a importância da reflexão na concepção de Eu? Ela é essencial? Na filosofia ocidental, há a fusão superficial de autorreferência, autoconsciência, descrição ponderada de si mesmo e reflexão pessoal.[8] E, como em tantos assuntos autorreferentes, ideias provocantes, embora não profundas, são sacrificadas às tentações sedutoras dos quebra-cabeças e dos paradoxos, das "charadas". Onde tínhamos um problema que parecia perene, temos agora um cubo de Rubik intelectual, mero quebra-cabeça acadêmico.

O AVANÇO DO QUEBRA-CABEÇA

> Caso a alma de um príncipe, levando consigo a consciência de sua vida passada, penetre e anime o corpo de um sapateiro, tão logo abandonado por sua própria alma, todos verão que se trata da pessoa do príncipe; mas quem dirá que se trata do mesmo homem?
>
> John Locke, *Ensaio sobre o entendimento humano*

> Considerem-se essas possibilidades. Uma é a de que uma única e mesma alma esteve neste corpo que chamo de meu desde nascido. A outra é a de que essa única alma esteve associada a ele até cinco anos atrás e então outra, psicologicamente parecida, que herdou todas as antigas lembranças e crenças, tomou seu lugar. A terceira hipótese é a de que a cada cinco anos uma nova alma assume o cargo. A quarta é a de que a cada cinco minutos uma nova alma assume. A mais radical é a de que há um fluxo constante de almas pelo corpo, cada uma psicologicamente parecida com a anterior, assim como no mar há um fluxo constante de moléculas de água.
>
> John Perry, *Dialogue on Personal Identity and Immortality*

Pode datar-se o problema da autoidentidade, em sua atual encarnação, das indicações em Descartes e em Locke, de quem recebemos as noções peculiares de que a identidade de alguém, em primeiro lugar, prende-se à "consciência" ou, mais exatamente, de que somos, em última instância, "substância pensante" (Descartes), ou de que a identidade pessoal de alguém prende-se à memória (Locke). A extensão total da discussão publicada em ambos os autores tem bem menos de dez páginas, mas o desenvolvimento contemporâneo de suas teses enche as bibliotecas dos departamentos. O argumento atual é filtrado por Hume, que declarou, bastante paradoxalmente, que não encontrava, ao se olhar, eu nenhum ("De minha parte, quando entro mais intimamente no que chamo de *eu mesmo*, sempre tropeço numa ou noutra percepção específica, de calor ou de frio, de luz ou de sombra, de amor ou de ódio, de dor ou de prazer. Nunca consigo pegar-me *a mim* em algum momento sem percepção, e nunca consigo observar nada a não ser a percepção").[9] Hume, acompanhando Locke, complicou ainda mais o quadro ao lançar através do tempo seu olho cético sobre a identidade até dos objetos mais mundanos. O corpo humano, todos nós sabemos, reconstrói-se completamente com tecidos novos de tantos em tantos anos. Daí o seguinte quebra-cabeça: além da continuidade, o que faz nosso corpo ser "o mesmo" durante a vida inteira?

Depois de Hume, as noções de eu e identidade iniciaram uma longa jornada pelas águas turvas do idealismo alemão, onde ganharam condição transcendental e, finalmente, absoluta ("Ele mesmo enquanto tudo! Como a sra. Fichte aguenta isso?").[10] Em geral, a safra atual de filósofos evitou essas transformações misteriosas e confinou-se aos quebra-cabeças testados e comprovados de Descartes, Locke e Hume. Talvez seja um erro. Pelo menos, Kant, Fichte, Hegel e Schopenhauer nos obrigam a reexaminar o conceito de identidade pessoal de um ponto de vista radicalmente novo. Suponhamos que o Eu seja indeterminado, e a identidade pessoal não se iguale necessariamente à pessoa individual. O fato aparentemente óbvio de nossa identidade individual, que Descartes, Locke, Hume e a maioria dos teóricos contemporâneos consideram pressuposto, é descartado na filosofia alemã. E tão logo isso é questionado, a noção de identidade pessoal torna-se de fato interessante.

As noções de eu e de identidade pessoal não dão origem apenas a esses quebra-cabeças e paradoxos de que G. E. Moore se queixou: "Acho que todos os meus problemas vêm de outros filósofos." Todo adolescente americano pode fazer um exame sincero do problema, embora filosoficamente desinformado. Cada caso de luta étnica, nacional ou internacional levanta a questão, e cada caso penal dela depende mais ou menos. Na verdade, todo relacionamento íntimo questiona a identidade pessoal, assim como a gravidez, os acidentes e as doenças graves, a perda do emprego, a morte de um ente querido ou aquele estado de espírito autêntico (*eigentlich*) que Heidegger chamou de ser-para-a-morte (*Sein-zur-Tod*). Alguns filósofos logo objetarão: "Esses não são problemas de autoidentidade peculiarmente filosóficos", para o que há algumas respostas adequadas, sendo dar de ombros a principal. Se vamos de fato devolver a questão da identidade pessoal àquela corrente que um escritor atual chama de "concepção amplamente naturalista do mundo" e considera "a concepção mais interessante e específica que já guiou a vida prática", então esses contextos bem reais são mesmo adequadamente (embora não peculiarmente) filosóficos.[11] Examinando outra vez o contexto "peculiarmente filosófico" no qual surge(m) a(s) questão(ões) do eu e da identidade pessoal, acho que se justifica uma visão bastante ampliada do problema.

Descartes, Locke e Hume, ou pelo menos Descartes e Locke, não estavam especialmente fascinados com "quebra-cabeças" filosóficos, ou seja, charadas do tipo "peculiarmente filosófico". Eles levantaram essas questões de passagem, mas tinham em vista presa maior. Estavam interessados na defesa da própria noção de razão (que, em seu significado ordinário, não despertou nenhum entusiasmo particular sobre a distinção entre filosofia científica e filosofia racionalista).[12] Ansiavam por defender a autonomia do indivíduo contra as autoridades. Cada um a seu modo, exploravam o terreno da "subjetividade" e defendiam a afirmativa de que, através do pensamento e da experiência pessoal, podia-se encontrar o conhecimento genuíno. Descartes e Locke estavam interessados em provar, mais uma vez, a existência de Deus. Locke e Hume pretendiam oferecer uma teoria abrangente da natureza humana e determinar a universalidade do homem [*sic*]. É claro que Hume desafiou os limites da razão com muito mais vigor do que os dois antecessores, mas seu ceticismo só pode ser entendido dentro da adoção do projeto do Iluminismo, do qual ele fazia parte. Os quebra-cabeças sobre o eu e a identidade pessoal só tinham interesse dentro do contexto de uma filosofia geral que dava grande importância, e talvez um peso impossível, à noção de autonomia individual. Aparentemente Hume ficou bastante feliz ao esquecer suas dúvidas sobre o eu algumas páginas depois da observação paradoxal de que não o conseguia encontrar. Kant, que veio em seguida, resolveu o paradoxo dividindo a distinção lockiana duradoura entre identidade pessoal ("empírica") e identidade própria (agora "transcendental").[13] Se não nos satisfazemos com quebra-cabeças, porém, isso também não significa que devamos buscar profundezas impressionantes. Por mais atraentes que às vezes possam parecer as águas turvas do idealismo alemão, os problemas bem reais e práticos da autoidentidade não deveriam servir de desculpa para mergulhar na obscuridade.[14]

Em vez disso, quero delinear quatro preocupações filosóficas ordinárias, mas também importantes, que exigem a investigação filosófica do eu e da identidade pessoal. Sem dúvida encontram-se "quebra-cabeças" em todas elas, o que pode servir de isca para filósofos que não se sentem à vontade muito longe das fronteiras da justificativa estreitamente epistêmica. Não me preocupa que alguma dessas questões seja ou não "peculiarmente filosófica", a não ser na medida em que quero lhes defender a condição interdisciplinar e a importância multicultural mais como virtude do que como vício.

A primeira questão ainda é bastante conservadora, rigorosamente dentro dos limites da ortodoxia filosófica e política, e eleva a um nível apenas um pouco mais abstrato (mas que não deixa de ser empírico) as questões "existenciais" envolvidas em qualquer "crise de identidade", seja nas dores do crescimento na adolescência, seja na angústia das crises posteriores da vida. Entretanto, até que ponto essa tão louvada angústia é produto de um ponto de vista unicamente ocidental, consequência dolorosa da ênfase excessiva na autonomia individual e na negação da importância da tradição cultural e intelectual, combinada ao menosprezo — na verdade, esquecimento — do lugar da narrativa na determinação de todas as histórias de vida, ou seja, na identidade pessoal de cada um? E até que ponto, como evidenciado pelo entusiasmo japonês com a filosofia existencialista, por exemplo, essa é uma questão com dimensões transculturais e multinarrativas maiores e crescentes?

A segunda questão brota com bastante naturalidade do interesse recentemente renovado pelo que veio a ser chamado de "ética da virtude", a qual, usando muitas vezes Aristóteles como guia (e, com menos frequência, Nietzsche), enfatiza na ética considerações de "caráter" em vez de princípios ou regras morais ou utilitárias. Mais uma vez, é uma questão que exige simplesmente uma resposta narrativa, ou seja, a história, contada por si e pelos outros, de quem essa pessoa é *e foi*. Também tem claras implicações multiculturais. Confúcio ensinou uma ideia de boa vida inteiramente definida por considerações de bom caráter e das virtudes que formam o bom caráter. De modo menos óbvio, muitas éticas tribais põem o caráter no centro de suas preocupações morais (os antigos habitantes da ilha de Mauí costumavam jogar o cordão umbilical dos recém-nascidos na cratera do vulcão ativo Haleakala para garantir a honestidade de seus filhos).

O terceiro problema levanta questões mais radicais sobre a individualidade e sobre a construção social do Eu. Nos debates atuais sobre multiculturalismo e no interesse novo e bem-vindo por outras culturas e tradições de pensamento, não só na filosofia como também na literatura e nas ciências sociais, a ideia de concepções alternativas de identidades como "interdependentes" em vez de "independentes" foi muito discutida.[15] É uma pena que tão poucos de nossos filósofos e revistas de filosofia mais prestigiados tenham entrado nessa discussão, por mais eivada que seja de confusões conceituais e hipérboles inflamadas.[16]

Finalmente, quero dar atenção mais uma vez ao amor, que desde *O Simpósio* atraiu enorme plateia filosófica mas só um ou outro filósofo. Quero levantar especialmente algumas questões sobre aquilo que Amelie Rorty chamou de "permeabilidade" do amor, o fato de que, no amor, muda-se o conceito de identidade pessoal (própria) como resposta às características do amado. Na verdade, como já sugeri e sugiro outra vez aqui, o amor é uma sensação de "identidade compartilhada", como Aristófanes, em sua conhecida alegoria, imaginou há tantos anos.[17]

IDENTIDADE PESSOAL E O EU SOCIAL EXISTENCIAL

> Certa manhã, quando Gregor Samsa acordou de sonhos inquietantes, viu-se transformado em sua cama num inseto monstruoso (...) — O que me aconteceu, pensou. Não foi sonho.
>
> Franz Kafka, *A metamorfose*

> O dr. Means continuou a ler para mim a lei do tumulto. Eu teria de aprender a amar meu novo corpo, meu novo sexo, minha nova cauda (...) E devia sentir-me feliz como um peixe por ter uma mão a mais.
>
> Justin Leiber, *Beyond Rejection*

O que é "crise de identidade"? Para começar com o óbvio, não é a percepção súbita de que o corpo que se habita não é o nosso. Certamente esses roteiros, como, por exemplo, no clássico *A metamorfose*, de Kafka, ou em *Beyond Rejection*, romance filosoficamente prazeroso de Justin Leiber, levantam todo tipo de atraentes questões (sobretudo quando se trata de troca entre espécies ou entre sexos), que, entretanto, se preocupam muito menos com a ideia geral de identidade do que com os detalhes da adaptação a ela. A pergunta "Quem é Gregor Samsa?" não surge em sua forma mais filosófica. Gregor é o infeliz narrador da história, o membro da família horrivelmente transformado, o pequeno funcionário público que não consegue imaginar como chegará à repartição naquele dia. A questão da identidade pessoal e o horror abafado, do início ao fim, têm a ver com os problemas concretos do que podemos continuar chamando de eu "empírico", e não com o arcabouço narrativo "transcendental". Como desvirar um corpo enorme e inflexível?[18] Como pensar em si com (dentro de?) um gigantesco corpo de inseto? Como lidar com os gritos horrorizados e o nojo de uma irmã querida? E com a família cada vez mais disfuncional, sabendo que é responsável pela disfunção (embora sem ter culpa nenhuma)?[19] O que fazer com concepções de si mesmo, com as quais se está habituado há muito tempo, como funcionário leal e trabalhador, bom arrimo de família, cidadão perfeitamente comum, ao se ver transformado em barata?

Pouco ajuda dizer que crise de identidade é a confusão sobre quem se é. Em geral, ela não está contida em si mesma. Apesar do foco existencial, é em geral um problema social. Se acordasse como inseto gigante num mundo só seu, Gregor ainda teria de descobrir como desvirar-se, mas o fato de ter-se transformado num inseto não seria mais fonte de vergonha nem obstáculo para seu sucesso social. Na verdade, isso talvez nunca lhe ocorresse, pois de onde viria o conceito de "inseto"? O adolescente está naquela "época singular" não tanto porque o corpo está fora de controle, mas porque sua posição social — não mais criança, mas incompetente como adulto — é intolerável. O Meursault de Camus ("o estrangeiro") tem grande dificuldade para se acostumar a ser chamado de "criminoso" não devido ao significado negativo da palavra, mas porque nunca entendeu o que é ser chamado ou classificado de alguma coisa. Em parte, ele é "estrangeiro" por não ter qualquer noção de autoidentidade.

A crise de identidade é social. É por isso que Sartre, depois de 300 páginas sobre a dialética dualista entre ser "em-si" e "para-si", "facticidade" e "transcendência", insiste em apresentar "ser-para-os-outros" como uma terceira categoria "primordial" e "não derivativa" de ser.[20] Em linguagem comum, o que somos é função não só dos fatos sobre nós e do que pensamos a nosso respeito, mas também do que os outros pensam de nós e de como entendem esses fatos. Na verdade, pode-se ler a terceira parte de *O ser e o nada* como desfazer sistemático do que vinha acontecendo nas duas partes anteriores. Os fatos que restringem a identidade pessoal não são dados nem determinados pelo sujeito. São questão de interpretação social, dependem tanto do contexto quanto dos motivos (tantas vezes malévolos) dos outros (assim, Garcin, personagem da peça *Huis clos*, de Sartre, por mais que tente interpretar-se como herói, apesar do covarde desempenho final diante do pelotão de fuzilamento, vê-se em última instância vítima de suas duas eternas colegas: Estelle, que não dava a mínima para sua crise de identidade *ex post facto*, e Inês, que o despreza).

Esse quadro de pessoalidade mutuamente interpretada é emprestado de Hegel (de quem também vem parte da estranha terminologia teutônica de Sartre). Em sua parábola de "senhor e escravo" em *A fenomenologia do espírito*, Hegel sugere (o texto é demasiado sutil para ir além de "sugerir") que a pessoalidade depende essencialmente do que ele chama de "reconhecimento" pelo outro. A sugestão gera duas teses filosóficas, uma muito geral, outra mais particular, que Hegel investiga. Segundo a tese geral, ninguém seria um Eu sem reconhecimento mútuo, e esse reconhecimento refere-se, obviamente, a si mesmo tal como publicamente personificado (ao contrário do modelo cartesiano de autoidentificação introspectiva). O argumento fica um tanto mais complicado em virtude de Hegel referir-se aos indivíduos envolvidos como "autoconsciências", indicando que eles já têm alguma ideia de autopercepção,[21] ainda que a primazia do reconhecimento de pessoas (seres humanos) em vez do eu puramente mental seja bastante evidente, como seria, muitos anos depois, para P. F. Strawson e Mark Johnston.

Entretanto, é a segunda tese de Hegel que ele de fato segue no texto e emprega como veículo para várias viradas e torções subsequentes da dialética. Trata-se da que o eu e a autoconsciência são, em primeiro lugar, questão de status, e o status, mais uma vez, só pode ser obtido por meio do reconhecimento mútuo. No mundo despojado da parábola, as protopessoas envolvidas no reconhecimento mútuo não têm muito em que se basear, já que, presumivelmente, não têm posição social, conta no banco, guarda-roupa, boa criação, talento filosófico nem nenhuma das prosaicas características pelas quais nos comparamos e nos medimos. Assim, diz Hegel, eles lutam, "até a morte" se necessário, mas é claro que a morte de um impediria o objetivo do outro, ou seja, ser reconhecido. Hegel então descreve a inversão curiosa que confunde todas as questões de status e, consequentemente, força senhor e escravo a tentativas filosóficas de autoentendimento.[22] A questão geral, entretanto, é: a autoidentidade pessoal não é apenas a abstração "autoconsciência"; é concreta e social, mesmo quando rejeita perversamente tanto o concreto quanto o social (como nos capítulos subsequentes de Hegel sobre o hedonismo, "A lei do coração" e "O modo de ser do mundo"). Nossa identidade nunca é apenas de pessoa, ser humano, organismo ou membro de espécie animal específica; é de pessoa específica, de ser social específico com características, virtudes e vícios específicos.[23] Não é nada menos do que "a articulação seca de uma generalidade vaga" (Mark Johnson) ou, como diria Hegel, "um universal vazio".

Assim, crise de identidade não é mera confusão sobre quem se é, mas o resultado inevitável de nossa personalidade mutuamente interpretada. Se a identidade do eu é sempre subdeterminada, como defendia Sartre, e se a determinação dessa identidade sempre se baseia, em parte, no reconhecimento dos outros, às vezes competitivo e frequentemente nada cooperativo, como indicam Hegel e Sartre, então a identidade pessoal revela-se um conceito espetacularmente dinâmico. Mais ainda, é especialmente propenso à manipulação filosófica. O modo como pensamos sobre nós mesmos determina, em boa medida, quem realmente somos. A grandiosa concepção que Hegel faz de si como *Geist* e a dura concepção de Sartre da consciência como "para-si" e inescapavelmente responsável pelo mundo foram forte incentivo para os que lutam no sentido de conquistar uma adequada concepção de eu (embora, provavelmente, a mensagem seja mais divulgada pelos Alcoólicos Anônimos e pela EST do que por textos originais ou por algum filósofo sério). Assim também, pensamos nos muitos filósofos sérios, além de Hegel e Sartre — Hobbes, Rousseau e Hume (apesar de suas dúvidas sobre "eu") —, que contribuíram para essa literatura da identidade pessoal e mudaram o modo como pensamos em nós mesmos. Para todos eles, identidade não é apenas um quebra-cabeça a ser resolvido. É nossa existência humana pessoal e compartilhada que precisa receber forma conceitual.

IDENTIDADE PESSOAL E ÉTICA DA VIRTUDE

> Há aqueles que são como relógios baratos (...) fazem tique e querem que o tiquetaque seja chamado de virtude.
>
> Nietzsche, *Assim falou Zaratustra*

A ética da virtude depende da inteligibilidade do conceito "virtude" que, por sua vez, como "estado de caráter", depende da adequação de algum sentido especial e raramente explicado de "caráter". Com muita frequência, considera-se caráter simples coletânea de traços mais ou menos coerentes e analisados como disposições a agir de certa maneira. Sem dúvida esses traços não são nada pétreos, meras reações mecânicas sem relação com o contexto e mais ou menos "automáticos". Na verdade, um dos principais traços de caráter em que os eticistas da virtude insistem desde Aristóteles é o *bom juízo*, que significa exatamente essa sensibilidade às nuanças do contexto. A coragem, por exemplo, manifesta-se em várias ações diferentes, quando enfrentamos uma multidão hostil ou um tumor maligno. O conceito de caráter como coleção de traços mais ou menos coerentes é, porém, inadequado, principalmente devido a algumas considerações relativas à determinação social e à indeterminação da identidade pessoal. A pessoa é uma coleção de traços mais ou menos coerentes ou esses traços dependem, em nível considerável, da concepção dos outros? (O que é encantador numa sociedade é repulsivo em outras. O que é inteligente num seminário de filosofia pode ser aborrecido e cansativo numa conversa comum.) O caráter de alguém determina seu comportamento, como sugeriram muitos defensores do "compatibilismo" em discussões do "problema do livre-arbítrio" (Hume entre eles), ou precisamos abrir espaço para o gesto espontâneo, o "ato de vontade" inesperado, o comportamento "não característico" que ainda assim pode tornar-se, clara e talvez até paradigmaticamente, a marca d'água da autoidentidade de alguém?[24]

Aqui não é lugar (haverá esse lugar?) de atacar o problema aparentemente interminável do livre-arbítrio, mas a expressão de que um ato "flui do caráter de alguém", muito usada tanto por compatibilistas quanto por eticistas da virtude, merece exame crítico. Com certeza, costumamos entender o que significa essa metáfora. Alguém foi criado para ser generoso. Tem frequentemente ideias generosas. Tende a realizar ações generosas "espontaneamente", sem deliberação nem hesitação (na verdade, a deliberação, embora possa ser uma virtude filosófica, pode também ser indício de que não se tem ainda a virtude em questão). A generosidade "flui" de seu caráter no sentido de que a pessoa faz o que está acostumada a fazer, o que sua inclinação lhe dita que faça, o que lhe parece perfeitamente "natural" naquela situação. Não se exige nenhum "ato de Vontade", nenhum "empurrão" consciente, nenhum lembrete irritante.

A pessoa que age de forma "característica" faz exatamente o que esperaríamos dela. Assim entendida, a identidade de alguém pode ser prontamente compreendida como coletânea de traços dos quais ações previsíveis fluem com tanta facilidade quanto chuva do céu nublado.

Entretanto, não se conclui daí que "fluir de" seja uma noção causal ou manifestação de uma disposição inerente, nem nada além da metáfora que sugere "atender (sem perturbar) a nossas expectativas". E quanto aos casos em que a citada ação não "flui", mas contradiz diametralmente, o caráter estabelecido de alguém? Não adianta negar simplesmente a possibilidade de tal ação. O problema é explicar o que tais ações parecem ser. A questão aqui, entretanto, não é de livre-arbítrio, mas de identidade pessoal. Desse ponto de vista, como interpretamos tal comportamento? A resposta não é fácil. Às vezes o festejamos, mudamos de opinião sobre a pessoa e, consequentemente, nossos elogios (ou censuras) mudam a pessoa também. Às vezes desdenhamos o comportamento como aberração um tanto intrigante mas sem importância para nossa avaliação de caráter. Na maioria das vezes, decidimos simplesmente esperar para ver o que acontece. O caminho escolhido tem muito a ver com a importância do ato em questão, a trivialidade das circunstâncias, o poder de nossas expectativas anteriores, o papel e o status do agente em nossa companhia e se no futuro teremos de confiar na mesma pessoa em circunstâncias semelhantes. Assim, também, quando um ato tem consequências magníficas ou devastadoras, é difícil menosprezá-lo como insignificante (quanto ao caráter do agente), por mais difícil que seja explicá-lo ou incorporá-lo à imagem prévia da pessoa. Se, por outro lado, com igual incerteza, precisarmos de reação igualmente dramática no futuro, talvez hesitemos em mudar nossas expectativas e nosso juízo a respeito do caráter do herói do dia. Festejaremos a reação, mas restringiremos os elogios a sua virtude.

Em situações extremas, como, por exemplo, nas exigências do combate ou nas emergências de vida e morte, às vezes as pessoas realizam façanhas extraordinárias, de impossível previsão com base em seu comportamento mundano e cotidiano. Do mesmo modo, esse comportamento pode não ser exatamente "não característico", ainda que vá contra o que poderíamos esperar. Ainda não tivemos a oportunidade de avaliar seu caráter em situações extremas. Isso, contudo, já levanta um problema grave quanto ao conceito aparentemente monolítico de caráter: o caráter depende do contexto. Se podemos ter opiniões diferentes e divergentes do caráter de alguém na vida "ordinária" e em situações extremas, deveríamos ao menos suspeitar que o caráter de alguém pode variar entre a sala de aula, o quarto de dormir, o escritório e o frenesi das ruas.[25] Quer isso dizer, então, que esses são "aspectos" meramente diferentes do caráter? Como individualizar o caráter e por que supomos que é distribuído, como na noção ortodoxa de autoidentidade, à razão de um para cada freguês? Se, porém, o caráter for contextual e estiver segregado em aspectos diferentes da pessoa, será que não perderemos também boa parte do que queríamos do caráter e da identidade pessoal? "Que caráter ele demonstra na quadra de *squash*!" Talvez. Mas aí é difícil perceber como a ética da virtude pode oferecer a melhor alternativa à opção de avaliar as ações de alguém com base em suas consequências ou na conformidade com princípios racionais.[26]

O que viemos descrevendo é nossa estimativa do caráter *do outro*; mas a identidade pessoal, seja qual for a abordagem ou a simpatia filosófica, não é, primariamente, uma questão relativa ao outro. É relativa a si mesmo, é questão (pelo menos em parte) de autoestimativa, a ser considerada do ponto de vista da primeira pessoa, não da segunda nem da terceira. Isso é bem independente da tese de que a autoidentidade é questão de reconhecimento mútuo. Provoca, no entanto, uma previsível virada na relação entre caráter e identidade pessoal. O caráter, como se costuma entender, é questão factual. Trata-se do que alguém de fato fará nesta ou naquela situação e, presumivelmente, há algo nesse alguém — resumido como "traço de caráter" — que explica por que o fará. Os problemas de sempre sobre status e natureza das disposições e como servem de explicação aqui não representam nenhuma dificuldade específica; importa mais que a autoidentidade não é simplesmente o reconhecimento do próprio caráter. Na verdade, o conceito que se tem de si mesmo pode desdenhar ou até negar as virtudes que de fato constituem o caráter.[27] É comum pessoas corajosas não se perceberem assim (e covardes não costumam verse como covardes, mas, talvez, como defensores da "ponderação").

É por isso, por exemplo, que alguns eticistas da virtude insistem tanto na natureza "espontânea" e não deliberativa da ação virtuosa não só para enfatizar a insistência de que o ato deve "fluir" do caráter da pessoa como também para insistir ainda mais que a virtude em questão é virtude exatamente por não ser produto do pensamento e da reflexão consciente. Quem pensa consigo mesmo, ao fazer doações para caridade, "sou uma pessoa generosa" (para não dizer "Como sou generoso!") é considerado, portanto, menos generoso. Quem se prepara para a ação com "Preciso ter coragem" mostra-se, portanto, não muito corajoso. É claro que há limites para essa depreciação da virtude, e só quem estiver totalmente impregnado das virtudes que Hume chamava de "monacais" afirmaria que esse autoelogio ou essa preparação reduz ou apaga a virtude em questão (o que levanta problemas especiais, bem registrados na história da psicologia cristã, sobre virtudes conscientes, como a humildade). É fato bem sabido, entretanto, que os generosos não costumam reconhecer sua generosidade, nem os corajosos sua coragem. A sensação que têm da própria identidade, portanto, é bem distinta das atribuições de caráter que os outros lhes fazem. Mas, então, como entenderemos suas virtudes?

Uma maneira de formular essa questão é pensar (como Aristóteles e Hume) sobre o lugar do orgulho e da vergonha na lista de virtudes. Em parte, o orgulho é a virtude de reconhecer as próprias virtudes. Hume, acompanhando Aristóteles, elogia o orgulho e condena a humildade, acusando-a de inevitável hipocrisia. Isso, embora possa ser rígido, mostra uma questão relativa ao caráter que me parece importante, embora paradoxal. Não basta agir virtuosamente, diz Aristóteles. É preciso compreender a ação como virtuosa. A pessoa treinada para agir em conformidade com as exigências da virtude, como se pode treinar um cão para imitar as cortesias humanas, não será, portanto, virtuosa, mas apenas bem-comportada. A questão da relação entre o exercício da virtude e seu reconhecimento em si torna-se bastante delicada, mais ainda quando se enfatiza a natureza "espontânea" da virtude. Em que ponto a autoconsciência mina a virtude? Ainda assim, a compreensão de si como virtuoso é parte integrante da identidade pessoal; de fato, para muita gente é a parte mais essencial de sua identidade pessoal, mais importante do que sucesso e status competitivo (em Hegel, é aí que a natureza competitiva do confronto senhor/escravo transforma-se em *Stitlichkeit*, tragicamente exemplificada nas virtudes fraternais de Antígona).[28] É a narrativa constante de "quem se é" — confundida e às vezes em conflito com as histórias que contamos sobre nós mesmos e as histórias impostas pelos "fatos" e pelos outros — que determina a identidade pessoal (Antígona ficou presa entre duas histórias, duas "formas de consciência" opostas).

Caminho mais complicado até a mesma conclusão é o exame um tanto desconfortável que Aristóteles faz da vergonha.[29] Demonstrando seu desconforto, chama a vergonha de "meia virtude". A vergonha em si não é virtude, naturalmente; é antes a reação adequada a um lapso de virtude. Mas é exatamente essa a questão. Quem não sente vergonha, quem é "desavergonhado", não pode ser virtuoso. A virtude, em parte, é a autoconsciência de ser virtuoso, e o reconhecimento envergonhado de lapsos da virtude — ou, pior, da falta de virtude em si — é ingrediente essencial do bom caráter. Entretanto, a vergonha só é prova de bom caráter em doses bem pequenas; generalizada, quando se justifica, significa que o caráter tem falhas profundas; quando não, é mórbida e digna de pena. Ainda assim, e nos dois casos, a vergonha generalizada é uma daquelas emoções que servem para formar uma concepção mais ou menos unificada de identidade pessoal com base no caráter, ainda que infeliz. Problema que a isso se soma é o fato de as questões de vergonha e orgulho tenderem especialmente à distorção do autoengano (questão que aparentemente não incomodava muito os gregos, mas levou ao desespero cristãos como Santo Agostinho e Pascal).[30] O modo como concebemos nossas virtudes e o modo como podem ser merecidamente mostradas são às vezes visivelmente desarmônicos, e aqui voltamos a um novo conjunto de variantes das questões "existenciais" que já mencionamos. Até que ponto a autoidentidade pode basear-se em autoengano? Até que ponto o caráter de alguém é determinado pela concepção de sua identidade pessoal? Até que ponto o caráter de alguém não é meramente uma questão de "fato", mas sim de interpretação social, em que a descrição da identidade na primeira pessoa seja apenas a voz singular, que às vezes é encoberta na multidão?

Eis aqui duas considerações finais sobre a noção de caráter da ética da virtude e sua relação com o problema da identidade pessoal. Em primeiro lugar, muitas vezes foi ressaltado, principalmente por Nietzsche, que o ideal aristotélico (e platônico) de "unidade das virtudes" é, de fato, praticamente implausível. Uma virtude conflita com outra e, bem ao contrário do reforço mútuo, um aspecto do caráter mina outro.[31] Mas assim como o caráter pode ser cindido por virtudes opostas, a identidade pessoal pode cindir-se ao identificar-se com essas virtudes e traços de caráter opostos. Por que os filósofos suporiam que o eu é coerente ou "transparente" para si mesmo? Na verdade, a prática dedicada da filosofia propriamente dita parece ser um excelente exemplo de como um conjunto de virtudes pode criar a maior confusão em outro conjunto mais mundano de virtudes (os filósofos que se recusam a admitir a reação social costumeira a seu constante ceticismo, ao picadinho que costumam fazer com a lógica, ao exame excessivamente crítico de toda tese ocasional e à interpretação literal até da expressão idiomática mais banal talvez não vejam isso). Não é apenas o fenômeno do autoengano que nos leva a pensar no eu como muito mais labiríntico do que indicaria o *cogito* cartesiano.[32] É também o fato conhecido de que reconhecemos em nós não apenas uma identidade, mas várias, algumas convenientemente classificadas de acordo com circunstâncias e ambientes sociais e outras, principalmente em tempo de crise, em total confronto. Não é preciso invocar fenômenos de "cérebro dividido" ou outros transtornos psiquiátricos extremados para levantar questões filosóficas fascinantes sobre o eu fragmentado e parcialmente oculto.[33]

A outra complicação que surge aqui tem a ver, adequadamente, com instantes finais. É uma questão que sempre me deixou perplexo: como a conversão no leito de morte, por exemplo, ou a morte horrível pode desfazer toda a história da vida de alguém e gravar em pedra, por assim dizer, uma identidade que talvez não seja nem um pouco merecida. Correndo o risco de ser aborrecido, usarei mais uma vez o Garcin de Sartre como exemplo. Seu último ato de covardia parece solapar totalmente uma vida inteira de dedicação heroica, como Inês cruelmente lhe aponta. Ou consideremos a última cena do *Fausto* de Goethe, quando, no momento final, o filosófico protagonista renega seu pacto com Mefistófeles, e os anjos levam para o Céu de sua alma. Os vilões se salvam com um gesto final de contrição, e as almas boas são condenadas ao Purgatório devido ao acidente de terem morrido um pouco precocemente, sem acesso a padres ou salvadores. Naturalmente essa não é uma questão de caráter. Quem teve uma vida longa e feliz pode sofrer um pouco no momento da morte, por sufocação, estrangulamento, afogamento, por receber uma bala no peito ou abdômen, pela hemorragia de algum ferimento invisível, ao ser esmagado por um veículo pesado ou mutilado num acidente. Por que, então, em vez de pensar na vida longa e feliz que terminou em poucos instantes de horror (e às vezes as experiências mais terríveis na verdade não envolvem praticamente nenhuma dor), tendemos a nos demorar nesses instantes de horror, como se agora definissem a vida daquela pessoa? Por que teriam algo a ver com sua identidade, como poderiam defini-la?

Ora, sem dúvida o problema aqui não é, por sua própria natureza, de autoidentidade, já que a pessoa de quem é essa identidade não existe mais. De jeito nenhum, porém, seria um salto de "presunção imaginativa irrestrita"[34] considerarmos tal pessoa, tal como o Garcin de Sartre, em um Céu ou em um Inferno filosófico tentando pôr em ordem *ex post facto* a impressão que tem de si mesma. Ou, se isso forçar demais a imaginação escatológica, pode-se sempre imaginar, sem pressupostos teológicos, a vida inteira relampejar diante dos olhos nos instantes finais de alguém, não só em replay instantâneo, mas combinada a uma narrativa filosófica com comentários, tendo em mente um epitáfio. Então, como conceber a relação dos últimos momentos com a identidade pessoal? A ideia de que nosso encontro com a morte nos define é um pensamento preocupante (tanto, de fato, que Heidegger teceu sua noção existencial de "autenticidade" exatamente em torno dessa experiência). A possibilidade de nossa última experiência ser extremamente desagradável ou até humilhante é bastante óbvia, mas que o momento de morrer propriamente dito exija alguma alteração da própria concepção que fazemos de nós continua a ser um mistério para mim. É bastante natural recordarmos os momentos pavorosos da morte de alguém, sem os conseguir tirar da cabeça. Levei anos para superar as lembranças da fragilidade de meu pai em seus últimos anos e recordá-lo outra vez como o homem vigoroso e enérgico que foi. A fixidez da lembrança, porém, não é prova de identidade e, com certeza, tem pouco ou nada a ver com caráter. Se um último ato torna-se o clímax de uma vida de virtude (ou de vício), isso só tem importância em termos emblemáticos, porque serve de resumo; ou, se o último ato não combina com o personagem, pode ser significativo exatamente pela razão contrária. Sua condição de "último ato", entretanto, não me parece ter a mínima importância. Atribuo o fato de isso ser tão enfatizado a um truque de marketing do comércio missionário e não a alguma percepção da natureza da virtude.

O que embasa a ênfase que a ética da virtude dá ao caráter é, na verdade, a forte sensação de importância da constância e da continuidade, em oposição ao que é meramente momentâneo e acidental. Assim, é bastante sensato pensar no caráter em termos do eu e da identidade pessoal. Erro é pensar que o caráter, o eu e a identidade pessoal são tipos de "essência", de propriedade da pessoa, em vez de funções complexas e dinâmicas das histórias (parcialmente verdadeiras) que contamos sobre (e a) nós mesmos e sobre os (e aos) outros. O que motiva a busca da identidade pessoal é, no fundo, uma questão ética; não apenas saber "quem sou eu", mas igualmente buscar o Bem.

IDENTIDADE PESSOAL E MULTICULTURALISMO

> Construímos identidades éticas — mulher, homem, afro-americano, "branco" — de maneiras que dependem fundamentalmente de crenças falsas a respeito de identidades metafísicas; como se cada uma delas pudesse ser reconstruída com outra matéria-prima. Mas, se queremos viver numa sociedade que não institucionalize essas falsas crenças, talvez o projeto de reconstrução não seja atraente.
>
> Kwame Anthony Appiah, "But Would That Still Be Me?"

Hoje é praticamente lugar-comum nas ciências sociais (e enfadonho jargão político) a variação do conceito de eu de uma cultura para outra (um peso enorme lançado de forma acrítica sobre a simples palavra "diferença"). Em artigo resumido que recebeu bastante atenção da psicologia e da antropologia, Hazel Rose Markus e Shinobu Kitayama defenderam que "interpretações divergentes do eu e dos outros e a interdependência entre as duas" trazem consequências profundas para o entendimento de culturas diferentes, de seus sistemas de conhecimento, modos de comportamento e relatividade das emoções.[35] Os autores limitaram-se a uma discussão um tanto inespecífica de dois modos diferentes de autointerpretação, o "ocidental" e o "não ocidental", exemplificados pelas sociedades norte-americana e asiática, respectivamente. Referiram-se à diferença essencial entre essas duas interpretações do eu como "independente" e "interdependente". Sua discussão, na época, era conceitualmente confusa, e a análise precisava muito de um comentário filosófico favorável, mas o que disseram certamente lança uma sombra escura sobre as pretensões universais da "chamada visão ocidental do indivíduo como entidade independente, contida em si mesma e autônoma que (a) contém uma configuração única de atributos internos (...) e (b) comporta-se primariamente em consequência desses atributos internos".[36]

Parte dessa descrição é reconhecidamente exagerada, generalizada demais e metafórica, mas o pressuposto de que o eu da identidade pessoal é e tem de ser individualizado de acordo com o invólucro da epiderme ou, mais dentro da tradição, com o conteúdo peculiar de uma única "mente" (tenha isso ou não de ser explicado como unidade transcendental) está, e deveria estar, sujeito a questionamento. Hegel defendeu a noção do eu não individual (ou "Espírito") em termos mais ou menos apriorísticos, tomando Kant como ponto de partida.[37] O eu, como indicou o antropólogo francês Mauss, em 1938, é uma "categoria delicada", sujeita a variação constante.[38] Markus e Kitayama, referindo-se a centenas de outros autores, fazem uma descrição baseada na observação empírica e na experimentação (comparando, por exemplo, a atribuição de qualidades e caráter em oposição à avaliação de ações e comparando medidas de autoestima em culturas diferentes).[39] Um filósofo favorável faria maravilhas com esse material.

A própria concepção de identidade pessoal está aí para quem quiser. Não só temos oportunidade (e mesmo obrigação) de examinar "*todas* as concepções mais interessantes e específicas [ou pelo menos algumas] que guiaram a vida prática"[40] como temos a oportunidade de fazê-lo exatamente naquela arena que alguns filósofos ainda se recusam a reconhecer, ou seja, sob os auspícios de "esquemas conceituais alternativos".[41]

Não cabe aqui explorar em detalhes a rica geografia conceitual de interpretações alternativas do eu e da pessoa; parece-me, contudo, que a questão "multicultural" da identidade pessoal é um tópico extremamente promissor para a filosofia agora que entramos no novo milênio (interpretação etnocêntrica do tempo, aliás). A distinção entre interpretações "independentes" e "interdependentes" do eu parece-me simplória e pouco aplicável às sociedades dificilmente homogêneas mencionadas por Markus e Kitayama. Os Estados Unidos e o Canadá, apesar dos temas predominantes de certo tipo de filme, não estão, de modo nenhum, indissoluvelmente ligados a sua concepção romântica do indivíduo, e a ideia de que todas as sociedades não ocidentais e não individualistas podem ser entendidas em conjunto sob a única rubrica "interdependentes" contraria boa parte dos ricos indícios antropológicos que Markus e Kitayama citam em sua discussão. Ainda assim, a filosofia acoplada à antropologia, a análise conceitual combinada à atenção cuidadosa e detalhada à diversidade do que é dito, pensado e exibido no comportamento em todo o mundo podem produzir o tipo de diálogo transcultural e o entendimento mútuo que, por enquanto, os multiculturalistas menos fanáticos só conseguem imaginar em sonhos.

Quero usar como exemplo apenas um confronto multicultural específico de considerável importância histórica, pelo menos para os envolvidos, e modelo comprovado de confronto cultural historicamente complicado também em outras situações; o que se verifica entre os aborígines indígenas polinésios, os maoris da Nova Zelândia, que ali chegaram antes do final do primeiro milênio, e os colonos britânicos que ali chegaram no século XIX. O relato histórico não é nada agradável, embora seja consideravelmente mais edificante do que muitas histórias parecidas de chegada, conquista e "destino manifesto". Na verdade, os maoris e os "*pakeha*" conseguiram um sistema de convivência mutuamente tão satisfatório que, durante várias décadas, a Nova Zelândia pôde apresentar-se ao mundo como cultura birracial harmônica ideal — e assim considerar sua própria identidade. Essa ilusão foi estilhaçada por uma série de fatos nas duas últimas décadas do século XX, e o que, na verdade, foi um confronto prolongado sobre o direito à terra e indenização por agressões passadas continua nos tribunais.[42]

O que tem interesse e relevância filosóficos específicos nesse confronto é o mal-entendido mútuo de dois conjuntos muito diferentes de concepções de justiça e de responsabilidade, baseados em dois conjuntos muito diferentes de concepções do eu e da identidade pessoal. A justiça maori e o dispositivo pelo qual os colonos do século XIX privaram "legalmente" os maoris de seu território dependiam de sua identidade totalmente conjunta com a terra (e não "propriedade").[43] Assim também, o senso de responsabilidade maori era inteiramente coletivo e não individual, resultando em considerável desarmonia nos tribunais essencialmente "ocidentais" da Nova Zelândia.[44] Para nossos propósitos aqui, entretanto, o contexto primário da discórdia está no entendimento do que é ser uma pessoa, e as versões maori e *pakeha*, com suas variantes, oferecem-nos um exemplo acessível, concreto e fascinante de dois esquemas conceituais filosoficamente profundos mas nitidamente diferentes.

Costuma-se dizer, com desprezo crescente, que a concepção ocidental do eu é "individualista", talvez excessivamente. Na medida, porém, em que isso só se refere ao óbvio — ou seja, à discernibilidade física de seres humanos individuais e alguma consciência rudimentar de que "eu sinto isso e você não" (e vice-versa) —, é difícil entender por que tanta confusão. Como se conseguiria *não* ser individualista? Hegel e os idealistas alemães (assim como Spinoza) nos dão uma pista bem mais teórica do que prática: a ideia de que o peso que se dá à individualidade meramente física e ao modo de interpretar a noção peculiar daquilo que os filósofos chamam de "privacidade" ou "acesso privilegiado" faz enorme diferença. É claro que os maoris têm compreensão tão clara de sua individualidade física e da privacidade de suas próprias dores quanto qualquer *Übermensch* ocidental individualista. O significado de toda ação ou vivência importante só pode ser, porém, adequadamente descrito em termos coletivos ou, pode-se dizer, "corporativos".[45] O crime cometido por qualquer membro de um grupo ou família é corretamente atribuído ao grupo ou família como um todo. O crime sofrido por qualquer membro de um grupo ou família é sofrido também por todo o grupo ou família, e a vingança (*utu*) pode ser levada a cabo por qualquer integrante do grupo agredido sobre qualquer integrante do grupo agressor.[46] Assim, o indivíduo está inteiramente preso a relações de parentesco. Na verdade, a morte do indivíduo, em amplo sentido, não é morte.[47] O eu real de cada um é o "eu do clã", e o eu do clã sobrevive. A ideia ocidental de que o grupo existe para servir aos interesses de seus integrantes é considerada um absurdo total e perigoso.[48]

Obviamente, nos 200 anos de controle conjunto de maoris e *pakehas* na Nova Zelândia, as duas concepções de eu se emaranharam, embora a influência tenha sido (pelo menos até recentemente) bastante unilateral, como seria de esperar. Os maoris aceitaram melhor a ideia de escolha individual — na verdade, numa sociedade em que grande percentual da população é "mestiça", ser maori torna-se uma questão de escolha e de compromisso.[49] Mas também se vê a infiltração progressiva de conceitos e da língua maoris na cultura em geral. As disputas em andamento são um caso fascinante para estudar como os conflitos transculturais podem seguir em passos cautelosos e incrementais necessários para trazer o entendimento mútuo. Supor que esse entendimento é simplesmente a tradução de um idioma para outro ou a aceitação por uma ou ambas as partes do sistema conceitual da outra é não perceber a razão de tanta discussão. A identidade pessoal não é apenas a questão de quem se é (como ser corporalizado com pensamentos, sentimentos e lembranças). É uma questão muito mais ampla de quem *nós* somos, em que "nós" refere-se a qualquer número de grupos aos quais pertencemos e com os quais nos identificamos, incluindo os que insistem na história de que somos todos "indivíduos independentes".

IDENTIDADE PESSOAL NO AMOR

> Como te amo? Deixa-me contar os modos.
>
> Elizabeth Barrett Browning, *Sonnets from the Portuguese*

O amor parece ser um tópico estranho para os filósofos, apesar do entusiasmo demonstrado pelas variedades sexual e não sexual por Platão e por Aristóteles, respectivamente. Em tais emoções, porém, há muito a aprender, ainda mais sobre o tema da identidade pessoal. Amelie Rorty começa seu ensaio "The Historicity of Psychological Attitudes" ("A historicidade das atitudes psicológicas") da seguinte maneira: "Existe um conjunto de atitudes psicológicas — amor, alegria, talvez alguns tipos de desejo — que são individuadas pelo caráter do sujeito, pelo caráter do objeto e pela relação entre eles".[50] Não tenho tanta certeza assim a respeito da alegria, e o desejo é um saco instigante e variado demais para que eu pule dentro dele, mas o amor, com certeza, é isso mesmo. O amor erótico ou romântico parece ser o primeiro exemplo de amor ou, pelo menos, o mais estimulante, mas Rorty, sabiamente, concentra sua atenção no amor da amizade, ou amor-amizade.[51] Ela não supõe que o amor seja recíproco nem simétrico. Na verdade, para o conceito que ela denomina "permeabilidade" é importante que o senso de "eu" aí envolvido inclua o outro, mas seja, mesmo assim, uma "atitude psicológica" ou, melhor, uma característica da pessoa que ama, em vez de relação entre amante e amado, por mais que se queira e se espere que uma acompanhe a outra. O "objeto" do amor, contudo, ainda assim tem de ser uma pessoa, não uma coisa, e não apenas um ou outro aspecto da pessoa.[52] Dizer que o amor é permeável é dizer que "o amante é afetado, mudado, não só por amar como também pelos detalhes do caráter da pessoa amada".[53] Essas mudanças, por sua vez, afetam as ações do amante e passam a fazer parte de toda uma "história narrativa" na qual as tão destacadas efemérides do amor — dores, pontadas, fisgadas e arrepios — só podem ser identificadas como "sentimentos de amor" em virtude de seu (pequeno) lugar nessa história narrativa.[54] O que interessa a Rorty é a continuidade ou "constância" do amor, questão que não nos diz respeito aqui. Na medida, porém, em que o conceito de "permeabilidade" parece-me resumir uma característica essencial do amor (seja erótico, seja amigo) e que essa característica tem a ver, essencialmente, com o eu e a identidade pessoal, quero examinar aqui esse conceito, ainda que brevemente.[55]

Desde Platão, considero que os filósofos que se preocuparam em analisar as características essenciais do amor sofreram de uma obsessão com o objeto. Contra o pano de fundo de mal-entendidos em que emoções e assemelhados são considerados meros "sentimentos" ou perturbações fisiológicas, esse ponto de vista pode ser bastante saudável, até terapêutico, caberia dizer. Em 1963, Anthony Kenny resumiu a ênfase não muito nova no fato de que as emoções são necessariamente dirigidas a objetos — sua "intencionalidade" — ao distinguir dois tipos de sentimentos, os que têm e os que não têm objeto. O amor (como praticamente todas as emoções) era decididamente da primeira variedade. Antes de Kenny, Brentano defendera tese semelhante, adotada por Freud, que iniciou uma série especialmente vulgar de cunhagens como "o objeto do amor". Mas, muito antes de Freud, Platão seguira caminho parecido para entender o amor quando fez Sócrates sugerir, no *Simpósio*, que (entre outras coisas) o amor é a ânsia de beleza ou, melhor, Beleza (a Forma e não alguma instância particular). Isso, porém, concentrou toda a atenção no brilho do verdadeiro objeto do amor, que, não surpreende, no século XII passou a ser Deus. O que foi negligenciado, defendo eu, foi a importância do sujeito e, como Rorty insiste corretamente, a relação dinâmica entre amador e amado.

Mas essa relação, repito, não é simplesmente a relação *entre* amador e amado, mas sim a relação tal *como percebida* pelo amador, o "sujeito". E seja lá o que for que constitui essa percepção (a beleza e os encantos do amado, por exemplo), está aí incluída a percepção/concepção do eu, de sua própria identidade, em termos impostos ao, com ou pelo amado. Numa relação real, ou seja, em que as duas pessoas de fato se falam, se ouvem, se olham, se tocam e se comunicam, o sentido em que suas identidades se (re)constituem mutuamente é bastante óbvio. Ele diz a ela: "gosto de seu cabelo assim", e esse se torna o jeito preferido de ela se ver. Ela diz a ele: "Não sei como você aguenta ler Heidegger", e o interesse dele, talvez imediatamente, começa a se reduzir. Reconhecer que somos afetados, às vezes profunda e permanentemente, pelas opiniões e pelos juízos dos outros não é nenhuma ideia filosófica profunda nem exige noção quase paranóica de "ser-para-os-outros", ainda mais se são pessoas com as quais nos preocupamos muito, a quem queremos agradar e que esperamos que tenham boa opinião a nosso respeito. Isso, entretanto, não é mera consequência nem efeito do amor, nem mero sintoma daquela atitude psicológica. Isso faz parte do que faz do amor *amor*, em vez de mera admiração, adoração, desejo sexual ou outro desejo aquisitivo ou egoísta, prazer mútuo, companheirismo ou interesses comuns (incluído o interesse de um pelo outro).

Entretanto, a permeabilidade ou a identidade compartilhada do amor fica mais complicada e fenomenologicamente interessante quando não é recíproca; na verdade, quando o amado pode nem saber da existência, muito menos da corte amorosa, do outro. Em tais casos, o diálogo exemplificado passa-se, de fato, na psique do amador, mas a troca não fica assim tão diferente com a mudança de localização. É claro que o amor não correspondido tem suas liberdades, das quais a capacidade de conjurar elogios não refutados por parte do amado e a concepção de si mesmo inteiramente a gosto (e sob seu próprio controle) não são as menores. Assim, o amor não correspondido torna-se um espetacular auxílio para o autoengano, além de fórum maravilhoso para a imaginação. Com base nisso, Stendhal afirmava, desafiador, a superioridade do amor não correspondido, e, dizem, Goethe cunhou uma de suas (inúmeras) melhores frases: "amo-te, mas o que és mesmo?" Quer o amor recíproco envolva essencialmente ou não levar "a sério" as preferências e os juízos (reais ou imaginários) do amado, ainda assim envolve refazer o senso de si tendo em mente o outro.

Complica-se ainda mais o quadro quando consideramos as variações histórico-culturais e os vários pressupostos ontológicos do amor. Se o amor é um partilhar de eus, a natureza culturalmente determinada do eu será um significativo determinante do amor e de seus correlatos. Em outras palavras, só se pode vivenciar certos tipos de amor quando se tem um certo tipo de eu e uma certa concepção de identidade pessoal. A amizade descrita por Aristóteles em *Ética a Nicômaco* não envolve exatamente o mesmo conceito de amizade disponível para nós, embora obviamente sejamos capazes de perceber as semelhanças e de aplicá-las a nossos propósitos. Eros, descrito pelos vários locutores do *Simpósio*, não é o mesmo que nossa concepção de amor "romântico". Na verdade, essa concepção levou mais de 2 mil anos para se desenvolver inteiramente, com mudanças dramáticas das relações entre homens e mulheres, da condição da mulher, do conceito de casamento, do conceito de "paixão" e, mais importante para nosso objetivo aqui, dos conceitos de eu e de identidade pessoal.

A história contada por Aristófanes no *Simpósio* é o modelo ideal, embora não literal, de "identidade compartilhada", ainda que seja óbvia a limitação desse modelo, não só por sua natureza fantasiosa, mas também pelo conceito de identidade excessivamente determinado que pressupõe. Não somos, como na história de Aristófanes, "duas metades de um todo original". O amor sozinho não nos "completa". E com referência ao *Simpósio* como um todo, não nos vemos como parte integrante de uma *polis* mais ou menos harmoniosa. Bem ao contrário, nós (e o alcance desse "nós" teria de ser circunscrito com muito cuidado) nos vemos como indivíduos, mais ou menos ligados a outros por laços de parentesco ou de afeição, ainda que por acaso.

O amor romântico tenta combinar o eu individualista e independente com o eu compartilhado e interdependente numa fusão que teria de ser bastante instável e vacilante. Na verdade, é esse exatamente o retrato do amor (e muito mais) que tiramos de alguns filósofos românticos do século XIX e é bem específico, diria eu, de um certo tipo de cultura. O que vem a ser esse eu hesitantemente compartilhado e em que sentido somos "permeáveis" ao outro, entretanto, são temas que merecem atenção acurada e hábil, nem as pinças da análise conceitual demasiado enxuta nem as costumeiras luvas de borracha da psicologia. Que outras concepções de amor podem existir, principalmente em culturas com concepção de eu bem diferente e já interdependente, é uma investigação importantíssima e nada fácil. Em algumas dessas sociedades (entre os maoris, por exemplo), parece não haver nenhuma concepção especial de amor parecida com o que chamamos de "romance". E o que é verdadeiro no caso dessa emoção especialíssima pode também ser verdadeiro em toda a gama de nossa vida emocional. Se as emoções não são meramente intrusões no eu, bárbaros do "id" freudiano socando os portões do ego, então muito do que diríamos a respeito do eu também deve ser dito sobre nossas paixões. O eu, como indicou Hume há mais de dois séculos, pode ser constituído não em pensamento, mas em nossas paixões, e a natureza e a narrativa de nossas paixões, por sua vez, podem envolver nada mais, nada menos que a natureza e a narrativa de todo o nosso modo de vida.[56]

COMO RECUPERAR A IDENTIDADE PESSOAL

Não precisamos forçar a imaginação, a intuição ou o conhecimento de neurologia para encontrar problemas filosóficos do eu e da identidade pessoal que deveriam ocupar nossas melhores mentes filosóficas e dar início a uma conversa longa e frutífera. Não precisamos de exemplos extremamente improváveis, para não dizer impossíveis, de identidade pessoal confusa quando nossas vidas são tão ricas de confusão, confronto e questões que exigem, com urgência, discussão e tentativas de entendimento mútuo. As questões do eu e da identidade pessoal têm agora a chave para a paz no mundo, e o entendimento mútuo já não é um exercício exótico, mas sim necessidade cotidiana. Se um quebra-cabeça filosófico clássico (mas de fato bem recente) reduziu-se e "ressecou", então vamos deixá-lo de lado e voltar nossa atenção para temas mais ricos e compensadores. E quando o tema é o eu como pessoa, não precisamos ir muito longe.

CAPÍTULO 8 Engano, eu e autoengano na filosofia

— Fiz isso — diz minha memória.

— Não posso ter feito isso — diz meu orgulho, e mantém-se inexorável.

Finalmente, a memória cede.

Friedrich Nietzsche, *Além do bem e do mal*

Se o eu e a identidade pessoal forem caracterizados em termos de uma "narrativa (parcialmente verdadeira)", então o que assoma diante de nós, como evidenciado pela frequente menção no capítulo anterior, é a questão conhecida, mas paradoxal, do autoengano: nós mesmos nos enganarmos, em particular, quanto a quem somos. Mas como nossas narrativas a nosso respeito e a respeito dos outros estão tão intimamente ligadas, muitas vezes de forma confusa, às narrativas dos outros sobre nós e sobre si, o engano e o autoengano não podem ser facilmente separados, e ambos têm muito a ver não só com quem somos (e quem pensamos que somos) como também com uma daquelas preocupações filosóficas abrangentes, a busca da *verdade*.

POR QUE VERDADE?

Certa vez, Nietzsche perguntou: "Afinal, por que precisamos da verdade a qualquer custo?"[1] Uma pergunta estranha, vinda de um filósofo que se orgulhava, acima de tudo, de sua brutal honestidade, e obscena numa profissão cujo objetivo primordial é a busca da verdade. Até os filósofos que questionam a ideia propriamente dita da verdade — não só Nietzsche e Nagarjuna, mas também Jacques Derrida e Richard Rorty — são escrupulosos e implacáveis quando se trata de engano, deturpação e "leituras criativas", pelo menos com relação a sua própria obra.[2] Em geral, os filósofos insistem na verdade, mesmo que não acreditem em "A Verdade". Desprezam o engano e ridicularizam o autoengano do "vulgo", que desfazem, como recomenda sua missão.

Provavelmente o australiano Tony Coady representa a maioria dos filósofos quando escreve: "A desonestidade sempre foi percebida em nossa cultura, e em todas as culturas com exceção das mais bizarras, como vício humano fundamental. Além disso, em geral a forma específica de desonestidade conhecida como mentira foi escarnecida, e o mentiroso habitual, tratado com desprezo. Há excelentes razões para isso." Mas ele acrescenta: "Deveríamos observar que essa noção combina com certa hesitação sobre o que é mentira e com a suspeita bem pouco sorrateira de que pode haver alguns contextos nos quais a mentira realmente se justifica."[3] Platão defendeu a "mentira nobre" e o respeitabilíssimo eticista inglês Henry Sidgwick sugeriu que a "mentira magnânima" na direção da humildade pode nos fazer muito bem.[4]

Os filósofos costumam fantasiar culturas inteiras compostas de mentirosos, no mínimo como contraexemplo possível do imperativo categórico ou como fonte de paradoxos deliciosamente autorreferenciais. A noção neomarxista de "falsa consciência" e o uso comum da palavra "mito" reforçaram a ideia de toda uma sociedade sofrer de autoengano. A mera possibilidade desse engano tão generalizado, contudo, já pressupõe algum critério ideal e independente de verdade, ao mesmo tempo, dá considerável reconhecimento à legitimidade e à necessidade do engano. Neste capítulo, quero turvar ainda mais essas águas já traiçoeiras sem negar o que considero óbvio: que em geral — na verdade, mais do que apenas em geral — temos de confiar no que os outros nos dizem e que mentir, sem alguma especificação a mais, está errado.[5] Sejam quais forem os pronunciamentos dos filósofos, a posição contra o engano dentro e fora da filosofia é nebulosa, devido não só a questões sobre as consequências como também a questões culturais e às complexidades do autoengano.

Poderíamos, certamente, limitar o uso de "engano" e, especialmente, o uso de "mentira" àqueles casos em que a inverdade é contada consciente e maliciosamente com intenção de enganar. Em outras palavras, poderíamos impor a esse rico conjunto de questões, como a outros, uma intolerável parcimônia. Mas isso eliminaria boa parte do assunto. Especificamente, eliminaria uma parte que considero bem grande dos casos em que o engano e o autoengano funcionam juntos e se apoiam. Também eliminaria todos aqueles casos em que considerações culturais ditam claramente o engano, o logro em nome da polidez, da adequação, das aparências ou dos sentimentos, independentemente de quão sem verniz ou mesmo rude seja a verdade. Definir a mentira como errada ou limitá-la a casos de logro criminoso provoca perguntas importantes, uma das quais é "Afinal, por que precisamos da verdade a qualquer custo?", de Nietzsche. E como já observamos, Nietzsche não está sozinho. Platão e Sidgwick defendem, ambos, a mentira magnânima, e uma das crenças aconselhadas aos monges noviços é a óbvia falsidade "Sou a pior pessoa do mundo". No budismo, a exigência de verdade e honestidade parece incluir a aquiescência diante de preceitos assim espantosos, tudo em nome dos efeitos salutares. É claro que Nietzsche segue uma pauta bem diferente e defende inverdades desejáveis que sejam inspiradoras e conduzam à criatividade, à autorrealização e à "vontade de poder". Parece-me, no entanto, que o problema é o mesmo. A verdade está a serviço da ética, e não o contrário.

"A desonestidade é uma forma de injustiça, um vício", diz Coady, repetindo a dura condenação de Santo Agostinho e Kant. "Deforma o mentiroso e envilece o uso da linguagem." Mas nem todas as inverdades são malévolas, e nem todos os enganos são mentiras. A verdade dói e às vezes destrói. As mentiras podem proteger e inspirar, e o engano pode servir a fins nobres. O autoengano mantém a ilusão que nos sustenta e, embora possa levar a disfunções patológicas, é o autoengano, e não apenas a verdade, que nos libertará.[6] Realmente, em muitos casos de autoengano (e de engano, também), talvez a maioria deles, a questão da verdade pode ser fonte de considerável consternação — não só pelas razões embaraçosas há muito defendidas por céticos epistemológicos, mas também por causa das características das crenças que alimentamos a nosso respeito e a respeito dos aspectos do mundo que mais nos importam, que as levam a cumprir-se (e às vezes negar-se) a si mesmas. O homem santo considera-se iníquo. Qual é a verdade? O assassino em massa com crenças políticas fortes, "terrorista" aos olhos da imprensa, considera-se um nobre lutador pela liberdade. Quem está certo e quem está errado? O amante confia no amado e defende-o, por mais horrendas que sejam as provas em contrário. É autoengano ou é apenas amor? A verdade, nesses casos, raramente é questão apenas de "fatos".

VERDADE E MENTIRA NO SENTIDO FILOSÓFICO

> Chamem-me de buscador da verdade, e ficarei satisfeito.
>
> Ludwig Wittgenstein em carta à irmã

No que se refere às questões maiores da filosofia — o significado da vida, a natureza da moralidade, a existência e a personalidade de Deus e a teleologia da natureza — não é claro, de modo algum, o que significa buscar "a verdade", seja qual for a retórica consagrada. As doutrinas filosóficas mais parecem profissões de fé, pontos de vista sobre a realidade, interpretações, esculturas conceituais, formas de arte, mais do que hipóteses ou declarações sobre a verdade como tal. Foi Hegel, seguindo Platão, que distinguiu claramente a verdade filosófica ("a Verdade") das verdades ordinárias da ciência e do cotidiano, defendendo a condição peculiar da primeira.[7] Ainda assim, durante mais de 2 mil anos, tanto no Oriente quanto no Ocidente, parece que a natureza peculiar da verdade filosófica raramente pôs em questão a condição da honestidade como virtude moral e intelectual definitiva na filosofia.

Se isso é um paradoxo, não é lá muito interessante, mas dá origem a um conjunto de questões fascinantes, embora negligenciadas, sobre a linguagem autoelogiosa da filosofia e a variedade de enganos e autoenganos entre os filósofos. Não há dúvida, por exemplo, de que os filósofos quase sempre enganaram a si mesmos, embora talvez não aos outros, sobre a importância da filosofia, fato só às vezes manifestado por algum iconoclasta como Nietzsche ou Wittgenstein, ou por mestres zen como Dögen. Em nível mais provinciano, os filósofos costumam enganar-se e tentam enganar os outros a respeito da superioridade de sua escola ou de seu método em relação a outro, em geral puxando um único fio do tecido e defendendo-o como se fosse o todo, a verdade. Em termos mais pessoais, é comum que os filósofos enganem a si mesmos sobre seu suposto amor e sua suposta busca da verdade — além da sabedoria —, enquanto ignoram a centralidade de preocupações como sua reputação na ágora e seu status no meio profissional. Trasímaco, que importuna Platão na *República*, na verdade continua tão presente na filosofia quanto Sócrates, embora raramente seja reconhecido como tal.

Durante toda a história da filosofia, enganar foi considerado vício, e ser honesto, virtude. Pode-se certamente insinuar, com muito tato, que a própria natureza do assunto, ou seja, a articulação de verdades profundas, exige tal compromisso. Se os filósofos não buscassem e não dissessem a verdade, o que os distinguiria dos poetas e dos criadores de mitos, além da prosa ruim e dos exemplos pouco inspiradores? Os filósofos buscam e dizem a verdade, *toda* a verdade e nada mais do que a verdade. Ou assim querem que acreditemos. Diógenes percorreu a cidade procurando um homem honesto, sem esperar achar nenhum, mas nunca duvidando de que ele mesmo o era. Suspeitamos que não teria resultado muito melhor caso percorresse a galeria da fama dos filósofos. Sócrates, seu antecessor imediato, insistia que estava dizendo a verdade quando afirmou nada saber, estratégia argumentativa que era duplamente mentirosa. Muitos filósofos e cientistas também percebem prontamente que a busca da verdade pode ser como uma cortina, uma fachada nobre para tratar de problemas pessoais, agradar aos pais ou realizar ambições próprias. Nietzsche sugeriu que toda grande filosofia é "a confissão pessoal de seu autor e um tipo de recordação involuntária e inconsciente".[8] Mas a revelação inconsciente dificilmente seria o mesmo que contar a verdade; e quando filósofos como Nietzsche argumentam que, de fato, não existe verdade, recusar-se a dizê-la torna-se, então, um tipo de honestidade, e insistir na verdade, um tipo de mentira filosoficamente venal.[9]

Ainda assim, dizem-nos que Sócrates morreu em nome da honestidade. Epicteto, estoico precoce, defendeu acima de tudo o princípio de "não falar falsamente". Em época mais moderna, Immanuel Kant considerou a proibição da mentira como seu paradigma de "imperativo categórico", de lei moral incondicional.[10] Não poderia haver exceções, nem mesmo para salvar a vida de um amigo. Até Nietzsche incluiu a honestidade entre suas quatro virtudes "cardeais", e o "existencialista" Jean-Paul Sartre insistia que enganar é um vício, talvez mesmo o maior dos vícios.[11] Sartre, inflexível, argumentou a favor da "transparência" da consciência, o que lhe permitiu afirmar (contra Freud) que todo engano, em certo sentido, é deliberado e, portanto, culposo. Hoje lemos eticistas americanos, como Edmund Pincoffs, que enfatizam ser a desonestidade um vício tão grave que seus méritos não podem sequer ser discutidos inteligivelmente.[12] Nisso, ao contrário de várias outras questões, a filosofia e o senso comum parecem estar de acordo. E, quer a filosofia meramente siga e descreva o *Zeitgeist*, quer de fato tenha alguma influência em sua direção, seria seguro dizer que a defesa filosófica da honestidade é um reflexo fiel da moralidade popular. Mentir, tanto para filósofos quanto para leigos, é errado.[13]

O que, entretanto, significa reiterar que mentir é errado? E, realmente, até que ponto é errado? As declarações abrangentes dos filósofos costumam esconder mais do que revelar, e as melhores questões ficam veladas. A mentira contada para embelezar uma narrativa tediosa é tão errada quanto a mentira contada para ocultar um mau passo e evitar a punição? A mentira contada em desespero é menos errada do que a mentira calculada e meramente conveniente? A mentira contada devido ao autoengano é mais ou menos errada do que a mentira tática contada com lucidez? (A primeira será mesmo mentira?) Todas as mentiras estão erradas — mentir, como tal, é errado? — ou algumas mentiras têm função importante não só para nos proteger de danos (principalmente danos emocionais) como também para desenvolver e proteger o senso de individualidade e privacidade? Pode-se até pensar na mentira como diplomacia, como fortalecimento, como proteção essencial do eu necessariamente nada ingênuo. Ou pode-se pensar na honestidade como apenas uma de muitas virtudes, e não como a mais fundamental de todas.

Vale notar que Aristóteles, em sua lista de virtudes morais, juntou "honestidade" com "cordialidade" e "graça", características relevantes para escolher um amigo ou um colega, sem dúvida, mas dificilmente a pedra angular sem a qual todo o edifício da moralidade desmoronaria. Além disso, o que Aristóteles queria dizer com "honestidade" se referia primariamente a contar as próprias realizações, "nem mais nem menos"; em termos contemporâneos, a entregar um currículo honesto.[14] Ele não parecia nada preocupado com as mentiras sociais, as "mentiras brancas" ou, no caso, nem mesmo com as mentiras políticas, a não ser na medida em que contribuíssem para a injustiça ou para a corrupção.[15] Os críticos questionaram frequentemente a análise da honestidade de Kant como "dever perfeito" apelando para nossa tendência natural a insistir que é muito mais importante salvar a vida de um amigo do que dizer a verdade aos nazistas que o perseguem. Mas se há um único caso desses em que seja certo mentir e a honestidade possa ser cancelada, então a condição "perfeita" do dever de não mentir fica comprometida, e a questão se abre à negociação.

É também à luz dessa condenação dogmática (apriorística) que podemos entender a controvérsia perene que cerca a aparentemente inocente "mentira branca", a mentira que salva em vez de causar mal. E, para dizer o óbvio (embora seja com frequência negligenciado ou desdenhado pelos filósofos), as mentiras também podem divertir, como teatro e como ficção, e não só no palco ou nas publicações. Realmente, as mentiras também podem ser úteis e fascinantes na filosofia. Não só oferecem aguilhões heurísticos promissores para pensarmos ainda mais, como também são parte do tema essencial. Quantas dúzias de professores têm emprego hoje porque, supostamente, um cretense declarou, há anos, que "todos os cretenses são mentirosos" e gerou, assim, o paradoxo mais básico da lógica e da filosofia? (Se disse a verdade, estava mentindo, mas se estava mentindo...). Há algo errado na mentira inócua? E é sempre verdade que devemos dizer a verdade "mesmo quando dói"?

Por trás da proibição abrangente da mentira podemos perceber os contornos de conhecida metáfora filosófica, a verdade como luz, clara, franca e simples, cintilando como o Santo Graal da Racionalidade, ao passo que a desonestidade, por outro lado, é escura e escusa, o caminho malcalçado para a irracionalidade e para a confusão. Ao revelar a verdade, pensamos na consciência como cada vez mais transparente; no enganar, percebemos certa opacidade, um obstáculo, um muro dentro da consciência. O homem honesto e o filósofo verdadeiro tudo sabem e tudo contam (exceto no caso de Sócrates, já que ele insiste nada saber). Ainda assim, Platão, aluno de Sócrates, oferece-se para nos afastar das sombras, levar-nos rumo à luz, mesmo com grandes riscos. O filósofo ilumina o que o mentiroso e o leigo deixam no escuro, incluída sua própria alma interior.[16] A verdade e a luz são boas; o engano e o escuro são ruins ou maus e levam não só à ignorância e ao dano como também à degradação da racionalidade, às agressões verbais e à corrupção da alma. Mas dá para desconfiar de que a filosofia superestimou essas metáforas de clareza e transparência. A verdade óbvia é que nossas relações sociais mais simples não poderiam existir sem o meio opaco da mentira.

Em seu romance *O idiota*, Fiódor Dostoievski nos oferece o retrato de um homem que tinha todas as virtudes, entre elas a perfeita honestidade.[17] É certo que se tratava de um desastre total para todos os que conhecia. Mais recentemente, Albert Camus nos apresentou (em *O estrangeiro*) um estranho "anti-herói": "um herói da verdade", que era incapaz de mentir.[18] Não surpreende que surja quase como monstro inumano, "praticamente sem nenhuma qualidade humana" (como destaca o promotor em seu julgamento por assassinato). Em nível filosófico mais mundano, da "vida real", não é possível imaginar uma reunião de orçamento ou uma festa comum em que se fale somente a verdade, toda a verdade, nada mais que a verdade. Se alguém quiser ser perverso, pode muito bem supor que o engano e não a verdade é o cimento da civilização, cimento que não nos mantém assim tão juntos, mas nos separa em segurança, nós e nossos pensamentos. Não podemos imaginar o relacionamento social sem opacidade.

Steve Braude, filósofo que trabalha extensamente com parapsicologia, ilustra a importância imensa do engano com uma experiência simples. Ele pergunta à plateia se alguém tomaria uma pílula (que ele supostamente inventou) que permitiria ler a mente de todos num raio de 100 metros. Não surpreende que ninguém aceite a oferta. Podemos todos imaginar os pensamentos irrequietos que passam pela mente de um amigo quando descrevemos nosso último trauma ou aventura do dia, os pensamentos distraídos e dificilmente lisonjeiros de nossos alunos quando chegamos ao clímax da aula dois minutos antes de tocar o sinal, os pensamentos casuais e nada românticos do amante num momento de intimidade. "Em que você está pensando?" é uma pergunta perigosa e boba, que convida, e em geral exige, a resposta tática, mas claramente enganosa, "Em nada".

Faz tempo que a natureza ameaçadora da verdade é embelezada pelos filósofos, muitas vezes sob a versão pseudo-secular do lema religioso "A verdade vos libertará".[19] Mas, contra os filósofos, sabemos todos que às vezes a verdade dói e o mal não é redimido; que às vezes, e até muitas vezes, a verdade é desnecessária; que ela complica os arranjos sociais, solapa os mitos coletivos, destrói relacionamentos, convida à violência e à vingança. Às vezes enganar não é um vício, e sim uma virtude social, e enganar sistematicamente é parte essencial da ordem do mundo (social). Em muitas sociedades, a harmonia social é bem mais valorizada do que a franqueza por si só, e dizer ao outro o que ele quer ouvir em vez de aquilo que realmente se sente ou se acredita não só é permitido como esperado. Em tais circunstâncias, ainda queremos falar sobre "enganar"? E não poderíamos começar a ver nossa ênfase esclarecida em "buscar a verdade a todo custo" (como Ernst Jones escreveu com admiração sobre Sigmund Freud) como mais uma peculiaridade etnocêntrica, outro produto curioso de nosso forte senso de autonomia individual e como concepção particularmente antissocial da "verdade"?

ENGANO, AUTOENGANO E O EU

> A dificuldade de fazer tais distinções [entre a franqueza real e a apenas aparente] é quase tão grande para os mentirosos quanto para aqueles a quem enganam, porque o autoengano entra nessas estimativas em grau extraordinário. Os hipócritas meio que acreditam em suas próprias histórias, e o sentimentalismo faz a fraude assumir as tonalidades mais inócuas.
>
> Sissela Bok, *Lying*

> São necessários dois para mentir: um para contar, outro para ouvir.
>
> Homer Simpson

Os papéis do engano e do autoengano na filosofia não estão desligados do modo como o engano e o autoengano foram discutidos pelos filósofos. Costuma-se pressupor, por exemplo, que enganar é uma atividade peculiarmente linguística que tem a ver com declarar proposições falsas e que o autoengano, portanto, é uma mentira paradoxal, senão impossível, dita a si mesmo.[20] Posso efetivamente enganar alguém dirigindo ou caminhando na direção errada, sem dizer palavra, e há bons indícios de que muitos animais praticam sistematicamente esse tipo de logro.[21] E está errado supor que o autoengano é simplesmente a aplicação do engano a si mesmo, não porque essa opinião gera paradoxos, mas porque constitui grave desentendimento do fenômeno. Quando se examina o estranho campo das atitudes psicológicas voltadas para si (e as atribuições do prefixo "auto" ou de "próprio" ou "si mesmo" a várias atitudes psicológicas), o que logo fica evidente é que raramente a autoatribuição e a atribuição ao outro são apenas aplicações diferentes da mesma descrição psicológica (consideremos, apenas como amostra, amor-próprio, autopiedade, respeito próprio e ódio a si mesmo). Na verdade, se fôssemos pensar no autoengano como engano sobre o eu além de engano voltado para o eu, haveria menos tentação de atribuir à terceira pessoa os casos da primeira.[22]

Isso também significa que a natureza do eu, mais uma vez, faz parte da nossa investigação, ao lado das várias convenções e conceitos que dizem respeito ao engano. Na medida em que o eu é um ser social e não mero ponto de autorreferência, o caráter tanto do eu quanto do autoengano dependem do caráter da sociedade ou da cultura em questão. O que somos só depende em parte do que pensamos de nós, e o que pensamos de nós raramente está livre da opinião dos outros e dos valores éticos de nossa sociedade. Queremos pensar bem de nós; por isso, a necessidade de convencer, assim como a forte tentação de enganar os outros a nosso respeito e também de nos enganar, está sempre conosco. As várias convenções sociais que ditam as regras sobre mentira e engano são as mesmas convenções que ditam a natureza aceitável do próprio eu. O que é louvado como ter bom caráter e o que é condenado como enganar não são, de modo algum, iguais em culturas e em contextos diferentes. Nas próximas páginas, algumas dessas ligações entre contextos, culturas, enganos e o eu farão parte do meu interesse.

A ligação entre engano e autoengano é muito mais comum e complexa do que os filósofos que se concentram na transparência tendem a supor. Uma coisa é dizer, consciente e intencionalmente, aquilo que se sabe ser falsidade; outra bem diferente é dizer aquilo em que se acredita sinceramente, mas que é falso, ainda mais quando não é um simples caso de desinformação. Portanto, o fenômeno do autoengano turva ainda mais as águas supostamente transparentes da verdade e do conhecimento. Em que sentido se sabe o contrário? E quando alguém parece não conhecer a verdade, mas, ainda assim, deve conhecê-la, porque, por exemplo, há muitas provas bem diante de seus olhos? A presença desse "deve" indica que tanto o engano quanto o autoengano têm base normativa, bem como factual. Além disso, quando nos ensinam que a verdade tem imensa importância, superior à da harmonia social, esse, por si só, não é um juízo normativo, cultivado em algumas sociedades e não em outras? O que dizer daquelas muitas sociedades (e estará a nossa assim tão obviamente excluída?) em que dizer o que se deve dizer é considerado mais importante do que dizer o que se considera ser verdade? A resposta honesta a "Como vai?" ou "Como estou?" costuma ser inadequada (mesmo supondo que é isso mesmo o que se quer saber com a pergunta). A "crítica honesta", com muita frequência, é uma transgressão da compostura social. Como ressaltou J. L. Austin há meio século, a conversação, quase sempre, não se interessa em afirmar verdades.

Em tantas discussões sobre engano e, principalmente, autoengano, pressupõe-se simplesmente que quem mente vê a verdade com clareza e depois, de propósito e diretamente, engana o outro acerca de sua natureza. Do mesmo modo, mentir é totalmente intencional e malévolo, pelo menos na medida em que priva voluntariamente o outro de algo importantíssimo, a verdade. Mas isso pressupõe um grau de autonomia, racionalidade e transparência que simplesmente não resiste ao exame mais atento. É claro que há mentiras a sangue frio e em proveito próprio, respostas sabidamente falsas a perguntas diretas como "Onde é que você foi na noite passada?" ou "Quem comeu todos os biscoitos?" Pode-se, porém, pensar na afirmação de que tais mentiras são casos especiais e não a regra, assim como o assassinato a sangue frio e bem pago no complexo sangrento de homicídios por acidente, negligência, desespero ou paixão. Nosso fascínio pela mentira e pelo engano não se satisfará com casos simples. Queremos o drama da verdade e da falsidade nas complexas teias sociais e emocionais que tecemos, e, comparado a ele, o que se costuma isolar como "mentira" tende a ter pouco interesse filosófico, exatamente porque sua condição é tão óbvia.[23]

O autoengano, assim como o engano em geral, é um fenômeno social dinâmico e não apenas um drama interior ou um estado patológico. A natureza "social" do fenômeno, contudo, não costuma ficar muito óbvia, mas parte da razão disso é que os filósofos tendem a pensar no autoengano como versão estranha e até paradoxal do engano, como "mentir para si mesmo", sem jamais envolver outras pessoas. É claro que a mentira pode ser "sobre" os outros — como na visão enganada do amador pelo amado — e outros podem ser afetados pelo autoengano, já que eles mesmos, por sua vez, também são enganados. Mas a concepção de autoengano que parte da ideia de que a dinâmica do autoengano está contida individualmente não vê a linha essencial, que não é meramente terminológica, entre engano e autoengano, ou seja, o papel em comum que têm em nossos relacionamentos sociais e pessoais. Assim, também é importante afastar-se do conceito estático de "saber e não saber" que caracteriza tantos estudos filosóficos do autoengano.[24] Como parte integrante de um relacionamento constante, tanto o engano quanto o autoengano são necessariamente dinâmicos, instáveis (ou, talvez, "meta-estáveis")[25] e esforço contínuo de enorme complexidade.[26]

Quero argumentar que o engano e o autoengano são fenômenos conceitualmente distintos, mas totalmente entrelaçados. Em termos superficiais, um envolve essencialmente outras pessoas, o outro não. Mas tratá-los como versões diferentes do mesmo fenômeno em dois ambientes bem diversificados ou tratá-los de modo totalmente diferente (como mentir e mentir para si, respectivamente) é não ver a dinâmica que os motiva (nem as importantíssimas diferenças entre eles. Para nos enganarmos precisamos enganar ou excluir os outros, e para ter sucesso ao enganar os outros, é melhor nos enganar. As discussões filosóficas sobre a mentira também costumam usar como exemplo paradigmático a mentira claramente cínica em proveito próprio e ignoram a espécie mais comum de mentira, que inclui também algum grau de autoengano. A transparência para conosco pode ser tão intolerável quanto a transparência para com os outros, e pela mesma razão. O eu, com suas falhas e erros, fica demasiadamente em evidência.

A admissão dos próprios motivos e o significado dos próprios pensamentos podem ser devastadores para a autoimagem e o senso de si mesmo. Parte do eu é apresentação e revelação de si, mas tem igual importância a necessidade de disfarçar, esconder, não revelar aquelas facetas do eu que são humilhantes, menos lisonjeiras ou simplesmente irrelevantes para o contexto social ou para o projeto interpessoal em questão. Até certo ponto, isso é apenas uma questão de atenção, de edição, de autoapresentação seletiva, mas não depende apenas (nem mesmo na maior parte) de nossas próprias mãos. O eu, em essência, é um constructo social, e nosso senso de nós mesmos depende dos outros, ou do que Jean-Paul Sartre denominou (com mais do que um toque de paranoia) "nosso ser-para-os-outros".[27] É possível, de várias maneiras, esconder o eu de si mesmo, ou recusar-se a revelá-lo, principalmente ignorando-se ou distraindo-se; essas táticas, porém, só funcionarão se os outros também puderem ser distraídos ou enganados — ou, pelo menos, dissuadidos. O engano e o autoengano estão intimamente entrelaçados. Nós nos enganamos para enganar os outros e enganamos os outros para nos enganar. E para complicar as coisas ainda mais (como deve ser), nem sempre sabemos o que é o quê, quem é o eu e quem é o outro.

O engano entre pessoas raramente é tão cínico a ponto de não envolver pelo menos um vestígio de sinceridade e de crença, em geral a crença de que, mesmo que o "fato" específico seja falso, a verdade que a mentira protege é muito mais importante do que o ato de mentir. Portanto, temos o amante que mente para proteger seu amor ou o cientista que frauda os resultados para "provar" uma hipótese que simplesmente "sabe" que é verdade. Sissela Bok sugere corretamente que há no máximo uma linha fina separando a mentira em prol da verdade da mentira que faz de alguém um mentiroso. Mentir em prol da verdade é um paradoxo que já exige volume considerável de autoengano. O engano entre pessoas raramente (ou nunca) é desmotivado, e até uma mentira danosa "em proveito próprio" (a conhecida redução da própria idade, por exemplo) costuma ser uma cortina de fumaça para outras mentiras, inseguranças e desconfianças. Assim escreveu Samuel Johnson sobre homens autoenganados que seriam virtuosos: "Não tendo quem lhes chame a atenção para sua própria vida, avaliam-se pela benevolência de suas opiniões e esquecem como aos homens mostrar virtude na fala é muito mais fácil do que nos atos."

À medida que começamos a entender o engano e o autoengano como aspectos essenciais da autoconsciência e não como violações propositais de princípios ou como atos antissociais, começamos a perder aquela noção de condenação abrangente, "mentir é errado", e a entender o engano e o autoengano como partes da matriz das relações humanas, nem bons nem maus em si, mas sujeitos a solidariedade e a compreensão, em vez de condenação. Amelie Rorty descreve o comovente caso de uma médica jovem e talentosa que se recusa a reconhecer em si todos os evidentes sintomas de câncer. Seu comportamento deixa óbvio que, em certo sentido, ela sabe que tem a doença, mas a admissão explícita seria devastadora. E, assim, finge, para si e para os outros, talvez sem convencer ninguém exceto a si mesma, mas mantendo o engano desesperançado sem o qual não conseguiria continuar clinicando. Existirá alguém capaz de chamar esse comportamento de condenável?[28]

As pessoas contam mentiras não só para evitar punição ou para impressionar os outros, mas também porque precisam definir-se e proteger-se (proteger seus eus) e lidar com situações sociais difíceis. Dentro do campo limitado do autoconhecimento em particular, o engano, quase sempre, é questão de como lidar com as coisas em vez de homenagem à falsidade como tal. Realmente, o significado de ser falso consigo mesmo é um problema ético bastante complexo; tanto nós quanto nosso conhecimento sobre nós não só são incompletos como também passam por contínua revisão, muitas vezes segundo ideais e ambições em si mesmos malconcebidos, inapropriados ou simplesmente emprestados. É dentro dessa constante coautoria do eu, da autoestima e do autoconhecimento que tanto o engano quanto o autoengano devem ser avaliados, e até as intrigas interpessoais mais cínicas são, em primeiro lugar, coproduções do eu que envolvem uma mistura de conspiração e vulnerabilidade. Considere-se, por exemplo, a rede de afeições e de enganos em *Ligações perigosas*, de Choderlos de Laclos, que enganosamente se nos apresenta como jogo aristocrático, mas logo se revela como um teatro de vida ou de morte de autoengano mútuo.[29] E assim como em *Ligações perigosas* (cujo autor achou necessário redigir um longo prefácio que condena moralmente e se distancia da psicologia que apresentou com tanta perspicácia), o que, muito frequentemente, é apresentado como parábola vira estudo de psicologia interpessoal e de construção social, mútua e subreptícia do eu. Não que a ética esteja (ou devesse estar) ausente desse estudo; nossas avaliações, entretanto, não podem mais ser do tipo maniqueísta de "dizer a verdade é bom, enganar é mau".

No autoengano, dizer a verdade pode tornar-se facilmente um vício fantasiado de virtude. Em nome da integridade, pode-se usar a verdade como arma e a honestidade como estratégia. Crianças e amantes, como costuma ressaltar quem escreve sobre o assunto, dizem muitas vezes a verdade exatamente para ferir e humilhar. Esse dizer a verdade pode ser manipulador e até cruel. Em *A queda*, último romance de Camus, um personagem extremamente escuso chamado Clamence confessa a um conhecido (o leitor, naturalmente) a verdade sobre sua vida, incluindo, em primeiríssimo lugar, as muitas mentiras que sempre contou a si mesmo.[30] O que fica óbvio, entretanto, é que ele ainda se engana quando seduz o outro, e até suas verdades são apenas uma tática. O que Clamence procura, sabemos nas últimas páginas, não é a verdade nem a revelação total, mas uma vingança sutil, e sua confissão é a expressão subversiva de um ressentimento profundo.

Quem é, porém, a vítima e quem é o vilão dessas histórias inescrupulosas? Por que achamos que vítimas e vilões têm de fazer parte da estrutura do engano? Com muita frequência, o engano e o autoengano combinam-se para formar a mais sincera das crenças entre colegas conspiradores, sem vítima nem vilão. Praticamente toda fé e toda religião são exemplos de tais crenças em grande escala, mas também o são a autoimagem de todo mundo, o senso de si mesmas de todas as sociedades, incluídas as comunidades científicas e filosóficas, assim como todas as culturas e todos grupos étnicos. Nietzsche e depois Jung escreveram extensamente sobre nossa necessidade de mitos e alertaram contra a época que tentaria livrar-se deles. Mas o que é um mito senão um autoengano elaborado, autodefinidor e coletivo? E, se todo esse engano é errado, haveria alguma verdade que, em última instância, valeria a pena defender?

A TEIA EMARANHADA: A DUPLICIDADE COMO FENÔMENO HOLÍSTICO

> Oh, que teia emaranhada tecemos
> Quando nos pomos a enganar.
>
> Sir Walter Scott, *Lochinvar*

Se o engano e o autoengano devem ser entendidos, em primeiro lugar, como fenômenos sociais e interpessoais dinâmicos e inter-relacionados, então é um erro tentar compreendê-los em termos de um ou de outro aspecto artificialmente isolado da relação. Por exemplo, na maioria das discussões modernas da mentira, grande parte do foco tem recaído sobre a suposta vítima, a pessoa enganada ou traída pela mentira. A avaliação, portanto, tende a delinear os efeitos óbvios e não tão óbvios até da mentira "mais leve", sua capacidade de minar a verdade e de deixar a vítima indefesa quando a verdade talvez permitisse alguma ação significativa. Sissela Bok, por exemplo, faz essa busca com detalhes maravilhosos, descrevendo as consequências de mentiras profissionais, mentiras políticas, mentiras amorosas, mentiras paternalistas, mentiras terapêuticas, mentiras experimentais e assim por diante.[31] Ela discute longamente as complicações do engano autoritário e a fabricação de desculpas, incluindo a famosa ladeira escorregadia que parte da afirmativa bem plausível de que é impossível contar "toda a verdade" até a tese insidiosa de que a verdade não é necessária.

Esse é o desafio e a diversão das "opulentas" investigações filosóficas da mentira: primeiro, admitimos as óbvias consequências imediatas: sentimentos feridos, pacientes (cliente, amigo, público) tragicamente desinformados ou mal-informados. Depois, as penalidades devastadoras do mascaramento malsucedido ficam evidentes. Finalmente, há as consequências mais sutis da disseminação da desconfiança, do aumento do cinismo e do consequente retrocesso, da corrupção da linguagem e do discurso público. Entretanto, o que fica de fora de muitas dessas discussões do engano é a necessidade de concentrar-se na psicologia do mentiroso e não apenas nas consequências que o esperam. Afinal, se o engano e o autoengano estão tão intimamente envolvidos, o pressuposto de que o perpetrador da mentira também não é vítima fica menos plausível. A mentira é questão de envolvimento mútuo, e não apenas um ato malévolo cometido por uma pessoa contra outra.

Por outro lado, quando os filósofos fixaram seu olhar na natureza da mentira em vez de em suas consequências, tenderam a negar ainda mais a natureza social e interpessoal do engano. Kant, em particular, foi inflexível a respeito da incoerência lógica da "máxima" de toda e qualquer mentira, determinada pelo fato de que não se pode universalizar a permissibilidade da mentira sem minar a própria possibilidade da linguagem (isto é, supondo que o propósito primário da linguagem se concentre em atividades como descrever fatos verdadeiros e fazer promessas). É claro que, se mentir é (por definição) dizer intencionalmente uma falsidade, é preciso dar alguma atenção ao mentiroso, que tem e exerce essa intenção. Mas Kant desdenha e ignora de maneira bastante explícita os motivos e o personagem que estão por trás da mentira, preferindo enfatizar a imoralidade de mentir em vez de entender a dinâmica psicológica e social. Entretanto, até como ética, o que motiva a mentira e com que tipo de personagens lidamos quando lhes apontamos o dedo e os chamamos de mentirosos com certeza não é desimportante.

É aqui que a "ética da virtude" toma conta. Ela é um exame conscienciosamente farto não só dessa mentira ou falsidade mas também do contexto em que é contada, das metas e das intenções por trás dela e, mais importante, da personalidade e do caráter do prevaricador. Enfatizar demasiadamente o caráter do mentiroso, entretanto, é tão enganoso quanto dar ênfase isolada à mentira ou a suas consequências. Empregando mais uma vez aquela palavra tão usada e abusada, o engano é um fenômeno holístico. Não se pode dividi-lo em partes, na esperança de entender sua unidade orgânica e vital. Não se pode tentar entender ou avaliar a mentira, o mentiroso, a vítima e as consequências e depois juntálos numa análise "multidimensional" que leve à compreensão adequada.

Uma das características mais distintivas e negligenciadas da mentira é que ela é surpreendentemente difícil. Como podem dizer todos os que tentaram proteger até mesmo uma pequena mentira casual, o volume necessário de pensamento e de atenção para gravar todas as implicações lógicas e contradições possíveis. ("Se eu estava no bar do Sam, não poderia encontrar Telma no cassino, mas se não encontrei Telma como é que eu soube da festa na casa de Shelby?") Sempre é mais fácil, diz o ditado popular (com considerável teor de verdade), dizer a verdade. A segunda coisa mais fácil, no entanto, é acreditar na própria mentira, deixála tão mergulhada em sua rede de detalhes e implicações que a continuação da mentira, se torna uma segunda natureza, como disse Aristóteles sobre a honestidade, sem mais raciocínio nem deliberação. Entretanto, seja como for, nem a facilidade, nem a dificuldade são marcas confiáveis de moralidade, e pode-se ter prazer (como um romancista ou qualquer outro contador de histórias) na trama e na tensão conscienciosa que a mentira hábil exige. Parte da patologia dos mentirosos compulsivos pode estar na adrenalina do desafio de manter várias mentiras, assim como um acrobata de alto risco pode fazer malabarismos com várias tochas acesas ou facas afiadíssimas, ao lado da necessidade às vezes psicótica de encobrir não só alguma coisa, mas, sim (por implicação lógica), quase tudo.

Aqui, certamente, pode haver considerável tentação de separar o mentiroso de alguma mentira ou plateia específicas, mas um instante de reflexão evidencia que esse também é um espetáculo óbvio e (muitas vezes) compulsivamente público, parte de um padrão rico e talvez profundíssimo de autoengano, tanto quanto forma de se relacionar com os outros, apesar do fato de que a natureza do relacionamento pode ser para eles bastante confusa ou ofensiva. Isso também ocorre com mentiras estratégicas mais inocentes e diretas. Mentir envolve uma complexa lógica que interliga e perpassa nossos vários relacionamentos sociais e, às vezes com grande dificuldade, tece um retrato do eu e de suas relações. E, mesmo no autoengano, são as incoerências de nossas histórias, descobertas ou passíveis de descoberta pelos outros, que motivam nosso esforço constante de duplicidade. Afinal de contas, se o autoengano fosse questão de mera coerência interna, quem, senão um lógico, sentir-se-ia obrigado a evitar a incoerência a todo custo? A "dissonância cognitiva" se tornaria um problema ou até uma força motivacional, caso também não ficasse sujeita ao exame dos outros?[32]

Seja qual for o desafio ou a complexidade lógica da mentira ou dos efeitos da mentira sobre o mentiroso e seus emaranhamentos sociais, parece que a preocupação primária é sempre o efeito benigno ou prejudicial da mentira sobre o ouvinte. Mas aqui também há uma matriz social e um conjunto de pressupostos interpessoais que em geral não são percebidos. O que torna a maioria das mentiras odiosa é que elas acontecem num contexto em que se espera a verdade, mais obviamente em resposta a uma pergunta direta. Ainda assim, a odiosidade da mentira depende do contexto e da natureza da pergunta ("Em que você está pensando?") e há circunstâncias em que só um kantiano ou um paranoico insistiria em afirmar que a verdade é essencial, e a mentira, imoral. Imagine-se num ônibus interurbano ou numa curta viagem de avião ao lado de um desagradável passageiro que insiste em saber "O que você faz?". Pode-se imaginar a resposta mais verdadeira e entediante como alternativa a uma pergunta bastante agressiva, ou então pode-se, com um pouco mais de esforço, imaginar-se construindo uma descrição fascinante mas inteiramente falsa da vida levada como agente duplo da KGB ou como Texas Ranger. Ao repelir a indagação, tem-se a possibilidade de ler ou dormir, mas ao mentir com imaginação parece que não há danos e sim um entretenimento agradável para os dois durante uma viagem bastante tediosa. Evidentemente, há a possibilidade, embora improvável, de reencontrar o mesmo companheiro de viagem (ao contrário de todas as expectativas), causando o tipo de confusão que só os filmes antigos e a série de TV *Seinfeld* conseguem aproveitar por completo; e não há dúvida de que é verdade que toda mentira possibilita complicações desse tipo. Dificilmente, porém, essa seria uma objeção moral a mentir e, na ausência de dano, essas mentiras complicadas parecem pouco objetáveis. (O mesmo se poderia dizer das "grandes mentiras" que mantêm unidas a maioria das culturas e religiões: mitos de origem, fantasias comunais de direito moral e destino manifesto, ilusões de posição favorecida aos olhos do divino, delírios de grandeza.[33] Nesse caso, porém, a questão do dano surge em escala global e muitas vezes trágica.) De qualquer modo, a atenção deveria recair no contexto social e no relacionamento, e até em relacionamentos globais, e não exclusivamente na mentira ou nas consequências da mentira.

É um erro pensar e condenar o engano e o autoengano *sui generis*. Não só há mentiras legítimas na literatura, a heurística na ciência, o mito na religião e na filosofia, como esses não são apenas arcabouços ficcionais isolados, com ligações no máximo metafóricas com as considerações sobre o eu ou com "expressões" extremamente tênues de nós mesmos e de nossas relações com os outros. Bem ao contrário; esses são os "mitos e metáforas pelos quais vivemos", de acordo com muitos autores, desde os antigos até os contemporâneos.[34] Assim que abandonamos a tendência filosófica de generalizar o engano e o autoengano em termos abstratos e, em vez disso, nos concentramos no fenômeno da mentira como um todo — as intenções e os motivos por trás dela, tanto o contexto quanto as consequências e o relacionamento interpessoal entre os participantes —, fica cada vez mais óbvio que, em sua maioria, as mentiras não são meras mentiras, mas também autoengano, e fazem parte de uma matriz maior de crenças e de emoções que define não só esse relacionamento como também a comunidade ou a cultura.

As mentiras de amor (ou pretenso amor) dependem, para sua credibilidade, da notável instituição que define e dá estrutura, além de discurso elaborado, a uma emoção aparentemente "primitiva".[35] Considere-se quanto aparato cultural está envolvido na mentira simples mas cruel: "Eu te amo" (quando não se ama). E com que frequência a verdade sentida é pronunciada com o conhecimento (ou, em muitos casos, uma série de dúvidas) de que pode, de fato, ser mentira? O autoengano, assim como o engano em geral, é motivado não pelo interesse próprio, frio e calculista, mas por nosso envolvimento em um mundo emocionalmente carregado no qual as coisas têm importância para nós, a verdade não é evidente, e as esperanças positivas e expectativas a respeito dos outros nos importam mais do que a metaconcepção abstrata que conhecemos como "a Verdade".

O engano e o autoengano são partes integrantes de nosso envolvimento com o mundo, incluindo, com a devida importância, o desenvolvimento e a manutenção de nossa imagem e senso de nós mesmos. O engano, em primeiro lugar, é um modo de relacionar-se, uma apresentação não inteiramente exata do eu aos outros e a si mesmo. Não há um ponto único em que a apresentação se torne engano, em que o fingimento se torne sinceridade, e o jogo, realidade. A autoapresentação é sempre um logro, mas, se conta ou não como logro ou se é ou não condenável, depende do contexto, do desempenho, das expectativas.[36] Alguns enganos são prejudiciais e até imorais; mas outros não são nem uma coisa nem outra. Na verdade, os extremistas podem até argumentar que o fenômeno da mentira como tal não existe, só existem maneiras variadas de nos relacionarmos como criaturas sociais inseguras cercadas e embebidas de uma linguagem inevitavelmente equívoca. Talvez sejamos não só capazes de mentir como também praticamente incapazes de não mentir.[37]

O engano e o autoengano, de acordo com ponto de vista tão contorcido, podem não ser perversões, mas a própria substância do relacionamento humano.

O EU DÚPLICE E O EU DO AUTOENGANO

> A hipocrisia é a homenagem que o vício faz à virtude.
>
> La Rochefoucauld

Já se ressaltou muitas vezes, na filosofia europeia atual, com vários graus de obscurecimento, que o eu é dúplice. Isso pode ser explicado de várias maneiras, começando com a óbvia: vemo-nos "de dentro", mas também podemos ser vistos (e às vezes nos vemos) "de fora", do ponto de vista da segunda ou da terceira pessoa (enganosamente chamado de "ponto de vista objetivo"). As relações complexas entre esses dois (ou três) pontos de vista dão origem a algumas suspeitas profundas e à acusação aparentemente ofensiva de que o eu é intrinsecamente dúplice, não apenas duplo, mas "com duas caras". Em *A queda*, Camus faz seu personagem Clamence confessar essa ambiguidade, que passa a demonstrar em sua sedução progressiva do interlocutor quase mudo e do leitor. A cara apresentada ao mundo não combina com a cara que sorri intencionalmente por dentro. Mas, novamente, talvez a cara que sorri por dentro seja ela mesma uma ilusão, apenas o reflexo dos olhares absorvidos dos outros.[38]

Com isso em mente, vou distinguir dois modelos diferentes de autoengano, que, por sua vez, dependem de dois modelos bem diferentes de eu. No insensível jargão analítico, os dois foram chamados de modelo internalista e externalista do autoengano e se baseiam em descrições igualmente internalista e externalista do eu. O internalista vê o autoengano como relação entre a pessoa e um conjunto de crenças (concebido de modo amplo, podendo ou não envolver o paradoxo "acreditar em *p* e não *p*" que preocupa boa parte da literatura analítica). Do mesmo modo, os modelos internalistas do autoengano tendem a preocupar-se com a estrutura interna ou arquitetura do eu. Assim, Freud divide o eu em consciente e inconsciente, uma casa perturbada com porão inacessível, e mais tarde em "agências". Amelie Rorty sugere engenhosamente que o eu se parece com uma cidade medieval, praticamente um labirinto de vielas e bairros que funcionam independentemente e sem conhecimento uns dos outros.[39] Teóricos menos arquitetônicos procuram maneiras de distorcer a crença ou dela desviar-se inteiramente, por meio de "confissões" ou outras admissões.[40] Para o internalista, o problema — talvez, mas não necessariamente, dificultado ainda mais pelo paradoxo — é entender como se pode, de algum jeito, "saber e parecer não saber". O autoengano, em outras palavras, é em primeiro lugar um problema epistemológico.

O externalista, por outro lado, vê o autoengano como fenômeno social. Tem menos a ver com a pessoa e com suas crenças do que com a pessoa e com seus papéis e relacionamentos. O autoengano é consequência de querer ser considerado e tratado pelos outros desta e não daquela maneira. A concepção que se faz de si é produto e não fonte da opinião dos outros e, portanto, o autoengano é a tentativa de manipular essas opiniões, não apenas a própria opinião. Acho que, com maior frequência, a ideia de que nos enganamos para enganar os outros entende as coisas ao contrário e que a ideia de que, no autoengano, mentimos antes de tudo a nós mesmos está simplesmente errada. O autoengano começa e continua com o desempenho de um papel, quando se representa o bom marido, o cidadão responsável, o profissional saudável e competente. Isso pode ser ou não acompanhado de autoconfissão. Pode ser ou não acompanhado de racionalização ou negação. Portanto, o autoengano é, em primeiro lugar, uma representação, embora às vezes uma representação à qual só um assiste. Nesse sentido, Sartre argumenta que ser-para-os-outros é ingrediente essencial do eu, mesmo quando não há outros em volta.[41]

É também do ponto de vista de ser-para-os-outros que podemos entender por que Sartre é tão crítico da "sinceridade", que é apenas uma "exibição" da verdade, um espetáculo, outra apresentação do eu, um tipo de engano e não genuína autorreflexão.[42] Aqui, também, podemos entender por que Roger Ames afirma que os chineses não têm nenhuma concepção de autoengano.[43] Ele fala do modelo claramente externalista do eu chinês e, com ele, da descrição externalista do autoengano. Mas, então, por que deveríamos supor que o modelo internalista retrata com tanta exatidão o eu europeu, ou que o ponto de vista externalista é assim tão estranho a nós? No modelo externalista, o autoengano é contextual, e o contexto, paradigmaticamente, é um contexto social. Em última instância, porém, isso não é verdadeiro no caso de nossa concepção ocidental de engano e autoengano? Num dos extremos desse ponto de vista, sem outros não há eu[44] ou, como escreve Saint-Éxupery, "O homem não passa de uma rede de relacionamentos e só esses lhe importam".[45] Pode-se dizer, com um sorriso meio maroto, que, de acordo com esse modelo externalista, o "eu interior" é social.

Quero endossar uma versão desse ponto de vista. Entretanto, o que significa dizer que o eu é social? Mencionei que uma coisa é afirmar que o eu é socialmente interpretado, outra é insistir que é socialmente construído, e outra ainda é sustentar que é socialmente construído como eu social, três afirmativas muitas vezes reunidas. Dizer que o eu é socialmente interpretado é, de longe, a mais fraca das três, compreensivelmente adotada pela maioria dos cientistas sociais, e deixa inteiramente a descoberto até que ponto a natureza do eu é determinada, por exemplo, por forças e atitudes sociais biológicas e não cognitivas. Fazer uma interpretação do eu é adotar um ponto de vista, olhá-lo de certa maneira, mas isso tem um compromisso ontológico mínimo. Pode ser que, por exemplo, como professor, eu interprete o eu de meus alunos como "eu de aluno", ou seja, definido em termos de seu comportamento, preparação e desempenho em sala de aula. Não alego que não tenham outras concepções de eu, provavelmente mais prementes, como descubro quando os encontro no bar local. Afirmar que culturas diferentes interpretam o eu de maneiras diferentes é fazer uma afirmativa mínima, que é igualmente verdadeira em várias subculturas de nossa própria cultura. O autoengano, assim entendido, consistiria parcialmente em adotar uma interpretação inadequada do eu em certos contextos.

Dizer que o eu é socialmente construído, pelo contrário, é fazer uma afirmativa muito mais radical. É insistir que não há eu fora de sua construção em contextos sociais específicos (embora se possam distinguir aqui a afirmativa muito geral de que não há conceito de eu a menos que se cresça em alguma sociedade e a afirmativa mais particular de que só se aprende a cultivar um eu específico — um eu texano, chuang-chu ou maori, por exemplo — quando se é criado no Texas, em Chuang-chu ou Aotearoa [na Nova Zelândia].)[46] Entretanto, insistir que o eu é construído ainda não é afirmar que a construção tem alguma tipologia específica; em particular, não significa que o eu assim construído seja um eu social. O "individualista rude" norte-americano é um eu socialmente construído, assim como o eu dos famosos e antissociais Ik.[47]

Dizer que o eu é socialmente construído como eu social é fazer um tipo de afirmativa muito específica que é preciso distinguir das outras duas. O eu chinês é socialmente construído como eu social, um eu interdependente; mas, novamente, precisamos fazer pelo menos outra distinção problemática. A construção social do eu processa-se, em parte, por meio da linguagem, linguagem que inclui certo vocabulário do eu. Nessa linguagem aprendemos a falar de nós mesmos de certa maneira. A cultura individualista autoconsciente enfatizará, naturalmente, a importância de noções como individualidade, autonomia e independência. A cultura comunitária autoconsciente enfatizará naturalmente a importância de noções como comunidade, lealdade, dever e parentesco. *Falamos* de nós mesmos é apenas indicação parcial de como *pensamos* sobre nós e como realmente nos comportamos. A construção social do eu também se processa sem linguagem, sem autodescrição, por meio de milhares de dicas e exemplos não verbais: tudo, desde a recusa da mãe a deixar o bebê sozinho por um minuto que seja e o fato de que as pessoas tendem a não se olhar nos olhos, até a realização da guerra e a celebração de rituais religiosos. Portanto, é perfeitamente possível que uma cultura cultive um modo de falar de si e do eu que não combina tanto assim com o modo como realmente se concebe e com as relações de seus integrantes entre si. Na verdade, em épocas de tensão ou de deslocamento social ou para distinguir-se de uma cultura estrangeira, essa divergência entre a prática e o conceito de si pode ser comuníssima.[48]

A resultante complexidade do eu — ao contrário, digamos, do enxuto modelo cartesiano de eu — convida, obviamente, ao autoengano, ao engano *sobre* o eu. Se não há outro eu além daquele que é interpretado, socialmente construído e construído como social, ele pode ser considerado dúplice no sentido de que há um eu sobre o qual nos enganamos. É claro que há inúmeros truques lógicos e desconstrucionistas para inflar esses esquemas generalizados e transformá-los em paradoxos aparentemente indecifráveis, mas não é aí que está o interesse no eu e no engano. Em vez disso, é na teia cada vez mais rica de concepções pessoais e mútuas de eu que todos devemos agora navegar em nosso trato com o resto do mundo. É uma experiência de aprendizado desconcertante, mas absolutamente essencial, só que, pelos indícios disponíveis, não estamos indo muito bem. O individualismo e o afastamento parecem estar se espalhando, cada vez mais fanáticos, como reação global, mesmo em sociedades que, antes, eram modelos de harmonia social, tanto na filosofia como de fato. Eu diria que as fantasias atuais sobre visitas e invasões extraterrestres não são extensão de nosso desafio multicultural, mas uma distração um tanto patológica desse desafio (com quanta frequência esses extraterrestres são "iguais a nós" ou tão cruelmente hostis que não é possível nenhuma interação!)[49]

Defendi que o engano é uma das muitas maneiras de navegarmos em nossa rota pelo mundo social. O autoengano também é uma dessas maneiras — pode-se dizer que é uma maneira de darmos atenção a nossa navegação — e, num mundo cada vez mais complexo, não se esclarece se o engano e o autoengano, entendidos como mecanismos para prosseguir no mundo, são sempre vícios. Esse, também, é um dos prazeres da filosofia. Vem da percepção de que nossas ideias sobre nós e mesmo sobre a verdade não são verdades, mas sim experimentos cujo resultado não é nada óbvio. É em termos desses experimentos em andamento que nos vemos levando uma vida filosófica e fascinantemente reflexiva, definida não por paradoxos, mas por nossa constante interação com os outros e conosco.

Posfácio

A "filosofia analítica" arruinou a filosofia?

> A filosofia reduzida a "teoria do conhecimento", de fato nada além de tímido cronologismo e doutrina de abstinência — uma filosofia que nunca cruza o patamar e se esforça para negar-se o direito de entrar — essa é a filosofia em suas últimas vascas.
>
> Friedrich Nietzsche, *Além do bem e do mal*

Ouço isso agora o tempo todo. Não como pergunta, mas como veredito: "A filosofia analítica arruinou a filosofia." Ouço isso de meus amigos na antropologia, nos departamentos de literatura, nos programas culturais e de estudos femininos. Ouço isso de pessoas do mundo dos negócios que, recordando seu tempo na faculdade de ciências humanas, mantêm alguma leve preocupação com o estado da disciplina. E, obviamente, ouço isso de amigos filósofos não analíticos, que têm de puxar a brasa para sua sardinha. O fato de eu ser conhecido por meu trabalho com a filosofia "europeia" supostamente me transforma em ouvinte solidário. Fico, porém, profundamente perturbado com esse mal-entendido generalizado sobre o que vem acontecendo na filosofia, além do que vem acontecendo na filosofia. Todavia, como disse Mark Twain ao ouvir Wagner, "Não é tão ruim quanto parece".

Hoje se dá importância demais ao contraste e ao suposto conflito entre o que chamam de filosofia "analítica", de um lado, e filosofia "europeia", do outro. O contraste é falso. A "análise" refere-se a um *método*, que, pelo menos superficialmente, se concentra na natureza da linguagem.

"Europeia" refere-se a um *lugar*, ou seja, à Europa continental. Além do fato de que "a Europa" aqui referida costuma incluir apenas a Alemanha e a França e do fato muitas vezes ignorado de que "filosofia analítica" inclui um bom número de metodologias contrastantes e concorrentes, deveria ser óbvio, até para o leitor ocasional, que o contraste básico é errado ou enganoso.[1] Embora haja muitas escolas, métodos e estilos de filosofia interligados e entretecidos, raramente é assim tão fácil separá-los com um acidente geográfico tão estreito quanto o Canal da Mancha.

A "filosofia analítica" costuma ser definida em termos do interesse pela lógica e pela linguagem, mas esse interesse surgiu na Alemanha (com Frege, em particular) e foi inteiramente abraçado pelo pai dos movimentos "europeus" do século XX, Edmund Husserl. O filósofo mais influente do século, Ludwig Wittgenstein, que foi duas vezes o filósofo definitivo da tradição "analítica", saiu da Áustria, foi para a Inglaterra e nunca abandonou suas raízes "europeias". Estava especialmente interessado nos limites da linguagem, assim como os pós-modernistas, os maiores carrascos da maioria dos filósofos analíticos. Há filósofos analíticos que, como seus colegas da Europa continental, falam e escrevem sobre sexo, papéis sexuais, morte e significado da vida. A filosofia analítica não é necessariamente tão "enxuta" como às vezes parece. Apesar dos enunciados mais estreitos de alguns praticantes mais ilustres, não precisa ser apenas lógica desprovida de preocupação com o conteúdo. Não precisa preocupar-se só com argumentos, seja qual for a substância. Não é "científica", como gabou-se Hans Reichenbach no auge do movimento, há cinquenta anos.[2] Não precisa ser desprovida de interesse em história, contexto, conteúdo empírico e etimologia. Embora em sua época Bertrand Russell tenha errado nas acusações aos hegelianos em Oxbridge, ainda assim foi o verdadeiro modelo de filósofo engajado e popular, com muito a dizer às pessoas comuns sobre questões importantíssimas. Há tantos filósofos excelentes hoje que usam a análise (que no fundo significa apenas tentar ser claro) para abordar problemas reais. Que vergonha, então, que a filosofia analítica se tenha sobrecarregado com paradigma e reputação tão "enxutos" quanto a obsessão pela lógica e pela linguagem, com exclusão desdenhosa de tudo o mais.[3]

O paradigma vem de Russell que, com Alfred North Whitehead, determinou o ritmo do século em *Principia Mathematica*, que defendia a ideia de que os princípios básicos da aritmética podiam ser derivados de princípios de lógica ainda mais fundamentais. Esse paradigma "másculo" estabeleceu o padrão da filosofia "real", e tudo que não fosse lógico passou a ser mais ou menos menosprezado como "não filosofia".[4] Russell, em seguida, insistiu na noção mais geral de que há frases "simples" (ou, mais exatamente, proposições) que correspondem a fatos isolados e "simples" do mundo. A resultante filosofia do "atomismo lógico" evitava o contexto e aquilo que Bradley chamou de "relações internas", concentrando-se na análise lógica de proposições e de seus compostos. A "forma lógica" de uma frase, defendia Russell, não era igual a sua forma gramatical ordinária. Assim começou um século de busca da "linguagem ideal", que consistiria total e unicamente de formas lógicas adequadas. Foi esse o verdadeiro minimalismo na filosofia, antecipando o minimalismo de vida curta nas artes (e a ele sobrevivendo). O problema do minimalismo, porém, é ser tão mínimo, tão enxuto e, em última instância, tão desinteressante.

Não que o paradigma não tenha sido questionado até dentro do pequeno círculo de analistas importantes. A busca de uma teoria formal abrangente tropeçou em devastadora dificuldade com a lógica de Kurt Gödel que, em 1931, formulou a "prova da incompletude", demonstrando que sempre haverá alguma frase improvável em todo sistema formal suficientemente poderoso para fazer o que os filósofos linguísticos queriam que fizesse. As consequências filosóficas dessa prova ainda estão sendo debatidas, mas em decorrência dela vários matemáticos e filósofos importantes abandonaram a busca da linguagem formal ideal. No mínimo, a prova de Gödel foi um tiro de alerta dentro do santuário. Então Wittgenstein, o aluno mais brilhante de Russell, voltou-se contra seu próprio *Tratado lógico-filosófico* (título pretensioso tomado como empréstimo de Spinoza) e o movimento "lógico-positivista" que inspirou. Em *Investigações filosóficas*, Wittgenstein rejeitou a lógica descontextualizada do antigo atomismo de Russell (e seu). Do mesmo modo, "análise" passou a ter um novo significado — não mais a análise da forma lógica adequada de frases simples, mas a investigação dos muitos usos da linguagem ("jogos de linguagem") nas "formas de vida" cotidianas.

Um dos temas de *Investigações* teve efeito especialmente prejudicial sobre a filosofia. Enquanto o *Tratado* alimentava pela filosofia saudável respeito e até reverência, *Investigações* tendia a diagnosticar a filosofia como um tipo de moléstia intelectual cuja única cura, feliz ou infelizmente (dependendo do ponto de vista e de quem paga o salário), é mais filosofia. A filosofia, segundo Wittgenstein, é "a linguagem que sai de férias": a linguagem a transgredir seu contexto ordinário e os "jogos" nos quais costuma funcionar. A filosofia nos cria uma armadilha quando nos permite usar erradamente a linguagem, confundindo uma aplicação com outra, pensando que, como determinada questão faz sentido em determinado contexto ou forma de vida, deve, portanto, fazer sentido em outro ou em nenhum contexto. Mas se contexto e uso são tudo, então as ferramentas técnicas desenvolvidas por Frege, Russell e Wittgenstein (quando jovem) podem não ter utilidade nenhuma.

Entretanto, nem mesmo os positivistas eram tão "enxutos" como se costuma pensar que eram. Em sua maior parte, eram esquerdistas e livre-pensadores alemães e austríacos consternados com a chegada de Hitler ao poder e com a generalização do nazismo. Com sua insistência em rigor lógico e científico, os positivistas rejeitavam o romantismo alemão, que culpavam pelos horrores que viam e sofriam. Eram os defensores da sanidade num mundo que enlouquecia. Como Husserl, que também trabalhava na Alemanha mais ou menos na mesma época, a reação dos positivistas foi, em primeiro lugar, a defesa da racionalidade contra o fascismo e o nacional-socialismo. O problema foi que, com sua insistência em rigor lógico e científico e na rejeição do romantismo alemão, os positivistas lógicos tendiam a expulsar da filosofia a ética e outros temas não científicos. Como Wittgenstein no final do *Tratado*, pareciam insistir que não se podia dizer nada de importante acerca de tais assuntos. Isso, porém, deixou dúbia ou, na melhor das hipóteses, pendente a situação da ética. Se os filósofos não estavam em condições de reprovar os pecados do mundo, quem estaria? Os positivistas lógicos lutaram para manter vivo o Iluminismo, apesar dos danos que sofrera na Primeira Guerra Mundial e do sumiço a ele imposto pelos nazistas. Infelizmente, também ameaçaram dar fim à ética e à opulenta filosofia em geral, e reduzir a filosofia à tarefa conceitual de zeladora da ciência.[5]

Se a influência de Russell na filosofia analítica foi e não foi uma bênção, o mesmo aconteceu com a influência de Wittgenstein (vale notar, com certo alarme, que hoje é o *Tratado* e não as *Investigações* que volta a atrair a atenção analítica). A revolução bem pessoal de Wittgenstein na filosofia foi auxiliada pelo fato de ser carismático e hipnótico, mais guru do que professor. Seus alunos, e depois os alunos de seus alunos, imitaram sua intensidade e aprenderam a imitar (às vezes de maneira bem ridícula) seus maneirismos torturados e sua neurótica seriedade. No entanto, pelo que disseram os que se sentaram a seus pés, estar na presença de Wittgenstein era, sem dúvida, estar diante do parto doloroso de algo mais profundo. O problema é que ninguém, nem mesmo Wittgenstein, sabia direito o que era.

Sua ideia de que a filosofia era um tipo de doença intelectual, entretanto, firmou-se, e a ideia de que a única cura é mais filosofia não foi recebida com entusiasmo fora dos pequenos círculos que pagavam e eram pagos para submeter-se à moléstia. E se as ferramentas técnicas desenvolvidas pelos grandes filósofos analíticos não têm utilidade além de curar essa angústia autoimposta, então a disciplina como um todo enfrenta uma perda aguda de propósito, marcada por ataques ocasionais de revolta. Alguns filósofos analíticos que não sabem mais o que fazer da vida admitem que a filosofia é um vício, uma atividade que, em última instância, não tem sentido, na qual professores catedráticos justificam o emprego transmitindo a doença aos alunos. O resultado é a frustração de todos os envolvidos. Ao proteger suas ferramentas e técnicas obtidas a duras penas, os filósofos defensivos isolaram-se do mundo. A mais prazerosa de todas as disciplinas intelectuais deu origem à amargura e ao *ressentimento*. O que hoje chamam de "pragmatismo", tanto nos círculos analíticos quanto nos europeus, resume-se no fundo ao ponto de vista de que não se deveria perder tempo com filosofia. Alguns dos textos mais influentes da filosofia atual têm como tema "Estamos desperdiçando nossa vida com essas questões". A velha noção de pragmatismo de James Dewey, ou seja, de que as ideias deveriam ter *importância real* para alguma coisa, é para eles um gesto meramente abstrato e em proveito próprio.

O fanatismo forçado e a defensividade são ainda mais prejudiciais do que a amargura. A filosofia é a única disciplina acadêmica que tende a surgir naturalmente na vida de todo mundo, em épocas de torvelinho, de mudança dramática ou simplesmente em tranquilos momentos de reflexão. Isso parece indicar o papel especial e constante dos filósofos. A ideia de simplesmente conversar com pessoas comuns, sem necessidade de habilidades especiais nem de conhecimento privilegiado, a muitos filósofos soa, entretanto, degradante — ou, pior, como passo inevitável para o desemprego. Envergonhados com traduções prosaicas de suas ideias, que podem soar, no vernáculo, como sabedoria requentada da vovó, os filósofos recuam para a obscuridade. Certamente que isso não é novo. Há dois milênios e meio, Heráclito fez isso de modo bem consciente, e há dois séculos Hegel também, de modo igualmente consciente e para parecer merecedor de um cargo acadêmico. Heidegger sabidamente seguiu a mesma estratégia obscurantista, assim como, mais recentemente, Michel Foucault. A ideia de manter uma conversa inteligente com pessoas comuns e inteligentes aterroriza a maioria dos filósofos e, assim, preferem só conversar entre si, em uma linguagem e sobre perplexidades que só eles entendem.

Na filosofia anglo-americano-australasiática, a formalização ofereceu os meios para isso. Até a fórmula mais simples é suficiente para aterrorizar ou rechaçar praticamente todos os leitores "destreinados".[6] Com que frequência vi um tópico interessante ser obliterado por siglas, fórmulas e equações totalmente desnecessárias, mas supostamente impressionantes? (Na verdade, com que frequência o próprio tópico é mal traduzido, distorcido e consequentemente mal entendido e mal direcionado pela formalização?)[7] A virtude do formalismo, porém, não é a clareza; é a exclusividade. A exclusividade dessas técnicas produz um certo tribalismo na filosofia. Um bom antropólogo ficaria fascinado. É o "estudo" que mantém a tribo unida, e isso inclui não só o talento analítico como também um tipo de vestimenta específica ("universitário fora de moda", com alguns transviados que, envergonhados, se vestem bem), rituais previsíveis (por exemplo, a insistência em referir-se sem parar um ao outro e a mais ninguém) e o compromisso de usar os mesmos exemplos desgastados empregados por Frege e Russell um século atrás.

Como em toda tribo, há uma enorme distância entre os que a ela pertencem e os que estão de fora. Pertencer é questão de família (ligações acadêmicas): os mesmos professores, o mesmo programa de pós-graduação. Isso produz uma debilitante endogamia, não muito diferente dos famosos bebês de duas cabeças do Kentucky e da Tasmânia. Mata completamente todo interesse por diversidade, com exceção dos mais nominais. Nessa sociedade tribal, há lugar reservado para quem quer que seja apenas esperto e, obviamente, se disponha a fazer o jogo, seguir as regras e considerar-se membro da tribo (Wittgenstein, sem amigos ingleses, disparou para a fama com base apenas em sua inteligência). Como tal, a filosofia analítica passou a parecer-se bastante com a Mensa, organização de pessoas que se consideram inteligentes sem mais substância nem conteúdo, desprovida de referência a todas as virtudes, com exceção de uma única. Mas a iniciação (como os estudos de pós-graduação) é concebida para destruir todo aprendizado, bom senso e interesse filosófico comum anterior. Dentro da tribo, é claro que a aparência de verdadeira discordância é mantida ("Discordo inteiramente dele"). Mas ai de alguém de fora que faça alguma objeção malformulada e sincera, ainda que acerte bem no alvo! As revistas e o *The New York Times* estão cheios da revolta hoje rotineira contra o empobrecimento da filosofia. A reação ritual da tribo, quando existe, é uma grosseira risada.

Em outras palavras, o que ameaça destruir a filosofia não é a filosofia analítica, mas o tribalismo de tantos filósofos analíticos que ocupam bons cargos. Eles construíram uma muralha de jargão formal em volta de ideias que deviam ser facilmente acessíveis. Adotam a postura do crítico duro e teimoso mesmo quando (e principalmente quando) seria mais adequado escutar e demonstrar simpatia. E enxugaram o tema, e restringiram, redefiniram ou reduziram seu interesse a meia dúzia de preocupações técnicas que, consequentemente, não têm nenhum interesse para mais ninguém. À medida que os melhores departamentos vão ficando cada vez mais enxutos, seus alunos formados espalham-se pelo país para reforçar essa imagem amortecida da filosofia. Os melhores departamentos do país estão obstinadamente decididos a reproduzir e defender sua própria e estreita especialidade. Mas será que essas coleções espetaculares de técnicos filosóficos têm algo a oferecer às centenas de alunos de graduação que querem estudar ou pelo menos conhecer filosofia? Ou a todos esses compradores de livros da Nova Era, famintos por alguma filosofia? Na tribo, as poucas tecnicidades do assunto podem ser objeto de orgulho, não de vergonha, mas é apenas questão de tempo até que mais pais, contribuintes, leitores e administradores comecem a se perguntar: "Por que devemos pagar por isso? É isso que nossos filhos deviam aprender? Filosofia é isso?"

A filosofia analítica, como a fenomenologia de Husserl, começou com a ênfase no pensamento rigoroso e, através de suas vicissitudes, continua a constituir um complemento ou corretivo importante e muitas vezes amistoso aos vôos da especulação e à tendência ao obscurecimento que também moram no âmago da filosofia. Nem por isso, porém, precisa ser inacessível, muito técnica, limitada em seus interesses e socialmente insensível. Pode e deve tornar-se rica, opulenta e sem jargão. A formalização (fora das disciplinas formais) deveria ser vista como escorregão para a obscuridade em vez de contribuição à clareza. O tribalismo deveria ser visto como vergonha e não como fonte de segurança. O profissionalismo como virtude deveria ser reservado a médicos, advogados e executivos, e rejeitado por acadêmicos (exceto, talvez, em seu papel de professores e administradores).

A esperança luminosa está na rica série de estudos inter e transdisciplinares e multiculturais que vem surgindo, primeiro à margem e agora perto do centro da filosofia. Os filósofos, pelo menos alguns deles, não se envergonham mais de usar técnicas da crítica literária e da antropologia ao ler seus próprios textos. O que mais espanta é que cada vez mais se dispõem a ler os textos de outras disciplinas e escrevem com bastante seriedade sobre filosofia da e na literatura, filosofia da física quântica, filosofia e administração, filosofia, neurologia e ciência cognitiva, filosofia e arte, filosofia e moda. Hoje há filósofos dando aulas em escolas de medicina, administração, artes plásticas, e essa não é mais uma via de comunicação de mão única. Hoje, quase todo grande departamento de filosofia tem ligações com estudos femininos e estudos culturais. À medida que a filosofia fica mais e mais "impura", talvez também aprenda a conversar e trocar ideias com os outros.

O debate entre filosofia "analítica" e "europeia" já deveria ter terminado. Os filósofos têm coisa bem melhor a fazer em vez de correr atrás de velhos desentendimentos. Como tantas disputas acadêmicas, essa é importante pelo que deixa de fora, ou seja, o resto do mundo. É como se apenas métodos filosóficos que tiveram origem na Europa e nos fundamentos da matemática e da ontologia — como esses dois — fossem candidatos a "filosofia". Tanto a filosofia analítica quanto a europeia são etnocêntricas e teimosamente próximas de abordagens não adequadas a seus métodos. Há filosofia na Ásia, na América Latina, na África e na cultura dos próprios nativos americanos. Se não cabem no paradigma estreito da filosofia, essa seria uma excelente razão para jogar fora o paradigma exclusivista e superado. Há todas essas outras disciplinas, da embriologia fetal ao marketing e à narratologia, transbordantes de questões filosóficas que têm sido praticamente ignoradas pelos filósofos em sua busca da parcimônia e da abstração pura. Mas se amanhã os departamentos de filosofia e aquela modalidade de filosofia presunçosa e exclusivista que Richard Rorty chama de "filosofia com F maiúsculo" sumissem, a filosofia não desapareceria. Seria encontrada em todos os pontos da universidade e mundo afora. Só perderia a presunção e, infelizmente, a pretensão sem igual ao emprego inútil.

A filosofia analítica continua a ser um saudável corretivo para o romantismo às vezes excessivo de nossa época. Isso, porém, não significa que devamos olhar o romantismo excessivo e a filosofia analítica como veneno e antídoto, respectivamente. São duas partes de uma dialética que, no máximo, nos permite articular algumas visões e ideias espantosas. A filosofia analítica, quando não insiste em ser a única voz na sala, abre (em vez de fechar) o mundo. Não precisa ser exclusiva, reducionista, materialista, muito formal nem voltada apenas para suas próprias técnicas. Nem precisa esquecer-se de conteúdo, contexto, cultura e história. Na verdade, a melhor filosofia analítica sempre consistiu de uma incômoda tensão entre a necessidade de especular e a ânsia de esclarecer. Por que, então, chamá-la de "analítica", a não ser para deixar os outros na defensiva? Na verdade, por que lhe atribuir um nome? Pensar minuciosamente nos problemas perenes da vida, lutar pela clareza e pelo esclarecimento e curtir o processo, era nisso que Pitágoras pensava quando descreveu-se, hesitante (e irônico), como "filósofo", o amante da sabedoria.

Notas

Prefácio

1. Pablo Neruda, "On Impure Poetry", em *Selected Poems* (Nova York: Grove Press, 1961).

Introdução

1. "My Mental Development", em P. Schilpp (org.), *The Philosophy of Bertrand Russell* (La Salle, Illinois: Open Court, 1975). Na verdade, Russell respondia a alguns "hegelianos" britânicos que eram muito diferentes de seu antecessor alemão.
2. Muitos filósofos insistem que seu próprio modo de fazer filosofia — reducionista, enxuto e lógico — é o único adequado à filosofia real. Na verdade, vários de nós discutimos a plausibilidade de formar subdepartamentos de "filosofia real" (um de meus colegas, excelente lógico, chama-a zombeteiramente de "filosofia máscula"), deixando o resto de nós no papel sentimental de falar sobre a confusa riqueza da vida.
3. Aqui, minha campanha contra a "parcimônia" não se limita, de modo algum, à filosofia analítica. O formalismo pós-estruturalista de, digamos, Gilles Deleuze é tão enervante e sem prazer, apesar da violência niilista do discurso, quanto tudo que a filosofia analítica produziu.
4. John Rawls, *Theory of Justice* (Cambridge, Massachusetts: Harvard University Press, 1971), p. viii.
5. Isso não é, de modo algum, desdenhar nem menosprezar os quebra-cabeças (por exemplo, a flecha que não voa de Zenão, suicidar-se depois de voltar no tempo, imaginar que se é um morcego ou conjeturar se o camarada na sala chinesa realmente sabe chinês, debater a identidade de quem ficou no teletransportador com defeito, dirigir o bonde desgovernado ou cutucar o cérebro no vidro). Pensar em uma saída para tais charadas absurdas é um jeito maravilhoso de afiar as ferramentas intelectuais, e assistir a isso ser bem feito é um banquete estético, comparável a uma esplêndida prova matemática — não deve, porém, ser confundido com filosofia (muito menos identificado como seu terreno exclusivo).

6. Na verdade, faz tempo que até a vivência comum é objeto de zombaria e desconfiança em filosofia: "Mas essa não é uma pergunta *empírica*?" A isso costuma seguir-se (ou pelo menos insinuar-se): "Isso não é filosofia!" E assim o assunto fica cada vez mais reduzido, até perder massa a ponto de praticamente não importar mais.
7. Robert Nozick apresenta atitude parecida em praticamente todos os seus livros recentes: *Philosophical Explanations* (Cambridge, Massachusetts: Harvard University Press, 1981); *The Examined Life* (Nova York: Simon and Schuster, 1989); e *The Nature of Rationality* (Princeton, New Jersey: Princeton University Press, 1993). Embora tendo afirmado com elegância sua conversão do combativo modo "destrutivo" da filosofia a uma abordagem mais agradável, não consegue deixar de exibir o talento guerreiro que afiou tão bem. Conheço o problema.
8. Os positivistas lógicos consideravam-se empiristas, mas só por valorizar a ciência. A "experiência" propriamente dita era para eles uma abstração, parte de sua parca e puramente lógica discussão sobre os conceitos de prova e de confirmação. A expressão "tão somente" vem de James, que contrastou atitudes — a "tão somente" do empirismo com a "algo a mais" do racionalismo. O próprio James, por mais "empirista radical" que tenha sido, não era de modo algum um filósofo "tão somente".
9. Penso, naturalmente, sobretudo no ataque de Russell ao idealismo, mas lembro que houve ataques parecidos vindos das fileiras dos pós-modernistas, em particular Gilles Deleuze. De fato, boa parte de seu louvadíssimo livro sobre Nietzsche é um estranho e perverso ataque a Hegel e ao hegelianismo. *Nietzsche and Philosophy*, trad. H. Tomlinson (Nova York: Columbia University Press, 1983).
10. É claro que há pós-modernistas e Pós-Modernistas, mas estou pensando no mais que enxuto "niilismo" autoatribuído de Georges Bataille, assim como de Deleuze e Lyotard.
11. Na filosofia pós-moderna, esse escapar à tomada de posição foi elevado à categoria de princípio filosófico. As últimas grandes estrelas francesas agora divertem-se acusando os antecessores (sobretudo Sartre) de subjetivos em excesso, no sentido de superenfatizar o sujeito (Sartre, lembrem-se, insistia na ideia de que o sujeito da consciência não era absolutamente nada, mas até isso era evidentemente demais, de acordo, por exemplo, com Jean-Luc Nancy).
12. John Rajchman e Cornel West, *Post-Analytic Philosophy* (Nova York: Columbia University Press, 1985).
13. Aqui não nos referimos apenas a excentricidades pós-modernas. Essa é a posição defendida por Donald Davidson em "The Folly of Trying to Define Truth", *Journal of Philosophy*, 93, nº 6 (junho de 1996): pp. 263-278.
14. Na filosofia analítica, pode-se acompanhar essa perda de volume desde as primeiras obras de Sidney Shoemaker e John Perry até Derek Parfit e as últimas obras da ciência cognitiva. (Owen Flanagan defende bravamente a continuação de sua uti-

lidade em *Self Expressions* [Nova York: Oxford University Press, 1996].) Do mesmo modo, na filosofia europeia, pode-se acompanhar a derrocada do conceito de eu desde a afirmação comparativamente essencial de Sartre de que a consciência é "nada" até a rejeição total da subjetividade em Foucault, Deleuze e Jean-Luc Nancy.

15. Ver, por exemplo, seu *Essays on Heidegger and Others*, vol. 2 de seus *Philosophical Papers* (Nova York: Cambridge University Press, 1991), pp. 22 e seg., em cuja maior parte Rorty trata apenas de problemas criados por outros filósofos, mas insiste no fato de que os verdadeiros problemas da vida humana — pobreza, opressão política, exploração econômica, crueldade e racismo, por exemplo — não são filosóficos. Isso, porém, também se deve à concepção excessivamente parcimoniosa de filosofia e de sua ação potencial. Entre começar uma revolução e masturbar-se mentalmente, há aquela rica conversa à qual o próprio Rorty se dedicou com tanto sucesso.
16. Sócrates, sabidamente, insistia que não vale a pena viver uma vida não examinada, mas de modo algum se esclarece em qual dos muitos sentidos Sócrates examinou e não examinou sua própria vida. Naturalmente ele não tinha em mente a noção de "instrospecção" tão preponderante nos modernos conhecimentos de autoexame. E, aparentemente, não considerava a vida verdadeiramente examinada semelhante à vida comum, com seus envolvimentos comuns. Assim, Peggy Noonan, ao se referir a seu antigo chefe Ronald Reagan, observou que ele demonstrara que *valia a pena* viver a vida não examinada. Sob a piada há um enorme conjunto de questões filosóficas.
17. Paul Woodruff, "Plato on Education", em *Philosophers on Education*, org. Amelie Rorty (Nova York: Routledge, 1998).
18. Ver a subestimada mas brilhante pescaria em mar de lama do grande jornalista independente I. F. Stone, *The Trial of Socrates* (Boston: Little Brown, 1988).
19. A expressão "pensador profundo" sempre se acompanhará do muxoxo de desprezo de Lee J. Cobb no filme *Sindicato de ladrões* (*On the Waterfront*), de 1954. Então, mais uma vez, minha ironia emprestada deve ter o contrapeso do comentário de Wittgenstein em seu leito de morte, digno do próprio Sócrates: "Diga-lhes que tive uma vida maravilhosa." Citado em Rush Rhees (org.), *Recollections of Wittgenstein* (Lanham, Missouri: Rowman Littlefield, 1981). Ver também M. O'C. Drury, "Notes on Conversations", *ibidem*, pp. 76-171; e o roteiro de Terry Eagleton e Derek Jarman, *Wittgenstein* (Londres: British Film Institute, 1993).

Capítulo 1

1. O texto clássico aqui é A. J. Ayer, *Language, Truth and Logic* (Nova York: Dover, 1952).

2. Bernard Williams, *Shame and Necessity* (Berkeley: University of California Press, 1997).
3. Sam Keen, *The Passionate Life* (Nova York: Harper & Row, 197x).
4. Ver, por exemplo, o ensaio "A More Severe Morality: Nietzsche's Affirmative Ethics", em *From Hegel to Existentialism* (Nova York: Oxford University Press, 1988), ambos de minha autoria; e Lester Hunt, *Nietzsche and the Origin of Virtue* (Nova York: Routledge, 1991).
5. Devo esse esclarecimento a uma boa pergunta de George Sher.
6. As metáforas da "queima" e da "ferrugem" são de Neil Young. Há versões delas no Velho Testamento, em Alexandre, o Grande, nos poetas românticos ingleses e alemães e em Walter Pater.
7. Há, sem dúvida, alguma explicação neurofisiológica para esse comportamento, provavelmente em termos de pontos exóticos do tronco cerebral como *locus ceruleus* e a deficiência ou o excesso de substâncias químicas como a norepinefrina (noradrenalina) ou a serotonina. Não duvido que boa parte da "vida apaixonada" seja crônica e não cultivada, mas a questão — se não pretendemos fazer perguntas como "estará a virtude sob nosso controle?" — é se a vida apaixonada pode ser considerada virtuosa e, se puder, quais seriam suas virtudes.
8. Alguns desses temas foram previstos por Bernard Williams em "Morality and the Emotions", em B. Williams, *Problems of the Self* (Cambridge: Cambridge University Press, 1973), mas bem antes disso por Platão e Aristóteles e, mais tarde, por Nietzsche.
9. Eu deveria distinguir nitidamente essa visão das virtudes do uso contemporâneo e beligerante que se faz da palavra. Um século antes do *Livro das virtudes,* de Bill Bennett, Nietzsche ponderou: "Então, mais uma vez, há aqueles que consideram virtude dizer 'a virtude é necessária'; mas no fundo só acreditam que a polícia é necessária." *Thus Spoke Zarathustra*, trad. W. Kaufmann (Nova York: Viking, 1954), parte II, "On the Virtuous", p. 207.
10. Philippa Foot, "Virtues and Vices", em F. Foot, *Virtues and Vices and Other Essays* (Berkeley: University of California Press, 1978). Aparentemente essa opinião de Aristóteles tem influência duradoura, como indica, por exemplo, a comparação de David Steward Nivison entre Aristóteles e Mêncio em seu excelente artigo "Mencius and Motivation", *Journal of the American Academy of Religion*, número especial sobre a filosofia chinesa clássica (setembro de 1979), p. 419.
11. Principalmente em *Aurora — Daybreak*, trad. R. J. Hollingdale (Cambridge: Cambridge University Press, 1982).
12. Amelie Rorty, *Explaining Emotions* (Los Angeles: University of California Press, 1980).

13. Bernard Williams, *Ethics and the Limits of Philosophy* (Cambridge, Massachusetts: Harvard University Press, 1985), p. 9. *Cf.* Aristóteles, *Nicomachean Ethics*, trad. David Ross (Londres: Oxford University Press, 1954), livro III. William Frankena, não favorável à ética das virtudes, sugeriu que as virtudes são meras disposições de obedecer a princípios racionais, retirando dessa questão qualquer merecimento de estudo.
14. Gilbert Ryle, *Concept of Mind* (Nova York: Barnes and Noble, 1949).
15. Por exemplo, O. H. Green, "Emotions and Belief", *American Philosophical Quarterly Monograph*, nº 6 (1972).
16. É claro que desse lapso pode revelar-se ou surgir um "personagem" novo e diferente, como quando alguém se apaixona ou se deslumbra emocionalmente com o nascimento de um bebê. Ainda assim, a virtude está na emoção, e não na potencial futura disposição de caráter. ("Não sabia que ele era assim por dentro").
17. Barbara Herman, *The Practice of Moral Judgment* (Cambridge: Cambridge University Press, 1983).
18. Aqui eu incluiria não só os grandes moralistas escoceses, principalmente David Hume e Adam Smith (que enfatizaram as emoções muito mais do que fizeram seus colegas Francis Hutcheson e Lord Shaftsbury), mas também Jean-Jacques Rousseau, que em suas obras educativas (como *Émile*) insistiu na importância dos sentimentos naturais, ao contrário dos cálculos "antinaturais" e "corruptos" tantas vezes chamados de razão. Pode-se verificar aqui um interessante contraste entre esse conhecido ponto de vista ocidental e o pensamento chinês clássico. Assim, Tu Weiming, estudioso de Confúcio, distingue os sentimentos humanos cultivados dos meros sentimentos "naturais", invertendo, portanto, a ênfase dos escoceses na naturalidade dos sentimentos morais. Tu Wei-ming, *Centrality and Commonality* (Albany: Suny Press, 1989).
19. Por exemplo, se o amor é virtude, ainda pode haver casos em que seja loucura e, às vezes, embora hesitemos diante dessa ideia, vício. Claro que há paixões assim, mas talvez não devessem ser chamadas de "amor", talvez de "obsessão". A destrutiva paixão de Heathcliff por Cathy em *O morro dos ventos uivantes* parece ser assim. Contudo, podemos insistir em afirmar que o amor é uma virtude até mesmo quando é tolo ou destrutivo, assim como insistimos em chamar de virtude a justiça, mesmo quando seus resultados são desastrosos, ou honestidade, mesmo quando suas consequências são muito piores do que as de uma simples mentirinha "branca". Nesse ponto, porém, me parecem necessárias distinções cuidadosas na arena do comportamento virtuoso, acrescentando algumas medidas que independem do discurso sobre as virtudes. Devo esse esclarecimento a uma boa pergunta de Robert Audi.

20. Confúcio, ao enfatizar o que chamaríamos de "unidade entre teoria e prática", insiste repetidamente no "virtuosismo" do virtuoso (*jen-ze*). Não por coincidência, essa palavra também é comum na música e, dada a noção de Confúcio sobre a centralidade da música na vida, "virtuosismo" não é má tradução.
21. Alexander Nehamas, *Nietzsche: Life as Literature* (Cambridge, Massachusetts: Harvard University Press, 1985).
22. A ênfase intensa e, diria eu, imerecida dada à "vontade de poder" decorre, em grande parte, de Heidegger, que tinha pouco ou nenhum respeito pelos textos que usava com tamanha liberdade. No cenário americano e anglófono, Walter Kaufmann deu atenção considerável à noção em *Nietzsche* (Princeton, New Jersey: Princeton University Press, 1953), livro que tornou Nietzsche pelo menos digno de respeito num mundo filosófico positivista e ainda implacavelmente antinazista. Os principais textos usados nessa interpretação, porém, estão nas anotações não publicadas de Nietzsche, que deveriam ser tratadas com considerável desconfiança. O conceito propriamente dito lembra demais aquela teimosia schopenhaueriana da qual Nietzsche tanto lutou para se livrar durante boa parte da carreira. É verdade que, nas obras éticas, Nietzsche utiliza as metáforas de força, saúde e poder e chega a usar a asserção de poder para corrigir certas falhas óbvias do hedonismo e responder a certos mistérios psicológicos sobre formas extremadas de comportamento religioso, principalmente o ascetismo. Acredito, todavia, que conceber a vontade de poder — ou algo semelhante — como broto do qual floresce toda a filosofia de Nietzsche é um grave erro de interpretação (há uma tentativa engenhosa de "reconstruir" exatamente esse "sistema" em John Richardson, *Nietzsche's System* [Nova York: Oxford University Press, 1996]). Quanto às dúvidas sobre o mau uso e o abuso do livro de Nietzsche (organizado por outros) intitulado *A vontade de poder* (*The Will to Power*), ver Bernd Magnus, "Author, Writer, Text: The Will to Power", *International Studies in Philosophy*, 22, nº 2 (1990), pp. 49-57.
23. Francisco Goya, *Caprichos* (1797) (Nova York: Dover, 1970).
24. *Observations on the Feeling of the Beautiful and the Sublime*, trad. John T. Goldthwait (Berkeley: University of California Press, 1960). Compare-se esse sentimento preliminar com a expressão *schmelzender Theilnehmung* ("compaixão que se derrete"), transbordante de sarcasmo, da citação que dá início a essa seção.
25. Bernard Gert, *The Moral Rules* (Nova York: Oxford University Press, 1978).
26. Pode-se argumentar que a passagem da atenção dada à ação e ao caráter para os sentimentos ocorreu na Europa, no século XVIII, mais obviamente nas obras de Rousseau, mas também na dos teóricos do sentimento moral. Um antigo argumento contra as paixões, levantado por Julia Annas, afirma que a paixão leva a excessos. O que se quer dizer, porém, com "excessos"? E não é a desejabilidade de tais "excessos" que é examinada aqui? Se "excesso" significa mau comportamento, então

há abundância de argumentos, no utilitarismo e na ética da virtude, para condená-lo. Se, entretanto, se referir às próprias paixões, a antiga justificativa é questionável. Por minha vez, argumento: ser apaixonado é, em sentido estrito, bom por si só. E, se assim for, o "excesso" de paixão é impossível, exatamente como o excesso de virtude, segundo Aristóteles.

27. Entretanto, isso não é negar que o amor possa visar objetos inadequados. Platão prevê essa possibilidade quando insiste que o amor (*eros*) não pode ser meramente desejo, mas tem de ser desejo para o Bem. Suponho, num exemplo prosaico, que isso signifique que não se pode amar alguém por características que sejam más. Isso conflita com certa sabedoria popular corrente, por exemplo, nos muitíssimos filmes em que o personagem moralmente pervertido supostamente "ama" outro exatamente devido a suas perversões morais (por exemplo, nas várias versões cinematográficas de *Ligações perigosas* (*Liaisons dangereuses*), romance epistolar de Choderlos de Laclos, como a de 1988, com Glenn Close e John Malkovich, dirigida por Stephen Frears). Devo esse esclarecimento a uma pergunta difícil de Robert Audi.
28. Edward Sankowski, "Responsibility of Persons for Their Emotions", *Canadian Journal of Philosophy*, 7 (1977), pp. 829-840.
29. Arthur Danto, "Basic Actions", em seu *Analytical Philosophy of Action* (Cambridge: Cambridge University Press, 1973).
30. Nietzsche leva a extremos esse ponto de vista ao argumentar que não só as virtudes são particulares, ou seja, têm objetos particulares, como também são particulares em espécie, ou seja, são exclusivas da pessoa virtuosa.
31. Por exemplo, Williams, "Morality and the Emotions".
32. Rorty, *Explaining Emotions*.
33. Esse não é um argumento apriorístico e está sujeito a contraexemplos empíricos óbvios, como a disparada da quantidade de divórcios. O fato, porém, de que o amor costume acabar não invalida a tese de que o amor é um processo emocional que é (ou pode ser) intensificado e "aprofundado" com a intimidade prolongada, a familiaridade, o conhecimento, a compreensão e as experiências em comum. A descrição mais poética desse processo é de Stendhal e focaliza a "cristalização", em que o ente amado acumula mais e mais encantos e virtudes. Stendhal (Marie-Henri Beyle), *On Love*, trad. C. K. Scott-Moncrieff (Nova York: Liveright, 1947), pp. 28-34.
34. Kant, *Lectures on Ethics*, trad. L. W Beck (Indianápolis: Bobbs-Merrill, 1963), p. 164.
35. Sartre confunde bastante essa afirmativa perfeita ao insistir em dizer que no sexo, mesmo assim, tentamos transformar o outro em sujeito — na verdade, até mesmo em objeto — puramente sexual, sendo, porém, necessariamente, malsucedidos. *Being and Nothingness*, trad. Hazel Barnes (Nova York: Simon and Schuster, 1956), parte III, "Concrete Relations with Others".

36. Alan Goldman, "Plain Sex", *Philosophy and Public Affairs*, 6, nº 3. Alan Soble discute extensamente a ontologia do amor em *The Structure of Love* (New Haven: Yale University Press, 1990).
37. John Milton, "On Marriage and Divorce", em *The Philosophy of (Erotic) Love*, org. Robert C. Solomon e Kathleen M. Higgins (Lawrence: University Press of Kansas, 1991), pp. 79-84.
38. Ver o Capítulo 2 do meu livro *About Love* (Lanham, Maryland: Rowman & Littlefield, 1994).
39. A palavra "intensidade" é excessivamente unidimensional e quantitativa, e muitas vezes confundida com a excitação fisiológica (e, depois, por ela medida). As paixões mais fortes, contudo, podem ser "calmas", e as irritações mais mesquinhas podem tornar-se "violentas" (ambos termos de Hume).
40. Defendo em detalhes esse ponto de vista em *About Love*, pp. 190 e seg.
41. Em *Tao Te Ching*, distinguem-se os que amam a vida e a vivem intensamente, os que amam a vida e não conseguem vivê-la intensamente e os que amam por demais a vida e, portanto, superenfatizam a morte. Seria interessante comparar Lao-Tsé com Epicuro nesse aspecto. Lao-Tsé, *Tao Te Ching*, trad. Stephen Addis e Stanley Lombardo (Indianápolis: Hackett, 1993).
42. Em *The Secret Life of Dogs*, Elizabeth Marshall Thomas reflete sobre uma descoberta bem conhecida da neurociência comparativa: enquanto o cérebro dos cães é "ligado" homeostaticamente, o que lhes permite a tranquilidade pacífica e o olhar zen que quem com eles convive passa a conhecer e amar, o cérebro dos primatas é "ligado" no sentido que a palavra adotou na contracultura — superestimulado, perpetuamente inquieto... humano. Freud estava errado quando sugeriu o modelo homeostático para a psique humana (embora estivesse certo se tratasse de cachorros). Elizabeth Marshall Thomas, *The Hidden Life of Dogs* (Boston: Houghton Mifflin, 1993).
43. Kathleen M. Higgins, *Nietzsche's Zarathustra* (Filadélfia: Temple University Press, 1987), pp. ix-x.
44. A expressão vem de uma carta de Nietzsche a Paul Rée. Ver meu artigo "A More Severe Morality: Nietszche's Affirmative Philosophy" em *From Hegel to Existentialism*.
45. Por exemplo, "A única crítica da filosofia que (...) prova alguma coisa, que é, principalmente, tentar ver se é possível viver de acordo com ela, nunca foi ensinada em universidades; tudo o que já se ensinou é a crítica das palavras por meio de outras palavras". Nietzsche, "Schopenhauer as Educator", em *Untimely Meditations*, trad. R. J. Hollingdale (Cambridge: Cambridge University Press, 1982), § 8, p. 187.
46. Bernd Magnus, Stanley Stewart e Jean-Pierre Mileur, *Nietzsche's Case: Philosophy as/and Literature* (Nova York: Routledge: 1994); Nehamas, *Nietzsche: Life as Literature*. Minha própria discussão é desenvolvida em "Nietzsche *Ad Hominem*,

Perspectivism, Personality and *Ressentiment*", em *The Cambridge Companion to Nietzsche*, org. Bernd Magnus e Kathleen M. Higgins (Cambridge: Cambridge University Press, 1996).

47. A expressão vem de Píndaro. Citações de *Gay Science*, trad. W. Kaufmann (Nova York: Random House, 1968).
48. Na verdade, o *Übermensch* só aparece no início de *Assim falou Zaratustra* e praticamente não tem papel na filosofia de Nietzsche.
49. Sobretudo em "Skirmishes of an Untimely Man", em *Twilight of the Idols*, trad. W. Kaufman (Nova York: Random House, 1968), esp. §§ 49-50.
50. Homero, *Iliad* (Ilíada), xv, 348-351; Aristóteles, *Nicomachean Ethics* (Ética a Nicômaco), livro III, Capítulo 8 (1.116). Ross (numa nota de rodapé de sua tradução de Aristóteles) ressalta que a citação lembra Agamenon mais do que Heitor (*Ética* 17, 68); mas veja-se Aristóteles (1117): "às vezes a paixão é considerada coragem (...) pois a paixão, acima de todas as coisas, anseia por lançar-se ao perigo (...)" Vem daí o "pôs força em sua paixão" de Homero. Aristóteles segue dizendo que os homens que agem por paixão não são verdadeiramente corajosos e sim mais parecidos com feras. Não agem "em nome da honra nem como manda a regra" (*ibidem*). Ainda assim, acrescenta, "têm algo assemelhado à coragem".
51. Ver, por exemplo, T. M. Scanlon, *What We Owe to Each Other* (Cambridge, Massachusetts: Harvard, 1999) e a excelente resenha de Simon Blackburn a seu respeito na seção de livros de *The Washington Post*, 21 de fevereiro de 1999, p. 24.
52. Aristóteles, *Nicomachean Ethics*, livro II, Capítulo 5.

Capítulo 2

1. Joel Feinberg, "Sentiment and Sentimentality in Practical Ethics", em *Proceedings of the American Philosophical Association* (26 de março de 1982).
2. Bom e detalhado exame do lugar adequado da emoção na argumentação encontra-se em Douglas Walton, *The Place of Emotion in Argument* (University Park: Pennsylvania State, University Press, 1992). Walton discute com certa profundidade os argumentos *ad populem* (que apelam para os preconceitos populares), *ad misericordiam* (que apelam para a piedade), *ad baculum* (que apelam para o medo e a raiva) e *ad hominem* (ataques pessoais).
3. Jerome Shaffer, "An Assessment of Emotion", *American Philosophical Quarterly*, 20, nº 2 (abril de 1983); reeditado em G. Myers e K. Irani (orgs.), *Emotions* (Nova York: Haven, 1983).
4. Em Myers, *op. cit.*, pp. 202-203.
5. *Ibidem*, p. 220.
6. Veja a contraposição fundamentada dessa suposição no prático livro de autoajuda de Gavin de Becker, *The Gift of Fear: Survival Signals That Protect Us from Danger*

(Boston: Little Brown, 1997). Becker é guarda-costas (especializado em "avaliação de ameaças e gerenciamento de riscos") e protege estrelas de Hollywood; portanto, conhece bem melhor do que a maioria de nós as virtudes do medo, que, ele afirma, é um dom, por ser a reação instintiva de sobrevivência. Com muita frequência, quem se mete em encrencas não deu atenção à própria intuição amedrontada (nos Estados Unidos, 80% dos atos violentos são cometidos por agressores conhecidos pelas vítimas). O medo pode ou não ser agradável, mas não há dúvida de que é uma reação desejável. Pode-se aqui compará-lo à dor, que (para a maioria de nós, na maioria das vezes) é desagradável; sem ela porém, perderíamos dedos e membros e nos queimaríamos ou nos esforçaríamos até morrer. Não é que a vida sem dor não seja mais vida, como poderiam sugerir alguns masoquistas; é que a vida sem dor seria um risco para a própria vida.

7. Por exemplo, Jonathan Bennett, um dos mais importantes recentes comentaristas desse grande livro, encerra suas avaliações depois do Livro II. Veja-se, à guisa de contraste, o delicado tratamento de Spinoza por Jerome Neu em *Emotion, Thought and Therapy* (Berkeley: University of California Press, 1977); por Yirmiyahu Yovel em *Spinoza and Other Heretics* (Princeton, New Jersey: Princeton University Press, 1989); e por Amelie Rorty em *The Philosophy of (Erotic) Love*, org. Robert Solomon e Kathleen Higgins (Lawrence: University of Kansas, 1991).
8. Ver, por exemplo, Catherine Z. Elgin, *Considered Judgment* (Princeton, New Jersey: Princeton University Press, 1996).
9. William James, "What Is an Emotion?", *Mind* (1884). Republicado em Cheshire Calhoun e Robert Solomon (orgs.), *What Is an Emotion?* (Oxford: Oxford University Press, 1984).
10. A reação de espanto foi defendida como paradigma da emoção por Jenefer Robinson, "Startle", *Journal of Philosophy*, vol. xcii, nº 2, 1995. A visão das emoções como "puxões e caretas" é no mínimo sugerida por Gilbert Ryle no tratamento morno que lhes dá em seu clássico *The Concept of Mind* (Nova York: Barnes and Noble, 1949).
11. Ficamos tentados a dizer "a busca da verdade", mas essa é uma linha difícil de manter nesta época pós-moderna. Os estudiosos, tanto os honestos quanto os cínicos, dirão como o "ego" e a busca de fama e fortuna evocam essa paixão, incluído o reconhecimento relativamente modesto de que este ou aquele direito ou cargo é "meu!". Na esteira de Foucault, pode-se esperar que praticamente todas as buscas de conhecimento sejam acusadas de tentativa disfarçada de apropriação do poder. Nietzsche (em *Além do bem e do mal*) levantou como questão instigante o que representa realmente a "vontade de verdade", admitindo que em alguns casos, pelo menos, parece servir de motivo autônomo que precisa muitíssimo de um balanço. Entretanto, talvez os casos mais interessantes sejam os mais irônicos, aqueles em

que vemos especialistas como Jacques Derrida, Richard Rorty e Stanley Fish defenderem, apaixonadamente, que "não há verdade". Sem certa paixão, porém, é difícil até imaginar alguma discussão.

12. Uma explicação heideggeriana boa e compreensível de como as práticas e teorias funcionam juntas no relacionamento social encontra-se em Charles Spinosa, Fernando Flores e Hubert Dreyfus, *Disclosing New Worlds* (Cambridge, Massachusetts: MIT Press, 1997).
13. W B. Cannon, *Bodily Changes in Pain, Hunger, Fear and Rage* (Nova York: Appleton, 1929); John Dewey, *The Theory of Emotion* (1894), em *Early Works, 1882-1898* (Carbondale: Southern Illinois University Press, 1967).
14. Por exemplo, em *The Passions* (Nova York: Doubleday/Anchor, 1976; Indianápolis: Hackett, 1993). É preciso, porém, distinguir essa opinião daquelas quase behavioristas nas quais as considerações sobre responsabilidade e situação social só entram na descrição da emoção, sem nenhum vínculo específico com o ponto de vista do próprio sujeito. Ver, por exemplo, Errol Bedford, "Emotions", *Proceedings of the Aristotelean Society*, vol. 57 (1957).
15. George Lakoff e Mark Johnson, *Metaphors We Live By* (Chicago: University of Chicago Press, 1980). Quando jovem, Freud foi partidário do reducionismo neurológico — ver seu "Project for a Scientific Psychology" [1895], em *Standard Works*, trad. J. Strachey (Londres: Hogarth Press, 1953), vol. 2. Mesmo depois de abandonar esse ponto de vista, continuou a utilizar imagens hidráulicas, em termos, por exemplo, de pressão, bloqueio, enchimento (catexe), liberação (catarse), canalização (sublimação) e outros, durante boa parte da carreira. Ver meu artigo "Freud's Neurological Theory of Mind", em *From Hegel to Existentialism* (Oxford: Oxford University Press, 1988). Considere-se também o comentário de Alasdair MacIntyre em *After Virtue* (Notre Dame, Indiana: Notre Dame University Press, 1981), p. 18: "Em Homero, toda psicologia é fisiologia."
16. William James, *The Principles of Psychology* (Nova York: Dover, 1950), vol. 1, p. 5; Freud, "Project for a Scientific Theory", p. 295.
17. Ver Paul Griffiths, *What Emotions Really Are* (Chicago: University of Chicago Press, 1997).
18. Defendi esse ponto de vista sociocultural em 'The Cross-Cultural Comparison of Emotions", *Emotions in Asian Thought*, org. R. Ames e J. Marks (Albany: Suny Press, 1994).
19. William James, "What Is an Emotion?", em Calhoun e Solomon, *What Is an Emotion?*, p. 128.
20. *Rhetoric, 1378-1380*, trad. Jon Solomon, em Calhoun e Solomon, *What Is an Emotion?*.

21. Daniel Dennett, *Consciousness Explained* (Boston: Little, Brown, 1991). John Searle, *Rediscovering the Mind* (Cambridge, Massachusetts: MIT Press, 1994); David Chalmers, *The Conscious Mind* (Oxford: Oxford University Press, 1996) e a resenha de Searle sobre Chalmers em *New York Review of Books* (fevereiro de 1997). Para uma compilação de artigos que cobrem o século XX, ver William Lyons, *Modern Philosophy of Mind* (Londres: Penguin, 1996) e minha resenha em *Philosophy East and West*, 46, nº 3 (julho de 1996).
22. René Descartes, *The Passions of the Soul*, trad. S. H. Voss (Indianápolis: Hackett, 1989). Na verdade, pode-se afirmar (sem incorrer em absurdo) que Descartes não era "cartesiano". Ver, sobretudo, G. Baker e K. Morris, *Descartes's Dualism* (Londres: Routledge, 1996).
23. Descartes, *Passions of the Soul*, parag. XXV.
24. Especificamente, *The Passions* (Nova York: Doubleday, 1976; ed. revista, Indianápolis: Hackett, 1993); mais recentemente, "On Emotions as Judgments", *American Philosophical Quarterly*, 25, nº 2 (abril de 1988).
25. Ver, por exemplo, Paul Ekman, *Darwin and Facial Expression* (Nova York: Academic Press, 1973) e "Biological and Cultural Contributions to Body and Facial Movement", em *The Anthropology of the Body*, org. J. Blacking (Londres: Academic Press, 1977).
26. Nico Frijda, *Emotions* (Cambridge: Cambridge University Press, 1987).
27. Frijda também defende isso em seu livro, que é uma descrição multidimensional das emoções.
28. Ryle, *Concept of Mind*, esp. o Capítulo 4; Ludwig Wittgenstein, *Philosophical Investigations*, trad. G. E. M. Anscombe (Oxford: Blackwell, 1953).
29. No mais antigo *The Emotions: Sketch of a Theory* [Esboço para uma Teoria das Emoções], trad. B. Frechtman (Nova York: Citadel, 1948), em que Sartre caracteriza as emoções como "transformações mágicas do mundo", forma subjetiva de "comportamento de fuga", isso acontece menos do que no monumental *Being and Nothingness* [O ser e o nada], trad. H. Barnes (Nova York: Philosophical Library, 1956).
30. Aqui há certa perversidade que exige comentário. Desde Nietzsche, os filósofos europeus, notadamente Heidegger e, atrás dele, Sartre, insistem em negar que estejam fazendo "ética". Isso não tem sentido; é uma maneira enganosa de indicar sua desaprovação do que Sartre chama, desdenhoso, de "ética burguesa"; e estão pensando obviamente no modelo kantiano. Immanuel Levinas, pelo contrário, adota a "prioridade do ético sobre a ontologia" como marca de sua filosofia.
31. A diferença aqui baseia-se em minha discordância da "teoria da construção social" (de, por exemplo, Rom Harré e James Averill). Parte da discordância concentra-se na existência de algumas reações emocionais naturais ou rudimentares que precedem a socialização, embora, com certeza, tais reações sejam muitíssimo modifica-

das e aprimoradas pela sociedade. De forma mais direta, porém, não é que as emoções sejam construídas pela sociedade, mas tanto definem as relações e as sociedades em que têm papel essencial quanto são por elas definidas. O amor, por exemplo, não é apenas um "sentimento" nem é biologia (ou, como explicou Freud, "luxúria mais o castigo da civilidade"). Com certeza é as duas coisas e também é "socialmente construído". Mas não é que a "relação" seja totalmente distinta das emoções mútuas (que incluem, claro, muito mais que amor); nem as emoções podem ser facilmente distinguidas da relação. É claro que há muitos casos de amor "não correspondido" e, nem é preciso dizer, faz muito sentido falar do "sentimento de alguém por outro". O amor, porém, está nitidamente *na relação*; ele não é, como tenderam a indicar alguns poetas famosos, dois conjuntos paralelos, mas totalmente distintos de vibrações interiores em feliz harmonia.

32. Sartre, *The Emotions*, p. 36.
33. Ver, por exemplo, Daniel Dennett, *The Intentional Stance* (Cambridge, Massachusetts: NUT Press, 1987) e *Consciousness Explained*.
34. Ryle, por exemplo, em *Concept of Mind*, escamoteia a questão com a ideia de "disposições de trilha múltipla" ("*multi-track dispositions*"), evidenciando que o número dessas trilhas hipotéticas pode ser, para qualquer emoção dada, indefinidamente grande.
35. Frijda, *Emotions*.
36. Solomon, "Emotions and Choices", *Review of Metaphysics*, vol. 28, nº 1, setembro de 1973.
37. Errol Bedford, "Emotions", *PAAS*, vol. 57 (1957).
38. Nico Frijda, "The Politics of Emotion", em *ISRE Proceedings*, Storrs, Connecticut: ISRE, 1994.
39. Nietzsche, *Daybreak*, trad. R. J. Hollingdale (Cambridge: Cambridge University Press, 1982).
40. Ronald de Sousa, *The Rationality of Emotion* (Cambridge, Massachusetts: MIT Press, 1987).
41. *Ibidem*, p. 182, com referência à pesquisa de Daniel Stern, *The First Relationship: Mother and Infant* (Cambridge, Massachusetts: Harvard University Press, 1977), p. 45.
42. Entre as tentativas mais sofisticadas, está Michael Stocker, "The Schizophrenia of Modern Ethical Theories", em *Valuing Emotions* (Cambridge: Cambridge University Press, 1996). Ver também, em Paul E. Griffiths, *What an Emotion Really Is* (Chicago: University of Chicago Press, 1997), a crítica de todas essas tentativas.
43. Entre esses cínicos incluem-se La Rochefoucauld, Albert Camus e W. C. Fields.
44. Jean Briggs, *Never in Anger* (Cambridge, Massachusetts: Harvard University Press, 1970). Ver meu texto "Getting Angry: The Jamesian Paradigm in Anthropology",

em *Culture Theory*, org. A. Levine e R. Schweder (Cambridge: Cambridge University Press, 1984).

45. Robert Levi, *The Tahitians* (Chicago: University of Chicago Press, 1973).
46. Ver meu artigo "In Defense of Sentimentality", *Philosophy and Literature*, vol. 14, outono (terceiro trimestre) de 1990, pp. 304-323.
47. Ver, por exemplo, Stephen R. Stich, *From Folk Psychology to Cognitive Science* (Cambridge, Massachusetts: MIT Press, 1983); e Alvin I. Goldman, "The Mentalizing Folk", em *Metarepresentation*, org. D. Sperber (Oxford: Oxford University Press, 1998).
48. "Emotions and Choice", *Review of Metaphysics*, 28, nº 1 (setembro de 1973), republicado em *Explaining Emotions*, org. Amelie Rorty (Berkeley: University of California Press, 1980), pp. 251-282.
49. Introdução deste livro, página 17. Como exemplo flagrante desse filosofar loquaz e desdenhoso, recomendo ao leitor o Capítulo 3 de meu livro *The Passions*, "The Emotions Objectively Viewed: The Psychologist's Puzzle" ["As emoções consideradas objetivamente: o quebra-cabeça do psicólogo"], pp. 72-77, pelo qual peço desculpas na edição de 1993.

Capítulo 3

1. Por exemplo, Allan Gibbard afirma, em *Wise Choices, Apt Feelings* (Cambridge, Massachusetts: Harvard University Press, 1990), p. 10, que "a teoria mais sofisticada da racionalidade [para a ação] pode ser chamada de *teoria Hume-Ramsey*", que "em resumo, exige simplesmente coerência formal das preferências, de modo a poder exprimir-se com um conjunto de axiomas".
2. Hume, *Treatise of Human Nature*, livro 2, III.iii.
3. *Ibidem.*
4. Em muitas discussões atuais de ética, há uma confusão geral entre o que Kant chamou de "razão prática" e o raciocínio prático. Este último pode ser instrumental, mas a primeira é muito mais rica e complexa, interessada tanto nos fins quanto nos meios.
5. Escolas inteiras de filosofia contestam a posição privilegiada da racionalidade na filosofia dominante, notadamente os taoistas da China antiga e contemporânea, Nagarjuna, indiano budista do século II, e, em nossa própria época, Nietzsche.
6. Chuang Tzu, *Chuang Tzu* (Londres: Allen and Unwin, 1961), p. 65. Confúcio disse: "Quando olhamos do ponto de vista de suas diferenças, há fígado e bile, Ch'u e Yuéh. Do ponto de vista de sua similaridade, entretanto, as 10 mil coisas são uma só." Vale notar que o equivalente chinês de "razão" é *li shen*, que significa, mais ou menos, "ver padrões". Pode-se, portanto, levantar a hipótese de que a concepção

chinesa de racionalidade se origina "do lado direito do cérebro", e a concepção ocidental de racionalidade, "do lado esquerdo do cérebro".

7. *Nature of Rationality* (Princeton, New Jersey: Princeton University Press, 1993), de Robert Nozick, atualmente o livro mais sofisticado e legível sobre o tema, começa lamentando a inacessibilidade da maioria das obras filosóficas atuais sobre a racionalidade — que, insiste ele, é um tópico de importância perene para discussão pública: "Até recentemente, as questões sobre racionalidade foram propriedade comum da humanidade, em sua maior parte acessíveis a pessoas inteligentes (...) parte da cultura geral (...) pelo bem da saúde intelectual de nossa sociedade, as ideias fundamentais devem permanecer públicas." Ele faz, então, uma descrição lógica e enxuta que esclarece absolutamente sua feitiçaria e transforma o estudo da racionalidade em assunto técnico "salpicado, quando não inteiramente coberto, de fórmulas proibitivas em notação simbólica pouco conhecida, elaboradas numa estrutura matemática" (p. xiii-xvi). *Cf.* nota 6 da introdução deste livro.
8. Max Weber rejeitou a racionalidade instrumental e meramente "procedimental" porque considerava que essa ênfase burocrática na eficiência cooptara a racionalidade como tal. Embora se tenha tornado um dos teóricos mais importantes da racionalidade no século XX, Weber privilegiava os poderes distintivamente emocionais, não racionais e talvez até irracionais da espiritualidade.
9. Tenho em mente, especificamente, a linha de filósofos que seguem Bataille na França, como Kojeve, Lacan, Deleuze e Irigaray (vale sempre observar como, na terra de Descartes, os franceses rejeitaram obstinadamente o que é mais "esclarecido" no pensamento de Descartes). Encontram-se, entretanto, sentimentos semelhantes, embora raramente tão "irracionalistas", também na filosofia analítica, na longa tradição de ceticismo que começa com Hume e na limitadíssima noção da racionalidade como argumento que se tornou o item mais importante da metodologia analítica. Quando a racionalidade se torna tediosamente aborrecida, um jogo de provar superioridade em que só contam o conhecimento especializado e a esperteza, é de esperar que o irracionalismo levante a cabeça.
10. Cortesia de Jay Garfield, da Universidade da Tasmânia.
11. Lewis Rowell, *Thinking About Music* (Amherst: University of Massachusetts Press, 1983), p. 202.
12. *Ibidem.*
13. *Ibidem.*
14. Eliot Deutsch, "Reflections on Some Aspects of the Theory of *Rasa*", em *Studies in Comparative Aesthetics*, vol. 2 (Honolulu: University of Hawaii Press, 1975), p. 16.
15. Parece-me que foi Leibniz quem disse: "Escrivaninha bem arrumada é sinal de mente doentia" (Calma, é apenas uma provocação).

16. Nietzsche costuma ser citado e discutido em termos de suas sugestões ocasionais de que "não há verdade" e assemelhadas. Muito mais importantes para ele são as questões sobre *tipos* de verdade e o valor comparativo do tipo científico em relação a outros tipos de pontos de vista. Ver, por exemplo, Alexander Nehamas, *Nietzsche: Life as Literature* (Cambridge, Massachusetts: Harvard University Press, 1985).
17. Isso é mais comum nos racionalistas, Spinoza e Leibniz, embora seja claramente assumido até pelos empiristas mais céticos — Hume, por exemplo, que insiste em afirmar a impossibilidade de haver milagres porque eles violariam esse princípio.
18. Por exemplo, Keith Lehrer, *Self-Trust* (Nova York: Oxford University Press, 1997).
19. Schlomo Biderman e Ben-Ami Scharfstein (orgs.), *Rationality in Question: On Eastern and Western Views of Rationality* (Leiden: E. J. Brill, 1989), p. 219.
20. A grande genialidade das minuciosas descrições de Erving Goffman das práticas cotidianas está exatamente no fato de elas ultrapassarem a capacidade de praticamente todos nós, apesar de nos dedicarmos a essas práticas e realizarmos o tempo todo as atividades pertinentes, exibindo conhecimento óbvio (implícito) de regras e restrições extremamente refinadas. O que é extraordinariamente notável, em outras palavras, é exatamente como essas descrições do comportamento normal são *anormais*. Assim, eu também diria que as descrições goffmanianas das práticas cotidianas de Jerry Seinfeld e sua gangue, em geral bastante autocentradas e egoístas, costumam ser a parte mais engraçada do seriado *Seinfeld* não porque o comportamento seja incomum, mas porque os motivos e procedimentos ocultos desse comportamento raramente ou nunca são articulados.
21. Essa questão não é, de modo algum, simplesmente filosófica. A justificativa para maltratar e chacinar animais é, há muito tempo, sua falta de racionalidade em algum desses sentidos bastante sofisticados. É claro que, desde Aristóteles, argumentos parecidos sustentaram o racismo, a exploração e até a escravidão. Há mais de dois séculos, Jeremy Bentham respondeu o seguinte a essas afirmativas em causa própria: "A questão não é se o animal é capaz pensar; é se ele é capaz de sofrer."
22. Jonathan Bennett escreveu: "É possível engolir a ênfase que Kant e Wittgenstein dão à linguagem numa porção tão voraz e indigesta que passamos a considerar óbvio que não possa haver juízos onde não há linguagem; mas de óbvio isso não tem nada, e os que dizem que tem meramente substituem os argumentos por modas intelectuais." *Rationality* (Londres: Routledge and Kegan Paul, 1964, republicado com novo prefácio, Indianápolis: Hackett, 1989), p. 2.
23. Nietzsche, *Gay Science*, nº 360. *Cf.* David Glidden, que num ataque de cólera populista afirmou, certa vez, que "muitos, em nossa profissão, são argumentadores bem-sucedidos exatamente porque suas emoções são defeituosas". Consumado especialista em Platão, argumentou que "muitos de nós seguem o caminho de Platão porque ficamos muito mais à vontade com nosso raciocínio do que com nossos

sentimentos". ("Philosophers on a Train", artigo lido em assembleia da American Philosophical Society em Portland, Oregon, 1988.)

24. Por exemplo, Lehrer, *Self-Trust*.
25. É isso, suponho, que está por trás de boa parte da postura de Martin Heidegger, em particular em *Ser e tempo*. Ver explicação clara em Hubert Dreyfus, *Being-in-the-World* (Cambridge, Massachusetts: MIT Press, 1991) e em Hubert Dreyfus, Charles Spinosa e Fernando Flores, *Disclosing New Worlds* (Cambridge, Massachusetts: MIT Press, 1997).
26. *Principia Mathematica*, escrito com Alfred North Whitehead em 1905. Há uma boa descrição das dificuldades conhecidas do tema na introdução de Adam Morton a A. Morton (org.), *Paul Benacerraf: Philosopher Meets Critics* (Oxford: Blackwell, 1997).
27. Os casos paradigmáticos dessa visão encontram-se no taoismo e em algumas formas de budismo. Essas visões também impregnam boa parte da ética ocidental, com destaque para a filosofia de Nietzsche, mas igualmente em versões radicais da ética da virtude, nas quais os princípios racionais são considerados irrelevantes ou deletérios para a boa vida.
28. A expressão "ação propriamente dita" foi um convite à parcimônia e designa apenas a descrição comportamental mais enxuta possível da ação, talvez apenas um movimento corporal ou, no extremo mais distante, mera volição, um "ato de vontade". (Pritchard, "Does Moral Philosophy Rest on a Mistake?", *Mind*, 21 (1912), pp. 21-37.) A "ação propriamente dita", contudo, deveria ser inclusiva em vez de excludente e incorporar as intenções que a precedem, assim como as circunstâncias em que se realiza. Para determinados objetivos, os motivos, o pano de fundo, a história e, especialmente, o significado do comportamento podem todos fazer parte da "ação propriamente dita". Às vezes, a "ação propriamente dita" nem sequer passa de movimento corporal, mas isso dificilmente seria uma ação, penso eu, de pouco interesse, aliás, a não ser para os fisiologistas, os poucos behavioristas que ainda restam e os filósofos.
29. Comparado ao que afirmei no Capítulo 1, talvez aqui eu pareça supergeneroso com o utilitarismo. O que, entretanto, aprecio na versão de John Stuart Mill dessa ética específica é exatamente a ênfase nos detalhes e na riqueza, às vezes disfarçada de "qualidade". Sugeri, em outro lugar, que seria mais proveitoso comparar Mill não com Bentham, mas com Aristóteles. Na verdade, apesar da zombaria de Nietzsche ("O homem não vive para o prazer; só o inglês"), eu diria que Mill também é um bom aristotélico, no fundo um ético da virtude. Ver meu livro *Ethics and Excellence* (Nova York: Oxford University Press, 1991) [*Ética e excelência*, Rio de Janeiro: Civilização Brasileira, 2006].

30. Penso, por exemplo, na alentada literatura sobre o problema de comparar desejos ou preferências diferentes e na sugestão de que a racionalidade seria mais bem servida não pela satisfação das preferências, mas pelo "atendimento mínimo" das preferências dentro da esfera maior do bem-estar geral. Ver, por exemplo, Michael Slote, *Beyond Optimizing* (Cambridge, Massachusetts: Harvard University Press, 1989). A conclusão é o que promovo aqui, mas a trajetória da argumentação — e o fato de a questão exigir tal argumentação — é bem diferente.
31. Pode-se dizer que meu projeto aqui é contrário ao de Jonathan Bennett em seu maravilhoso livro *Rationality*. Ele começa com abelhas e, por meio de várias experiências pensadas, passa a perguntar o que mais além do comportamento reconhecidamente fascinante é necessário à racionalidade. Começo com as autoatribuições bastante sofisticadas dos filósofos para perguntar: "O que menos?"
32. É constante o debate a respeito do exato papel que Aristóteles atribuía à razão na ética. A razão que nós (como filósofos) empregamos ao tentar descrever as características da vida frutífera — além da razão que empregamos ao tentar entender Aristóteles — não é a razão que está embutida na "vida da razão". O famoso mas confuso "silogismo prático" de Aristóteles no livro VII da *Ética a Nicômaco* não é, de modo algum, modelo ou procedimento óbvio de deliberação nem, claramente, a estrutura da ação intencional, como já argumentou G. E. M. Anscombe. Ver, por exemplo, John Cooper, *Reason and in Aristotle's Ethics* (Indianápolis: Hackett, 1986).
33. Para uma opinião mais simpática sobre Kant, ver Barbara Herman, *The Practice of Moral Judgment* (Cambridge: Cambridge University Press, 1983).
34. Thomas Nagel, *The View From Nowhere* (Nova York: Oxford University Press, 1986).
35. Ver *ibidem*, p. 186.
36. David Gauthier, *Morals by Agreement* (Nova York: Oxford University Press, 1986)
37. "Business Ethics and Game Theory", *Business Ethics Quarterly*, vol. 9, nº 1, janeiro de 1999, pp. 11-30. A pesquisa de Robert Frank, um de nossos economistas mais humanistas, mostrou, contudo, que quem acredita em tais teorias (por exemplo, seus colegas economistas) tende, de fato, a agir de modo mais egoísta do que seus irmãos "menos racionais".
38. Vale notar em que ponto, exatamente, os próprios filósofos abrem mão da discussão e priorizam simplesmente "ver" a questão. Na verdade, uma pretensão comum da racionalidade, que data do *nous* de Platão, é a de que haja, além da racionalidade procedural (clareza e uso cuidadoso de provas e argumentos, por exemplo), o tipo de racionalidade que "vê" a certeza, verídica ou apodíctica. Edmund Husserl apresenta procedimentos "fenomenológicos" complexos, mas, pondera ele, em última instância, se não "vemos" a verdade, nada mais há a ser dito. Conta-se que G. E.

Moore, do Círculo de Bloomsbury, reagia a todos os que não compartilhavam de suas intuições do Bem com um olhar de seca-pimenteira. Por mais que sua argumentação fosse considerada inteligente, Moore ficou famoso entre os filósofos pelo dogmatismo moral. Nessa luta, também, é bom prestarmos muita atenção ao papel concreto do que John Rawls chama alternadamente de "descrições intuitivamente atraentes", "várias presunções sensatas e naturais" e "convicções iniciais", na discussão do "equilíbrio refletido". Até que ponto a racionalidade desse teórico cuidadosamente metódico é apenas uma asserção bem argumentada de sua própria preferência política, ainda que sem sustentação? (Rawls praticamente admitiu isso em obras posteriores, sobretudo *Liberalismo político*, na qual, de modo bastante explícito, restringe as afirmativas antes universalmente racionais às afirmações de racionalidade inerentes a sua própria maneira liberal-democrática de ver as coisas.)

39. A melhor discussão desse problema está em Patricia Greenspan, *Emotions and Reasons* (Londres: Routledge, 1988), p. 111 e seg.
40. Allan Gibbard, *Wise Choices, Apt Feelings* (Cambridge, Massachusetts: Harvard University Press, 1990), p. 10.
41. Solomon, *The Passions* (Nova York: Doubleday, 1976). Ver também Robert Gordon, *The Structure of Emotions* (Nova York: Cambridge University Press, 1987).
42. Nietzsche, *Beyond Good and Evil*, trad. W. Kaufmann (Nova York: Random House, 1967), § 62.
43. Ronald de Sousa, *Rationality of Emotions* (Cambridge, Massachusetts: MIT Press, 1987).
44. Gordon, *Structure of Emotions.*
45. Ver Michael Stocker, "The Schizophrenia of Modern Ethical Theories", *Journal of Philosophy*, 73 (1976).
46. Heidegger, *Being and Time.*
47. Há uma visão muito positiva dos estoicos em Martha Nussbaum, *Therapy of Desire* (Princeton, New Jersey: Princeton University Press, 1994). Sobre o filósofo persa al-Kindi, ver L. E. Goodman, "Medieval Jewish and Islamic Philosophers", em Biderman e Scharfstein, *Rationality in Question*, pp. 95-99. Sobre Schopenhauer, por favor, leia Schopenhauer.
48. Friedrich Nietzsche, *On the Genealogy of Morals*, trad. W. Kaufmann (Nova York: Random House, 1967), ensaio III.
49. Nico Frijda, *The Emotions* (Cambridge: Cambridge University Press, 1986).
50. Um bom estudo do problema da "distância" na preocupação é de Michael Slote, "The Justice of Caring", em *Virtue and Vice*, E. Paul, J. Paul, F. Miller (orgs.) (Nova York: Cambridge University Press, 1998), pp. 171-195. Ver também Virginia Held, *Feminist Morality* (Chicago: University of Chicago Press, 1993)

Capítulo 4

1. Sócrates desdenha todo recurso aos sentimentos em *Críton*, por exemplo.
2. Rawls, *A Theory of Justice* (Cambridge, Massachusetts: Harvard University Press, 1971.)
3. Novamente, "schmelzender Theilnehmung". Kant, *Grundlegung*, em *Werke*, vol. IV, p. 399; Kant, *Grounding of the Metaphysics of Morals*, trad. J. W. Ellington (Indianápolis: Hackett, 1981), p. 12 ("compaixão que se derrete" [*melting compassion*] é tradução de Paton; "terna solidariedade" [*tender sympathy*], de Lewis White Beck e Ellington). A descrição de punição de Kant está em *Philosophy of Law*, trad. W. Hastie (Edinburgh: Clark, 1889), ver o Capítulo 1.
4. Estranhamente, parece que no inglês moderno não há palavra adequada para a(s) emoção(ões) constitutiva(s) da vingança. "*Vengeance*" (vingança), não é em si nome de emoção e se refere ao resultado pretendido (ou real). Assim, também, deseja-se vingança, mas a vingança é a meta, e não o desejo propriamente dito. "*Vengefulness*" (vingatividade) chega mais perto de descrever o estado psicológico, mas tende a referir um traço de caráter e não uma emoção específica ou um episódio psicológico. "*Wrath*" (ira) é uma boa palavra bíblica que realmente designa a emoção vingativa em questão, mas, talvez de modo revelador, quase não é usada fora das ameaças e expressões bíblicas. Aqui, portanto, tratarei "vingança" e seus cognatos como nome de uma emoção, embora sabendo-o literalmente impróprio. Suponho, contudo, que exista essa emoção (ou conjunto funcional de emoções) e que o problema aqui é mais de denominação do que de substância.
5. Robert Nozick, *Anarchy, State and Utopia* (Nova York: Basic Books, 1974), pp. ix-x.
6. O método do "equilíbrio refletido" de Rawl visa resolver tais conflitos, mas a escassez de exemplos em *A Theory of Justice* (Cambridge, Massachusetts: Harvard University Press, 1971) indica que até mesmo nossas "intuições" e "convicções iniciais" são insuficientemente concretas para permitir a dialética exigida num confronto real. Nem há razão para pensar que todos esses conflitos sejam passíveis de solução e que haja, de fato, um ponto de "equilíbrio".
7. David Miller, *Social Justice* (Oxford: Oxford University Press, 1976).
8. Michael Walzer, *Spheres of Justice* (Nova York: Basic Books, 1983).
9. Ver meu livro *Passion for Justice* (Nova York: Addison-Wesley, 1990; Lanham, Maryland: Rowman and Littlefield, 1993).
10. Rawls admite isso em *Political Liberalism* (Nova York: Columbia University Press, 1993), mas o que se perde então é a tentativa de alcance global.
11. Sob essa luz, não é difícil ver a "posição original" de Rawls e as alegorias tradicionais do "estado de natureza" como técnicas para desbastar o mais possível as referências e os contextos particulares. Depois, claro, há a rota menos sinuosa de simplesmente falar de fato por Deus, a partir do ponto de vista onisciente.

12. De Agamenon a Menelau, sobre o destino de seus prisioneiros. "Não deixemos vivo sequer um deles, até as criancinhas no útero da mãe". E Homero, ao comentar, nos diz que "ele girou o coração do irmão e exigiu justiça". *The Iliad*, trad. R. Lattimore, 2ª ed. (Chicago: University of Chicago Press, 1975), 6.51-65.
13. *A república*, livro 1. Se isso for traduzido na linguagem obscurantista de Michel Foucault em vez de no vernáculo abertamente violento de Trasímaco, a tese de que "o justo nada mais é que a vantagem do mais forte" soará mais plausível a ouvidos modernos. Não seguirei aqui essa sugestão.
14. Creio que a melhor defesa contemporânea dessa tese é *As esferas da justiça*, de Michael Walzer, embora eu prefira a noção mais hegeliana do contexto à imagem bastante leibniziana da esfera exatamente porque os contextos, pronta e frequentemente, se sobrepõem e causam conflito, enquanto a esfera (e muitos exemplos de Walzer) parecem demasiado contidos em si mesmos.
15. Penso no *Simpósio*, por exemplo, em que parece claro que Platão dá a Sócrates mais do que merece e o desafia até os limites do diálogo. O próprio discurso pessoal de Alcebíades, por exemplo, constitui contraponto direto à socrática descrição, excessivamente filosófica, de eros, de acordo com a sabedoria etérea de Diotima. Ver, por exemplo, Martha Nussbaum, "The Speech of Alcibiades", em *The Philosophy of (Erotic) Love*, org. Robert Solomon e Kathleen Higgins (Lawrence: University Press of Kansas, 1991), pp. 279-316.
16. Além dos relatos tradicionais da origem do chamado contrato social e da posição original de Rawls, há, por exemplo, o cenário da espaçonave de Bruce Ackerman, a descrição de Nozick, um tanto diferente e baseada na teoria dos jogos, o crescimento das associações protetoras e as abstrações marxistas sobre classes e forças produtivas. Há muita literatura para explicar por que esses modelos não são tão "neutros" quanto pretendem, mas quero começar pela outra ponta e queixar-me de que ignoram ou eliminam todos aqueles relacionamentos e afetos pessoais preexistentes sem os quais toda pretensão de justiça seria vazia ou irrelevante.
17. Uma instigante discussão dessa alocução no tribunal é a descrição feita por Susan Jacoby dos julgamentos de nazistas pós-Nuremberg, nos quais as vítimas de campos de concentração e suas famílias foram instruídas a declarar, quase como robôs: "Não queremos vingança, queremos justiça." É claro que queriam vingança. Susan Jacoby, *Wild Justice* (Nova York: Harper & Row, 1983).
18. Uma das melhores discussões, embora reconhecidamente não a mais clara, da fórmula "mal com o mal" como profundo equívoco a respeito da punição encontra-se em *Filosofia do direito*, de Hegel, parágrafos 218 a 220. Hegel aproveita a dica de Kant, que, por sua vez, defende a punição como "igualdade", mas como questão de razão puramente prática, e não de vingança maldosa e irracional. Sobre a defesa do papel da vingança na adoção da pena de morte, ver também Ernst van

der Haag, "Deterrence and Uncertainty", *Journal of Criminal Law, Criminology and Police Science*, 141 (1969), republicado em quase todos os livros sobre o assunto, como Robert C. Solomon e Mark Murphy, *What is Justice?*, 2ª ed. (Nova York: Oxford University Press, 1999).

19. Isso, naturalmente, é ambíguo. A vingança é especialmente pessoal, por envolver ofensa ou injúria à própria pessoa ou a alguém muito próximo. Nem todas as emoções são pessoais nesse sentido; algumas são "impessoais", por ter como objeto a verdade (como a curiosidade, por exemplo) ou o princípio moral (a indignação) — ou a justiça. Não quero defender a posição (equivocada) de que todas as emoções são sobre o eu ou envolvidas com o eu, mas ainda assim são pessoais, já que o assunto em questão é sentido pessoalmente. Portanto, a curiosidade reflete o interesse próprio e a indignação moral, o compromisso próprio com o princípio violado. Robert Nozick, em *Philosophical Explanations* (Cambridge, Massachusetts: Harvard University Press, 1981), diz que distinguimos punição de vingança na medida em que a primeira é impessoal e, de acordo com determinados padrões, justificada, enquanto a outra é estritamente pessoal e, portanto, de nenhum modo justificada. Neste livro, quero questionar essa distinção.
20. Em P. Marongiu e G. Newman, *Vengeance* (Lanham, Maryland: Rowman & Littlefield, 1987), por exemplo, o código da *vendetta* da Sardenha é discutido com detalhes como exemplo de cultura em que a retaliação pessoal é considerada não só aceitável como também obrigatória. É, porém, a parte ofendida, e não o Estado, que tem a responsabilidade de punir.
21. Pode valer a pena observar que o Sísifo de Camus tem duas reações bem diferentes, até opostas, eu diria, à injustiça e ao absurdo do mundo. Em primeiro lugar, lança-se à tarefa ("a pedra é sua coisa") e sobrevive engajando-se no momento. ("Cada átomo daquela pedra, cada lasca mineral daquela montanha cheia de noite constitui em si um mundo. A própria luta rumo às alturas é suficiente para encher o coração do homem. Pode-se considerar Sísifo feliz.") Essa atitude (que Nietzsche chamou de "amor fati") parece ocultar considerações de justiça. A outra reação de Camus, porém, que configura boa parte de sua obra posterior, é o "desdém e desafio" dos deuses por Sísifo e sua "rebelião" — que pode ser mais bem entendida como puro *ressentimento*. O ressentimento, entretanto, como ressaltou Nietzsche meio século antes, pode ser uma exigência vigorosa e até "objetiva" de justiça. Camus, *The Myth of Sisyphus*, trad. Justin O'Brien (Nova York: Vintage, 1960); Nietzsche, *On the Genealogy of Morals*, trad. Walter Kaufmann (Nova York: Random House, 1967).
22. David Miller, em *Social Justice*, distingue três contextos sociais bem diferentes e três concepções concorrentes de justiça para explicar, com bom volume de dados antropológicos, por que não há uma única teoria "correta" de justiça. O contexto

é o determinante das teorias (ou, em termos mais gerais, concepções) de justiça. Pode-se também consultar, com certo alarme, a tese "antitotalizante", obscura mas semelhante, de Jean-François Lyotard em *The Postmodern Condition* (Minneapolis: University of Minnesota Press, 1984).

23. Cheshire Calhoun, "Justice, Care and Gender Bias", *Journal of Philosophy*, vol. LXXXV, nº 9 (setembro de 1988), pp. 451-55. Nell Noddings, *Caring: A Feminine Approach to Ethics and Moral Education* (Berkeley: University of California Press, 1984).

24. "Fica-se tentado a dizer que até agora a ética foi guiada por Logos, o espírito masculino, enquanto a abordagem mais natural e talvez mais forte fosse Eros, o espírito feminino" (Noddings, *Caring*).

25. "Uma das características mais tristes dessa imagem de violência [no mundo de hoje] é o fato de as proezas, com tanta frequência, serem realizadas em nome de princípios (...) Essa abordagem da lei e dos princípios, creio eu, não é a abordagem da mãe. É a abordagem de quem está afastado, do outro. O ponto de vista a ser expresso aqui é feminino (...) É feminino no sentido clássico e profundo: enraizado na receptividade, na afinidade e na capacidade de reagir." *Ibidem*, pp. 1-2, 5.

26. Entretanto, há fatores sociais e culturais mais amplos que me parecem explicar essa mudança da filosofia, como, por exemplo, a reação "sofisticada" contra a crescente literatura feminina do século XVIII e, mais recentemente, a tendência generalizada contra toda emoção como "sentimentalismo". Ver, por exemplo, Jane Tomkins, *Sensational Designs* (Nova York: Oxford University Press, 1985) e meu texto "In Defense of Sentimentality", *Philosophy and Literature*, (outono [terceiro trimestre] de 1990, nº 14, pp. 304-323).

27. Aqui, Jean-Jacques Rousseau é um paradigma interessante. Embora seja discutido com mais frequência na filosofia como um dos autores da teoria do contrato social, ele também foi o filósofo que defendeu a benevolência da emoção humana e, em seguida, influenciou gerações de românticos. Foi responsável também por uma noção de liberdade particularmente patológica, para não dizer paranóica, que, afirmo, influencia nosso pensamento conservador contemporâneo de forma muito mais generalizada do que a maioria dos conservadores jamais admitiria. Afirmo também que, para a teoria da justiça de Rawls, Rousseau é um modelo mais lisonjeiro do que Kant, que cedeu a Rawls boa parte de sua metodologia. Em temperamento, a *Teoria da justiça* de Rawls (pp. 140, 264 e especialmente pp. 463 e 540 da edição em inglês) parece-me estar mais no espírito de *Emile*. É claro que Rousseau também inspirou a filosofia moral de Kant, fato que, com muita frequência, fica perdido em ocasionais parágrafos introdutórios e é ignorado nas análises formais de Kant.

28. Para Hume, mas não para Smith, a justiça era um sentimento "artificial", em oposição a "natural", pois consistia na tentativa calculada de organizar a sociedade

com base na utilidade. Hume, entretanto, dispunha-se a admitir que, na medida em que é capaz de nos emocionar, a justiça não é apenas um conjunto de cálculos utilitários, mas um sentimento cultivado, que pode ser tão espontâneo e sincero quanto sua mui louvada solidariedade. Para Smith, a justiça não passava de nosso horror de ver os outros lesados e, assim, andava sempre junto da solidariedade, que seria a capacidade de perceber nos outros essa lesão.

29. Arthur Schopenhauer, *On the Basis of Morality*, trad. E. E Payne (Indianápolis: Bobbs-Merrill, 1965).
30. *Random House Dictionary* (Nova York: Random House, 1980).
31. *Theory of the Moral Sentiments* (*TMS*), I.i.15.
32. *Ibidem*, I.i.2. "Como não temos vivência imediata do que outros homens sentem, não podemos formar ideia nenhuma da maneira como são afetados a não ser concebendo o que nós mesmos sentiríamos em situação semelhante." *Ibidem*. Ver Patricia Verhane, *Ethics and Economics: The Legacy of Adam Smith for Modern Capitalism* (Nova York: Oxford University Press, 1990), esp. pp. 32 e seg. Para as melhores palavras, para não dizer definitivas, sobre o nojo, ver a obra brilhante de William Miller, *Anatomy of Disgust* (Cambridge, Massachusetts: Harvard University Press, 1996), esp. o capítulo 8, pp. 179 e seg.
33. Hume, *Treatise of Human Nature*, p. 235.
34. *Ibidem*, pp. 577, 579.
35. *TMS*, III.2.6.
36. *Ibidem*, III.2.7.
37. A. MacIntyre, *Whose Justice? Which Rationality?* (Notre Dame: University of Notre Dame Press, 1988), p. 268.
38. Agradeço a Annette Baier e a Patricia Werhane por terem permitido que eu consultasse parte de suas obras sobre Hume e Adam Smith, respectivamente, na época ainda não publicadas: *A Progress of Sentiments* (Cambridge, Massachusetts: Harvard University Press, 1991) e *Adam Smith and His Legacy for Modern Capitalism* (Nova York: Oxford University Press, 1991).
39. A expressão "emoções negativas" foi utilizada efetivamente, por exemplo, por Laurence Thomas no texto "Grief and Guilt", de *Emotion*, org. G. Myers e K. Irani (Nova York: Haven, 1983). Sua lista básica de emoções "negativas" inclui pesar, culpa, inveja e ódio. A ideia é que são distintamente desagradáveis e indesejáveis em si essa lesão (ao contrário de alegria e do amor, por exemplo), mas devem ser valorizadas pelo "apoio" que dão às emoções "positivas". Apesar de meu argumento aqui ser algo diferente, em geral a tese é quase igual.
40. Laurence Thomas, *Living Morally* (Filadélfia: Temple University Press, 1983).
41. Martha Nussbaum usou argumentos parecidos com relação ao "amor e o ponto de vista moral". Ela observa que Adam Smith, defensor da importância de todo tipo

de emoção, ainda assim negou ao amor o status de sentimento moral, com base no fato de ser exclusivo e particular demais. Ver seu livro *Love's Knowledge* (Nova York: Oxford University Press, 1990), especialmente as páginas 338 e seg. É de Nussbaum também a surpreendente afirmativa de que os teóricos recentes da emoção praticamente ignoraram "a ligação entre as emoções e a crença no que é valioso e importante" (p. 293 e nota 15).

42. Helmut Schoeck, *Envy* (Nova York: Harcourt Brace Jovanovich, 1970).
43. Nietzsche, *On the Genealogy of Morals*, II.
44. Sobre a primeira afirmação, ver Jean Briggs, *Never in Anger* (Cambridge, Massachusetts: Harvard University Press, 1975); sobre a segunda, ver, por exemplo, Daniel Callahan, *Setting Limits: Medical Goals in an Aging Society* (Washington, D.C.; Georgetown University Press, 1995).
45. É curioso o fato de Max Scheler, um dos melhores críticos de Nietzsche, nunca o ter interpelado por ser injusto com o ressentimento; ele só quis destacar que o cristianismo e a moralidade cristã não se baseavam necessariamente nessa emoção reconhecidamente repulsiva. Ver Scheler, *Ressentiment* (Nova York: Free Press, 1961).
46. G. W. F. Hegel, *Phenomenology of Spirit*, trad. A. V Miller (Nova York: Oxford University Press, 1977), Capítulo 4. Ver L. Ranch e D. Sherman, *The Drive for Self-Mastery: Hegel's Phenomenology of Self-Consclousness*. (Albany: Suny Press, 1999); e Francis Fukuyama, *The End of History and the Last Man* (Nova York: Free Press, 1992) e seu reconhecimento do nacionalismo resistente na Europa em *The Economist* (junho de 1992).
47. Há uma boa discussão das emoções grupais da justiça em Andrew Sharp, *Justice and the Maori* (Auckland, Nova Zelândia: Oxford University Press, 1990).
48. Sartre chega perigosamente perto dessa conclusão em *Crítica da razão dialética*, em que só o sentimento em comum de opressão forja o verdadeiro sentimento de comunidade ou *Mitsein*.
49. Smith, *TMS*, 1.3.5.
50. Êxodo, 21:24-25.
51. Jeffrie G. Murphy e Jean Hampton, *Mercy and Forgiveness* (Nova York: Cambridge, 1988).
52. Aristóteles, por outro lado, trata como uma só coisa a raiva e a ânsia de vingança. *Rhetoric* 1378A20-1380A4.
53. Ver, novamente, Sharp, *Justice and the Maori* (Auckland, Nova Zelândia: Oxford University Press, 1990) e também Marongiu e Newman, *Vengeance*. Com certeza, é possível insistir na ideia de que a racionalidade e o "comedimento" que se podem encontrar na vingança estão impregnados em várias práticas sociais em vez de na emoção propriamente dita; considero, porém, infrutífera essa distinção. A prá-

tica social, entre outras coisas, é o cultivo da emoção que, em parte, é a internalização da prática social. A tese mais geral que paira por aqui é "a construção social das emoções", a tese de que a emoção é constituída por normas e conceitos sociais. Há bons enunciados da posição construcionista social em Rom Harré, *The Social Construction of Emotions* (Oxford: Blackwell, 1986) e no texto de James Averill, "The Social Construction of Emotions", em *The Social Construction of the Person*, org. K. J. Gergen e K. E. Davis (Nova York: Springer-Verlag, 1985).

54. Robert S. Gerstein, "Capital Punishment: A Retributivist Response", *Ethics*, nº 85 (1985), pp. 75-79.
55. Jacoby, *Wild Justice*.
56. Robert Axelrod, *The Evolution of Cooperation* (Nova York: Basic Books, 1984).
57. Não quero que pareça, como na *lex talionis* ("olho por olho, dente por dente") e no *Mikado*, de Gilbert e Sullivan ("um objeto tão sublime/faz a punição combinar com o crime"), que essa noção de "ajuste" seja sempre assim tão óbvia, mesmo no caso em que, com mais frequência, se toma como paradigma: tirar a vida pela vida tirada. Como argumentou Albert Camus contra a pena de morte, "pois para haver equivalência, a pena de morte teria de punir o criminoso que avisasse à vítima a data em que lhe causaria horrível morte e que, a partir desse momento, a confinasse durante meses à sua mercê. Não se encontra monstro assim na vida privada". "Reflections on the Guillotine", em *Resistance, Rebellion, and Death*, trad. J. O'Brien (Nova York: Knopf, 1960).
58. A maioria dos enredos de filmes supõe a existência desse ponto de satisfação e talvez seja sinal de nosso mau gosto o fato de a maioria dos filmes de vingança só envolver apenas o tipo mais extremado de crime, que só exige a forma mais extremada de vingança. A maioria das comédias, entretanto, identifica o ponto de satisfação como um pouco menos que morte e destruição, e as sutilezas da humilhação formam boa parte do enredo, assim como da satisfação que se segue. Talvez a questão fique mais evidente quando tal satisfação é negada à plateia, como, por exemplo, na louvada "comédia negra" de Woody Allen, *Crimes e pecados* (*Crimes and Misdeameanors*, 1989). Ver também a obra notável de William Miller, *Humiliation* (Ithaca, N.Y: Cornell University Press, 1993).
59. Steven Feld é professor de antropologia na New York University e autor de *Sound and Sentiment* (Filadélfia: University of Pennsylvania Press, 1982), estudo dos kalulis de Papua-Nova Guiné. É importante observar que esse conceito de "satisfação" não equivale necessariamente ao de "igualdade" de Kant. Pode-se "subornar a raiva" exatamente porque não é preciso retribuir na mesma moeda, e, mesmo nos casos em que seria apropriado, isso pode ser considerado ofensivo e simplório, como se retribuíssemos ao amigo que nos presenteia no aniversário dando-lhe em troca um presente exatamente igual. Também é importante notar que essa troca é,

em primeiro lugar, um modo de promover e fortalecer a comunidade, e não o cumprimento de um contrato real ou implícito. Na verdade, a própria noção de punição visa restabelecer e fortalecer os vínculos na comunidade, e não correr atrás de descontentamentos individuais.

Capítulo 5

1. Seja o que for que se diga sobre a dor, por exemplo, antes há o sentimento. O sofrimento, seja o que for, é, antes de tudo, vivência e só secundariamente tema de avaliações como "lesão" ou "dano" (Hobbes). Observe-se a banalidade de expressões como "ter menos vantagens" ou "estar em piores condições" no discurso filosófico atual. Do lado empírico, as estatísticas sobre desnutrição, doença e pobreza são sempre muito mais fáceis de engolir que os apuros de qualquer indivíduo sofredor. Por exemplo, sempre é possível discutir os métodos estatísticos propriamente ditos, distraindo-nos efetivamente do horror do sofrimento.
2. "O terrível vai acontecer", diz o personagem de Danny Glover no filme *Ansiedade de uma geração* (*Grand Canyon*). Na verdade, isso é tão óbvio que normalmente não precisa ser dito. Nem ninguém quer ouvi-lo: apesar dos louvores da crítica, o filme teve breve bilheteria.
3. Miguel de Unamuno, *The Tragic Sense of Life*, trad. A. Kerrigan (Princeton, New Jersey: Princeton University Press, 1974), p. 29. Unamuno (1864-1936) talvez tenha sido o maior filósofo da Espanha e orgulhava-se muito de sua filosofia ser distintamente espanhola, o que talvez explique o desdém por parte dos filósofos franceses, alemães, ingleses e norte-americanos. Além de ensaios filosóficos, ele escreveu poesias elegantes, romances e comentários literários.
4. Ver o ensaio de Peter Koestenbaum sobre Unamuno em *The Encyclopedia of Philosophy*, org. Paul Edwards (Nova York: Macmillan, 1967), vol. 8, pp. 182-185. Ver também J. J. Ellis, *The Tragic Pursuit of Being: Unamuno and Sartre* (Tuscaloosa: University of Alabama Press, 1988).
5. "[O homem] filosofa para resignar-se à vida ou para nela buscar alguma finalidade, ou para distrair-se e esquecer suas dores, ou por passatempo e diversão." *The Tragic Sense*, p. 29.
6. Dom Quixote era o exemplo paradigmático do herói existencial para Unamuno, que, entretanto, não tinha caráter falsamente heroico. Apoiou os aliados contra a Alemanha na Primeira Guerra Mundial e se opôs ao regime fascista de Franco. Foi-lhe imposta a prisão domiciliar em 1936 e morreu pouco tempo depois.
7. É possível, naturalmente, ter responsabilidades sem sentido, mas isso só tem sentido num contexto mais amplo de compromissos e de responsabilidades que se adote e abrace. Cinismo, pode-se dizer, é a ideia global de que *nenhuma* responsabilidade tem sentido.

8. Como Camus passou a perceber ao recontar a história de Sísifo, a vida eterna não é resposta para a falta de sentido da vida, para o Absurdo. É claro que, quando se considera que a vida não tem significado por causa da morte, esse seria um antídoto adequado. Mas se a vida não tem significado por causa da inevitabilidade do sofrimento, então com certeza uma vida de sofrimento eterno não tem significado.
9. O principal exemplo aqui, claro, é o grande pessimista Arthur Schopenhauer, *World as Will and Idea*, trad. E. F. Payne (Nova York: Dover, 1966).
10. Ver, por exemplo, a história que abre o Capítulo 6.
11. Spinoza, *Ética*; Leibniz, *Monadologia*; Schopenhauer, *Sobre a quádrupla raiz do princípio de razão suficiente*.
12. Peter Huber, *Liability* (Nova York: Basic Books, 1988).
13. Camus, porém, também recomenda que enfrentemos o universo com "desdém e desafio", em outras palavras, desaprovando e brigando por nossos direitos (*O mito de Sísifo*). Em última instância, ele também se recusa a aceitar o Absurdo, e "enfrentá-lo" não significa aceitação.
14. Por exemplo, Roderick Chisholm, "The Problem of Evil", em *The Problem of Evil*, org. M. M. Adams e R. M. Adams (Oxford: 1990), e Alvin Plantinga, *Freedom and Evil* (Londres: 1975).
15. Rabino Harold S. Kushner, *When Bad Things Happen to Good People* (Nova York: Schocken Books, 1981); Bill McKibben, *The End of Nature* (Nova York: Random House, 1989).
16. Bernard Williams, *Shame and Necessity* (Berkeley: University of California Press, 1993), p. 68.
17. A atual lei americana de ilícitos civis (*tort law*) também tem essa noção antiga de responsabilidade coletiva. A ideia de punir o inocente pode nos parecer intolerável nos casos da lei penal (assim como a culpa por associação), mas no direito civil a punição intencional do inocente simplesmente recebe outro nome: "responsabilidade objetiva" (*strict liability*). Na verdade, é uma variante de punir alguém ou alguma organização só por estar associado ou ligado, seja lá como for, a quem fez algo errado. E quando essa pessoa ou entidade tem "bolso fundo", a prática injusta de punir o inocente pode tornar-se bem lucrativa. Huber, *Liability*, esp. pp. 98 e seg.
18. C. G. Jung, "Job", em *The Portable Jung*, org. J. Campbell (Nova York: Viking, 1971). Ver também John Wilcox, *The Bitterness of Job* (Ann Arbor: University of Michigan Press, 1989); e Zuckerman, *Job the Silent* (Nova York: Oxford University Press, 1991).
19. "Karma" significa, literalmente, "resíduo". John Rawls nomeou e distinguiu "verdade simples" (*plain truth*), o que é evidente em termos claramente terrenos e éticos, e "verdade abrangente" (*comprehensive truth*), as crenças metafísicas e teológicas — na reencarnação, por exemplo — que podem ser usadas para refor-

çar aquela evidência. Agradeço a Dean Chatterjee essa ligação, com referência a John Rawls, *Political Liberalism* (Nova York: Columbia University Press, 1993), estabelecida na conferência sobre Filosofia do Sul da Ásia, Eastwest Center, Honolulu, em janeiro de 1998.

20. O estudo clássico do próprio Nietzsche é seu primeiro livro, *The Birth of Tragedy*, trad. W. Kaufmann (Nova York: Random House, 1966). Há uma boa descrição geral da influência extraordinária dos antigos gregos sobre os intelectuais e literatos alemães do século XIX em E. Butler, *The Tyranny of Greece over Germany* (Boston: Beacon Press, 1958).
21. Sócrates, no *Simpósio*, argumenta, em vez disso, que tragédia e comédia são a mesma coisa. Aqui, porém, a opinião mais profunda é de Milan Kundera, que assim explica o conceito de *kitsch* tanto em seu maravilhoso romance *A insustentável leveza do ser* (*The Unbearable Lightness of Being* [Nova York: Harper and Row, 1984]) quanto mais recentemente: "O *kitsch* é a tradução da estupidez das ideias recebidas na linguagem da beleza e do sentimento. Leva-nos às lágrimas por nós, pela banalidade do que pensamos e sentimos." Conferência realizada em Jerusalém, publicada em *Mishkenot Sha'ananim Newsletter*, nº 3 (julho de 1985), p. 5.
22. Cecil M. Bowra, *Sophoclean Tragedy* (Oxford: Clarendon Press, 1945); Cedric H. Whitman, "Irrational Evil", em *Sophocles* (Cambridge, Massachusetts: Harvard University Press, 1951); Marjorie Barstow, *Classical Weekly*, 6, nº 1 (5 de outubro de 1912). Há excelente e original discussão das mudanças da noção de tragédia desde os primeiros trágicos gregos até os filósofos posteriores, Platão e Aristóteles, em Martha Nussbaum, *The Fragility of Goodness* (Cambridge: Cambridge University Press, 1986).

    Pode-se identificar tentativa semelhante de escapar à tragédia nos tratamentos já conhecidos dados a *Hamlet*. A peça é uma tragédia de acidentes, coincidências, infortúnios. Só há um ato definitivo, inquestionável, intencionalmente cruel, que é o assassinato do rei pelo irmão Claudius. Para Hamlet, porém, desde o princípio a situação é insustentável: um estudante universitário aconselhado pelo pai morto a vingar-se do tio, agora marido da mãe. E assim ele é levado à confusão. Como poderia não ser? As interpretações mais comuns atribuem a fonte da tragédia ao fato de "ele não conseguir decidir-se". Eis aqui, mais uma vez, a teoria da falha trágica. E se, afinal de contas, era tudo culpa de Hamlet, então essa situação não é do tipo com que nós, em nossa inocência, teríamos de nos preocupar. O dr. Sanford Weimer, psicólogo de Los Angeles com interesse secundário na teoria bayesiana da decisão, demonstrou que todas as decisões de Hamlet, principalmente as de não agir num momento específico (por exemplo, não matar Claudius no momento em que ele está rezando), são, na verdade, perfeitamente sensatas e nunca questão de "ele não conseguir decidir-se".

23. Nussbaum, *The Fragility of Goodness.*
24. A fonte clássica é a terceira antinomia de Kant: "*Tese*: há no mundo causalidade mediante liberdade. *Antítese*: não há liberdade, apenas causas naturais." *Critique of Pure Reason*, trad. N. K. Smith (Nova York: Macmillan, 1966), B472.
25. Jean-Paul Sartre, *O ser e o nada*, Capítulo 2.
26. Kurt Vonnegut, *Slaughterhouse Five* [*Matadouro 5*] (Nova York: Delacorte, 1969).
27. Aqui, as meias-criaturas de Aristófanes em busca do amor servem de metáfora. O sentido concreto de serem metades de um todo anterior dá uma virada literal no imaginário "nascido para" ou "feito para".
28. Robert Nozick nos oferece um rol de explicações da "mão invisível" em *Anarchy, State and Utopia* (Nova York: Basic Books, 1974), pp. 20-21.
29. Mas até as interpretações estritas da teoria evolucionária em termos de mutações aleatórias, seleção natural e assim por diante, seguem padrões de surgimento do tipo "mão invisível". J. Crow e M. Kimura, *An Introduction to Population Genetics Theory* (Nova York: Harper & Row, 1970).
30. Às vezes Bernard Williams observa que essa noção de necessidade está ligada à noção de teleologia ou intencionalidade (por exemplo, em *Shame and Necessity*, p. 141). Não concordo exatamente. A noção de destino de fato tem tudo a ver com o futuro, mas nem por isso, me parece, deve ser necessariamente teleológica (a bala com meu nome não serve para nada, embora se possa, claro, *acrescentar* uma tese teleológica à noção de necessidade). O fato de alguém julgar (em retrospecto) que foi mesmo uma boa coisa não significa que tenha acontecido "por isso".
31. Ver *ibidem*.
32. Sartre, entrevista em 1970.
33. "Acaso" costuma ser convertido em "indeterminismo", noção puramente científica e mais neutra. Ver, por exemplo, Robert Kane, *The Significance of Free Will* (Nova York: Oxford University Press, 1997).
34. Kant, *Grounding for the Metaphysics of Morals*, trad. James W. Ellington (Indianápolis: Hackett, 1981), seções 1, 7 (*How much goodwill will a good will will, if a good will will will goodwill?* — Quanta boa vontade quererá a vontade boa, se a vontade boa quiser boa vontade? Agradeço a Rob Pennock).
35. Nussbaum, *The Fragility of Goodness.*
36. Wittgenstein herdou a pergunta "Por que existe algo em vez de nada?" dos românticos alemães, principalmente Friedrich Schelling, que com bastante certeza não pensava no mero acaso. A filosofia de Schelling, como a de Hegel, deleitava-se com a noção de necessidade.
37. Ver, por exemplo, Robert T. Pennock, *Tower of Babel: Science, Philosophy and the New Creationism* (Cambridge, Massachusetts: MIT Press, 1998).

38. "Este é um jogo de azar?", pergunta o pobre otário no jogo de pôquer de *My Little Chickadee*. O personagem de W. C. Fields responde: "Não do jeito que eu jogo."
39. Se quem acredita que "em última instância, tudo acontece por acaso" leva vida com ou sem significado depende de até que ponto leva a sério seu modelo estocástico da vida. Conheço um físico excelente que fica indignado com quem não aceita o modelo "tudo é acaso", mas só porque ele não acha, nem por um momento, que aceitá-lo seja questão de acaso. Acontece que ele é um homem profundamente religioso. O indeterminismo é apenas teoria (muito boa, aliás), e não filosofia de vida.
40. É com certa ironia que observamos alguns filósofos morais, dos mais brilhantes e mais bem pagos do nosso tempo, desdenhar como totalmente irrelevantes em considerações de mérito vantagens sociais tão óbvias quanto inteligência e boa educação e, com a extensão lógica do mesmo argumento, desdenhar o próprio mérito como irrelevante em considerações de justiça. Com certeza há aqui certa incoerência informal, embora se hesite em dar-lhe nome.
41. Até filósofos tão sofisticados quanto Robert Nozick, por exemplo, falam metaforicamente sobre "luz e trevas". *The Examined Life* (Nova York: Simon and Schuster, 1989), capítulo 18, pp. 205 e seg.
42. Jane Brooks, "Pondering an Act of God", *Newsweek*, 29 de abril de 1991, p. 10.

Capítulo 6

1. Martin Heidegger, *Being and Time*, trad. Joan Stambaugh (Albany: Suny Press, 1996), esp. divisão II, seção 1, pp. 213-246; *cf.* Boethius, *The Consolation of Philosophy* (Arundel; Centaur, 1963).
2. Mais uma vez, para dar o devido crédito, menciono o ensaio "Death", de Thomas Nagel, em *Mortal Questions* (Nova York: Cambridge University Press, 1979); Roy Perrett, *Death and Immortality* (The Hague: Martinus Nijhoff, 1987); Fred Feldman, *Confrontations with the Reaper* (Nova York Oxford University Press, 1992), Herbert Fingarette, *Death* (LaSalle, Illinois: Open Court, 1996); e Jay Rosenberg, *Thinking Clearly about Death* (Indianápolis: Hackett, 1998).
3. Robert Solomon, "Is There Happiness After Death?", *Philosophy*, nº 51 (1976), pp. 189-193.
4. Aristóteles, *Nicomachean Ethics*, trad. W. D. Ross (Oxford: Oxford University Press, 1948), livro 1, Capítulo 10. Defendi isso em "Is There Happiness After Death?".
5. Em 1998, 70% dos americanos afirmaram endossar a pena de morte "para alguns crimes", apesar dos indícios avassaladores de que ela não impede o crime. Meu estado adotivo, o Texas, encabeça vergonhosamente o banho de sangue americano e, de fato, está entre os maiores do mundo — atrás apenas de China, Iraque e Irã — no número de execuções estatais. Sobre a história de Gary Gilmore, ver Norman Mailer, *The Executioner's Song* (Boston: Little, Brown, 1979).

6. O gesto dramático de Sydney Carton, no final de *Um conto de duas cidades*, de Dickens, pode ter sido "coisa muito, muito melhor do que jamais fizera", mas, para a maioria de nós, a boa morte só pode vir no final de uma vida bem vivida.
7. A palavra francesa *mort* (*fin*), como *merde*, parece mais objetiva. A palavra alemã *Tod*, como tantas nesse idioma, tem o som de uma forte pisada.
8. Por exemplo, Feldman, *Confrontations with the Reaper*, esp. "Puzzles" ["Quebra-cabeças"], na parte II.
9. Exceto, sobretudo, aquelas perguntas desagradáveis a respeito da consciência, que fazem parte integrante das questões filosóficas sobre a morte.
10. Stephen Covey tem um quadrante bem conhecido: "Importante e urgente", "Desimportante, mas urgente", "Não urgente, mas importante" e "Desimportante e não urgente", e ressalta, corretamente, que muitos de nós, em boa parte do tempo, somos movidos pela urgência e não pela importância das coisas a fazer. *The Seven Habits of Highly Effective People* (Nova York: Simon and Schuster, 1989).
11. Paul Edwards, *Heidegger on Death: A Critical Evaluation* (La Salle, Illinois: Monist Monographs, 1979); *Reincarnation: A Critical Evaluation* (Amherst, Nova York: Prometheus, 1996).
12. Alasdair MacIntyre, *After Virtue* (Notre Dame, Indiana: University of Notre Dame Press, 1981), p. 120.
13. James Miller, *Michel Foucault* (Nova York: Simon and Schuster, 1993); Susan Sontag, *Introduction to Antonin Artaud, Selections* (Berkeley: University of California Press, 1976); Arthur Rimbaud, *Works*, trad. Paul Schmidt (Nova York: Harper and Row, 1975).
14. Heidegger, *Being and Time*, pp. 46-49.
15. MacIntyre, *After Virtue*.
16. Em especial, *O primeiro homem*, publicado postumamente e sem revisão pela filha de Camus (*The First Man* [Nova York: Knapf, 1995]).
17. O perfil desse argumento é parecido com o de Sartre em *O ser e o nada* (*Being and Nothingness*, trad. H. Barnes [Nova York: Philosophical Library, 1986], pp. 680-707).
18. Pode-se imaginar facilmente um contador cripto-heideggeriano transformando o conceito de *Dasein* (também conhecido como *Homo economicus*) em ser-para-os-impostos, para quem todas as práticas da vida deveriam ser classificadas em categorias existenciais como "dedutível do IR", "despesas com funcionários" e "ganhos de capital" (infelizmente, isso não parece muito diferente da vida que a Receita Federal já impõe a tantos de nós, bons cidadãos).
19 Ainda chamado de "última vontade e testamento"; mas é raro encontrarmos um verdadeiro testamento — um credo, uma aliança com os vivos, uma reflexão pessoal sobre o significado da vida. O testamento, hoje em dia, não vai além de dire-

trizes legais para a distribuição de propriedades (incluindo, em geral, a "propriedade" do próprio cadáver).

20. "Letter to Menoeceus" ("Carta a Meneceu"), em Epicuro, *Letters, Principle Doctrines and Vatican Sayings*, trad. Russell M. Geer (Indianápolis: Bobbs-Merrill, 1981), p. 54.
21. "Wei Boyang e seu leal discípulo, junto com seu cão, reviveram, tornaram-se verdadeiros imortais e foram embora." *Shenxian Zhuan* (século XIV).
22. Betty Sue Flowers, "Death, the Bald Scenario", em *Death and Philosophy*, org. Jeff Malpas e Robert Solomon, (Londres: Routledge, 1998).
23. Pode-se mencionar brevemente não só a "indiferença" filosófica de Hume para com a morte como também seu forte atomismo, o ateísmo e o hedonismo restrito, sem esquecer o fato de que, com base em todos os indícios disponíveis, tanto Epicuro quanto Hume eram ótimos sujeitos.
24. David Hume, *Dialogues Concerning Natural Religion*, org. Norman Kemp Smith (Indianápolis: Bobbs-Merrill, 1962), p. 77.
25. Thomas Nagel, *Mortal Questions* (Cambridge: Cambridge University Press, 1979), "Death", p. 7.
26. *Ibidem*.
27. *Ibidem*, p. 8.
28. Ver David Lewis e Stephanie Lewis, "Holes", em David Lewis, *Collected Essays* (Nova York: Oxford University Press, 1983).
29. Uso "concreta" para dar espaço à visão turva de meus bisavós, que sem dúvida previam ter bisnetos no futuro.
30. Ver Jeff Malpas, "Death and the Having of a Life", em Malpas e Solomon, *Death and Philosophy*.
31. *It's a Wonderful Life*, dirigido por Frank Capra (1946).
32. Jeffrey Masson, *When Elephants Weep* (Nova York: Dell, 1995). Entretanto, há alguma confusão quando se fala a respeito do que os animais temem ou pelo que lutam quando, por exemplo, "lutam pela vida". Esse comportamento é observável até em algumas das formas "inferiores" da vida animal e também, em ritmo mais lento, em muitas plantas. Não se esclarece, porém, que "lutar pela vida" se refira de fato à vida, ou seja, não é óbvio que esse comportamento envolva, de alguma forma, a consciência da morte como possibilidade. Assim, também, parece que a fenomenologia de quem se afoga é que a pessoa luta para respirar mais uma vez, e não pela vida. Em todas as coisas vivas, talvez exista esse impulso instintivo de autopreservação, mas isso não tem necessariamente a ver com a morte. No entanto, o mais confuso é a identificação desse impulso instintivo de autopreservação com algum tipo de direito básico, como Hobbes sabidamente sugere. Quer se pense ou não que existe direito à vida, esse direito não pode derivar da biologia nem da fenomenologia.

33. Temo que se exagere muito a dor da morte. Com certeza, a maneira como muita gente morre hoje, de doenças prolongadas como o câncer, é em parte assustadora, mas só em parte, devido à dor. Quem, entretanto, já sofreu um trauma grave — um acidente de carro em alta velocidade ou a rápida mutilação do corpo por alguma ferramenta afiada e perigosa — sabe que, nesses casos, a dor é desprezível. Às vezes, como em queimaduras graves, a dor vem muito depois. Em ferimentos fatais, como ao ser decapitado por uma espada, a dor nem sequer é um problema, e pensar o contrário é confundir a questão da morte. Assim, também, acho que os argumentos que cercam as técnicas "cruéis e incomuns" de pena capital são no mínimo enganosos. A dor de ser executado (com sucesso), por guilhotina, forca, fuzilamento, cadeira elétrica ou injeção letal, costuma ser breve e mínima.
34. Homero, *Ilíada*, 22: 438; ver em MacIntyre, *After Virtue*, p. 120, a discussão do significado da profanação do corpo.
35. Assim, também, o funeral adequado ao morto constitui o núcleo da trama da tragédia de Antígona, para quem a necessidade de enterrar o corpo do irmão é mais importante do que a vida.
36. William Miller, *An Anatomy of Disgust* (Cambridge, Massachusetts: Harvard University Press, 1997), p. 49. Ver também Caroline Bynum, *The Resurrection of the Body in Western Christianity* (Nova York: Columbia University Press, 1995).
37. "*Huge heaps of mudd he leaves, wherein there breed/ten thousand kindes of creatures (...) such ugly monstrous shapes elsewhere may no man reed*", Edmund Spenser, *Faerie Queene*, 1.1.21.
38. Pode-se argumentar que Sócrates estava enganadíssimo nessa questão. A leitura de todos ou alguns diálogos de Platão, evidencia que o que Sócrates mais amava era conversar com os outros e não pensar sozinho.
39. Spinoza, *Ethics*, 4ª ed., trad. W. H. White e A. H. Sterling (Londres: Oxford University Press, 1930), p. 235.
40. Pode-se objetar que, com certeza, minha dor e minha ansiedade são para mim, e só para mim, uma preocupação à parte da de amigos e de parentes solidários e da equipe médica que tem de descobrir como as tratar. Mais uma vez, porém, acredito que o gerenciamento da dor e da ansiedade é uma questão bem afastada da que se refere à morte não no senso analítico de "separação" que venho questionando, mas no sentido mais óbvio de que são características desagradáveis de nossa vivência em qualquer situação, ainda mais quando a possibilidade é interminável em vez de terminal. A morte e o morrer não são necessariamente dolorosos e a ansiedade, defendo eu, tem de ser compreendida num arcabouço bem mais amplo e social do que "ser-para-a-morte".
41. Pluto (o cachorro de Mickey Mouse) se afasta completamente da infância ao enfrentar a morte por afogamento numa antiga revista em quadrinhos de Walt Disney.

42. Mais uma vez, isso não é negar que se possa "lutar pela vida", mas, sim, que não acontece para evitar a morte, a não ser por reflexão. Do mesmo modo, os animais "lutam pela vida", mas não pela "autopreservação". Entretanto, lutam (até a morte) pela segurança dos filhotes ou do grupo.

Capítulo 7

1. Ver, por exemplo, Bernard Williams, "The Self and the Future", *The Philosophical Review*, 79, nº 2 (abril de 1970).
2. *Ibidem*. *Cf*. David Wiggins, "Personal Identity", em *Sameness and Substance* (Nova York: Oxford University Press, 1980); Peter van Inwagen, *Material Beings* (Ithaca, Nova York: Cornell. University Press, 1987); Sydney Shoemaker, *Self-Knowledge and Self-Identity* (Ithaca, Nova York: Cornell University Press, 1963), e "Persons and Their Pasts", *American Philosophival Quarterly,* (1970); David Lewis, "Survival and Identity", em *The Identities of Persons*, org. Amelie Rorty (Berkeley: University of California Press, 1976); Bernard Williams, "Bodily Continuity and Personal Identity: A Reply", em *Problems of the Self* (Nova York: Cambridge University Press, 1973); Derek Parfit, *Reasons and Persons* (Nova York: Oxford University Press, 1984); Mark Johnston, "Human Beings", *Journal of Philosophy*, 84, nº 2 (fevereiro de 1987). E, claro, Steve Martin e Lilly Tomlin em *Um espírito baixou em mim* [*All of Me*], dirigido por Rob Reiner (1984).
3. Parfit, *Reasons and Persons*.
4. Johnston, "Human Beings", p. 60.
5. Por exemplo, Shoemaker, *Self-Knowledge and Self-Identity* e "Persons and Their Pasts; Lewis, Survival and Identity"; Williams, "Bodily Continuity and Personal Identity: A Reply"; e Parfit, *Reasons and Persons*.
6. Ver, por exemplo, Owen Flanagan, *Self Expressions* (Nova York: Oxford University Press, 1996).
7. Jacqueline Trimier, "African Philosophy", em *From Africa to Zen*, org. R. Solomon e K. Higgins (Lanham, Maryland: Rowman & Littlefield, 1993).
8. Há uma análise complexa desses conceitos diferentes no majestoso livro de Charles Taylor *Sources of the Self* (Cambridge, Massachusetts: Harvard University Press, 1989). Há também a rica história do eu a ser contada em conjunto com as paixões (assim como em oposição a elas) na filosofia ocidental. Ver Amelie Rorty, "The Coordination of the Self and the Passions", em *Self as Person in Asian Theory and Practice*, org. Roger Ames (Albany: Suny Press, 1994), pp. 35-56.
9. David Hume, *Treatise of Human Nature*, 2ª ed., Selbe-Bigge (org.). (Oxford: Clarendon, 1973), p. 252.

10. Heine sobre Fichte, em *Reflections of Philosophy and Religion in Germany*, trad. John Snodgrass (Boston: Bencon, 1959).
11. Mark Johnston, "Human Beings", p. 62. A expressão "peculiarmente filosófico" ("*peculiarly philosophical*) é dele.
12. Por exemplo, em suas *Cartas inglesas* Voltaire considerou Locke o maior defensor da razão, ao que parece nada indiferente às ferozes batalhas filosóficas em andamento *dentro* da nova tradição do Iluminismo. Ele rejeitava a metafísica cartesiana, que lhe fora enfiada goela abaixo quando estudante, mas não o método racional de Descartes.
13. Ver, por exemplo, a discussão relativamente conservadora de P. F. Strawson sobre Kant e Hume a respeito da "alma" em *Bounds of Sense* (Londres: Methuen, 1966), pp. 162-170.
14. Tentei fazê-lo em "Hegel's Spirit of Geist", *Review of Metaphysics*, vol. 23, nº 4 (1971), e em meu livro *In the Spirit of Hegel* (Nova York: University Press, 1983). Com essas credenciais, espero poder evitar a obscuridade desnecessária sem parecer covarde, mas ainda assim voltarei a esse capítulo difícil da história da filosofia.
15. Por exemplo, H. A. Markus e S. Kitayama, "Culture and the Self. Implications for Cognition, Emotion, and Motivation", *Psychological Review*, 98, nº 2 (1991), pp. 224-253.
16. A hipérbole não é meramente do tipo conversa de botequim ou frases para a imprensa. Também é promulgada por alguns filósofos bastante influentes, muitos deles franceses — Michel Foucault e Jean-François Lyotard, por exemplo — e um número imenso de franceses candidatos a filósofos. Boa parte do encanto de Jacques Derrida e do que veio a ser conhecido como "desconstrução", apesar de seus fracos protestos, vem do questionamento sério da noção de eu e do levantamento dessas questões "multiculturais". Derrida, evidentemente, gosta tanto de meros "quebra-cabeças" quanto todos os filósofos analíticos pós-moorianos, sendo muitos desses quebra-cabeças instigantes exatamente devido à obscuridade e à apresentação que os prejudica. Mas qual é o conjunto de quebra-cabeças — se o cérebro de A em B ou o imperialismo "logocêntrico" da tradição ocidental — parece-me questão de profunda indiferença.
17. Aristófanes em Platão, *Symposium*, trad. A. Nehamas e P. Woodruff (Indianápolis: Hackett, 1989), pp. 25-31; Robert C. Solomon, *About Love* (Nova York: Simon and Schuster, 1988; Lanham, Maryland: Rowman & Littlefield, 1994), pp. 185 e seg.
18. Os filósofos que escrevem sobre identidade pessoal raramente parecem avaliar o efeito das menores mudanças corporais sobre o eu. A incompetência física, por exemplo, pode devastar a noção de eu de qualquer um (basta lembrar a ansiedade existencial de passar seis semanas com a perna engessada).

19. Pode-se comparar a história de Kafka a outras narrativas de transformação em que o sujeito *desejou* conscientemente ou até se deliciou com a mudança. Zeus parecia especializar-se nessas transformações (temporárias). Mais objetivamente, os rompimentos de identidade em transexuais são casos desse tipo. Muito frequentemente, paradigmas problemáticos de identidade pessoal são apresentados sem nenhuma especificação de escolha ou agência. Talvez, do ponto de vista transcendental, suponha-se que não faz diferença. Do ponto de vista da identidade real da vida, às vezes faz toda a diferença.
20. Jean-Paul Sartre, *Being and Nothingness*, trad. Hazel Barnes (Nova York: Philosophical Library, 1956), pp. 303 e seg.
21. *The Phenomenology of Spirit*, trad. A. V Miller (Nova York: Oxford University Press, 1977), Parte B, Capítulo 2, pp. 109 e seg. Na dialética da *Fenomenologia*, o capítulo "senhor/escravo" segue o capítulo curtíssimo sobre a "certeza de si" que, junto com muito mais coisa, trata e rejeita como questionável a "certeza" de si cartesiana. Hegel também trata, com igual brevidade, a importância da noção de "desejo" na consciência e, repetindo Fichte, a consciência última de si mesmo como "vida". Essas formas mais rudimentares de autoconsciência são então levadas (e *aufheben*-adas) na parábola de "senhor e escravo". (Há também uma curta discussão do "eu" como questão de conhecimento imediato no primeiro capítulo do livro, "Certeza sensível".)
22. São o estoicismo e o ceticismo, respectivamente, mas no fim das contas a dialética volta-se para um sentido totalmente diferente de identidade pessoal, que envolve a identificação de grupo (*Sittlichkeit* ou "substância ética") em vez da independência dúbia de um "estado de natureza" competitivo. Defendi a ideia de que a discussão de Hegel constitui sua contribuição ao constante debate do "estado de natureza" (e da natureza do "contrato social" ali formulado) em *In the Spirit of Hegel*, Capítulo 7.
23. Schopenhauer defende o estranho ponto de vista de que todos os animais não humanos são instâncias da mesma ideia, mas todo ser humano tem seu próprio caráter distinto. *World as Will and Idea*, trad. E. E Payne (Nova York: Dover, 1966), livro IV, p. 55. Parece que Schopenhauer nunca teve cachorro.
24. O personagem Garcin de *Entre quatro paredes*, de Sartre, serve mais uma vez de exemplo. Mas seu comportamento supostamente "não característico" é uma mancha fatal em sua virtude. No conhecido filme *De volta para o futuro* (dirigido por Robert Zemeckis em 1985), um único ato espontâneo, totalmente não característico, transforma o futuro pai do herói em uma pessoa inteiramente diferente (embora ainda seja pai do filho que, de algum modo, não mudou).
25. Há uma prolongada discussão dessa contextualização do eu e do caráter em Flanagan, *Self Expressions*.

26. Por exemplo, Michael Slote, *Virtues* (Nova York: Oxford University Press, 19xx).
27. Meu colega Jaime Pennebaker (Departamento de Psicologia, Universidade do Texas) estudou a correlação entre o uso de emoções básicas e falas de personagens ao contar histórias e suas autodescrições explícitas. Não encontrou praticamente nenhuma correlação.
28. Hegel, *Phenomenology*, parte C, BB VI, B, II, pp. 342 e seg.
29. Aristóteles, *Nicomachean Ethics*, trad. W. D. Ross, (Londres: Oxford University Press, 1954), Livro IV, Capítulo 9, p. 104.
30. Há uma discussão especialmente esclarecedora e sensível desse aspecto de Agostinho e Pascal; ver Bas van Frassen, "The Peculiar Effects of Love and Desire", em *Perspectives on Self-Deception*, org. Amelie Rorty e Brian B. McLaughlin (Los Angeles: University of California Press, 1988), pp. 136 e seg. Entretanto, o que deixou os gregos perplexos foi o problema assemelhado da *akrasia*, ou incontinência. Mas a *akrasia* presume o conhecimento do que se deve fazer, ainda que não se faça, enquanto o autoengano envolve a negação do que se deve fazer.
31. *Moral Mazes*, de Robert Jackall (Nova York: Oxford University Press, 1988), é um estudo alentado dessa cisão e concentra-se nas dificuldades da lealdade e da integridade na vida empresarial.
32. A batalha constante entre Freud e Sartre e seus seguidores costuma não se dar conta da complexidade semelhante desses dois grandes pensadores. Suas linguagens opostas ("mecanismo" e "má-fé") e as opiniões supostamente antagônicas sobre a existência do "Inconsciente" tendem a nos distrair de sua preocupação mútua, erodindo a "transparência" da autorreflexão cartesiana. Ver também Amelie Rorty, "Deception, Liars, and Layers", em *Perspectives on Self-Deception*, org. Amelie Rorty e Brian B. McLaughlin (Los Angeles: University of California Press, 1988).
33. Ver, por exemplo, Thomas Nagel, "Brain Bisection and the Unity of Consciousness", em *Mortal Questions* (Cambridge: Cambridge University Press, 1979); e George Graham (org.), *Philosophical Psychopathology* (Cambridge, Massachusetts: MIT Press, 1994).
34. A expressão é de Mark Johnson ("Human Beings"), que rejeita a relevância de toda consideração desse tipo.
35. Markus e Kitayama, "Culture and the Self", p. 224.
36. *Ibidem*.
37. Em particular, "Paralogisms of Rational Psychology", de Kant. Examinei e defendi essa ligação entre Kant e Hegel em "Hegel's Concept of *Geist*", em R. Solomon, *From Hegel to Existentialism* (Nova York: Oxford University Press, 1988).
38. M. Mauss, "A Category of the Human Mind: The Notion of Person, the Notion of Self", trad. W. D. Halls, em *The Category of the Person: Anthropology, Philosophy,*

History, org. M. Carrithers, S. Collins e S. Lukes (Cambridge: Cambridge University Press, 1985), pp. 1-25.

39. Por exemplo, A. Bloom, *The Linguistic Shaping of Thought* (Hillsdale, New Jersey: Erlbaum, 1981), discutido em Markus e Kitayama, pp. 233-234. De acordo com Bloom, 97% dos americanos pesquisados indicaram não ver, na educação moral, nenhuma diferença importante entre punir a criança por comportamento "imoral" e recompensar a criança por comportamento "moral". Só 55% dos taiwaneses e 65% dos entrevistados de Hong Kong concordaram. *Cf.* Jerome Bruner, *Actual Minds, Possible Worlds* (Nova York: Plenum, 1986).
40. Johnston, "Human Beings", p. 60; itálicos e ressalvas entre colchetes acrescentados por mim.
41. Donald Davidson, "On the Very Idea of Alternative Conceptual Schemes", em *Essays on Actions and Events* (Nova York: Oxford University Press, 1980). O artigo famoso e muito influente de Davidson sempre me pareceu um paradigma de "parcimônia" filosófica. Um dos problemas mais ricos do campo filosófico reduziu-se a um paradoxo. Nada há, porém, na noção de "esquemas conceituais alternativos" que exija a incomensurabilidade total que Davidson usa como florete. Basta que haja desentendimento mútuo sistemático. Mas se alguém "eleva o cacife" de modo a fazer da incomensurabilidade total o critério de esquemas alternativos, é claro que não faz sentido falar de tais esquemas, e os problemas prementes do multiculturalismo evaporam-se em um debate abstrato sobre as fontes de apenas mais uma confusão filosófica.
42. Há uma excelente descrição das disputas entre maoris e *pakehas* em Andrew Sharp, *Justice and the Maori* (Auckland, Nova Zelândia: Oxford University Press, 1990). O relato histórico padrão das "guerras maoris" do século XIX é de Keith Sinclair: *The Origins of the Maori Wars* (Auckland, Nova Zelândia: Oxford University Press). Há várias boas descrições filosóficas do controvertido Tratado de Waitangi, de 1840, em G. Oddie e R. Perett (orgs.), *Justice, Ethics and New Zealand Society* (Auckland, Nova Zelândia: Oxford University Press, 1992).
43. Sharp, *Justice and the Maori*, Capítulo 2.
44. Ver, por exemplo, os artigos de Moana Jackson e John Patterson em *Justice, Ethics and New Zealand Society*.
45. John Patterson, "A Maori Concept of Collective Responsibility", em *Justice, Ethics and New Zealand Society*, pp. 11-26. Embora a palavra "corporativo" indique um análogo perfeitamente plausível para a "perda de identidade" (ou, de maneira mais positiva, para a aquisição de uma identidade coletiva) quando se assume um papel na empresa moderna, a palavra tem um significado muito mais amplo (ainda) não consumido inteiramente pelo uso na economia empresarial.

46. O problema de traduzir *utu* é, em si mesmo, sintomático das diferenças conceituais encontradas em todos os estágios dessas comparações entre culturas. *Utu* é mais do que "acertar as contas" e inclui compensações e "acertar os ponteiros". Enquanto *utu* é função do orgulho ou dignidade do grupo (*mana*, outra palavra que é um desafio à tradução simples), a vingança costuma restringir-se ao indivíduo ofendido (pode-se vingar outra pessoa, mas a vingança é obtida para si). E, claro, *utu* é considerado não só legítimo como também obrigatório, enquanto a vingança é desdenhada como mera irracionalidade pela maioria dos teóricos ocidentais da justiça punitiva. Ver o Capítulo 4. 85 (1985): pp. 75-79.
47. "Dizem que Kairangatiura, sozinho e cercado de inimigos prestes a matá-lo, falou: 'vocês me matarão, minha tribo matará vocês, e a terra será *minha*'." Citado em Roy Perrett, "Individualism, Justice and the Maori View of the Self", em *Justice, Ethics and New Zealand Society*, p. 29.
48. Daí a estranheza de debater se o Tratado de Waitangi é ou não um "contrato social". A própria ideia de contrato social, pelo menos na versão hobbesiana que é tema de tanta discussão filosófica, baseia-se em forte noção de interesse individual e formação do grupo como meio de satisfazer esse interesse. Ou pode-se tomar como "indivíduo" em questão tribos ou culturas inteiras em vez de pessoas individuais; nesse caso, porém, não fica bem claro se há acordo sobre a psicologia do contrato, em oposição à sua lógica, Ver *Justice, Ethics and New Zealand Society*, especialmente os artigos de Stephen Davies, R. E. Ewin, Jindra Tichy e Graham Oddie.
49. Sharp, "Being a Maori", em *Justice and the Maori*; e Richard Mulan, *Maori, Pakeha and Democracy*, citado em Perrett, "Individualism (...) Self", p. 31.
50. Amelie Rorty, "The Historicity of Psychological Attitudes: Love Is Not Love Which Alters When It Alteration Finds", em *Mind in Action* (Boston: Beacon Press, 1990), p. 121.
51. *Ibidem*, p. 122.
52. *Ibidem*, p. 123.
53. *Ibidem*.
54. *Ibidem*.
55. Desenvolvi com mais profundidade o conceito semelhante do que eu chamaria de "identidade compartilhada" no amor em *Love: Emotion, Myth and Metaphor* (Nova York: Doubleday, 1981; Nova York: Prometheus Books, 1990); e *About Love* (Nova York: Simon and Schuster, 1988; Lanham, Maryland: Rowman & Littlefield, 1994).
56. Ver Rorty, "The Coordination of the Self and the Passions".

Capítulo 8

1. Nietzsche, *Beyond Good and Evil*, trad. W. Kaufmann (Nova York: Random House, 1966).

2. Vejamos o último lamento de Nietzsche: "Terá alguém me entendido?" (*Ecce Homo*). Vejamos também a resposta indignada de Derrida às críticas generalizadas de sua obra quando lhe ofereceram um título honorário de Cambridge na primavera de 1992: "Nunca escrevi nada disso!", insistia ele junto aos jornalistas e contra seus críticos, de modo algum indiferente à verdade da questão. Isso, evidentemente, não é refutar a posição (assim como os riscos de Pirro não eram refutação do antigo ceticismo). É, contudo, um paradoxo pragmático de interesse considerável, que incorpora o que Bernd Magnus (seguindo Stanley Fish) chama de "conceito autoconsumível" (*self-consuming concept*).
3. C. A. J. Coady, "The Morality of Lying", em *To Tell a Lie: Truth in Business and the Professions* (Sydney: St. James Ethics Center, 1992), pp. 7-12, repub. em *Res Publica* (Melbourne: Center for Philosophy and Public Issues, 1992).
4. Na verdade, Sidgwick afirmou também que os filósofos devem ser bem instruídos para mentir sistematicamente a seus leitores. Embora acreditasse solidamente na verdade da doutrina do utilitarismo, também acreditava que o conhecimento público dessa doutrina poderia ter resultados desastrosos. Do mesmo modo, a promoção da doutrina utilitária na prática exigiria o engano sistemático.
5. Por exemplo, pode-se negar que alguém tenha *direito* à verdade em questão. Os nazistas têm direito a saber onde se esconde a vítima inocente? O abelhudo tem direito a ouvir somente verdades? O promotor especial Kenneth Starr tem direito a perguntar ou ouvir a verdade sobre a vida sexual privada de sua presa? Dizem que a desonestidade é uma forma de injustiça, mas nesse caso injustiças maiores podem desculpar ou superar a injustiça da mentira. É possível até recusar-se a chamar essas mentiras de "mentiras". Essa manobra, presumivelmente, eliminaria das mentiras as piadas e a ficção, pelo menos quando a plateia não espera ouvir a verdade. É, com certeza, importantíssimo aqui o caso das "mentiras brancas", muitas vezes baseadas em convenções sociais. Ver C. A. J. Coady, *Testimony* (Oxford: Clarendon Press, 1992). Ainda mais interessantes são aqueles casos e aquelas culturas em que a convenção social é considerada obrigatória e um "trunfo", mesmo à custa do que consideraríamos mentira deslavada.
6. Amelie Rorty, "Adaptivity and Self-Knowledge", em *Mind in Action* (Boston: Beacon Press, 1990), e "The Hidden Politics of Self-Deception", em R. Ames e W Dissanake (orgs.), *Self and Deception* (Albany: Suny Press, 1996), pp. 73-90.
7. Ou, como explicou mais tarde o filósofo de Oxford J. L. Austin, "*In vino veritas* [a verdade está no vinho], talvez, mas num simpósio sóbrio, *verum* [está na verdade]".
8. Nietzsche, *Beyond Good and Evil*, parág. 6.
9. Nietzsche, "On Truth and Lie in the Extra-Moral Sense" (1873), em *The Portable Nietzsche*, org. W. Kaufmann. (Nova York: Viking Press, 1954).

10. Kant, *Grounding of the Metaphysics of Morals*, trad. J. Ellington (Indianápolis: Hackett, 1981).
11. Jean-Paul Sartre, "Bad Faith", em *Being and Nothingness*, trad. H. Barnes (Nova York: Philosophical Library, 1956), pp. 86-116.
12. Edmund Pincoffs, *Quandaries and Virtues* (Lawrence: University Press of Kansas, 1986).
13. Nem se deveria supor que isso só se aplica a culturas "avançadas" e filosóficas. Mencionei (no capítulo anterior) que os antigos habitantes da ilha de Mauí costumavam jogar o cordão umbilical dos recém-nascidos na cratera do vulcão Haleakala (então ativo), para assegurar que os filhos crescessem honestos. A caminho de uma conferência do East-West Center sobre eu e engano, espantei-me com o fato de que, dentre todas as virtudes, a honestidade se destacasse como exemplar no Havaí (isso e manter bem limpa a prancha de surfe).
14. Aristóteles, *Nicomachean Ethics*, trad. W. D. Ross (Oxford: Oxford University Press, 1944).
15. Aristóteles, *Politics*, trad. B. Jowett, em *The Works of Aristotle*, org. R. McKeon (Nova York, Random House, 1941).
16. Platão, *Republic*, trad. G. M. A. Grube (Indianápolis: Hackett, 1974), Livro VII.
17. Fiódor Dostoievski, *The Idiot*, trad. Henry Carlisle e Olga Carlisle (Nova York: New American Library, 1969).
18. Albert Camus, *The Stranger*, trad. S. Gilbert (Nova York: Random House, 1946). O comentário do próprio Camus sobre o romance e sobre o personagem Meursault ("um herói em prol da verdade") foi publicado no prefácio da edição de 1955 organizada por Germaine Greer. A avaliação de Camus fica comprometida pelo fato de que Meursault mente no romance — comete mesmo total perjúrio — e seu esquecimento das questões morais torna improbabilíssimo que se pudesse dizer que "recusa-se a mentir".
19. Talvez o fato de essa injunção originalmente religiosa (João, 8:32) estar gravada no prédio da administração da Universidade do Texas, em Austin, tenha certa ambiguidade intencional.
20. Essa é a formulação discutida na literatura analítica, como, por exemplo, em Brian McLaughlin, "Self-Deception and the Structure of the Self", em *Self and Deception*, pp. 31-52. E é o ponto de partida até daqueles que rejeitam o paradoxo, como, por exemplo, Herbert Fingarette em seu excelente livro *Self-Deception* (Highlands, New Jersey: Humanities Press, 1969). Também é usada por Jean-Paul Sartre no início da famosa discussão da "má-fé" (*mauvaise foi*), em *O ser e o nada*. Isso e uma pena, já que má-fé é um conceito claramente muito mais amplo e mais rico do que autoengano. Na verdade, Sartre só usa o paradoxo para fazer um julgamento de fachada do determinismo psicológico de Freud e atacar sua noção de "Incons-

ciente". O paradoxo "saber *p* e não *p*" praticamente não tem papel nenhum em seus exemplos nem nos argumentos subsequentes. Eu diria que é melhor olhar os exemplos do início do capítulo "Má-fé" (primeira parte) sob a luz dos conceitos de ser-para-os-outros e das importantíssimas noções de liberdade e responsabilidade, nas partes III e IV respectivamente. Na verdade, eu defenderia que o ataque de Sartre a Freud e seu tratamento casual dos paradoxos do autoengano são no máximo secundários, incidentais, para a meta geral, que é atacar o que Kathleen Higgins chamou de "clima" de irresponsabilidade, que ele percebia na sociedade parisiense (como sói acontecer, a mesma acusação foi lançada contra o próprio Sartre por Herbert Lottman, em sua crônica detalhada do real (não) envolvimento de Sartre e seus camaradas na Resistência Francesa durante a Segunda Guerra Mundial).

21. Por exemplo, Carolyn Ristau a respeito de encenações de asa quebrada por pássaros aquáticos: "Aspects of the Cognitive Ethology of an Injury-Feigning Bird, the Piping Plover", em *Cognitive Ethology: The Minds of Other Animals*, org. C. Ristau (Hillsdale, New Jersey: Erlbaum, 1991). Ver também D. Cheney e R. Sefarth, *How Monkeys See the World* (Chicago: University of Chicago Press, 1990), sobre contos do vigário entre nossos irmãos primatas.
22. Devo essa sugestão provisória a Annette Baier.
23. Isso, obviamente, não significa que tais mentiras não sejam abomináveis ou fascinantes em suas consequências. Quem quer que tenha morado ou trabalhado com um mentiroso habitual conhece dolorosamente os danos psicológicos que essa pessoa causa aos outros. Por ter trabalhado durante oito anos com um colega que não podia ou não queria dizer a verdade, quase me vi transformado em kantiano. Ver também Judy Govier, *Social Trust* (Montreal: McGill University Press, 1997).
24. Robert Audi, "Self-Deception, Rationalization, and Reasons for Acting", em *Perspectives on Self-Deception*, org. B. McLaughlin e A. Rorty, (Berkeley: University of California Press, 1988).
25. Palavra que Sartre toma emprestada da química em *Being and Nothingness*, p. 99 e seg. A metaestabilidade tem uma estabilidade precária, uma aparência de estabilidade, mas qualquer intrusão ou passo em falso, por menor que seja, causa total desastre. Considere-se um garçom levando uma bandeja repleta de xícaras de café quente. Tudo vai bem até o primeiro sacolejo e uma única gota fervente tocar-lhe a pele nua. Ele se encolhe levemente, e...
26. Sartre, *Being and Nothingness*, pp. 112 e seg.; *cf.* Marcia Baron, "What Is Wrong with Self-Deception?", em McLaughlin e Rorty, *Perspectives on Self-Deception.*
27. Sartre, *Being and Nothingness*, parte III. Os filósofos, com frequência excessiva, falam como se nossa noção de identidade pessoal fosse apenas questão interna (de autorrevelação, lembrança ou unidade transcendental da consciência). Na verdade,

a análise do eu por Sartre em *O ser e o nada* parece, de imediato, ser o que alguns filósofos chamam de descrição "internalista" (até a expressão "por-Si" tem óbvias credenciais cartesianas). Em nossa leitura obrigatória de Sartre no contexto das discussões do autoengano, porém, eu gostaria de insistir que não devemos esquecer três pontos textuais: (1) que o famoso (e curtíssimo) capítulo "Má-fé", tantas vezes republicado, é um dos primeiros capítulos de um livro de 800 páginas, e o assunto raramente volta a ser mencionado; (2) que Sartre insiste que "ser-para-os-outros" está em "paridade ontológica" com os outros dois modos de ser, "ser-para-si" e "ser-em-si". Portanto, ele não é um dualista cartesiano tradicional, e seu conceito de eu não é uma descrição internalista. Com efeito, o argumento de Sartre e seus exemplos não combinam com o aparato ontológico que nos oferece naquele capítulo inicial de seu imenso livro. Os exemplos, corretamente criticados como inadequados tanto por Allen Wood (em Rorty e McLaughlin, *Perspectives on Self-Deception*) quanto por Kathleen Higgins (em Ames e Dissanoyake, *Self and Deception*), envolvem "ser-para-os-outros", assim como as categorias "facticidade" e "transcendência", que ele emprega ali explicitamente. Assim concebidos, fogem a muitas objeções de Wood (mas não de Higgins); (3) em obra anterior, *A transcendência do ego*, Sartre insiste que o eu não está "na" consciência, mas "fora de nós no mundo, como a consciência de outro". Portanto, a dele é uma descrição "externalista" do eu; de modo algum cartesiana.

28. Amelie Rorty, "The Deceptive Self, Liars, and Layers", em Rorty e McLaughlin, *Perspectives on Self-Deception*.
29. Choderlos de Laclos, *Liaisons dangereuses*, trad. P. W. K. Stone (Nova York: Penguin, 1961).
30. Camus, *The Fall*, trad. J. O'Brien (Nova York: Vintage, 1956). De várias maneiras, *A queda* se opõe a *O estrangeiro*. Meursault (o "estrangeiro") é o próprio retrato da transparência, todo experiência, praticamente nenhuma reflexão ou autoconsciência. Clamence, pelo contrário, é todo reflexão e dolorosa autoconsciência. Um diz a verdade por ser simplório demais para mentir; o outro, porque, impregnado de autoengano, precisa seduzir e enganar os ouvintes. Em que sentido se pode dizer que qualquer dos dois "não mente"?
31. Sissela Bok, *Lying* (Nova York: Random House, 1978).
32. Leon Festinger, *Cognitive Dissonance* (Evanston, Illinois: Row, Peterson, 1957).
33. Em Fiji, antes da chegada dos britânicos, Viti Levu era considerada, com certa razão, o centro da Terra, sua maior massa terrestre, cercada pelo oceano e por algumas centenas de ilhas modestas. Quando confrontados com o mapa-múndi, os fijianos do século XIX reagiram primeiro com previsível negação e depois com humilhação. Foi então que a história da grande canoa africana Kannitow se estabeleceu entre os fijianos, apesar de sua duvidosa veracidade. Nosso comentarista

britânico demonstra escárnio. Mas, então, pensando nas histórias padronizadas de nossa própria cultura (a "descoberta" de Colombo, a conquista do Velho Oeste, os Estados Unidos como farol da democracia e da liberdade no mundo), serão as nossas histórias mais sensatas, dado o que sabemos sobre História e sobre o mundo?

34. George Lakoff e Mark Johnson, *Myths We Live By* (Chicago: University of Chicago Press, 1980).
35. Roland Barthes, *A Lover's Discourse* (Nova York: Farrar, Straus and Giroux, 1977).
36. É nesse ponto que os filósofos preocupados com proposições isolam muito rapidamente as atribuições pessoais falsas dessas apresentações e as indicam como paradigma do engano — mentindo, de fato, sobre quem se é (Aristóteles trata assim a "honestidade"; *Ética*, Livro IV, Capítulo 9). O caso mais típico e interessante é, de fato, o de quem tem algum conhecimento, embora bastante limitado, e age como se fosse um especialista sem, entretanto, afirmar que o é. Como conversa ocasional e autoapresentação social, isso é bastante inocente, porém, em um contexto em que o verdadeiro especialista é ou se torna urgentemente necessário, transforma-se não só em engano como em fraude e em traição. Do mesmo modo, não é logro "agir amistosamente" com alguém por quem não se sente afeição especial. Nem chega a ser óbvio que proclamar amizade em tais circunstâncias como encorajamento para um gesto amistoso, por exemplo, seja engano ou seja digno de alguma condenação. É só quando as expectativas do dito amigo (ou, em casos raros, dos outros) exigem a verdadeira mas não concretizada devoção de amigo é que a encenação como um todo é condenada.
37. Nietzsche, "Truth and Lie in the Extra-Moral Sense"; Jean Baudrillard, *Selected Writings* (Palo Alto, Califórnia: Stanford University Press, 1988).
38. Indicações desse tipo abundam na obra maravilhosa de Erving Goffman, principalmente em *The Presentation of Self in Everyday Life* (Nova York: Doubleday, 1959).
39. Rorty, "The Deceptive Self, Liars, and Layers".
40. Fingarette, *Self-Deception*.
41. Sartre, *Being and Nothingness*, Parte III, Capítulo 1, principalmente a Seção IV, "The Look" ["O olhar"]. E também Nietzsche, que sugere que a "moralidade do rebanho" é internalizada pelo indivíduo, que a confunde com a razão prática. *Twilight of the Idols*, Seção 5.
42. *Ibidem*, pp. 110-111.
43. Roger Ames, "The Classical Chinese Self and Hypocrisy", em Ames e Dissanayake, *Self and Deception*, pp. 219-240.
44. Por exemplo, Hegel, "Lordship and Bondage", em *Phenomenology of Spirit*, trad. A. V Miller (Nova York: Oxford University Press, 1977); P. F. Strawson, em

Individuals (Londres: Methuen, 1959); e, de má vontade, até Sartre, em "The Reef of Solipsism", em *Being and Nothingness*, pp. 303 e seg.

45. *Pilote de guerre*, citado por Maurice Merleau-Ponty em *The Phenc menology of Perception*, trad. C. Smith (Londres: Routledge and Kegan Paul, 1962).
46. As afirmações geral e particularista são elaboradas, por exemplo, por Clifford Geertz em *Interpretation of Cultures* (Nova York: Basic Books, 1966). Ambas são pelo menos sugeridas por Hegel em *Phenomenology*.
47. Colin Turnbull, *The Mountain People* (Nova York: Simon and Schuster, 1974).
48. Há duas boas discussões filosóficas a respeito em Alasdair MacIntyre, *After Virtue* (Notre Dame, Indiana: University of Notre Dame Press, 1981), principalmente os primeiros capítulos, e a discussão clássica dos gregos por Nietzsche em *Birth of Tragedy*, trad. W. Kaufmann (Nova York: Random House, 1967).
49. *E.T.* e *Independence Day* são dois exemplos de sucesso.

Posfácio

1. Num intercâmbio célebre, mas ainda embaraçoso, o fenomenologista francês Maurice Merleau-Ponty virou-se para Ryle numa conferência e perguntou: "Mas não estamos fazendo a mesma coisa?" E Ryle, com todo o sarcasmo de Oxford, mugiu: "Espero que não!" Na verdade, Ryle lera e resenhara Husserl e Heidegger, e Merleau-Ponty mergulhara na obra dos behavioristas, aos quais Ryle (contra suas objeções) sempre esteve ligado. Vem daí o começo de um mal-entendido prolongado e muitas vezes hipócrita, a filosofia "analítica" e a "europeia" esganando-se mutuamente, uma defendendo rigor e ciência, a outra levantando-se contra o logocentrismo e o cientificismo. Ver a continuação dessa tradição infeliz no verbete extremamente divisionista de Anthony Quinton, "Continental Philosophy", em *Oxford Companion to Philosophy*, org. Ted Honderich (Oxford: Oxford University Press, 1996).
2. Hans Reichenbach, *The Rise of Scientific Philosophy* (Berkeley: University of California Press, 1951).
3. Para ser justo, é preciso dizer que a filosofia europeia, que começa pelo menos com Kant e seus seguidores (Fichte, Schelling, Hegel), fez tanto para deixar a filosofia "profissional", incompreensível e inacessível ao leitor inteligente comum quanto os seguidores da tradição analítica. Husserl, apesar de seus outros méritos, era um escritor totalmente desprovido de encanto. Heidegger ficou famoso por considerar a obscuridade uma das maiores virtudes de sua obra. Jean-Paul Sartre imitou o pior da tradição alemã, embora felizmente se tenha salvado por seu interesse prático (e impraticável) pela política, pelo talento literário e pelo gosto dos exemplos. Sobre os estruturalistas, pós-estruturalistas e outros pós-modernos, deixo

que o leitor faça sua própria avaliação, a não ser para contar uma única anedota, se me permitem. Quando Michel Foucault visitou Berkeley, John Searle lhe perguntou como podia pensar e argumentar com tanta clareza mas escrever tão mal. Ele respondeu, sem ironia, que, se não fosse assim, ninguém o levaria a sério.

4. Assim foram excluídas a ética, a estética e a filosofia da religião, junto com todos os tipos de filosofia "aplicada". O próprio Russell parecia indeciso quanto a suas obras "populares", como *Por que não sou cristão* e *O casamento e a moral*, no qual defende o sexo extraconjugal. Foi preso e agredido como pacifista e teve um emprego injustamente recusado em Nova York por ser "libertino e pervertido". Com Jean-Paul Sartre, criou um tribunal para julgar "crimes de guerra" americanos no Vietnã. Com ou sem análise, Russell certamente seguiu o adágio de Nietzsche segundo o qual "o filósofo deve ser um exemplo".
5. O próprio Wittgenstein jamais considerou ética, estética e religião desimportantes. Para ele, esses temas eram *importantes demais* para a linguagem lógica da ciência.
6. O editor de Stephen Hawking explicou-lhe, sensatamente, que perderia metade dos leitores a *cada* símbolo matemático que usasse em *Uma breve história do tempo*.
7. Larry Wright, filósofo analítico e lógico de impecáveis credenciais, tem defendido não só que o raciocínio dedutivo não é a base da filosofia (opinião herética por si só), mas também que a dedução não é básica para o raciocínio, que exige competência apenas parcialmente articulada para tratar do mundo. Harsher sustenta que a filosofia analítica baseia-se em um erro, ou seja, a descontextualização. Ver, por exemplo, a introdução de Hans Sluga em seu livro *Gottlob Frege* (Londres: Routledge, 1980).

Índice remissivo

Agostinho, Santo, 193, 194-95, 198, 297
American Way of Death, The, 235
Ames, Roger, 323
amor, 41-2, 45-48, 52, 103-4, 130
  como ágape, 42, 47
  como eros, 47-51
  como filia, 42
  e a libertação das mulheres, 52
  e o Novo Testamento, 47
  e sexo, 51-2
  Ver também identidade pessoal e permeabilidade do amor
Anarquia, Estado e utopia, 144
Anselmo, Santo, 127
Anticristo, O, 46, 59, 61
Antígona, 204
Apologia, 237
Aquino, Santo Tomás de, 136
Aristóteles, 22, 28, 30, 32, 37, 40, 41, 57-9, 62, 73, 79, 80, 82, 85, 107, 108, 112, 119, 123, 126, 133, 137, 141, 147, 186, 201, 203, 209, 213
Artaud, Antonin, 241, 245, 246
Assim falou Zaratustra, 63
Aurora, 58
autoengano
  descrição externalista do, 327-28
  descrição internalista do, 327-28
  e a natureza social do eu, 264-66, 319,
  e mentiras, 305-308-9, 314-23
autoidentidade, *ver* identidade pessoal
Axelrod, Robert, 173

Bataille, Georges, 245
Becker, Ernest, 234
Bentham, Jeremy, 125
Beyond Rejection, 279
Bharata, 114
Blandshard, Brand, 58
Boécio, 228
Bok, Sissela, 312, 316-17
Bradley, F. H., 222, 331
Braude, Steve, 311
Brentano, Franz, 296
Briggs, Jean, 102
Buda, 40, 57, 193

Coady, Tony, 304
Camus, Albert, 194, 214, 232, 240, 245-46, 257, 280, 310, 318, 324
Cannon, W. B., 80
Chalmers, David, 84
Chuang-Tsé, 40, 101, 187, 227, 231, 248-49, 255,269
Confúcio, 40, 113, 208, 278

Dennett, Daniel, 83-4
Derrida, Jacques, 273, 304
Descartes, René, 29, 80, 73-4, 84, 93, 230, 274-75, 276. *Ver também* dualismo cartesiano
destino, *ver* tragédia e destino
Dewey, John, 73, 78, 86, 89
Diógenes, 307
Doença como metáfora, A, 200
Dostoievski, Fiódor, 121, 166, 183, 310
dualismo cartesiano, 84-6, 92, 93

Ecce Homo, 64
Édipo rei, 202-4
Edwards, Paul, 239
Ekman, Paul, 98
emoções, 39-105
  e justiça, 143-78
  e racionalidade, 111-12, 115-16, 119, 123, 125-27
  três teses sobre as, 73
  Ver também ética e emoções: justiça
Entre quatro paredes (*Huis clos*), 255, 263, 265
Epicteto, 308
epicuristas, 248-49, 250-51
Epicuro, 228, 242, 247-48, 250-52
estoicos, 40, 84, 215
Estrangeiro, O, 245, 310
Ética (Spinoza), 74
Ética a Nicômaco, 42, 298
ética, 39-40
  da virtude, 41-5, 116, 319
  e emoções, 41-5
  e os teóricos do sentimento moral, 41, 43, 116-18
  e positivismo lógico, 334
  Ver também identidade pessoal
eu, conceito de, 27

Feinberg, Joel, 71, 103
Feld, Steven, 176
Fenomenologia do espírito, A, 168
Fichte, Johann Gottlieb, 275
Filosofia do direito, 171
filosofia
  analítica, 327-37
  como diversão, 11, 18, 19, 20, 24
  como doença, 21, 332, 333
  como necessidade, 29
  e diferença cultural, 28
  e morte, 27, 227-28, 229-30
  e vida, 26, 27, 39, 123, 223
  especialização na, 10, 18, 333-35
  europeia, 324, 329, 337
  formalismo na, 334, 335
  parcimônia na, 8, 23-4, 337
  pragmatismo na, 333
  prazer da, 9-10, 16-20, 24-5
  problemas perenes da, 28-30
  tribalismo da, 334-35
Flowers, Betty Sue, 250
Foot, Philippa, 42
Foucault, Michel, 241, 244, 245, 246, 334
Frege, Gottlob, 330-33
Freud, Sigmund, 79, 214, 245, 311, 324
Frijda, Nico, 86, 91, 96, 98
Futuro de uma ilusão, O, 214

Gaia ciência, A, 46, 121
Geneologia da moral, 61, 99, 139
Gerstein, Robert, 172, 177
Gert, Bernard, 48-9
Gödel, Kurt, 331
Goethe, Johann Wolfgang von, 288, 297
Goldman, Alan, 55
Gordon, Robert, 135
Gould, Stephen Jay, 216
gratidão, 148-50, 154, 219-20

Gravity's Rainbow, 219
Gregg contra Georgia, 174

Hegel, G. W. F., 17-8, 24 , 25, 54, 168, 169, 206, 210, 222, 275, 280-82, 287, 291, 293, 306, 334
Heidegger, Martin, 29, 59, 86, 119, 243, 244-45, 246, 248, 259, 264, 265, 270, 275, 276, 289, 297, 334
Heráclito, 208, 334
Hobbes, Thomas, 126, 155, 282
Homero, 61, 149
Hume, David, 70, 74-6, 83, 86, 111, 138, 159, 164-65, 172, 209, 253, 275, 276-77, 283, 286, 299

identidade pessoal
  como quebra-cabeça ontológico, 271
  e ética da virtude, 284, 288-90
  e eus múltiplos, 273
  e existencialismo, 287, 288-90
  e multiculturalismo, 278, 290-92
  e permeabilidade do amor, 280, 295-97
Idiota, O, 310
Investigação sobre os princípios da moral, *Uma*, 161
Investigações filosóficas, 333

Jacoby, Susan, 173
James, William, 75, 78, 79, 81, 82, 90, 94, 110
Johnson, Samuel, 316
Johnston, Mark, 280
Jung, C. G., 318
justiça
  distributiva, 147, 151-52, 154, 156
  duas raízes da, 149
  e as emoções "negativas", 138, 149, 156, 165-66, 177
  e compaixão, 138, 147, 149, 150-151, 167-68, 174
  e diferença sexual, 173
  e misericórdia, 175-76
  e perdão, 169, 175-76
  e piedade, 156-57
  e solidariedade, 154-57, 158
  punitiva, 146-57, 174-77

Kafka, Franz, 272
Kant, Immanuel, 24, 44, 46-7, 49, 70, 129, 159, 163, 169, 171, 215, 277, 291, 308-9, 320
Kaufmann, Walter, 59
Keen, Sam, 40
Kenny, Anthony, 296
Kierkegaard, Søren, 56, 158-60, 183, 220, 231, 248
Kitayama, Shinobu, 291-92

Laocoonte, 21
Leiber, Justin 279
Leibniz, G. W, 70, 188
Lelouch, Claude, 219
Lelyveld, Arthur, 169-70
Levi, Robert, 102
livre-arbítrio, 197-98, 208-9, 243, 283-84
  e determinismo, 205-6
Locke, John, 272, 274, 275-76
Lucrécio, 248-52

MacIntyre, Alasdair, 243
Magnus, Bernd, 59
mal, problema do, 193-201
  e a culpa injusta, 199-201
Malebranche, Nicolas, 70
Marcel, Gabriel, 30
Markus, Hazel Rose, 291-92
Marx, Karl, 245

Matadouro 5, 210-11
Mauss, Marcel, 291
Meditações, 74
merecimento, 187, 220, 223
Metamorfose, A, 279
Mill, John Stuart, 124-25, 251, 256
Miller, William, 256
Milton, John, 55
Mitford, Jessica, 235
Mitleid, 42, 47, 62
Mito de Sísifo, O, 194, 246
Mohanty, J. N., 120
Moore, G. E., 275
Moral Rules, The, 48
morte
  como nada, 229, 232, 242, 247-48, 249, 250-51, 252
  como punição, 229-30
  como tragédia, 229
  de mulheres, 241
  e identidade pessoal, 282-83
  e reencarnação, 237, 289
  fetichismo da, 242-44
  importância social da, 246, 260-61
  medo da, 256-63
  negação da, 234-240, 249
  Ver também filosofia e morte
Murdoch, Iris, 27

Nabokov, Vladimir, 207
Nagarjuna, 304
Nagel, Thomas, 252-54
Natyasatra, 114
Negação da morte, A, 234-35
Nehamas, Alexander, 59
Neruda, Pablo, 11
Nietzsche, Friedrich, 9-10, 27, 29-30, 40, 42, 46-7, 52, 89, 98, 164, 174, 176, 181, 186, 194, 196, 202, 223, 237, 278, 282, 288, 303, 305, 308
Nietzsche: Philosopher, Psychologist, Antichrist, 59
Noddings, Nell, 158
Nozick, Robert, 144, 147-48

Paixões da alma, As, 74, 84
paixões, *ver* emoções
Pascal, Blaise, 287
Peste, A, 194
Pincoffs, Edmund, 308
Pitágoras, 338
Platão, 24, 44, 53, 56, 112, 143-44, 149-51, 296, 304, 305, 307. *Ver também* Sócrates
Poética, 114, 204
positivismo lógico, 334
princípio da caridade, 24
princípio da razão suficiente, 188-89, 200
problema mente-corpo, 29-30
Pynchon, Thomas, 219

Queda, A, 318, 324

racionalidade
  como autonomia, 133
  como instrumental, 112, 126, 134
  como reflexão filosófica, 120-21
  da ciência, 115
  e o bem, 122-24
  Ver também emoções e racionalidade
Rajchman, John, 27
Rationality of Emotion, 100
Rawls, John, 18, 143-44, 157, 167
Regras para a direção da mente, As, 74
relação senhor/escravo, 75-6, 168, 287, 290
República, A, 149, 307
Rimbaud, Arthur, 241
Riqueza das nações, A, 210

Rorty, Amelie, 278, 295-96, 304, 316
Rorty, Richard, 30, 31, 295, 325
Rousseau, Jean-Jacques 159, 163, 282
Rowell, Lewis, 114
Russell, Bertrand, 17, 122, 330-33
Ryle, Gilbert, 43

Sachs, Oliver, 21
Sankowski, Edward, 50
Sartre, Jean-Paul, 54, 84, 86, 90, 99, 199-200, 231, 242, 255, 258, 263, 265, 270, 282, 288, 289, 308, 315
Schopenhauer, Arthur, 47-8, 56, 159, 186-87, 249, 275
Searle, John, 84
Sellars, Wilfred, 18
Sentimento trágico da vida, Do, 182
Ser e o nada (L'être et le néant), O, 280
sexo, *ver* amor e sexo
Shaffer, Jerome, 72, 103
Sidgwick, Henry, 304, 305
Simpósio, O, 54, 262, 278, 296, 298
Smith, Adam, 40, 160-64, 165, 166, 170, 210
Sócrates, 32-5, 75, 104, 146-49, 248-49, 262, 298, 307
Sófocles, 203-206
solidariedade, *ver* justiça e solidariedade
Sommers, Shula, 220
Sontag, Susan, 200, 241
sorte, 214-21
  e acaso, 216-17
  e destino, 217-18
Sousa, Ronald de, 100, 134
Spinoza, 74, 86, 188, 263, 293
Stendhal, 55, 297
Strawson, P. F., 281

taoismo, 187, 196, 248-49. *Ver também* Chuang-Tsé
Teoria da justiça, 15
tragédia
  e destino, 202-13
  e igualitarismo, 182
  e racionalidade, 183, 186-87
  e significado, 182-87, 221
  negação da, 187-90
  perda do conceito de, 199-202
Tratado da natureza humana, 74, 161
Tratado lógico-filosófico, 331
Twain, Mark, 26

Übermensch, 61, 176
Unamuno, Miguel de, 182-84, 223
utilitarismo, 124-25, 173

véu de ignorância, 149-44
vida, *ver* filosofia e vida
virtude, ética da, *ver* ética, virtude
Vonnegut, Kurt, 210-11
vontade de poder, 58-9, 64-5

Waugh, Evelyn, 235
West, Cornel, 27
Whitehead, A. N., 331
Williams, Bernard, 39, 43, 48, 196, 272
Wittgenstein, Ludwig, 20-1, 21-2, 123, 217, 305, 330

O texto deste livro foi composto em Sabon, desenho tipográfico de Jan Tschichold de 1964 baseado nos estudos de Claude Garamond e Jacques Sabon no século XVI, em corpo 11/15. Para títulos e destaques, foi utilizada a tipografia Frutiger, desenhada por Adrian Frutiger em 1975.

A impressão se deu sobre papel off-white (soft) 80g/m² pelo Sistema Cameron da Divisão Gráfica da Distribuidora Record.